- 四川省教育科研重点课题"新时代高品质学校建设成果的深化与推广研究"（川教函〔2022〕601号）阶段性成果
- 四川省"高品质学校建设"崔勇·叶玲、刘旭东、宋奕云名师工作室建设成果
- 教育部"双名计划"毛道生、王仕斌名校长工作室建设成果

走近 高品质学校

中小学卷

主 编◎崔 勇 张 伟 马长俊

ZOUJIN GAOPINZHI XUEXIAO

ZHONGXIAOXUE JUAN

四川教育出版社

图书在版编目（CIP）数据

走近高品质学校.中小学卷 / 崔勇，张伟，马长俊
主编. 一成都：四川教育出版社，2024.6 — ISBN
978-7-5408-9119-0

Ⅰ.G637

中国国家版本馆 CIP 数据核字第 2024RY5858 号

走近高品质学校·中小学卷

主　编◎崔　勇　张　伟　马长俊

出品人　雷　华

策划组稿　卢亚兵

责任编辑　李萌芽

责任校对　刘正含

封面设计　庞　毅

责任印制　李栩彤

出版发行　四川教育出版社

地　　址　四川省成都市锦江区三色路 238 号新华之星 A 座

邮政编码　610023

网　　址　www.chuanjiaoshe.com

制　　作　四川看熊猫杂志有限公司

印　　刷　成都市锦慧彩印有限公司

版　　次　2024 年 6 月第 1 版

印　　次　2024 年 6 月第 1 次印刷

开　　本　787 mm×1092 mm　1/16

印　　张　25

字　　数　400 千

书　　号　ISBN 978-7-5408-9119-0

定　　价　80.00 元

如发现质量问题，请与本社联系。总编室电话：(028) 86365120

《走近高品质学校·中小学卷》
编委会

主　　编：崔　勇　　张　伟　　马长俊

副主编：毛道生　李庆九　张新民　卿子俊　罗　哲　唐晓辉　张文龙　黄静梅
　　　　余　琳　张　勇　李　全　张　翼　杨　令　唐艳宏　胡太昌　刘旭东
　　　　徐　华　张友红　姚　远　唐　磊　宋奕云　赖晗梅　任建伟　张家明
　　　　刘若星　唐振华　蔡继平　刘　晏　杨海媚　王　云　龚学泰　鲁　莉
　　　　刘　雄　张小强　刘　凯　杨永东　余晓梅　钟长淑　张旻文　王仕斌
　　　　芶　鹏　王　涛　白　雪　曾　霞　周学静　马中元　李　波　郭恒霞
　　　　李道福　余华勇　符　琪

成　　员：沈媛元　党若竹　李　睿　李远攀　刘茂平　梁小龙　易　屏　周晓莉
　　　　尹海鳗　何白庭　李凤萍　冯跃帮　万　芳　田春梅　张文祥　王　振
　　　　任　红　王　珍　刘贵芳　李　勇　张　元　罗丝佳　陈良彦　汪　金
　　　　罗　敏　张　英　夏秋容　吴正勇　杨晓文　巫晓翠　周　慧　宾亚君
　　　　冯　超　邹玉容　吴选平　成友权　龚　艳　黄　颖　雷　春　袁　倩
　　　　何雨襄　鲜雨彤　邹姗姗　马晓慧　周　宜　贺卫东　董　杨　周　阳
　　　　龙代兴　蒲　燕　许翠华　陈　玲　先有利　陈　红　叶柯男　姚　丽
　　　　陈　洲　陈　剑　宋水华　解丽英　冉　东　李　根　袁　华　林存粉
　　　　俞安君　廖　彧　段佐平　祝传发　王　姮　刘海名　姚　莉　曹学文

"走近高品质学校"建设的文化意蕴

成尚荣

实现教育高质量发展，是教育改革发展的首要任务，是历史发展的必然逻辑，也是社会进步的关键推力。在四川，这已成为共识，而且共识正成为共同行动，行动不断深入，呈现出越来越喜人的景象。一个有利于学校高质量发展的良好生态正在省域内进一步形成。

四川教育高质量发展有一些鲜明的特点，其中一个重要的特点就是通过教育科研探索教育发展规律，力求深度推进，体现科学性、专业性。同时，把高质量发展目标落实到每一所学校，用学校的高品质发展推进省域内的教育高质量发展。从发展的策略来看，分三步推进：走向、走近、走进。这三步是紧密相连的，互相渗透、互相支撑、互相促进，又呈现了递进性，不断深入，不断提升，在跃迁中走向更高境界。

这本书的重点在于"走近"。"走近"意味着趋近、逼近，是一个不断加速的过程，而与最终目标的距离始终是客观存在的。距离的存在，激励着我们在不放弃的前提下持续向前迈进，也正因如此，目标才会愈发清晰，动力才会愈发强大。所以，"走向""走近""走进"三部曲实际上是在价值观引导下的一种方法论，具体表现为对发展策略和节奏的精准掌控。在我看来，是否真正"走进"并没有明确的标准，或许在不经意间就已经实现，但无论如何，"走近"是至关重要且最为关键的一个阶段。

读了本书，我总结出了一些基本理念，正是这些基本理念让四川学校的发展具有了高品质。

一是高质量发展的本质在于可持续发展。高质量发展要从当下的一件件事做起，要做好当下，并且做好可持续发展。可持续性是高质量发展的核心标志，可持续性意味着不断进步。实现可持续发展在于文化的进步与机制的确立、完善。可持续性让发展能够保持稳定，又在稳定中得以提升。

二是学校的高质量发展在于八个字：顶天立地、符合规律。顶天立地首先是一种战略思想、宏观思维，要从更高站位，即从时代使命与未来召唤的高度上去思考、谋划、布局，要有对理想的追求和对信念的坚定。在向上飞扬的同时，又能真正转换、转化、落地，即将"天气"与"地气"统一起来，让理想信念蕴含在行动中，又让行动透射出理想信念的光芒。如果说顶天立地侧重于理念、行动，那么，符合规律则侧重科学性。可持续发展有着内在的机制，而机制又体现科学性。规律性支撑起可持续发展，可持续发展本身就是科学性、规律性的体现。

三是要在学校高品质发展与教育高质量发展中搭起桥梁。本书的基本观点是：教育高质量发展要落实在每一所学校的高品质发展上，用学校的高品质发展促进、体现、保证教育的高质量发展。其中还解释了"学校高质量"的含义，即高品位与高质量的统一。这是有道理的。学校的高品质必须以高质量为基座，但是学校高质量发展中还有重要的内在因素——合理的成本、品位和格调。王国维在《人间词话》里说："词以境界为最上。有境界，则自成高格，自有名句。"高品质学校犹似一首词，且是"名篇"，有品位，有格调，有境界。还有一个因素得重视，那就是学校的风格和个性。

四是学校的高品质发展必须落实在课程改革与文化进步上。恩格斯说："文化上的每一个进步，都是迈向自由的一步。"文化是一种力量。学校的高品质建设、教育的高质量发展最终都要依托文化上的进步。学校是文化的载体，是文化的一种形态，承担着传承文化、发展文化的重任。一切都要回到文化上去，文化的进步让学校进步。文化的进步不是虚空的，更不是虚无缥缈的。我们要在课程教学中落实，通过课程教学去推动文化理解，增强文化自信，催生文化力量，促进文化进步。在本书中，许多学校在课程改革、教学改革方面有许多突破，积累了丰富的经验，形成了先进的范例，五彩缤纷的局面呈现了真正的高品质发展，令人欣喜。

五是用学校的高品质建设推进教育的高质量发展，要把握重中之重——实现教师的高水平发展。教师是发展的决定性因素、核心力量，有什么样的教师就有什么样的课程，就有什么样的教学，就有什么样的学生。高品质发展影响着学生的当下，又影响着他们的未来，自然也影响着民族的未来。立德树人是教育的根本任务，这是对教师的要求，是教师的重要使命和职责，也是教师的"第一"基本功。本书既展现了教师专业发展的美丽图景，也呈现了教师未来发展的美好前景。走近高品质学校，是校长带领教师、教师又带领学生走近高品质，走向更幸福的人生与未来。

最后，我想说的是，这本书闪耀着一种光芒，那就是教育家精神的光芒。期盼这本书成为弘扬教育家精神的范本。我们当努力，我们当自强！

| 序二 |

高品质学校建设又出新成效

吴定初

我国自古注重教育。历史上各个时期，均把教育视为"建国君民"之先务，把办好各级各类学校置于首位，谓之"务本"。近代国力衰微，有识之士依然把发展教育、创办新式学校作为振兴国运的重要途径。著名教育家陶行知先生毕生以"为一大事来，做一大事去"自勉，兴建晓庄学校，创办育才学校，力图为中国教育的普及化和现代化闯出一条新路，彰显了一代教育人的宏远追求。

改革开放之后，我国坚持"百年大计，教育为本"不动摇，教育从此走上了快速发展的康庄大道。在国家教育总体发展水平进入世界中上行列的大背景下，党的十九届五中全会及时提出了建设"高质量教育体系"，2035 年建成"教育强国"的宏远目标；党的二十大明确提出了"办好人民满意的教育"，要让每一个孩子在"有学上"的基础上"上好学"，接受高质量的教育。为此，锚定为党育人、为国育才根本目标，切切实实把学校办好和办好每一所学校，成为我们每个教育人义不容辞的任务。

令人高兴的是，四川有一大群有理想、有追求的教育人，在完成"高品质学校建设的探索与实践"课题研究，并取得丰硕成果的基础上，"而今迈步从头越"，又以只争朝夕的精神继续开展"新时代高品质学校建设成果的深化与推广研究"。我有幸提前阅读他们的阶段性成果，欣喜之余，也借此机会说说自己心中的感受。

建设高质量教育体系，必须夯实基础教育这一基点。基础教育作为面向全体学生的国民素质教育，其实施的载体当然主要是学校。换言之，建设高质量教育体系，离不开"中小学校"这一基本抓手，我们只有切实抓好每一所中小学校的建设，使之成为人民满意的好学校，建设"高质量教育体系"和建成"教育强国"的宏远目标才能真正实现。

人民满意的好学校，无疑是"高质量的学校"；同时，由于每一所学校都根植于特定的具体环境之中，因而它又应该各有品位或各具风采。在这个意义上说，我们在建设"高质量教育体系"和建成"教育强国"宏远目标的指引下，深入探讨如何建设高品质学校，并在此基础上开展"新时代高品质学校建设成果的深化与推广"研究，是非常有意义且十分必要的。

这项研究的阶段性成果——《走近高品质学校·中小学卷》，由"走近"而"全然"，正是基于这一出发点而推出，也生动展现了研究者们的努力与追求。该书由三个部分构成，分别探讨了高品质学校可持续发展的"出发点""着力点"和"支撑点"。论此结构，由其核心理念的高位指引，再而如何实现理想的教育发展追求，以及怎样保障其教育发展目标得以实现，可谓自洽而有序。

在"出发点"部分，研究者首先指出了新时代的高品质学校应该具备的三个特征，接着探讨了可持续发展的内涵、范围及其对教育改革的要求，进而剖析了高品质学校可持续发展的内涵与本质，然后勾勒了高品质学校可持续发展的基本表征，总结了高品质学校可持续发展的"实现路径"，既高屋建瓴又紧扣实践。

在"着力点"部分，研究者从"遵循教育方针""遵循教育规律""充实文化内涵"和"落实五育并举"四个维度，认真梳理了数十所学校在创建高品质学校过程中的宝贵经验，充分展现了高品质学校多姿多彩的生动样态，进而为已有研究成果的"深化与推广"展示了新路径，勾绘了发力的新起点。

在"支撑点"部分，研究者从"教研导向""办学战略""儿童立场"以及"校家社协同育人""学校实践"方式革新等角度，为高品质学校建设成果的深化与推广贡献智慧、出谋划策，推动高品质学校可持续发展，展现了研究者与时俱进的高远追求。

《走近高品质学校·中小学卷》一书，理念先进，联系实际，案例丰富，特色鲜明。我真诚地推荐给中小学教师和广大教育工作者，希望大家喜欢。

| 序三 |

追求教育理想的不懈探索

李小融

　　《走近高品质学校·中小学卷》如约而至。本书是对备受关注的"高品质学校建设的探索与实践"重大课题（曾荣获 2021 年四川省基础教育教学成果奖特等奖）的深化研究与推广的阶段性成果，也是很有影响力的教育部两个名校长工作室和一个四川省名师工作室的建设成果。其中有对过往研究成果的传承和发扬，也有大量针对现实教育发展改革重大和前沿问题的理论探索与实践研究。全书共收集五十四篇文章，包括多位省内外知名专家学者、名校长和名师关于高品质学校建设的引领性论文，更有数十所不同地域、不同类型、不同发展水平的中小学校打造高品质学校的实践经验总结。这些文章中不乏呕心沥血之作，饱含"干货"和"真经"，既是写出来的，也是干出来的。它们留下了一群志同道合的教育人探索的足迹，展现了他们对事业的热爱、对理想的执着追求和对新时代高品质学校的憧憬，还映射出相关学校广大师生员工乃至家长付出的艰辛努力和教育历程。教育人的赤子之情与良苦用心可彰可表，他们的奉献精神和所取得的成果值得肯定和学习。

　　通读全卷，我们看到了研究者们在过往解读的基础上对高品质学校本质和内涵的进一步理解及对高品质学校可持续发展与办学战略的逻辑梳理，体会到了高品质学校建设者贯彻党的教育方针，落实立德树人根本任务，践行五育并举的信念和决心，更读到了对真实、主动、个性化的全面发展育人实践的深刻而有新意的具体阐述，还有对正在进行的变革育人方式、聚焦核心素养课程改革思路的概括。这些文章理论性强，高屋建瓴，体现了对高品质学校建设方向的引领。

此外，我们还看到了在大量学校实践案例基础上所呈现的具体生动的教育样态。从优质学校拔尖创新人才培养的实践，到少数民族地区和革命老区及农村特色学校在内的学校开发各自教育资源、扩展教育空间、丰富教育场景的做法和经验，又到课程和课堂教学模式的改革、大德育课程开发、心理健康教育、"劳动＋"、"美育＋"等各种形式的五育并举活动的开展，再到科学教育与智慧教育、现代技术赋能、校家社协同育人体系构建、学校文化建设、传统文化和红色文化教育、中外人文交流、现代学校治理、新时代教师团队建设和教师个人发展、前沿机制和问题导向的高品质教研体系建设等，几乎囊括了当前中小学教育改革和发展的方方面面。

同时，针对高品质中小学建设重点、热点、难点、堵点和痛点问题，书中提供了一些解决方案和经验，如针对"双减"的作业设计、教育教学和教育评价的实施改革等。还有不少值得研究、学习和推广，令人耳目一新的思路和经验，例如全人全景全息的学校文化建设、"四域"文化、"熊猫"课程、敬乐课程、特色美术课程、"三有"课堂、灵动课堂、知心课堂、选课走班的设计、创生性预习、儿童友好班级、群体共生发展等。它们都符合学校实际，富有创意，不仅丰富了高品质学校建设的内涵和外延，提供了新方法，而且也为贯彻新时代教育改革发展大政方针，把构建高质量教育体系的各项政策具体落实到每一所学校做出了积极的贡献。

受到启发，我也产生了两点与高品质学校建设相关的想法，请大家批评指正：

第一，有必要进一步加深对高品质学校建设本质的认识，将高品质学校建设融入高质量教育体系的构建之中。

构建高质量教育体系是当前我国教育发展和改革的基本要求，并有相关的政策指导和评价指标体系。高品质学校应该是高质量教育体系的一个组成部分或表现形式，两者的目标完全契合。我们可以把高品质视为对美好教育形态的价值追求，是一种崇高的教育理想，永无止境。

高品质学校建设的过程正如本书书名所示，是"走近"而不是"走进"。这表明它是一个动态的不断发展的过程，有其阶段性；它的具体成果和做法可以用高质量体系的指标加以锚定，在此基础上我们也可以给它赋予与高质量一致但更为特殊的含义。完全达到了要求的指标是高质量，但在此基础上又有学校的特色，又彰显了学生和教师的个性和魅力，甚至达到了很高的境界，这应该就是高品质了。在广阔的学校教育空间中，在共同的目标和标准的指引下，采用多样化的方法去追求更好、更快、更多，这也是高品质。所以高品质学校建设应在多样化、个性化、生动性和丰富性上多做文章。

第二，高品质学校建设应锁定学校教育的基本要素，回归学生、教师与课堂三大原点。

高品质学校应该培养出高品质的学生。"今日的教育为了明日的世界"，为做到这一点，教育需要冲破现有单纯知识技能目标的藩篱，不限于知识的掌握、技能的形成和能力的培养，以养成学生的"三性"为更高目标。具体而言，高品质的学生需要表现出以学习能力为核心的适应性，以使自身进入未来社会后，能通过不断自我学习去适应各种变化。高品质的学生需要具备创造性。他们不再只是使用知识和技能的工具，他们的头脑主要用于思想和创造。学生的创造性不一定表现在能创造出新的概念和产品，也可能表现在对大量新信息的存储、处理和应用方面，更重要的是要能够包容和接纳新的思想观念和新生事物，这不仅为个人成长所必需，也是适应社会发展和与他人协作的必要条件。高品质的学生还应具备心理的平衡性。现代社会不断演变可能形成强大的压力，学生可能产生极大的心理负担，并由此而感到焦虑、空虚和抑郁，甚至可能心理崩溃。高品质的学生应具备面对压力调整心态、平衡心理的能力。

高品质的学校应有高品质的教师。传统教师大多是依赖经验和模仿而形成的具有一定教育教学技能模式的"匠人"。新时代的教师正经历着从"教书匠"到"教育家"的历史转变进程，从根本上说，就是要完成从传统职业到现代职业的转变。现代教师的工作方式是建立在持续性系统学习基础上的科学模式。教育家型的现代教师不仅是"好人"和"能人"，还应该成为有理想、有思想的真正的知识分子。他们应该具备先进的教育科学理念，其核心是正确的学生观，并在此基础上了解、理解和影响作为其工作对象的学生。在认识上，应把学生当成是有无限发展潜能的生动个体，不放弃任何一个学生。高品质的教师能让学生感到自尊和自信，是真正的能给学生"面子"并"高看和看高学生"的专家。高品质的教师应该是孜孜不倦、勇于学习和研究的探索者。他们深知学生的身心特征和成长变化的规律，知道没有适合所有情境和学生个体的通用教育教学方案。从宏观上对教育教学基本原理的掌握，到微观上对一个具体概念的教学或一个具体学生的思想行为及心理问题的解决，都只能在不断探索之中完成，他们应成为教研和教学的专家。他们是学生学习的引路人，要有能力通过科学和精准的方法提升学生的素养，知道学生"怎么了"，问题出现是"为什么"，出现问题"怎么办"。

高品质学校应有高品质的课堂教学体系。应能通过分科和融合性的课堂教学和活动，达成各科和整体的教育教学目标。高品质的课堂教学体系应有科学的现代教学设计，能够通过一系列的引入、连接、变式、分类或个别指导和评价完成教育教学活动。高品质的课堂教学要能适合学生的实际，能够面向全体，照应每一位学生，而不只是面向两头、中间或多数。好的课堂教学要像走钢丝一样，能够灵活变通，能通过平衡和调整使每一位学生受益。

行文至此，言犹未尽，还有与高品质学校建设者相关的两点感想供参考：

第一，高品质学校建设者应坚守"育人"的基本立场和信念，追求崇高的教育理想。

促进学生的全面发展和终身发展，最终实现人的身心解放是我们的共同目标和理想，也是教育工作者心中的"善"。心中有善，眼里才有光，才有正确的方向、原则和行动。正如"双减"作业设计要求所提到的，只有做到"无场景不出题，无价值不出题"，才能避免无意义和无价值的"内卷"和"内耗"。正确的方向和思路比低水平的勤奋更重要。在追求教育理想的进程中，肯定有无数的艰辛和磨难，甚至要坚守孤独。用共同的需要集聚力量，勇攀高峰，才能逐步逼近理想并最终实现理想。

第二，把握时代脉搏，主动积极参与和促进教育改革，做现实生活中勇于前行的理想主义者。

工业革命、科技革命和信息革命极大地提升了人类社会生产力，人的四肢从沉重的体力重负中解脱，人的头脑也正在从知识和技能重压之中逐步解放。社会的加速变化使人目不暇接，在提高生活和生命质量的同时也造成新的压力并使人们形成新的心理特征，可能与人们固有的对安全、稳定、归宿及成就的需要冲突。压力会持续叠加并层层传递给学校和家庭，最后可能通过教师和家长施加给学生。如果教育不能固执利导，及时形成对冲压力的有效机制，就无法发挥缓解压力的作用，有时还可能适得其反。面对问题，高品质学校需要带头加快教育改革的步伐，实现新时代所需要的教育跨越式发展，为此需要脚踏实地的智士仁人和勇于前行的理想主义者。高品质学校的建设需要一批卓然独立的探索者，通过他们推进新型教师队伍的形成。面对飞速发展的数字化及人工智能浪潮，学校和教师应该秉持人文主义，为学生提供更多及时有效的人文关怀。要特别关注人工智能等新技术的广泛使用，它必将为教育系统带来极大的影响和冲击。它不可避免地会改变教与学的方式，成为改革教育教学模式的真正的新质生产力。数字化和人工智能与前述人文关怀一起，必然会成为高质量教育与高品质学校的两个新要素。数字化及人工智能有可能促进人脑的开发应用，促进教育的发展改革，并在克服各种可能产生的负面影响后，助力人的心理和精神世界的解放，实现人的全面发展和终身发展。

一如既往地希望高品质学校建设课题的研究团队奋力前行，相信他们会推出更令人兴奋的新成果。

| 前言 |

高品质学校是高质量教育体系的核心支撑，高品质学校建设是实施教育强国战略的重要内容。从 2018 年开始，我们依托四川省重大课题"高品质学校建设的探索与实践研究"，对高品质学校建设的理论与实践问题进行了持续探索。

多年来，我们走过了市域探索、省域推动、全国推广三个阶段，在总课题组、子课题单位、项目实验学校、教育教学改革研究共同体学校和实验区的共同努力下，对高品质学校的基本内涵、价值取向、核心理念与基本特征等进行了深入探讨，并在诸多方面达成了共识，特别是在"顶天立地，遵循规律，文化浸润，全面发展"这几个特征及其要素的确定上，更是形成了高度一致的看法。在此基础上，我们形成了"四系统一机制"的实践体系和"1＋3＋N"的操作系统，以及与之匹配的系列化实践策略。

在研究与实践高品质学校建设的过程中，先后有千余所学校参与研究并推进了相应的实践改革，三十二个市县把"高品质学校建设"的理念纳入新时代教育改革发展的规划进行部署，研究与改革成果辐射重庆、广东、江苏、浙江、上海、陕西、北京、贵州、西藏、新疆等省（市、自治区），得到了众多学校和地区的认同，推动和引领了不少区域的高品质学校建设。

"高品质学校"是一个与时俱进的发展性概念，其内容和标准会随着时代对教育要求的变化而变化，高品质学校建设也因此无法一劳永逸，我们必须在已有成果的基础上继续努力，踏上新的探索征程。2021 年课题顺利结题后，我们以新的省级重点课题"新时代高品质学校建设成果的深化和推广研究"为依托，继续推进研究与实践改革。在新的探索阶段，我们重点研究和突破了如下三大问题：

一是高品质学校深化建设的出发点在哪里？我们带着这一问题进行了多方求证，

最后确定了"可持续发展"这一关键词。其一是因为中国式现代化、新发展理念与党和国家大力倡导的生态文明建设，都把促进可持续发展当作重要目标来追求，高品质学校是为建设中国式现代化服务的，必须落实新发展理念，因而需要提高可持续发展水平；其二是因为教育的本质，教育是为明日世界培育建设者的战略性活动，必须具有可持续发展理念，培育具有可持续发展潜能的学生；其三是因为我国部分中小学的现行教育还存在急功近利的现象，"杀鸡取卵"式的教育造成的危害还没有根除，需要树立和落实可持续育人观，提高可持续发展育人的质量。基于国家战略、教育本质和中小学的现状问题，我们将深化建设的出发点聚焦在了可持续发展的办学水平上。2023 年 9 月习近平总书记在黑龙江视察时提出发展新质生产力的战略任务，2024 年 3 月李强总理在政府工作报告中对发展新质生产力进行了战略部署，而新质生产力的最终指向也是可持续发展，这进一步坚定了我们将深化建设的出发点确定在可持续发展这一关键词上的决心。

二是深化建设中的高品质与高质量的关系是什么？在上一轮的课题研究中，我们明确了高品质学校是由品位与质量互动生成的综合体这一观点，认为高品质指有品位的质量和有质量的品位，高品质学校追求的是有品位的质量和有质量的品位。在深化建设过程中，我们对高品质与高质量的区分以及品位与质量的关系，仍然秉持上一轮研究的观点。但是，由于深化建设的出发点是可持续发展，其品位和质量就应围绕"可持续"这一关键词展开，其品位应主要体现为具有可持续发展的价值与功能，其质量则是可持续发展价值与功能的达成度。只有两者兼具，学校才可能具有可持续发展的高品质。

三是高品质学校建设大致可以分为哪几个阶段？高品质学校建设是一个长期持续的过程，只能立足自身实际，循序渐进地发展，不可能一蹴而就。我们认为，高品质学校建设过程大致可以分为"走向高品质""走近高品质"和"走进高品质"三个阶段。"走向高品质"是高品质学校建设的第一步，即描绘高品质学校的发展蓝图与发展愿景，根据此发展蓝图与愿景分析学校实际，明确学校的现实发展与理想蓝图之间的差距，据此制订改革目标、任务和方案，并不断朝着理想的蓝图迈进。"走近高品质"比"走向高品质"更进了一步，在质量和品位上不断靠近高品质，并体现出了高品质学校的部分特征，在"顶天立地，遵循规律，文化浸润，全面发展"四个方面均有不同程度的推进，且办学品质得到了一定程度的认可。"走进高品质"则更进一步，此时，学校发展的品位和质量符合高品质学校建设理想与愿景中的多项指标，基本达成了高品质学校的建设目标。在"高品质学校建设"的系列丛书中，上一轮的研究与实践成果以"走向高品质"命名，这一轮的研究与实践成果则以"走近高品质"命名，因为我们认为目前推进的高品质学校建设正处于第二个阶段。按照计划，下一轮的研究与实践成果，我们将以"走进高品质"命名，以引导广大中小学循序渐进地提高办学品质，逐步实现可持续发展的目标。

据此，我们将本书的内容分为三编。第一编探讨高品质学校深化建设的出发点，意在明确聚焦可持续发展，深化建设高品质学校的必要性、内涵、本质、特征与路径等，从理论上辨析深化建设的出发点与高品质学校建设的新起点。第二编探讨新时代高品质学校深化建设的着力点，以"顶天立地，遵循规律，文化浸润，全面发展"为纲目，力求构建促进可持续发展的深化建设框架，设置"理论指引"和"实践导航"两个栏目，既辨明相关的理论问题，也以多层面、多维度的优秀案例进行示范。第三编则重在探讨高品质学校深化建设的支撑点，主要在"教研强基""战略先行""儿童立场""教师固本""协同育人"五个方面进行理论与实践探讨，以保障高品质学校的深化建设能够持续深入地进行。

我们深知，高品质学校建设不但使命光荣，而且任务艰巨，前行的路上布满荆棘，但我们不会退缩。我们一定会向着既定的目标，从"走向高品质"到"走近高品质"，最后迈入"走进高品质"的理想之境。

目　录

第一编

新时代高品质学校深化建设的出发点：提高可持续发展水平 001

新时代的高品质学校应该"高"在哪些方面 003

可持续发展的内涵演变、范围拓展及其对教育改革的要求 011

高品质学校可持续发展的内涵与本质 015

高品质学校可持续发展的基本表征 018

高品质学校可持续发展的实现路径 023

第二编

新时代高品质学校深化建设的着力点：增强可持续发展能力 027

第一章　顶天立地：聚焦可持续发展 明确高品质的深化方向 029

▶ 理论指引

遵循教育方针 完善促进可持续发展的顶层设计 029

▶ 实践导航

理想信念教育如何顶天立地 049

四川省成都市第七中学

百年党史如何融入中学生爱国主义教育 053

彭州市九尺中学 四川省彭州市敖平中学

学校课程建设如何顶天立地 059

都江堰市灌州小学校

学校智慧教育系统如何为学校的"顶天"与"立地"服务 065

成都市石笋街小学校

第二章 遵循规律：按照可持续育人规律增强深化建设的后劲 070

▶ 理论指引

遵循可持续发展规律 推进育人方式的整体变革 070

▶ 实践导航

核心素养导向下的学习方式变革 077

成都市东城根街小学

基于学生可持续发展的德育学科课堂变革 084

巴中市巴州区第一小学校

做好课堂"加减法" 构建育人高品质 091

四川天府新区十一学校

促进学生可持续发展的"知心课堂"建构与实践 0100

成都市成华实验小学校

构建"三有"课堂 促进学生可持续发展 0106

四川省合江县中学校

第三章 文化浸润：建设可持续育人文化 积蓄深化建设的动能 112

▶ 理论指引

建设可持续育人文化 深化高品质学校文化建设 112

▶ 实践导航

从"制度管理"到"文化治理"治理变革的实践 134

宣汉县师源外国语小学

一核三翼 联合融通 140

　　——中华优秀传统文化在学校教育中的传承和创新

四川省教育科学研究院附属实验小学

点燃"红色引擎" 根植红色基因 培育时代新人 144

巴中市巴州区兴文镇中心小学校

红色文化增底蕴 砥砺前行向未来　148

崇州市七一实验小学校

用"四域文化"美美地讲好中国故事　153

成都市成华小学校

第四章　全面发展：以可持续发展成效提高学生的全面发展品质　158

▶ 理论指引

关注师生成长品质 落实五育并举方针　158

▶ 实践导航

普通高中选课走班的整合式育人探索　167

四川省双流棠湖中学

"劳育＋德育"有效融合 助力民族地区学生全面发展　172

北川羌族自治县西苑中学

革命老区学校科技教育 我们这样做　176

达州市通川区七小新锦学校

聚焦国际理解 构建全球视野　183

成都霍森斯小学

彰显国际理解教育文化 建设全面育人美好校园　186

成都市龙泉驿区天鹅湖小学

中国情怀 世界眼光　190

　　——中外友校人文交流育人实践

成都蒙彼利埃小学

实施敬乐教育 为生命成长赋能　197

北川羌族自治县西苑中学

实现全面发展 培养"五优"学生　202

达州市通川区第七中学校 达州市通州区罗江镇初级中学校

相信种子 助力成长　206

德阳市岷山路小学

第三编
新时代高品质学校深化建设的支撑点：优化可持续发展保障　211

第一章　教研强基：高品质学校的深化建设需要教研的高品质　213
▶ **理论指引**
高品质教研的价值和导向　213

▶ **实践导航**
立足乡土文化的心育资源开发　219
成都市新津区实验初级中学

面对"双减"学校何为　223
重庆市垫江县澄溪小学校

创生性预习让课堂活起来　228
眉山市东坡区百坡初级中学

第二章　战略先行：以可持续发展战略引领高品质学校建设　232
▶ **理论指引**
高品质学校可持续发展的时代意涵与办学战略　232
高品质中小学校建设的多重逻辑　241

▶ **实践导航**
红色铸魂　培养新时代可靠接班人　247
万源市白沙镇小学

灵动课堂：让每一个孩子都灵动成长　251
自贡市汇南实验学校

现代技术赋能课堂教学变革之路　257
广安市邻水县第四中学校

第三章　儿童立场：以学生可持续发展的高品质成就学校的高品质　263
▶ **理论指引**
高品质学校可持续发展的儿童立场　263

▶ 实践导航

学生事大：风钟文化的生长与进化　271

四川大学附属实验小学

四川大学附属实验小学明德学校

成都市望江楼小学

儿童友好班级文化　促进学生全面发展　277

成都市实验小学

让每一个生命都闪闪发光　283

　　——积极心理健康教育视角下的心育案例研究

攀枝花市实验学校

学生成长指导站：一站式服务　为孩子终身发展奠基　289

四川省成都市石室联合中学

第四章　教师固本：以可持续发展的教师培育可持续发展的学生　295

▶ 理论指引

高品质学校可持续发展的校长修炼　295

高品质学校可持续发展的团队建设　310

高品质学校可持续发展需要践行教育家精神　317

▶ 实践导航

思想作风好　教学能力强　323

　　——用中国工农红军长征精神培养青年教师队伍

四川省泸定县第一中学

凝"青"聚力植沃土　精准赋能绽芳华　327

四川省雷波中学

聚焦乡村教师队伍建设　助力学校高品质发展　333

四川省旺苍国华初级中学校

第五章　协同育人：在优质教育生态中提升高品质学校的可持续育人水平　338

▶ 理论指引

高品质学校可持续发展的家校社协同育人　338

高品质学校可持续发展的"引进来""走出去"　348

▶ **实践导航**

党组织领导家校共育"五措"助力高品质发展　356

宜宾市高县硕勋中学校

协同育人　助力高中生学术素养提升　361

四川省成都市新都一中

共建"向上·向善"家风　助力儿童全面发展　365

资阳市教育科学研究所　资阳市雁江区马鞍学校

提升家长素质　推进家校共育　370

万源市中小学教研室　万源市第三中学校

后记　375

第一编

新时代高品质学校深化建设的出发点：提高可持续发展水平

新时代高品质学校的深化建设，既要落实中国式现代化、教育强国、高质量体系建设等多种要求，又要体现新质生产力的发展趋向。2023 年 9 月，习近平总书记在黑龙江考察时要求："整合科技创新资源，引领发展战略性新兴产业和未来产业，加快形成新质生产力。"[①] 2024 年 3 月，李强总理在政府工作报告中对发展新质生产力作出了全面的战略部署，各地和各部门也逐步掀起了学习和发展新质生产力的热潮。自此，新质生产力成为推进中国式现代化的重要抓手，需要各行各业努力攻坚，全面而持续地提高新质生产力的发展水平。新质生产力的建设与发展，对教育改革特别是中小学建设提出了更高要求。中小学的深化建设及其推进的教育教学改革，必须有利于现在的中小学生成为新质生产力的未来建设者，这就需要我们研究新质生产力的价值追求与发展趋向，以此为依据确定深化建设的出发点。

自习近平总书记提出"新质生产力"这一概念后，不少研究者与实践者都对这一概念的内涵与外延进行了阐释。尽管不同研究者的观点各有侧重，但"可持续发展"却成了不同观点的"共同语言"。正如一些专家所指出的："什么是新质生产力？总的来说，是指新的高水平的现代化生产力，即新类型、新结构、高技术水平、高质量、高效率、可持续的生产力，也就是以前没有的新的生产力的种类和结构，相比传统生产力而言，其技术水平更高、质量更好、效率更高、更可持续。"[②] 提高新质生产力的重要目的，是以更可持续的思想、标准、产业与技术等提高人类社会的可持续发展能力与水平。要落实新质生产力的可持续发展追求，必须首先培养具有可持续发展意识与能力的生产者。中小学生作为新质生产力发展的未来主力军，更需要从小树立可持续发展意识并全面提高可持续发展能力。要实现这一发展目标，首先需要所有中小学特别是高品质学校回答好可持续发展的时代命题，破解可持续发展的改革难题，切实增强可持续发展的意识与能力。

因此，聚焦可持续发展，提高学校的可持续发展水平，既是高品质学校深化建设的重要出发点，也是高品质学校改革必须攻坚的发展难题。要根据新质生产力的可持续发展要求深化高品质学校建设，需要首先厘清和解决好五个问题。

---

① 简新华. 新质生产力是实现中国式现代化和高质量发展的重要基础 [N]. 光明日报，2023—10—17.
② 简新华. 新质生产力是实现中国式现代化和高质量发展的重要基础 [N]. 光明日报，2023—10—17.

新时代的高品质学校应该"高"在哪些方面

　　新时代的高品质学校应该"高"在哪些方面？这既是高品质学校深化建设必须回答的问题，也是高品质学校深化建设需要突破的难题。"学校蕴含着各种潜力和希望，也不乏各种缺陷和局限，但学校一直都是最基本的教育环境之一。学校代表着社会对教育作为一项公共人类活动做出的承诺。然而，学校的设计方式并不是不偏不倚的，它反映出人们对学习、成功、成就和人际关系的种种预设。"① 高品质学校是党和政府对公众教育做出的承诺，其"预设"不仅要体现"品质"的内涵，更要符合"高品质"的要求。从"高品质"的内涵要素看，"品质"是对学校发展品位与质量的综合性要求；"高"则是对其程度的期待，既期待学校追求的发展品位与质量能产生积极正向的力量，又期待学校的整体发展能成为时代的风向标与引领源。因此，对高品质学校"高"在何处的"预设"，既要有利于支撑国家战略，又要有利于应对世界变化，还要有利于反思现行教育存在的问题，解决学校教育改革难题。从总体上看，我国目前的发展战略是一种可持续发展战略，世界面临的最大挑战是全球性的可持续发展危机，我国中小学目前面临的最大问题是可持续发展育人的质量难以提升，需要攻克的难题自然是如何提高可持续发展育人的质量。因此，高品质学校对公众做出的承诺和"预设"品质高度的重要维度是可持续发展育人的质量，只有力求在可持续发展育人的质量上"高"起来，才能成为真正的高品质学校。高品质学校要在可持续发展育人的质量上"高"起来，需要具备三个方面的特征。

一、"高"在能支撑国家的可持续发展战略

　　高品质学校是国家教育体系中的中坚力量，其高度首先应与国家战略所体现的高度相匹配，所以高品质学校首先应该"高"在具有支撑国家发展战略的育人价值与办学实力上。育人价值能支撑国家发展战略，是指学校确定的育人目标、思路、策略与

---

① 联合国教科文组织国际教育发展委员会. 一起重新构想我们的未来：为教育打造新的社会契约［M］. 北京：教育科学出版社，2022：96.

结果等能落实国家可持续发展战略对人才的基本需求，能为全体学生将来投身社会建设奠定良好的素质基础。办学实力能支撑国家发展战略，是指办学的软硬件特别是教师队伍、课程设置和课堂改革等能够满足国家可持续发展战略的落实需要，具备实现上述育人价值的优质条件。由于新时代的国家发展战略充分体现了可持续发展思想，具有非常鲜明的可持续发展导向，高品质学校的"高"，首先就应体现在能够支撑国家可持续发展战略这一个方面。

第一，高品质学校要具有支撑中国式现代化建设的思想高度。中国式现代化是党的二十大确定的全面建设中国社会的行动纲领，中国式现代化的本质要求决定着高品质学校的建设高度。"中国式现代化的本质要求是：坚持中国共产党领导，坚持中国特色社会主义，实现高质量发展，发展全过程人民民主，丰富人民精神世界，实现全体人民共同富裕，促进人与自然和谐共生，推动构建人类命运共同体，创造人类文明新形态。"① 因此，中国式现代化是"人口规模巨大""全体人民共同富裕""物质文明和精神文明相协调""人与自然和谐共生""走和平发展道路"的现代化。② 这样的现代化，体现了中国人民、人类社会、自然世界命运与共的可持续发展思想。高品质学校要具有中国式现代化建设的战略高度，就应切实树立起可持续发展思想，在建设过程中"坚持以人民为中心，以立德树人为根本任务，促进人的全面发展、人民共同富裕、人与自然和谐发展、人类命运与共的教育现代化之路"③。

第二，高品质学校要有助推教育强国建设的战略高度。新时代的高品质学校建设，必须围绕教育强国建设的战略、任务与要求展开。"建设教育强国，是全面建成社会主义现代化强国的战略先导"，"是以中国式现代化全面推进中华民族伟大复兴的基础工程"，"是全党全社会的共同任务"④，更是未来十余年高品质学校建设的时代使命。教育强国的核心战略，是以高质量教育推进中华民族的伟大复兴和国家的永续发展，其实质是以可持续发展的教育支撑民族和国家的可持续发展。未来十余年的高品质学校建设，必须把"培养担当民族复兴大任的时代新人""建设高质量教育体系""全面提升教育服务高质量发展的能力""在深化改革创新中激发教育发展活力"⑤ 等教育强国

---

① 习近平. 高举中国特色社会主义伟大旗帜 为全面建设社会主义现代化国家而团结奋斗 [M]. 北京：人民出版社，2022：23—24.
② 习近平. 高举中国特色社会主义伟大旗帜 为全面建设社会主义现代化国家而团结奋斗 [M]. 北京：人民出版社，2022：22—23.
③ 张志勇，袁语聪. 中国式教育现代化道路刍议 [J]. 教育研究，2022（10）：34—43.
④ 习近平. 扎实推动教育强国建设 [J]. 求是，2023（18）：1—3.
⑤ 习近平. 扎实推动教育强国建设 [J]. 求是，2023（18）：1—3.

建设任务落实到办学行动中，以此为目标确定自身可持续发展的内容与方式，形成发展的新目标、新样态与新成果，这样才能提升符合教育强国建设要求的办学品质。因此，高品质学校要有助推教育强国建设的战略高度，既要把培育时代新人作为高质量发展的核心，又要把全面提升服务高质量发展的能力作为高品位建设的方向，着力提高学校教育"赋能经济社会可持续发展"①的水平。只有以这样的"高质量"支撑起学校发展的"高品位"，学校的高品质建设才能更好地满足教育强国的建设需要。

第三，高品质学校要有支撑高质量教育体系建设的质量高度。高质量教育体系建设，既是中国式现代化建设的基础性内容，也是教育强国建设的重要任务。"高质量教育体系是符合新发展理念的，体系应该具备创新、协调、绿色、开放、共享特征。其中，创新是对体系发展模式和发展动力类型取向的描述，指的是高质量体系形成了区别于以往教育体系的发展路径和动力基础；协调是对于制度结构性质取向的描述，指的是各领域教育、各类型教育、各层次教育能实现协调发展、共同进步；绿色是对于体系要素质量要求的描述，指的是体系内教育要素是具有持久生命力的；开放是对于体系内外关系取向的描述，指的是教育体系对内可灵活调整，对外是开放的；共享是对于体系功能取向的描述，高质量教育体系是面向所有人民的，是普惠的。"②因此，高质量教育体系中的高质量，是能够满足人民日益增长的美好生活需要的高质量，是"更加公平、更加满足多样需求、更可持续发展、更为安全可靠"③的高质量。这样的高质量是遵循创新、协调、绿色、开放、共享等新发展理念的可持续发展质量。高品质学校作为高质量教育体系的基本单位，其建设必须符合高质量教育体系建设的上述要求，在具体的办学行为中落实新发展理念，体现可持续发展的质量高度。只有把培养具有可持续发展意识与能力的时代新人作为学校高质量发展的生命线，把促进学生、学校、社会、国家和全球的可持续发展作为办学的境界和格局，以可持续发展的办学质量建设具有可持续发展能力的学校，才能成为高质量教育体系的坚实支撑。

二、"高"在能应对世界性的可持续发展危机

高品质学校不仅应该"高"在能够支撑国家可持续发展战略这一方面，还应不断

---

① 习近平. 扎实推动教育强国建设［J］. 求是，2023（18）：1—3.
② 周元宽，鲁沛竺. "高质量教育体系"概念：问题、机理与建构策略［J］. 教育研究与实验，2023（02）：35—45.
③ 周元宽，鲁沛竺. "高质量教育体系"概念：问题、机理与建构策略［J］. 教育研究与实验，2023（02）：35—45.

拓宽视野，面向全球扩大办学格局，以世界眼光谋划学校发展，为"一带一路"、人类命运共同体和人类文明新形态等建设的人才早期培养做出贡献。从全球范围看，目前牵动世界目光的重大问题是全球面临的可持续发展危机。要解决这一危机，需要全体中小学生树立可持续发展意识，并为将来参与可持续发展的世界建设储备基础性的知识、培养相应的能力。要实现这一人才培养目标，需要中小学提升应对全球性可持续发展危机的办学高度，把支撑国家可持续发展战略和应对全球性可持续发展危机结合起来，将其作为办学的宏观背景与战略谋划的重要依据，以此提高办学品质，这样才能在"植根中国，面向世界"的办学历程中逐步让自身的品质真正"高"起来。

半个多世纪以来，不少有识之士都在为全球面临的可持续发展危机奔走呼号。1965年9月，罗马俱乐部的发起者奥莱利欧・佩西在布宜诺斯艾利斯呼吁银行家和企业家要以全球视野进行长远谋划，以共同应对人类日益严重的共同困境。他所说的"共同困境"，就是人类必须共同应对的可持续发展危机。为了研究和应对人类面临的共同困境，罗马俱乐部于1968年4月成立，1972年发布了第一个报告《增长的极限》，1974年发布第二个报告《人类处于转折点》，对人类面临的可持续发展危险发出了警示。此后，国际组织特别是联合国的多个下属组织，都对人类面临的可持续发展问题进行了密切关注并发出了多项倡议。不少科学家也对可持续发展问题特别是人类的生态危机给予了高度关注。2000年，诺贝尔化学奖得主保罗・约瑟夫・克鲁岑提出了"人类世"这一概念，引发了人们对人类活动导致的生态危机的全方位思考。他所说的"人类世"，是把人类活动作为影响地球发展变化的决定性力量的时代。"人类世的到来要求人类转变思维方式，做可控人类世而不做失控人类世，做建设性人类世而不做破坏性人类世，做万物一体人类世而不做主客宰制人类世"[①]，唯有如此，人类才能逐步增强应对可持续发展危机的意识与能力。

尽管如此，人类面临的可持续发展问题却有增无减。"不断扩大的社会和经济不平等、气候变化、生物多样性丧失、超出地球极限的资源使用、民主的倒退和颠覆性的技术自动化"[②]等，给世界的可持续发展带来了巨大挑战和难以预估的危机。2021年11月13日，联合国秘书长古特雷斯在第26届联合国气候变化大会闭幕式上呼吁："我们脆弱的星球正命悬一线，我们仍面临气候灾难。现在是进入紧急模式的时候了，

① 杨道宇. 与世界共生：迈向2050教育范式变革［J］. 比较教育研究，2022（04）：3—10.
② 联合国教科文组织国际教育发展委员会. 一起重新构想我们的未来：为教育打造新的社会契约［M］. 北京：教育科学出版社，2022：3.

否则我们达到净零排放的机会就是零。"① 人类面临的可持续发展挑战和危机，会对教育产生重大影响。"鉴于可持续发展问题在相互依存日益加深的世界中备受关注，应将教育和知识视为全球共同利益"②，并"根据公平、可行、可持续的人类和社会发展新观念来重新审视教育的目的，这一可持续的愿景必须考虑到人类发展的社会、环境和经济层面，以及所有这些因素与教育的相互影响"③，使教育"成为实现可持续发展动力和建设更美好世界的关键"④，并为新的全球可持续发展观的形成贡献力量。

基于这样的思考，澳大利亚的文化地理学博士阿弗里卡·泰勒等在协助联合国教科文组织起草未来教育报告时，提出了 2050 年教育愿景宣言，认为学校教育必须引领学生正视全球面临的生存危机特别是可持续发展危机，建设与培育能够适应未来生存的课程体系与教育观念。这一宣言特别强调：未来的学校课程应强化"人类和地球的可持续性是一体的"，"任何为了实现可持续发展的未来而继续将人类与世界其他部分分离的企图即使其出发点是好的，但结局都是妄想和徒劳的"，"必须从根本上重新调整关于人类在这个相互依赖的世界中的地位和作用的思维方式，从而改变我们的行为方式"；要教会学生"从了解世界以便采取行动到学会融入并成为我们生活世界的一部分"，"到 2050 年，我们会优先考虑在这个受损的地球上施行集体修复伦理，以达成未来生存的教育目标"，并且要"将教育的目标从人道主义转变为生态正义"，"采用一种全新的道德模式，即一种集体的、超越人类并且具有修复作用的道德模式"，"协同致力于人类和超越人类的繁荣，并集体修复受损的共享世界"等。⑤ 这些宣言及其预示的教育发展趋势，为高品质学校应该"高"在何处提供了参考：新时代的高品质学校，必须想国家之所想，急世界之所急，直面人类面临的可持续发展挑战与危机，把"维护和增强个人在他人和自然面前的尊严、能力和福祉"作为"21 世纪教育的根本宗旨"⑥，努力提升应对全球性可持续发展危机的办学高度，这样才能在支撑国家可持续发展战略的基础上扩展办学的宏观视野，在大格局和宽视野的办学中让品质"高"起来。

---

①　黄晶，等. 世界可持续发展历史轨迹——人物与思想［M］. 北京：社会科学文献出版社，2022：序.

②　联合国教科文组织. 反思教育：向"全球共同利益"的理念转变？［M］. 联合国教科文组织总部中文科，译. 北京：教育科学出版社，2017：72.

③　联合国教科文组织. 反思教育：向"全球共同利益"的理念转变？［M］. 联合国教科文组织总部中文科，译. 北京：教育科学出版社，2017：24.

④　联合国教科文组织. 反思教育：向"全球共同利益"的理念转变？［M］. 联合国教科文组织总部中文科，译. 北京：教育科学出版社，2017：24.

⑤　（澳）阿弗里卡·泰勒，（加）维里妮卡·帕西尼·凯奇巴，（澳）明迪·布莱瑟，等. 学会融入世界：适应未来生存的教育［J］. 陕西师范大学学报（哲学社会科学版），2021（05）：137－149.

⑥　联合国教科文组织. 反思教育：向"全球共同利益"的理念转变？［M］. 联合国教科文组织总部中文科，译. 北京：教育科学出版社，2017：28.

三、"高"在能提高可持续发展育人的质量

高品质学校不仅应该"植根中国，面向世界"办学，而且应该直面学校教育的现实问题研究改革策略，并能在改革实践中形成具有推广价值的改革方案和经验。由于不同时代有不同的攻坚任务，教育发展观念也各有侧重，教育品质的内涵和追求也就有了较为鲜明的时代印记。在"追求增长"的时代里，学校发展观的核心是：数量即质量、规模即效益、硬件即品质，学校面积、硬件建设、学位数量、学校规模等是"高品质"的基本表征。这一发展观与发展模式，虽然逐步解决了"无学上""上学难"和"机会公平"等问题，但出现了"快增长慢发展""有自己的发展无他人的发展""有当代的发展无后代的发展""有今天的发展无明天的发展"等不可持续的问题。在这种发展观的影响下，一些学校盲目攀比办学条件，致使学校发展后续乏力；一些学校盲目攀比卷面分数，导致学生发展后续乏力；一些学校不择手段抢挖生源，导致区域教育发展后续乏力；一些学校在课程实施上"两张课表"、暗箱操作，导致教育改革后续乏力……如果学校间的无序竞争或恶性竞争成风的问题得不到根本性解决，就会导致国家和民族发展后续乏力。导致这些问题的根本原因，是不少学校和教师缺乏可持续发展的质量观，缺乏提高可持续发展育人质量的意识与能力。

从实际情况看，部分学校在可持续发展方面确实存在意识与能力不足的情况，导致一些教师在教育过程中面临诸多挑战。"吃力"主要体现在教师们将大量精力投入提高学生的成绩上，为了提高学生分数，不少教师加班加点，甚至牺牲节假日。但有些教师即便如此努力，也难以让学生、家长和社会各方都满意：学生周末不太愿意回学校，因为回校可能就要面临考试；部分学生不太喜欢过于负责的教师，觉得他们过于唠叨；学生对教师所讲的内容兴趣不高，认为除了考试用处不大；学生之间缺乏真诚的交流，把同学都视为竞争对手；学生不愿意展示自己的全部学习成果，担心被别人超越；学生对社会和时事关注较少，觉得与考试关系不大；学生不太愿意参与提升综合素质的活动，觉得会耽误做题时间；有些学生虽然考了高分，但对过往的学习生活充满厌恶，甚至出现"撕书""撕卷"等行为；一些高分学生进入大学后不会学习，甚至出现厌学、逃学现象；还有些学生分数虽高，却缺乏良好的品德和社会责任感，自私自利，让人担忧……种种问题，导致学生的学习动力和幸福感下降，心理和品德方面的问题逐渐增多，厌学、厌世甚至反社会情绪有所增长。由于学生这些表现，家长对学校心存疑虑，社会对学校多有指责，国家对学校的育人方式和办学质量不太满意，

一些教育专家也对中学教育提出了批评……

全心全力付出，收获的却是如此多的不满意，"吃力"与"不讨好"的巨大反差，让不少学校不知道何去何从，让不少教师沮丧、失望，甚至缺乏必要的成就感与幸福感。随着各项改革政策的推进，不少教师的这种感觉不但没有减弱，反而有愈演愈烈之势。虽然不少改革正在轰轰烈烈地推进，但"教师厌教，学生厌学"的现象却没有明显缓解，教育的可持续发展质量没有得到大幅度提升，学生、家长和社会对教育的满意度也没有明显增强，一些学校甚至名校的质量观念、办学追求和育人方式并没有得到实质性改变。

要破解"吃力不讨好"的困局，需要在解决"人"与"分"相互撕裂的问题中提高可持续发展育人的质量。可持续发展育人的质量，是以可持续发展思想指导育人过程并形成相应育人结果的质量，是学校的育人过程与结果满足学生、学校、社会、国家和全球可持续发展需要的程度。可持续发展育人质量的核心是可持续发展思想。可持续发展思想，是兼顾现在与未来、个体与群体、本土与全球共同发展的思想。从时间维度看，可持续发展思想既重视今天的发展质量，也重视未来发展的无限可能，更强调今天的发展为未来发展铺垫的有益基础；从主体维度看，可持续发展思想既强调个体的完整和谐发展，也强调群体的共同发展，更强调个体与群体的共生发展；从空间维度看，可持续发展思想既强调主体所处家庭、街道、田园等的和谐发展，也强调更大地域包括全球的美好发展，更强调本土与全球的互动发展。只有让这三个维度的思想融合发展，才能形成可持续发展的思想内核，即只有实现了全体、全域的完整、公平、和谐、美好发展，并为未来的美好发展铺垫了基础，才是可持续的发展。高品质学校只有树立了这样的可持续发展思想，才能逐步打通"分"与"人"的关节或障碍，在促进"育分"与"育人"的有效整合中破解"吃力不讨好"的困局。也只有坚持和落实了这样的可持续发展思想，才能在转变"分数人"培养观念和推进"全人"培养实践的过程中提高支撑可持续发展的国家战略和应对全球性可持续发展危机的意识与能力。

综合上述分析，高品质学校应"高"在促进可持续发展的方方面面，高品质学校的深化建设，应集中在可持续发展的意识与能力提升上。因此，高品质学校的可持续发展，既是中国式现代化、教育强国和高质量教育体系建设对学校教育质量提出的时代性要求，也是高品质学校为了适应新质生产力的发展要求和实现自身跨越而树立的理想质量标杆。在全球的可持续发展呼声日益变强，中国式现代化和新质生产力所追求的可持续发展及其对可持续发展思想不断丰富与运用的大背景下，教育必须提高服务可持续发展的水平。中小学作为教育体系中最为基本的细胞，需要聚焦可持续发展，提高其品质。但从实际情况看，不少学校距离服务可持续发展的质量要求还相差甚远，需要在准确把握可持续发展内涵、本质和表征的基础上探索出实现可持续发展的有效路径，才能使自身发展符合可持续发展的质量要求。

可持续发展的内涵演变、范围拓展
及其对教育改革的要求

可持续发展是由"可持续"和"发展"两个词项组成的,"发展"是"可持续"的基础,"可持续"是对"发展"的导向、规范和约束。"可持续"这一词语最早见于法语"soutenir",意思是支撑、支持,可以继续或延续,能在较长时间内维持下去而不会垮掉;"可持续"这一概念最早见于生态学,最初主要指渔业、森林等自然资源的再生利用及其对人类发展的长期维系等,重点是对资源的可持续性进行探讨,目的是"保持人类以及地球上其他生物赖以生存的整个生命支持系统不会随着时间的推移,特别是不会因为人类的行为而遭到破坏和削弱,以使后代人及其他生物拥有同当代人相同的生存和发展基础"[①]。

具有可持续特点的发展通常被视为可持续发展,以可持续为核心理念形成的发展观念统称为可持续发展观或可持续发展思想。可持续发展思想早已存在,并在全世界范围内不断传播,得到越来越多人的认同。随着《经济、社会及文化权利国际公约》(1966年)、《社会进步与发展宣言》(1969年)、《联合国人类环境会议宣言》(1972年)、《发展权利宣言》(1986年)、《里约环境与发展宣言》(1992年)、"联合国千年发展目标"(2000年)和《2030年可持续发展议程》(2015年)等文件与计划的陆续发布,可持续发展思想受到了越来越广泛的重视。

而"可持续发展"这一概念最早出现在1972年联合国的人类环境研讨会上,1980年国际自然保护同盟在世界性的文件《世界自然资源保护大纲》中正式提出了"可持续发展"这一概念。这一概念最初是针对环境和自然资源提出来的,"是一种特别从环境和自然资源角度提出的关于人类长期发展的战略和模式,它不是一般意义上所指的一个发展进程要在时间上连续运行、不被中断,而是特别指出环境和自然资源的长期承载能力对发展进程的最重要性以及发展对改善生活质量的重要性"[②]。1987年,世界

---

① 程海东. 文明进程中的可持续发展研究 [M]. 北京:中国社会科学出版社,2016:122.
② 张坤民. 可持续发展论 [M]. 北京:中国环境科学出版社,1997:27.

环境与发展委员会在《我们共同的未来》中正式明确了"可持续发展"的内涵，即"可持续发展是既满足当代人的需要，又不对后代人满足其需要的能力构成危害的发展"①，并认为这是"一条新的发展道路，不是一条仅能在若干年内在若干地方支持人类进步的道路，而是一直到遥远的未来都能支持全球人类进步的道路"②，拓展了可持续发展的内涵和最初指涉的范围。1992年的联合国里约会议把社会公平纳入了可持续发展框架，2012年的联合国里约大会把经济、社会、环境作为影响可持续发展的核心因素，认为政府、企业、社会组织以及公众个人的合作治理是可持续发展的推进力量。2015年，193个国家在联合国可持续发展峰会上达成成果文件《变革我们的世界：2030年可持续发展议程》，这一议程制定了可参照、可量化的可持续发展目标。"2030年议程首次提出'5P'发展理念，即人类（people）、地球（planet）、繁荣（prosperity）、和平（peace）、伙伴关系（partnership）的有机统一"③，把可持续发展这一概念拓展至人类社会的方方面面。2016年，习近平总书记在第76届联合国大会一般性辩论上向世界提出全球发展倡议，这一倡议的核心是建设人类命运共同体，促进全世界的可持续发展，此后陆续发布了《落实2030年可持续发展议程中方立场文件》《中国落实2030年可持续发展议程国别方案》《中国落实2030年可持续发展议程进展报告》等，可持续发展的内涵进一步丰富，适用范围进一步拓宽，"在人、自然、社会的大系统中，怎样处理人与人之间的关系、人和自然的关系，已成为可持续发展中的核心问题"④。这些核心问题是学校课程建设的重要依据，以可持续发展思想分析和处理这些问题的思路与方法，必然渗透到学校课程中，要设计和实施好这些课程，需要学校全体师生树立可持续发展意识，提高可持续发展能力，教育和学校的可持续发展也由此提上议事日程。

"可持续发展"这一概念的内涵与适用范围经历了长达半个多世纪的发展，进入新世纪后，联合国教科文组织对其适用范围进行了明确划定：可持续发展"涵盖社会、环境、文化和经济四个方面"，"环境可持续发展关注的是资源消耗的速率，强调对于物质材料、资源和能源的消耗要维持可持续发展的速率，从而减少对环境的损害；经济的可持续发展，关注的是资源使用的态度，强调国家与企业要用负责任的态度、更高效率地去使用资源，从而实现经济的可持续；社会的可持续发展，强调发展的终极

---

① 世界环境与发展委员会. 我们共同的未来［M］. 王之佳，等，译. 长春：吉林人民出版社，1997：52.
② 程海东. 文明进程中的可持续发展研究［M］. 北京：中国社会科学出版社，2016：5.
③ 赵若祯，张贵洪. 全球发展倡议对接2030年可持续发展议程：内涵、动力与路径［J］. 湖北社会科学，2022（06）：19—29.
④ 程海东. 文明进程中的可持续发展研究［M］. 北京：中国社会科学出版社，2016：123.

目标，即社会的福祉"，"文化的可持续发展，关注的是建构包容和谐、相互尊重、彼此平等的文化、以谋求人类社会的长远发展"。① 所以联合国教科文组织强调："可持续性可以理解为，个人和社会在当地及全球层面采取负责任的行为，争取实现人人共享的更美好的未来，让社会正义和环境管理指导社会经济发展。"②

为了强调可持续发展，一些国际组织和国家推进了可持续发展教育项目，我国是项目参与国之一。可持续发展教育最初主要是环境教育，强调通过环境保护促进人类的可持续发展。2005 年，联合国大会正式提出可持续发展教育这一概念，并将其界定为"致力于培养人们的可持续性思维和价值观，从而构建人类可持续发展的未来"③的教育。"可持续发展教育强调教育对于可持续发展的贡献：以可持续发展为导向和目标，重新定位与创新现行教育以促进经济、文化和环境多方面的可持续发展"④，这就大大拓宽了可持续发展教育的内涵与外延。2015 年，联合国教科文组织发布的《反思教育：向"全球共同利益"的理念转变?》，将可持续发展教育列入全球教育的核心关注议题，强调以维护全球共同利益的思维改进全球教育，要把教育作为促进人类可持续发展的重要手段，进一步强化了可持续发展教育和教育的可持续发展等世界普遍关注的议题。

联合国教科文组织对可持续发展内涵的界定和国内外研究者对可持续发展的共性认识，对教育改革提出了较为明确的要求。第一，教育改革要关注人的需求的全面性。"可持续发展是以人的发展为中心的人与自然、人与人的协调与永续相统一的延续不断的发展。"⑤ 根据可持续发展的这一观点，人的全面发展需要建立在满足人的全面需求的基础上。人的全面需求主要分为自我素质的全面发展需求、与同伴共同发展的需求、与自然共生发展的需求，与社会和谐发展的需求等。新时代的教育改革就应以全面满足学生的这些发展需求为前提改革育人方式，增强学生的可持续发展意识与能力。第二，是以可持续发展思想为引领，恰当处理教育改革中的各种关系。"'人的发展'是指人在各个生活阶段上的发展，是个人、社会、自然之间某种和谐关系的构成，它保

①　邱雪华，李敏谊. 聚焦儿童 面向未来——幼儿园可持续发展教育实践［M］. 北京：北京师范大学出版社，2021：1.
②　联合国教科文组织. 反思教育：向"全球共同利益"的理念转变?［M］. 联合国教科文组织总部中文科，译. 北京：教育科学出版社，2017：12.
③　邱雪华，李敏谊. 聚焦儿童 面向未来——幼儿园可持续发展教育实践［M］. 北京：北京师范大学出版社，2021：2.
④　邱雪华，李敏谊. 聚焦儿童 面向未来——幼儿园可持续发展教育实践［M］. 北京：北京师范大学出版社，2021：4.
⑤　程海东. 文明进程中的可持续发展研究［M］. 北京：中国社会科学出版社，2016：124.

证人的潜力得到充分发挥，而又不使社会或自然受到损害、掠夺或破坏。"[①] 要促进全体学生的全面发展，提高全体学生的可持续发展能力，就要处理好教育过程与教育改革活动中的各种关系，特别是要处理好全体学生基本需求的满足、素质的提高和潜力的发挥等方面的关系。第三，不断提高教育变革能力，根据可持续发展需要持续推进教育变革。联合国欧洲经济委员会制定的欧盟可持续发展战略认为，"可持续发展教育中的关键能力是关于变革的能力，它包括制订方案、预见变革、实施变革三个步骤，反映出了学习者具有的整体思维能力、批判性思维能力和创新性思维能力，并致力于推动学习方式的转变"[②] 等，特别是要"以可持续发展价值观为核心，以跨学科、多领域、全方位的形式，帮助受教育者掌握和形成可持续发展所需要的知识、技能、价值观以及生活方式，进而促进环境、经济、社会和文化的可持续发展"[③]。只有推进这样的变革，教育才能为世界创造更加美好的明天。

---

① 程海东. 文明进程中的可持续发展研究 [M]. 北京：中国社会科学出版社，2016：218.
② 邱雪华，李敏谊. 聚焦儿童 面向未来——幼儿园可持续发展教育实践 [M]. 北京：北京师范大学出版社，2021：4.
③ 邱雪华，李敏谊. 聚焦儿童 面向未来——幼儿园可持续发展教育实践 [M]. 北京：北京师范大学出版社，2021：4.

高品质学校可持续发展的内涵与本质

从字面意思来看，高品质学校的可持续发展主要包含两层内涵：其一，学校能否持续保持高品质。这里的核心关注点在于这所学校所标榜的"高品质"究竟是真实的还是虚假的，是短期功利性的还是立足长远的，是仅在某一方面表现出色还是具备综合贡献能力的。其二，高品质学校追求的可持续发展质量如何，又是通过何种方式实现这一发展的。其核心关注点在于学校是否提供让学生受益终身的教育，能否通过提升学生的可持续发展素养来增强其服务可持续发展的能力。这两层内涵虽各有侧重，但都指向了同一个问题，即高品质学校应当追求怎样的育人质量，才能提升学生的可持续发展素养，并以此提高自身服务可持续发展的能力。所以，学校，尤其是高品质学校可持续发展的本质，在于聚焦学生的可持续发展素养，提升其品位与质量。

一、学校可持续发展的本质：提高学生的可持续发展素养

学校的核心功能是育人，学校可持续发展的根本是学生的可持续发展。随着 2030 年全球可持续发展议程的不断实施，不少学校开始"根据公平、可行、可持续的人类和社会发展新观念来重新审视教育的目的"，据此改进与可持续发展不相适应的教育内容与方式，力求以自身的可持续发展"成为实现可持续发展动力和建设更美好世界的关键"。由于学校育人最直接的对象是学生，其可持续发展的直接体现是学生的可持续发展素养，因此学校可持续发展的本质，是提高学生的可持续发展素养。

可持续发展需要强调"完整""共生"和"生态"三个关键。"完整"是针对发展对象的内部建设而言的，主要是指影响其生存和良性运转的关键要素在当下和未来的协调发展，这是可持续发展的基础。"共生"是就发展对象之间的关系而言的，只有彼此间实现了公平发展、错位发展和相互支撑的共同发展，才能获得持续发展的力量，这是可持续发展的枢纽。"生态"是针对发展对象和环境的关系而言的，只有当发展对象积极参与社会和自然环境建设，共同营造出良好的发展生态时，所有发展对象才能持续发展，这是可持续发展的保障。

学生的可持续发展素养是学生在促进自我内在的完整发展、自我与他人的共生发展、自我与环境的生态发展等方面所具有的基本态度、价值观念、核心知识与关键能力，主要由完整发展素养、共生发展素养和生态发展素养构成，也需要强调"完整""共生"和"生态"三个关键。其中，"完整"是可持续发展的基础，"共生"是可持续发展的枢纽，"生态"是可持续发展的保障。学校可持续发展的本质，就是持续促进学生完整发展、共生发展和生态发展素养的整体提升。只有切实帮助学生提升了这些素养，学校的可持续发展目标才能得以实现。

二、高品质学校可持续发展的本质：聚焦学生可持续发展素养 提高品位和质量

高品质是高品位和高质量的综合体①，高质量是高品质的底座和骨架，高品位是对高质量所呈现出的境界、格局、视野和育人方式等的定位与要求。只有当学校追求的高质量体现了教育改革的核心指向和在较大程度上实现了育人理想时，其高质量才具有高品位，两者互生才能成就学校的高品质。

学校的高品质是动态发展的，不同时期的教育改革所追求的育人理想不同，其高品位的表现和判断标准也就有差异，这些差异会对学校的高质量提出不同要求，进而赋予高品质不同内涵和表征。中国式现代化、教育强国和高质量教育体系建设对教育服务于可持续发展的理想追求，赋予了高品位的可持续发展内涵，这种内涵集中体现在培育学生可持续发展素养的育人理想上。只有当学校追求的高质量在最大程度上体现出学生可持续发展素养的培育境界、格局、视野和育人方式时，才称得上具有了中国式现代化和教育强国要求的高品质。因此，新时代高品质学校可持续发展的本质，是聚焦于学生可持续发展素养，提高品位和质量。

服务于可持续发展的高质量，是指学校教育在最大范围和最高程度上满足了学生、家长、社会、国家和全球培育时代新人可持续发展素养的需要。"最大范围"，是指满足学生、家长、社会、国家和全球可持续发展需要的覆盖面，满足的方面越多则范围越大；"最高程度"，是满足某一方面"可持续发展素养培育需要"所能达到的最高水准。这种高质量需要体现学生完整发展、共生发展与生态发展素养综合提升的境界、格局、视野和育人方式，这样才是具有了服务于可持续发展的高品位。

第一，在学生个体的发展质量上体现"完整发展"的育人境界、格局、视野和育

---

① 崔勇，张文龙. 高品质学校建设·理论之思 [M]. 成都：四川教育出版社，2021：17—21.

人方式。可持续发展观把人的完整发展置于核心地位，"将人的不断完善当作战略旨归"①，倡导"横向完整"和"纵向完整"有机结合的发展。"横向完整"是指德智体美劳等素质的全面发展，"可持续发展观坚持以人的全面发展为中心"②，把"人的全面自由的发展作为终极目标和最高原则"③，主张在尊重发展潜能与个性的基础上促进全面发展。"纵向完整"是指学生在不同成长阶段的和谐发展与持续发展。高品质学校追求的高质量能兼顾学生过去的发展基础、当下的发展体验和未来的发展需要，具有面向未来，尊重学生过去和当下的育人境界、格局、视野与方式。

第二，在学生群体的发展质量上体现"共生发展"的育人境界、格局、视野和方式。可持续发展强调丰富学生的"多样性社会关系"，主张在多样性的社会关系中提高共生发展素养。在可持续发展视域中，平等性是共生的前提，多样化是共生的基础，只有具备了平等发展能力和多样化发展能力，才能不断提升共生发展素养。高品质学校在学生群体发展方面所追求的高质量，既能尊重和用好每个学生的平等发展机会，也能帮助每个学生依据自身潜能实现个性化发展，并引导他们在相互借鉴和彼此滋养中实现共同发展的目标。

第三，在学生与环境的关系发展质量上体现"生态发展"的育人境界、格局、视野和方式。可持续发展视域中的生态发展包括"横向""纵向"和"纵横交织的系统化发展"三个方面。"横向"包含两个方面：一是学生与社会环境、自然环境和谐相处、互动共生的素养；二是学生关注和促进本土、本国与全球共同发展的素养。"纵向"既包括今天所做的一切能为未来发展打下良好基础，也包括立足长远改善现实发展体验等。纵横交织的系统化发展，是指立足更加美好的未来，促进人类与自然、本土与全球共同发展与和谐发展。

综上，新时代高品质学校的可持续发展，是根据中国式现代化、教育强国和高质量教育体系建设对学校服务于可持续发展的质量要求，在办学条件、过程与成效等品质提升上，以可持续发展思想为指引，以学生可持续发展素养培育为主要任务，把致力于为学生、学校、社会、国家和全球可持续发展服务作为育人境界、格局、视野和方式等的高品位、高质量发展。新时代的高品质学校作为服务可持续发展的排头兵、先行者和示范者，在建设过程中需要抓住完整发展、共生发展和生态发展素养的整体提升本质，提高育人品位和质量，以促进自身的新跨越。

---

① 程海东. 文明进程中的可持续发展研究［M］. 北京：中国社会科学出版社，2016：218.
② 程海东. 文明进程中的可持续发展研究［M］. 北京：中国社会科学出版社，2016：167.
③ 程海东. 文明进程中的可持续发展研究［M］. 北京：中国社会科学出版社，2016：168.

高品质学校可持续发展的基本表征

根据中国式现代化、教育强国和高质量教育体系建设对高品质学校服务于可持续发展的要求，高品质学校可持续发展的最大表征集中体现在办学战略、办学实践、学校文化和学生发展四个方面。

一、聚焦国家要求"顶天立地"规划办学战略

办学战略，是指导学校长远发展和整体变革的价值追求、总体目标、核心任务与关键策略等，是学校未来发展需要遵循的预设性框架。聚焦国家要求规划办学战略，是指学校在预设办学价值、目标和实践框架时，紧紧围绕中国式现代化、教育强国和高质量教育体系建设对服务于可持续发展的要求展开。"顶天立地"，是指学校确定的办学战略既能体现国家要求，也能将国家要求全方位融入办学目标、育人过程等各环节，更能在办学成果中全面体现国家要求。高品质学校可持续发展的这一表征主要体现在两个方面：

一方面，能够聚焦可持续发展素养转化国家要求。首先是能够自上而下地进行"立地式"转化，即把中国式现代化、教育强国和高质量教育体系建设中的可持续发展要求转化为办学的指导思想、发展目标与实践框架，使之能够"立地"。一是转化教育强国建设的战略、任务与要求，重点是把"培养担当民族复兴大任的时代新人""建设高质量教育体系""全面提升教育服务高质量发展的能力""在深化改革创新中激发教育发展活力"等任务转化为办学战略，以此确定可持续发展素养的培育目标、内容与方式，以提高学校教育"赋能经济社会可持续发展"的水平。只有以这样的"高质量"支撑起学校发展的"高品位"，学校的高品质建设才能更好地满足教育强国的建设需要。二是把创新、协调、绿色、开放、共享等新发展理念和建设"更加公平、更加满足多样需求、更可持续发展、更为安全可靠"的要求转化为办学战略中的具体内容，以高品位的可持续发展素养培育质量支撑起中国式现代化、教育强国和高质量教育体系建设。其次是自下而上地进行"顶天式"转化，把学校现有的办学实践向国家战略

指向的改革方向转化，发展和丰富体现了可持续发展思想的内容，改造或去除与可持续发展素养培育有差距甚至背离的部分，使之能够"顶天"。"顶天"和"立地"相结合，才能确保学校办学战略能够不折不扣地落实国家要求。

另一方面，可持续发展素养的培育融入了办学战略的方方面面。其一是能全程融入办学战略制订与实施工作的全过程，能把国家战略对可持续发展素养的培育要求作为办学的价值追求和基本思想，融入办学战略的设计、制订、实施、反馈和改进等各环节，并将其作为评估办学战略制订与实施质量的基本依据。其二是在办学战略文本的各项内容中全面体现可持续发展素养的培育思想，能在发展目标、发展任务和关键策略中落实学生的完整发展、共生发展和生态发展素养的整体提升要求。

二、立足供需矛盾　按规律创新办学实践

高品质学校的办学实践，是根据办学战略有目的有计划开展的系列化育人活动。这些育人活动要更好地"顶天立地"，需要学校立足当前面临的教育供需矛盾，按规律创新办学实践。供需矛盾，是指学校提供的教育内容、方式或其他服务与学生、家长和社会对学校教育需求之间存在的落差或冲突。随着社会主要矛盾转向"人民日益增长的美好生活需要和不平衡不充分的发展之间的矛盾"以来，家长对学校教育的需求从"有学上"转向了"上好学"，对学校育人目标、内容、方式和结果等的要求发生了非常明显的结构性变化。高品质学校能在办学战略的引领下正视和立足这些变化及其产生的供需矛盾，按照学生可持续发展素养的提升规律创新办学实践，这一表征主要体现在三个方面。

在育人活动方面，能根据"数量"与"质量"需求的结构性变化突出可持续发展素养的培育质量，按照质量提升规律创新育人活动。随着办学条件的日益改善，社会对学校教育的需求从"数量"向"质量"转变，家长从追求入学机会公平转向了追求就学质量公平。高品质学校能根据这一需求的变化，改变一味扩充学位数量或育人活动数量的发展思路，在学生可持续发展素养的培育质量上确立高质量公平的发展目标，并按照可持续发展素养质量的提升规律创新教育内容，丰富实践活动。可持续发展素养的培育质量，是指学校开展的育人活动满足学生完整发展、共生发展和生态发展素养整体提升需要的程度。高品质学校能在所有的育人活动中精细化地融入学生完整发展、共生发展和生态发展的要素，按照可持续发展素养整体提升的规律创新育人内容、方式和评价等，在可持续发展素养培育方面追求更高质量的公平和更加公平的高质量。

在学习动力方面，能根据"饥饿式需要"与"追梦式需要"的结构性变化创新学习动力培育系统，遵循"追梦式需要"的动力激发规律，培育学生自主提高可持续发展素养的持续性动力。随着生活条件的日益改善，学生的学习动力开始从"饥饿式学习需要"向"追梦式学习需要"转变。"饥饿式学习需要"是指为赚取将来的生活资本而学习的需要，学习动力源于"吃饱饭"或"吃更好的饭"；"追梦式学习需要"是为了将来活得更有意义而学习的需要，学习动力源于更好地追求自己的存在价值。高品质学校能根据学生学习动力的结构性变化，将以"饥饿"为起点的育人实践逻辑转向以"追梦"为起点的育人实践逻辑，按照学生的追梦需要创新学习动力激发的内容、方式和制度，在培育学生自主提升可持续发展素养的持续性动力方面采取切实可行的措施。

在育人成果方面，能根据"短期成功"与"长短成功兼顾"的结构性变化创新办学成效的评价标准，按照可持续发展素养的评价规律丰富评价方式。"短期成功"的评价标准，是指对育人成果仅仅看重眼前的高分数、高级别奖牌或短暂性的吸人眼球；"长短成功兼顾"的评价标准，是指既注重学生当前良好的学习体验和成功感，也特别重视今天的学习为将来的可持续发展铺垫有价值的基础。高品质学校既重视学生当下的学习成就体验，也注重长远的成功与幸福，能整合"短期成就"与"长远福祉"，创新办学成效的评价标准和方式。

三、面向复杂未来 建设可持续发展文化

高品质学校除了具有"顶天立地"和"遵循规律"的特征，还特别强调文化浸润，重视面向复杂未来建设可持续发展的学校文化。复杂未来，是指未来具有不确定性。可持续发展的学校文化，是指以可持续发展思想为精神内核形成的学校价值体系、育人质量观、实践原则和发展氛围等。高品质学校面向复杂未来建设可持续发展文化，是把可持续发展素养的提升作为应对未来不确定性的基本手段，以提高学校教育服务于可持续发展的品质为基本取向建构学校的价值体系、办学原则和实践理念，并由此形成了相应的发展风气、氛围和舆论导向等。

高品质学校面向复杂未来建设可持续发展文化的核心表征，是能在"相对固定的学校教育"和"未来的不确定性"之间寻找可持续发展素养的培育点，并由此建构学校的理念、制度、实践和环境等文化体系。从全球发展看，多种因素的复杂性叠加，导致了许多世界性的新冲突与新危机，这些新的冲突进一步增加了世界发展的复杂性和未来的不确定性，学校对未来的预测更加复杂和难以实现。再加上"科学技术发展

的步伐不断加快，预测新的专业和相关技能需求变得越来越困难"①。未来世界和行业
发展的不确定性，使学校教育目标、内容与方式的重组失去了明确而固定的参照系，
学校依靠预测未来世界的具体变化确立变革愿景的可能性大大降低。然而，不立足未
来确立学校变革愿景，学校教育就会因其缺少前瞻性而与未来需求脱节；如果学校教
育随时跟上世界和行业的发展步伐，又可能破坏其目的性、计划性和系统性。高品质
学校面向复杂未来建设可持续发展文化，就是引导师生和家长在面对复杂变化的不确
定的未来世界时，探寻、确立并发展能够持续应对不确定性未来的可持续发展素养培
育点，能聚焦这些培育点系统化建构学校的文化体系，促进全体师生形成以可持续发
展素养的提升应对未来不确定性的价值取向、思维方式、行动能力与舆论氛围，并据
此提升学校的文化品位与实践改革质量。

四、持续改革　促进更高质量的全面发展

　　高品质学校是具有改革活力并能较好地保持改革定力的学校。高品质学校推进可
持续发展，需要在持续改革中不断优化可持续发展素养的培育目标、内容、方式、技
术与评价等。优化这些方面的重要攻坚点，是突破五育并举难题，帮助学生高质量达
成全面发展的目标，因为完整发展、共生发展和生态发展素养整体提升的基础是全面
发展。只有首先实现了全面发展目标，学生才能完成"横向完整"和"纵向完整"两
个方面的发展任务，进而形成与他人共生发展和与环境和谐发展的基本态度、价值观
念、核心知识与关键能力。

　　和一般学校相比，高品质学校不仅要落实全面发展的要求，更要促进学生实现更
高质量的全面发展。"更高质量"主要体现在三个方面。一是能准确把握全面发展的本
质，科学引导学生全面发展。可持续发展素养中的全面发展，既不是德智体美劳齐头
并进或"一刀切"的发展，也不是伙伴之间分别在德智体美劳等素质上比较优劣的发
展，而是立足自身潜能实现的德智体美劳协同发展，具有独立性和个性化特征。高品
质学校能避免一个模子的"全面发展"，善于引导学生利用自身资源禀赋与潜能促进德
智体美劳的协同发展，使自己逐步成为一个具有独立性和独特性的完整的人。二是能
面向未来提升学生全面发展价值，具有前瞻性地引导学生全面发展。高品质学校能在
思考全面发展的未来价值的基础上设计和实施全面育人战略；能发掘和用好五育活动

---

① 联合国教科文组织. 反思教育：向"全球共同利益"的理念转变？［M］. 联合国教科文组织总部中文科，
译. 北京：教育科学出版社，2017：51.

中有利于学生长远成功的内容与方式，强化全面发展对长远发展的基础性意义。三是能立足可持续发展素养丰富全面发展内容，系统化地引导学生全面发展。高品质学校能把完整发展、共生发展和生态发展素养等作为一个整体来丰富全面发展的内容，既把"横向完整发展"和"纵向完整发展"作为全面发展的基础性内容，也把平等对待他人、学会与他人共同共生发展作为全面发展的拓展性内容，还把提高环境参与能力、学会与环境和谐相处的生态素养培育作为全面发展的提升性内容，并能以此为基础全面提升学生的可持续发展素养。

高品质学校可持续发展的实现路径

高品质学校要聚焦可持续发展素养提高品位和质量，需要一体化构建可持续发展的引领系统、可持续学习能力的培育系统和可持续发展素养培育的支撑系统，才能在"顶天立地"中"遵循规律"，在"文化浸润"中促进更高质量的"全面发展"。

一、做实可持续发展的引领系统

高品质学校可持续发展的引领系统主要由战略、文化和评价三大要素构成，要做优可持续发展的引领系统，需要聚焦可持续发展素养的培育任务，做实战略引领、文化引领和评价引领等工作。

其一是强化战略引领。高品质学校的管理团队要具有战略意识、战略定力和战略引领能力，提高战略规划的制订、实施、反思和改进水平。首先是聚焦可持续发展素养的培育制订战略规划：在分析学校的发展基础时，要着力明确现有办学条件、过程与成效在可持续发展素养培育方面的优势、差距与挑战；在确立发展的指导思想时，要把提高学生可持续发展素养作为总纲，结合国家战略和校情进行细化；在拟制发展目标时，要围绕学生完整发展、共生发展和生态发展素养的整体提升需要，确立办学条件、过程与成效等发展指标；在选择重点任务时，要瞄准实现完整发展、共生发展和生态发展素养提升目标的难点来确定。其次是在实施、反思和改进战略规划时，要紧扣可持续发展素养提升的价值性、针对性、有效性和精准性等进行观察、分析并提出改进建议，以此引导全体师生和家长理解、认同、落实和支持学校的战略规划，全方位全过程提高战略引领能力。

其二是注重文化引领。文化引领的重点是促进师生形成可持续发展的基本态度与价值观念，把服务于可持续发展作为育人活动与改革行为的是非标准，着力形成支持可持续发展的育人文化生态。在确立办学愿景时，要聚焦可持续发展素养的培育，思考本校应该办成一所怎样的学校；在确立办学思想时，要把能否服务于可持续发展作为基本价值取向；在确定育人目标时，要把培育具有可持续发展素养的新时代"全人"

作为最基本的定位；在确定育人理念时，要把学生完整发展、共生发展、生态发展素养的整体提升作为细化育人理念的主线；在完善"三风一训"时，要力求显现出高品质学校可持续发展的基本表征；在实践文化和制度文化的建设上，要以有利于学生可持续发展素养的高质量提升为基本准则，结合相应工作板块的实践要求，确定其价值追求并完善与之匹配的制度。

其三是创新评价引领。创新评价引领的重点，是根据上述战略和文化的落实与建设需要，创新评价内容、指标、技术和方式等。在学生发展的评价上，要围绕完整发展、共生发展和生态发展素养的整体提升构建新的评价体系；在管理团队和教师团队的评价上，要聚焦其支撑可持续发展素养培育的价值观念、基本态度、专业基础和改革能力等创新评价体系；在学校办学成效的整体评价上，可以重点分析学校培育可持续发展素养的改革经验是否得到认同和推广，学校对家庭、社会树立可持续发展价值观发挥的积极影响和做出的贡献等。

二、做优可持续学习能力的培育系统

可持续发展素养是在可持续学习中提升的，可持续发展素养的持续提升需要可持续学习能力作支撑，高品质学校的学习系统应成为可持续学习能力的培育系统。"可持续学习不仅仅是保留知识和技能，它包括持续的有目的、有反应的主动学习；学习者随着环境的变化高效地建立和重建自己的知识和技能"[①]；可持续学习能力，是指能够在新的环境中自主、持续开展学习活动，发展自身应对新环境、满足新需要所需新知识与新技能等的能力，主要由学习内生力、自主学习力、资源整合力与学习表达力"四力"构成。学习内生力是可持续学习的动力源，自主学习力是可持续学习的支撑性能力与表征性要素，资源整合力是可持续学习的保障性条件，学习表达力是可持续学习的纽带与深化性要素。

可持续学习能力的培育系统，主要是指学校根据"四力共生"需要建构和实施的课程体系、活动体系和课堂改革体系等。高品质学校要做优可持续学习能力的培育系统，可以在四个方面重点着力。一是建构促进"四力共生"的课程体系。以"四力共生"为指向，完善课程内容，创新课程形态和实施方式；以"全息"思维完善或升级学校的课程结构，把全球大世界浓缩到校园小时空的课程体系中来，让学生在多维联系的课程体系中学会完整发展、共生发展和生态发展。二是完善和升级学校活动体系。

---

① 余闻婧. 可持续学习：危机时期的课程重心［J］. 全球教育展望，2021（07）：42—53.

聚焦"四力共生"系统设计育人活动，以"全景"视域布局活动内容，在大时空中培育学生的可持续学习能力。三是建构课堂改革体系。以"四力"发展为课堂改革的逻辑起点，以"全息"思维优化课堂学习生态，以学科教学改革为载体，提高可持续学习能力的培养质量。四是完善和升级学校课程、课堂和育人活动设计与实施的监测内容、标准和方式，及时改进和优化培育系统。

三、做强可持续发展素养培育的支撑系统

可持续发展素养培育的支撑系统，主要由保障学生完整发展、共生发展和生态发展素养整体提升的办学条件、改革团队、教研科研体系、管理制度等构成，做强支撑系统可以在这四个方面着力。

一是根据可持续发展素养的培育需要，校家社联合拓展校内外育人时空和实践基地，更新教学设施设备，合理布局和利用好学校空间，做强办学条件支撑。二是提高管理团队、师生和家长协同培育可持续发展素养的能力。管理团队聚焦可持续发展办学战略的设计、实施、反思与改进提升可持续发展的领导力、凝聚力和发展力；教师聚焦可持续发展素养的有效提升研究课题，提高课程、课堂和育人方式的改革能力；学生围绕可持续发展素养的提升任务提高自我改进能力，增强可持续的生活意识、共生发展的社会意识和可持续学习能力；家长提高支持孩子提升可持续发展素养的能力，力求使自身成为可持续发展的示范者。三是完善教研科研体系。围绕高品质学校可持续发展的内涵、本质、表征和路径等，系统设计教研内容与方式，以此为基础构建学校的课题群，从不同层面和不同维度破解可持续发展素养和可持续学习能力的培养难题，为持续推进改革提供学术支撑。四是以有利于学生可持续发展素养和可持续学习能力的有效提升为标准，创新行政管理、业务管理、激励评价和后勤服务等制度，使其更能激发师生和学校的可持续发展内动力。这四个方面协同变革，同时改进，形成培育可持续发展素养和可持续学习能力的合力，学校的可持续发展才会有坚实的保障。

第二编

新时代高品质学校深化建设的着力点：增强可持续发展能力

在高品质学校建设的第一轮改革实践中，我们在大量实证研究中发现，影响学校发展品质的关键要素是办学战略、教育实践、学校文化和学生发展。在这四个要素中，顶天立地的办学战略决定了学校高品质建设的方向；遵循规律的教育实践决定了学校高品质建设的后劲；浸润力强的学校文化决定着学校高品质建设的动力；全面发展的学生素质决定着高品质学校建设的成效。方向、后劲、动力与成效，构成了高品质学校的发展链，弱化任何一个环节，都会影响这一链条的运行质量。

高品质学校的深化建设，也应聚焦可持续发展这一着力点，改革和优化这四个要素，据此构建学校的深化建设框架，推进学校的整体改革，提高学校的可持续发展水平，这样才能以可持续发展思想提升学校的发展品位与质量，形成可持续发展的品质内涵与发展样态。据此，我们在高品质学校的深化建设中始终围绕这四个要素展开，并根据可持续发展的基本要求细化和改革这四个要素，以此建构了促进可持续发展的高品质学校的深化框架。

第一是聚焦可持续发展优化办学战略，在顶天立地中将党的教育方针和国家的教育战略转化为学校的可持续办学思想与办学行为，以此升级学校的办学战略规划，明确可持续发展的办学方向。

第二是按照可持续发展的教育规律改进教育教学实践，推进教育教学管理的深层次变革，使学校的各项改革具有促进可持续发展的功能，以此增强师生提高可持续育人品质的后劲。

第三是建设可持续发展的学校文化，树立和坚守可持续发展的育人质量观，为学校提升可持续发展办学水平积蓄动能。

第四是以可持续发展为标高，深度理解新时代学生全面发展的内涵、本质、价值与表征，据此形成学生全面发展的新样态与新高度，引导学生提高全面发展的品质，真正成为新质生产力的未来生力军。

上述四个要素的改革与优化，各有侧重但又相互影响，共同聚焦可持续发展这一着力点，提升学校的发展品质，以推进高品质学校建设进入"深水区"，促进高品质学校建设进入可持续发展的高阶状态。

第一章
顶天立地：聚焦可持续发展
明确高品质的深化方向

"高品质学校建设"课题组坚持高品质学校"顶天立地、遵循规律、文化浸润、全面发展"的四大内在特征和建设方向。其中"顶天立地"就是强调"学校既要准确把握国家大政方针，按照国家对教育改革的顶层设计和统一部署，稳步推进各项工作；又要从自身实际出发，不忘初心、牢记使命，做到有的放矢，付诸行动。"① 学校的可持续发展，意味着学校办学方向是正确的，治校格局是高远的，实践是遵循规律的。"顶天立地"指明了高品质学校建设的方向和性质，即要以党和国家教育方针政策为指引，为学校可持续发展和高质量发展指明方向、灌注动力和明晰路径。"教育是国之大计、党之大计"，坚决贯彻落实党和国家的办学方针是推动学校可持续发展的应有之义和必由之路。

▶ **理论指引**

遵循教育方针 完善促进可持续发展的顶层设计

教育方针是国家或政党在一定历史阶段提出的有关教育工作的总方向和总方针，是教育基本政策的总概括。中国现行的党和国家的教育方针政策的最新规范表述是2021年新修订的《中华人民共和国教育法》第五条，即"教育必须为社会主义现代化建设服务、为人民服务，必须与生产劳动和社会实践相结合，培养德智体美劳全面发

---

① 崔勇. 人民满意导向下的高品质学校建设再理解［J］. 教育科学论坛，2023（03）：5.

展的社会主义建设者和接班人"。习近平总书记强调要"在党的坚强领导下,全面贯彻党的教育方针",这为新时代党和国家教育事业发展以及学校高品质发展指明了前进方向,提供了根本遵循。学校在高品质发展过程中,要自觉主动、坚决彻底地以党和国家的教育方针政策为方向和准绳,对学校发展和办学进行顶层设计,这样才能聚焦可持续发展构建现代治理体系和治理能力,实现学校可持续发展和高品质发展。

一、教育方针是高品质学校可持续发展的根本要求

党和国家的教育方针政策是学校可持续发展的根本要求,是学校秉持"顶天立地"建设方向和策略的指针和灵魂。学校需要从教育兼具个体发展和社会服务双重功能的内在功能出发,去深刻认识新时代党和国家的教育方针政策的内涵要义和发展动力。

(一)以顶天立地的教育方针推动学校可持续发展

从"顶天"来说,这充分体现了高品质学校建设的"国家性"。教育是国家和社会的发展根基和推动力量,对于国家富强、民族振兴、社会进步、人民幸福有着十分重要的作用,具有基础性、先导性和全局性地位。党的十八大以来,中央密集出台了系列重要政策文件,系统、全面、深刻地阐述了教育改革发展的方向,对教育改革发展的愿景和路径进行了系统顶层设计。可以说,我国教育体制"四梁八柱"的改革方案基本建立,教育改革进入"全面施工内部装修"阶段。[①] 学校办学必须秉持"九个坚持"和"四个服务",围绕"培养什么人、怎样培养人、为谁培养人"的根本问题,全面落实立德树人根本任务,做到五育并举,大力发展素质教育,促进学生全面而有个性的发展。面对级别高、要求严、出台快、数量多的教育文件,部分校长和教师还不同程度地存在认识不深、认同不足、执行不力等问题,阻碍了学校的可持续发展,不利于国家高质量教育体系的建构。因此,高品质学校建设要将坚决贯彻党和国家的教育方针政策作为首要之举和关键之策,增强教育工作者的理解力、自觉性和实效性。

从"立地"来说,这充分体现了高品质学校建设的"校本性"。学校不仅要"抬头看天",更要"低头看路",根据区域发展、社区情况、自身条件、学校历史与文化、办学特色与追求等办学基础和要素,因地制宜而求真务实地落实党和国家的教育方针政策,找到适合自己的改革策略和发展路径,实现"办出特色,教出风格"。为此,学校要认真研读党和国家的教育方针政策的内涵要义、实施条件、推进要求等,找准自身差距、明晰落实路径、制订贯彻方法,切忌"等靠要"思想和拖延、打折扣、打擦

---

① 陈宝生. 教育改革进入"全面施工内部装修"阶段 [N]. 中国教育报,2017－10－20.

边球等行为。一所学校的发展和进步不是一蹴而就的，而是过程性的和历史性的，需要以教育方针为指引，久久为功谋发展。学校要兼顾多方利益，充分考量现实条件，完善顶层设计，扎根中国大地办教育，抓住理念更新、课程重构、育人方式变革、师资队伍建设等主线，推动学校整体变革，创新教育体制机制，实现又好又快发展。

（二）教育兼具个体发展和社会服务的双重功能

部分学校之所以对党和国家的教育方针政策执行不力，原因多种多样，如对教育与社会的关系认识不清、对教育方针政策理解不到位、功利主义教育观作祟等。思想是行动的先导，思想通方能行动实。必须强调与明确党和国家教育方针政策的必要性和重要性，从而增强贯彻执行的自觉性和主动性。

教育从其诞生之日始，就既具有个体发展功能，也具有社会发展功能，古今中外概莫能外。《学记》就强调"建国君民，教学为先""化民成俗，其必由学"。日本明治维新之所以成功，得益于"求知识于世界"的主张，率先对教育领域进行改革。德国认为普法战争的胜利"在小学教师的讲台上就决定了"。为提高基础教育质量，美国出台教育改革法案《不让一个孩子掉队》。党的二十大报告中，强调"教育、科技、人才是全面建设社会主义现代化国家的基础性、战略性支撑。必须坚持科技是第一生产力、人才是第一资源、创新是第一动力，深入实施科教兴国战略、人才强国战略、创新驱动发展战略，开辟发展新领域新赛道，不断塑造发展新动能新优势"。由此可见，教育与国家发展和社会繁荣密切相关，教育必须承担起为社会发展和人类生存而传承文明、提供知识和培育人才的基本职责。

马克思主义关于教育的社会性、阶级性、人民性、实践性等观点，为社会主义国家办教育提供了科学的理论指引。中国共产党秉持"全心全意为人民服务"的宗旨，坚持"以人民为中心"的根本立场，这是当代中国最重要的政治优势，所以坚持中国共产党的领导是中国式现代化的本质要求。办好中国的事情关键在党，中国共产党高度重视教育事业，将教育放置于基础性、先导性和全局性的地位，实施科教兴国战略、人才强国战略和创新驱动发展战略。党对教育事业的全面领导集中体现在教育的方针政策上，坚决贯彻党和国家的教育方针政策是"为党育人，为国育才"使命的必然要求。

新时代中国教育强调要坚持以人民为中心发展教育，这就凸显了教育发展方向的人民性，注重以人为本。习近平总书记多次强调和指出，教育要"坚持为人民服务"，"加快教育现代化，办好人民满意的教育"，表达了以人民为中心推进新时代教育事业发展的鲜明立场。习近平总书记强调"教育是提高人民综合素质、促进人的全面发展的重要途径",还强调"让每个人都有人生出彩的机会"。所以,中国特色社会主义教育的"人民性",不仅要求注重群体意义上的"人",也要求注重个体意义上的"人"。教育不仅应该是为了美好的生活做准备,教育本身就应该是美好生活,教育是创造美好生活的根本途径。党的十八大以来,党和国家密集出台并大力推行"五项管理""双减"等举措,夯实和强化体育、美育、劳育和心理健康教育等原有薄弱环节,就是在促使教育回归美好生活,以优质教育创造美好生活。教育工作需以人为本、因材施教,这就要求以素质教育为核心,使学生获得全面发展、整体发展和个性发展,方能培养德智体美劳全面发展的社会主义建设者和接班人。

(三)新时代教育方针的内涵要义及其发展动力

党和国家的教育方针政策全面体现了习近平新时代中国特色社会主义思想、特别是关于教育系列重要论述,规定了新时代教育的性质、目标、任务和实现路径,是教育工作的根本遵循。2021 年修正的《中华人民共和国教育法》明确规定"教育必须为社会主义现代化建设服务、为人民服务,必须与生产劳动和社会实践相结合,培养德智体美劳全面发展的社会主义建设者和接班人"。这是新时代中国特色社会主义教育的方向指引,对指导中国特色社会主义教育事业发展具有重大战略意义。培养什么人、怎样培养人、为谁培养人是教育的根本问题。新时代党的教育方针简明而又全面准确地回答了上述三个基本问题,明确了"为谁培养人",即教育必须为社会主义现代化建设服务、为人民服务;"怎样培养人",即教育必须与生产劳动和社会实践相结合;"培养什么人",即培养德智体美劳全面发展的社会主义建设者和接班人。[①] 这既遵循了教育一般规律,又适应了时代发展的新要求,是学校高品质可持续发展的前进方向和动力。

1. "为党育人,为国育才"是新时代教育的根本使命

在 2018 年全国教育大会上,习近平总书记提出了"坚持把服务中华民族伟大复兴作为教育的重要使命"的要求,这是关于教育地位和作用的新论断和更加全面的战略认识,这将教育的地位和作用提到了一个全面的、综合的新高度。这既将教育进步与社会发展、人的发展与民族复兴高度统一,又要求教育紧密结合"四个伟大",全面落实中国特色社会主义事业"五位一体"总体布局与党中央治国理政"四个全面"战略布局的重要思想。教育是国之大计、党之大计,要努力造就担当民族复兴大任的时代新人,全面服务于"两个一百年"奋斗目标。广大青少年是中国梦的建设者和捍卫者,

---

① 宋德民. 深入学习贯彻党的教育方针 推动教育高质量发展[J]. 人民教育,2022(01):6—10.

因此学校要教育和引导广大青少年成为有理想、有本领、有担当的时代新人，在献身伟大复兴中国梦的过程中实现个人梦想，提升自身价值。

要全面建成社会主义现代化强国，实现中华民族伟大复兴的中国梦，需要大批德才兼备的时代新人。党的二十大报告首次把"教育、科技和人才"三方面作为一个部分专门论述，强调"必须坚持科技是第一生产力、人才是第一资源、创新是第一动力，深入实施科教兴国战略、人才强国战略、创新驱动发展战略，开辟发展新领域新赛道，不断塑造发展新动能新优势"，强调"要坚持教育优先发展、科技自立自强、人才引领驱动，加快建设教育强国、科技强国、人才强国，坚持为党育人、为国育才，全面提高人才自主培养质量，着力造就拔尖创新人才，聚天下英才而用之"。这是党和国家首次对教育、科技、人才进行"三位一体"的统筹安排、一体谋划、一体部署、一体推进，首次提出教育是"基础性、战略性支撑"，凸显了教育事业在党和国家工作全局中的分量之重。

2. 立德树人、五育并举是新时代教育的核心要旨

中国教育办的是社会主义教育，首要问题是"培养什么人""怎样培养人""为谁培养人"。立德树人是办人民满意的教育的根本要求。"立德"就是坚持德育为先，通过社会主义核心价值观教育来引导人、感化人、激励人。"树人"就是坚持以人为本，通过培育核心素养和发展素质教育来塑造人、改变人、发展人。"立德"是教育的起点和灵魂，"树人"是教育的手段和目的，立德树人是学校高品质发展的必由之路。为此，学校要构建立德树人育人体系，把立德树人的成效作为检验学校一切工作的根本标准，真正做到以文化人、以德育人，不断提高学生思想水平、政治觉悟、道德品质、文化素养，做到明大德、守公德、严私德。

2018 年全国教育大会上，习近平总书记明确提出教育要培养"德智体美劳全面发展的社会主义建设者和接班人"，这标志着新时代五育并举思想的确立。这有别于蔡元培先生所提出的"军国民教育""实利主义教育""公民道德教育""世界观教育""美感教育"等五育并举思想，而是符合马克思主义关于人的全面发展学说的教育方针，是习近平总书记关于教育的重要论述的重要组成部分。教育的初心和使命是"育人"，必须克服"唯分数""唯文凭""唯升学"等功利主义倾向，防止疏德、偏智、弱体、抑美、缺劳等问题，走向德育铸魂、智育固本、体育强身、美育育心、劳动立人的应有之道。五育并举不仅仅是"开足""开齐"的形式问题，还是"开好"的实质问题，要充分发挥课程的"培根铸魂、启智增慧"的作用。五育并举不仅仅是"并"，还要

"融"，加强学科之间的融合、关联和渗透，防止学科之间的割裂和隔阂。这是教育从"知识的传递"走向"人的培育"的必然要求。

3. 人民满意、教育强国是新时代教育的发展动力

党的十八大以来，习近平总书记多次强调"人民对美好生活的向往就是我们的奋斗目标"。习近平总书记在2024年新年贺词中特别强调："我们的目标很宏伟，也很朴素，归根到底就是让老百姓过上更好的日子。孩子的抚养教育，年轻人的就业成才，老年人的就医养老，是家事也是国事，大家要共同努力，把这些事办好。"教育作为人民群众美好期盼的重要内容，地位突出，意义重大，必然是以人民满意作为发展动力。"办好人民满意的教育"既是党和国家发展教育事业的永恒追求，也是衡量教育改革实效的根本标准。[1]"办好人民满意的教育"落在学校，就是要"办老百姓家门口的好学校"，这是高品质学校建设行动的初衷和愿景。

教育是民生更是国计，优先发展教育事业，关乎人民生活幸福，更关乎党和国家教育事业发展全局。这个"发展全局"就意味在中国式现代化的道路需要中国式教育现代化的支撑。在中华民族伟大复兴的战略全局和世界百年未有之大变局背景下，教育与发展同向同行是保障人民最普遍、最长远利益的关键。教育必须坚持"为人民服务""为中国共产党治国理政服务""为巩固和发展中国特色社会主义制度服务""为改革开放和社会主义现代化建设服务"，这就说明教育必须以建设教育强国为使命和动力。学校是教育的主要载体和主要渠道，要以挺膺担当、奋发有为的姿态，以真抓实干、创新精进的行动，去回答"强国建设，教育何为"的时代之问。高品质学校建设就是试图带动和促进每一所学校的高品质发展，构建高质量教育体系，从而推动教育强国的建设。

二、以教育方针为指引 完善高品质办学的顶层设计

顶层设计是学校发展的蓝图，有利于明晰发展理念、愿景目标和实施路径。教育是一个涉及面广、复杂多变的系统工程，需要顶层设计、系统构建、稳步实施、渐进推行。高品质学校建设强调要以党和国家的教育方针政策为指引去完善高品质办学的顶层设计，在坚持党对教育事业的全面领导的制度保障下，既要紧紧围绕教育方针构建学校治理体系，又要将教育方针贯穿于教育教学全过程。

[1] 袁利平. 办人民满意的教育的"中国之治"及其世界意义 [J]. 南京师范大学学报（社会科学版），2021（06）：56—66.

（一）紧紧围绕教育方针构建学校治理体系

学校是专门从事教育事业的社会组织，必定要受党的教育方针政策和国家法律法规的引导和制约。当然，学校不是被动遵循，而是要通过依法办学来实现学校现代治理体系的构建和治理能力的提升。由于受上级各种规章制度的制约，部分学校无法坚守其治理体系的系统性和自主性，变得零散割裂和随性被动。因此，学校办学务必要加深对党的教育方针政策和国家法律法规的理解，主动遵循和自觉践履。第一，把"迎接检查"化在平时，随时以"迎接检查验收的标准开展工作"的标准来抓好日常工作。只有这样，学校办学才能保持优质高效、稳定有序、从容不迫。第二，学校要将"依法办学"和"以德治校"相结合，将法治理念和法治思维贯穿于学校工作的各方面、全过程，建立崇尚法治、遵循法制、遵守法律的氛围和机制。第三，以党和国家的教育方针为准绳来梳理和架构学校治理体系，提升学校治理能力，包括学校章程、发展规划、决策机制、育人体系、运行办法等。

习近平总书记在主持中共中央政治局第五次集中学习时强调，要"进一步加强科学教育、工程教育，加强拔尖创新人才自主培养，为解决我国关键核心技术攻关提供人才支撑"。拔尖创新人才自主培养作为学校治理体系的重要组成部分，也需要紧紧围绕党和国家教育方针政策进行顶层设计。培育和发展新质生产力，创新是核心要素，其基础是靠教育来培育拔尖创新人才。因此，新时代的高品质学校建设要在拔尖创新人才自主培养和早期培养上用心用力。四川省成都市石室中学（以下简称"石室中学"）立足长远抓好小初高贯通式培养，开设钱学森实验班和贺麟实验班，从经费保障、师资配备、资源整合、场地支撑等方面给予倾斜和扶持。石室中学大力构建和实施"成长树"课程体系，包括国家基础课程、学校文化课程、领军人才成长课程等，既面向全体学生，又着力培养"有家国情怀和世界格局的未来领军人才"。四川省成都市第七中学（以下简称"成都七中"）认为科学决策是学校现代治理的必然要求，围绕拔尖创新人才早期培养这个重大项目，就数据与信息收集、运用科学理论分析、综合考量多方利益、事前风险评估与预案措施、公开透明的决策执行等方面，进行统一谋划、协同进行，确保拔尖创新人才早期培养项目做到一体联动、贯通培养、持久发力。四川省成都市新都一中（以下简称"新都一中"）以"培养早期学术性拔尖人才"为目标，认真总结学校近三十年拔尖创新人才培养的经验，构建了拔尖创新人才早期培养的"五协同育人"体系，包括高校科研院所指导，提供坚实的学术支持；校友助力，提供扎实的学术指导；校企合作，提供广阔的学术视野；家校协同，提供坚实的学术后盾；社区参与，提供丰富的学术资源等。同时学校建立文化涵育、课程训育、师长培育三大支柱，构建组织机制、选拔机制、培养机制、评价机制四大机制，推行文化引领、梯度递进、学术研讨、实践参与、学科侧重、多维辅助五大策略，整体系统构建了拔尖创新人才早期培养的校本化体系。新都一中探索出了一条面向全体学生的在资优生群体不大的县域高中开展拔尖创新人才早期培养的有效路径，成效突出。

（二）将教育方针贯穿于教育教学的全过程

党的教育方针体现了党对社会主义教育性质、方向和目的的把握，反映了不同历史时期我国政治、经济、社会发展对教育的基本要求，所以教育方针是教育目的的政策性表达，作为行为的指引和准绳，必须贯穿于教育教学的全过程才能落地生效，产生应有的教育力量。党的教育方针是列入教育法之中的，贯彻落实好教育方针是教师教育教学行为的法定要求。更重要的是，教育方针是党和国家科学决策、审慎研究、反复论证的结果，充分体现了教育本质和遵循了教育规律，因此贯彻落实好教育方针也是教师承担教育责任使命、遵循教育本质规律的应有之义。作为学校和教师，要充分认识到党的教育方针是教育改革与发展的根本指南，坚决贯彻落实好党的教育方针。首先，重视党的教育方针的指导性与权威性，在贯彻落实上不打折扣。其次，把握好党的教育方针的阶段性和统一性，确保执行不走样。最后，重视党的教育方针的全面性和实践性，不做表面文章。为此，学校和教师在具体的教育实践中，要常念"党的教育方针"这个"经"，以此为方向和圭臬去谋划、组织、实施和评判教育教学的一切行为，将教育方针贯穿于教育教学的全过程。

习近平总书记提出的构建人类命运共同体理念，充分展示了我国将自身发展与世界发展相统一的全球视野、世界胸怀和大国担当。教育是推动人类文明进步的重要力量，应在构建人类命运共同体进程中发挥更大作用。都江堰市灌州小学校（以下简称"灌州小学"）以人类命运共同体理念为指引建设"熊猫"课程，以期能为教育强国和中国式现代化培养更多国际化人才。"熊猫"课程以人文底蕴、科学创新、民族精神为抓手，培养"发展多元智能、实现差异成功、共享幸福成长"的新时代社会主义建设者和接班人。根据"坚持把教师队伍建设作为基础工作"的方针，凉山彝族自治州雷波中学（以下简称"雷波中学"）以"凝'青'聚力植沃土，精准赋能绽芳华"为理念，着力加强青年教师培养，让承载着民族地区教育振兴重任的青年教师队伍能"稳住心、站稳脚、扎牢根"，为民族地区教育高质量发展助力献力。雷波中学创设"三级阶梯闭环"机制、"四重考核激励"机制和"五支队伍建设"机制，构建了民族地区学校高质量教师队伍建设的"雷中模式"，把学校办成了"老百姓家门口的好学校"。广元市旺苍国华初级中学（以下简称"国华初级中学"）聚焦乡村教师队伍建设以助力学校高品质发展，提出乡村教师不仅要做好乡村教育的大先生，还要勇于成为乡村振兴的推动者。国华初级中学以"三个自信"助力乡村教师队伍建设："向下扎根，向上生长"，五步建构教师职业自信；"普及＋分层"，五措并举夯实教师专业自信；"文化＋活动"，四措并举筑牢教师乡村自信。习近平总书记在主持中央政治局第五次集体学习时提出，教育数字化是我国开辟教育发展新赛道和塑造教育发展新优势的重要突破口。为此，成都市石笋街小学开展"我的学校"智慧教育学校建设，通过建设一个平台、实施双线培训、推进三条路径、夯实四项保障的"1234"特色举措，以数字化技术撬动育人方式变革，推动教育高质量发展。这些举措都是将党和国家的教育方针政策贯彻落实到学校教育教学全过程的具体体现。

（三）坚持党对教育事业的全面领导为保障

2022年，党的二十大报告提出："我们要办好人民满意的教育，全面贯彻党的教育方针，落实立德树人根本任务，培养德智体美劳全面发展的社会主义建设者和接班人，加快建设高质量教育体系，发展素质教育，促进教育公平。"这说明全面贯彻党的教育方针是教育发展的前提。在2018年召开的全国教育大会上，习近平总书记提出了教育的"九个坚持"，首要的就是"坚持党对教育事业的全面领导"。因此，要确保"全面贯彻党的教育方针"就必须"坚持党对教育事业的全面领导"，做到党建铸魂、党建治校和党建育人。首先，在"中小学校党组织领导的校长负责制"背景下，党政主要负责人要加强沟通协调和合作协同，既确保党对教育事业的全面领导，又确保学校管理的高效运行和内涵式发展。其次，充分用好中国共产党治国理政的思想武器和实践智慧，提升学校的治理能力，建构学校的治理体系。例如，把"以人民为中心"具化为"以教师为关键，以学生为根本"。例如，把"民主集中制"具化为充分发挥教代会的决策和监督作用。最后，充分挖掘中国共产党百年革命奋斗历程所蕴含的思想力量和革命智慧，实现"为党育人，为国育才"。例如，在拔尖创新人才早期培养中加强理想信念教育。例如，坚持把立德树人作为学校工作的根本任务和根本标准，引导教师从"知识传授"的"学科教学"转向"人的培育"的"学科教育"。

习近平总书记在党的二十大报告中指出："增强党组织政治功能和组织功能，坚持大抓基层的鲜明导向，把基层党组织建设成为有效实现党的领导的坚强战斗堡垒，激发党员发挥先锋模范作用，保持党员队伍先进性和纯洁性。"石室中学以"坚持党对教育事业的全面领导"为指导，以"中小学校党组织领导的校长负责制"为契机，重构学校治理体系，让党建赋能学校办学，指引学校办学方向。借用"将支部建在连上"的经验，石室中学党委改变以组合教研组为支部的惯有做法，"将支部建在年级组上"，促进业务工作与党建工作深度融合，加强基层党建的日常性和常态化。为解决"重业务，轻党建""重形式，轻实效""重教师，轻学生"的问题，成都七中将党建与育人深度融合，将党建融入学校文化，致力于造就"中国脊梁"；将党建融入教师队伍建设，引领教师教书育人；将党建融入课程体系，培养学生的核心素养；将党建融入教育活动，塑造师生的精神长相。① 成都冠城实验学校主动提升政治站位，充分认识到党建领航促使办学方向正确、党建治校促使办学行为规范、党建育人促使办学力量强劲的巨大作用，坚持以示范性为核心抓好党建的感召力，以常态化为标杆抓好党建的组织力，以全方位为渠道抓好党建的实践力，成为成都市党建标准化学校。② 宜宾市高县硕勋中学校以革命先烈李硕勋的名字命名，是一所有着红色基因和革命传统的学校。学校创建党建与校家社共育新模式，充分发挥党组织领导作用，调动学校党员干部教师、党员家长参与协同育人，形成了"建、联、培、进、评"五字工作法，提高了家校协同育人实效，促进了学生全面发展。该中学的《党建引领家校协同育人的实践策略》入选《中国教育报》创新案例，并立项研究"党建引领县域初中治理创新实践研究""党建引领下的学生自主管理实践研究"等省市级课题。

三、高品质学校坚决贯彻落实教育方针的校本路径

党和国家的教育方针政策不但是正确的、必要的，而且是有用的、可行的。学校是党和国家的教育方针政策的直接承载者和落地实施者，可以说是党和国家的教育方针政策发挥应有效能的"最后一公里"。学校要以贯彻执行党和国家的教育方针政策为指引和路径，通过对话引领、自我检视、抓住关键、基于校本等策略来优化学校治理体系，提升学校办学水平。

（一）对话引领，全面而务实地贯彻落实

教师是教育教学的直接实施者，是党和国家的教育方针政策落地任务的直接承担者。部分学校在管理中存在过于注重单向输出和强力推行、忽视对话沟通和示范引领

---

① 毛道生. 中学党建育人的价值彰显与践履路径——以四川省成都市第七中学为例 [J]. 中国教师，2019（01）：29—32.

② 毛道生. 审视学校党建的价值意蕴及其实现——以成都冠城实验学校党建工作为例 [J]. 中国德育，2023（06）：69—71.

的问题，导致教师对党和国家的教育方针政策理解不足、认同不够、践行不力。教师对党和国家的教育方针政策的认识和内化不是从阅读政策文本和制度条规中得来的，而是在具体的实践情境中形成的。贯彻执行党和国家的教育方针政策，要从学习制度文本走向实践行为，将政策话语体系转化为实践话语体系，从强制推行走向民主共治，充分发挥教职工的主体性和自觉性。学校管理者要从教职工的现实经历和情感体验出发，通过对话引领让广大教职员工去理解和深悟党和国家的教育方针政策的价值、内涵、意义等，从而增强行为自觉，形成民主共治，推动方针落地。

从对话沟通看，学校需要构建基于教育现场的专业对话的氛围和机制。对话意味着教师已有生命经验和教育经验与新鲜经验的碰撞，在彼此碰撞中改造经验、沉淀智慧。[①] 学校要通过干部宣讲部署、专家辅导报告、教研主题学习等方式，及时展开对党和国家的教育方针政策以及上级主管部门制度、规定的宣讲和落实。石室中学对于大型活动、重要工作、制度变革、人事任免等，做到了决策前听意见、开展前宣讲、开展中沟通、开展后总结。石室中学充分发挥工作微信群（QQ群）、公示公告栏、官方微信（微博）等作用，及时发布信息，通过"书记校长面对面"活动、书记校长信箱、干部联系教研组和年级组、个别谈话、教代会提案、听课评课、专题调研、民主生活会等多种方式直接和教职工对话，做到干群关系和谐。

从示范引领看，学校需要大力建设干部带头、群体实践的务实作风，以基于教育现场的校本研修推进党和国家政策的贯彻落实。学校通过健全校本教研制度，开展经常性教研活动，"充分发挥教研组、备课组、年级组在研究学生学习、改进教学方法、优化作业设计、解决教学问题、指导家庭教育等方面的作用"[②]。课程教材具有培根铸魂、启智增慧的作用，规定了教育目标、教育内容和教学基本要求，体现了国家意志，在立德树人中发挥着关键作用。学校要建立全员参与的观课议课，书记校长带头听课评课，指点打点地开展基于教育现场的校本研修，促进教师对"双新"的理解与执行。石室中学坚持"把话筒交给教师"，搭建各种形式的展示和表达舞台，让教师在全校教职工大会、教育教学研讨会、主题教研活动、"青蓝"工程总结会、教师沙龙、"文翁杯"课堂教学大赛等活动中发言交流和自我展示，以"输出即输入"的自我建构和"在成人中成己"的同伴互助，促成教职工的观念改变和行为改进。

[①] 毛道生，李继，税长荣. 基于教育现场的校本研修方法与路径 [J]. 教育科学论坛，2020 (12)：27－31.

[②] 教育部《关于加强和改进新时代基础教育教研工作的意见》[EB/OL]. （2019－11－20）[2023－12－16] http：//www. moe. gov. cn/srcsite/A06/s3321/201911/t20191128_409950. html.

（二）自我检视，主动而自觉地贯彻落实

在办学治校中，党和国家的教育方针政策是指引方向的航标、管理决策的依据、思想行动的灵魂和质量评判的标尺。《深化新时代教育评价改革总体方案》指出："教育评价事关教育发展方向，有什么样的评价指挥棒，就有什么样的办学导向。"学校要以党和国家的教育方针政策为"听诊器"和"标尺"，全面检视学校的办学思想、育人方式、管理制度、课程建设、师资队伍、资源整合等工作。2018年9月10日，习近平总书记在全国教育大会上强调，"要把立德树人融入思想道德教育、文化知识教育、社会实践教育各环节，贯穿基础教育、职业教育、高等教育各领域，学科体系、教学体系、教材体系、管理体系要围绕这个目标来学。凡是不利于实现这个目标的做法都要坚决改过来"[①]。学校需要不断追问和评判"是否符合""体现是否充分""做得如何""如何改进"等等，避免"你说你的，我做我的""打擦边球不犯大错""等一等，看一看"等消极错误心理。学校要以党和国家教育方针政策为依据来完善立德树人体制机制，扭转唯分数、唯升学、唯文凭、唯论文、唯帽子等不科学的教育评价导向，提高教育治理能力和水平，提升学校办学品质。

"为党育人，为国育才""社会主义建设者和接班人"等涉及教育的方向性，应该体现在学校的办学思想与实践之中，学校要"坚持把立德树人融入思想道德教育、文化知识教育、社会实践教育各环节"[②]。例如，石室中学在"爱国利民，因时应事，整齐严肃，德达材实"校训的指引下，将培养目标确定为"培养有家国情怀与世界格局的未来领军人才"，高度重视理想信念教育、思政育人和拔尖创新人才培养，致力于培养拥有"四个自信"和国际竞争力的时代新人。学校师生每天第一节课前集体高唱国歌，每周升旗仪式后集体高呼"爱祖国、爱人民，为建设社会主义而学习，求真理、求技艺，愿增进文翁石室之光荣"口号，已形成优良传统。此外，学校以"德达材实"为人才规格，来增强五育并举的内在动力，贯彻五育并举的育人要求。体育上，"开足开齐开好"体育课程，多种形式落实"每天锻炼一小时"，大力发展女排、气步枪射击、乒乓球等高水平运动队和学生社团。校园环境优美，有锦水文风、沫若园、银杏林等美景，同时学校管弦乐团、合唱团屡获国家和省级大奖。学校一方面立足校内建设劳动基地、开发劳动岗位、开展劳动竞赛等，另一方面联合家庭开展家庭劳动活动，

① 习近平. 坚持中国特色社会主义教育发展道路 培养德智体美劳全面发展的社会主义建设者和接班人[N]. 人民日报, 2018-09-11.
② 国务院办公厅《关于新时代推进普通高中育人方式改革的指导意见》[EB/OL]. （2019-06-19）[2023-12-16]. http://www.govcn/xinwen/2019-06/19/con-tent_5401610 html.

走进社会开展职业调查和劳动体验。五育并举扎实有效，石室学子发展全面，特长突出。又如，达州市高级中学来凤分校不仅从提升教育质量和促进学生全面发展的角度思考教师队伍建设，还从教育公平的视角狠抓教师队伍建设，把教师队伍建设作为缩小城乡、区域之间的教育差距的重要手段和先决条件。再如，重庆市武隆区桐梓中学校积极响应党和国家的乡村振兴和教育公平等战略，面对乡镇学校面临的优质生源流失、师资力量薄弱、教育观念落后、家校互助欠缺等现实问题，着力从加大师资培训、强化德育管理、注重特色建设、优化课程体系、改善办学环境等入手，大力提升乡镇学校的办学质量。这些学校的办学实践，都是用党和国家的教育方针政策来自我检视办学行为和改革方向的主动作为。

（三）抓住关键，坚定而有力地贯彻落实

抓住主要矛盾和中心任务带动全局工作，是党长期奋斗积累的实践经验，也是学校高品质发展的重要方法论。党和国家的教育方针政策高度凝练而又内涵丰富，这就需要学校深刻领会其精神内涵和关键要旨。为此，学校要高举"九个坚持"的科学引领，要追求"时代新人"的培养目标，要夯实"五项管理"的减负举措，从而确保坚定而有力地贯彻落实党和国家教育方针政策。

1. 高举"九个坚持"的科学引领旗帜

2018年，习近平总书记在全国教育大会上提出了教育要做到"九个坚持"，即坚持党对教育事业的全面领导，坚持把立德树人作为根本任务，坚持优先发展教育事业，坚持社会主义办学方向，坚持扎根中国大地办教育，坚持以人民为中心发展教育，坚持深化教育改革创新，坚持把服务中华民族伟大复兴作为教育的重要使命，坚持把教师队伍建设作为基础工作。教育上的"九个坚持"全面体现了马克思主义理论和社会主义教育的历史逻辑，是习近平新时代中国特色社会主义思想主题教育上最集中、最全面、最系统的重要论述，是新时代我国教育事业改革发展的科学思想引领、强大精神动力和有效行动指南。学校的高品质建设的发展方向、行动路径和评估调适，都要以"九个坚持"为决策依据和判断圭臬。学校要深刻理解和切实把握"九个坚持"的时代背景、科学内涵、精神实质和重大意义，增强贯彻落实"九个坚持"的自觉性和主动性，提升办好新时代中国特色社会主义教育的思想自觉和行动力量。

绵阳市北川羌族自治县西苑中学（以下简称"西苑中学"）坚持以立德树人为根本任务，积极推动在民族地区开展劳动教育的实践探索，高举劳动育人大旗。西苑中学从五个方面发力劳动教育，包括劳动养身，教育明道，让劳动教育的意义内化于心；

聚合力量，协同育人，形成劳动教育的合力；因地制宜，优化课程，优化劳动教育的课程设计；劳动筑基，奋斗开路，劳动教育的实施外化于行；多元主体，规范考核，完善劳动教育的评价方式等。西苑中学不但劳动教育形式多样，扎实有效，还开发了"西苑中学劳动素养评价卡"，以评价提高劳动教育质量。四川省彭州市敖平中学（以下简称"敖平中学"）按照"坚持把服务中华民族伟大复兴作为教育的重要使命"，以"赓续百年党史，厚植爱国主义"思想为指导，立足于把百年党史融入中学生爱国主义教育，着力培养学生的爱国情怀和社会责任感，培养一代又一代的社会主义建设者和接班人。敖平中学构建了爱国主义教育"知情意行"思维模型，以爱国主义知识为基础，以爱国主义情感为动力，以爱国主义意志为保障，以爱国主义行为为关键。敖平中学积极挖掘"第一课堂＋第二课堂"的课程资源，探索"双向课堂"的课堂教学开展爱国主义教育的实践路径。敖平中学被评为成都市党建标准化学校、成都市党建示范学校、成都市先进基层党组织，以党建促进学校办学质量提升，被评为成都市教育教学质量优秀学校等。万源市镇小学以"坚持扎根中国大地办教育"为指导，基于万源市作为川陕革命老区核心组成部分积淀的丰厚红色文化底蕴，深入挖掘本地红色文化，在德育中挖掘红色内涵，在智育中汲取红色智慧，在体育中传承红色精神，在美育中丰富红色体验，在劳育中根植红色信仰。白沙镇小学将红色文化教育和五育并举有机融合，从而让红色传统、红色记忆、红色基因根植于学生心中，让革命薪火代代相传，扣好人生第一粒扣子，实现培根铸魂。学校作品《传承红色基因，做新时代好少年》在四川省第十六届校园影视教育成果展示交流活动中荣获主题类作品一等奖。

2. 追求"时代新人"的培养目标

"人才是第一资源"，中国式现代化和中华民族伟大复兴使命需要时代新人，特别是能实现"从零到一"创新突破，把大国重器和关键技术掌握在自己手中的拔尖创新人才。习近平总书记利用发表讲话、考察走访、回复信件、见面座谈等多种方式，对广大青少年成为时代新人提出"五点希望""八字真经""十六字诀""四点要求""三有""六点要求"等重要指示。习近平总书记在党的二十大报告中对广大青年提出了"广大青年要坚定不移听党话、跟党走，怀抱梦想又脚踏实地，敢想敢为又善作善成，立志做有理想、敢担当、能吃苦、肯奋斗的新时代好青年，让青春在全面建设社会主义现代化国家的火热实践中绽放绚丽之花。"习近平总书记对时代新人的殷切期望，既指出了时代新人的素质结构，也昭示了时代新人的成长之路。《义务教育课程方案和课程标准（2022年版）》《普通高中课程方案和课程标准（2017年版2020年修订）》都明确强调新课程作为落实党的教育方针政策的载体，要发挥"培根铸魂，启智增慧"作用，将课程目标确定为"使学生有理想、有本领、有担当，培养德智体美劳全面发展的社会主义建设者和接班人"。

高品质学校要将学校自有的培养目标与党和国家对时代新人的要求匹配起来，以此实现"为党育人，为国育才"。石室中学秉持"为领军人才成长奠基"的育人追求，提出"培养有家国情怀与世界格局的未来领军人才"的培养目标，致力于"创建中国著名与有世界影响力的卓越中学"。成都七中秉承"人文滋养，个性成长"的育人价值追求及"全球视野，中国脊梁"的培养目标，将学校建设成为"为拔尖创新人才和领军人才奠基的卓越高中"。成都七中大力加强理想信念教育，以此来为拔尖创新人才和领军人才的早期培养铸魂强基。学校以全域德育的思维扎实开展理想信念教育，力图从德育主体、德育载体、德育时空等维度多管齐下，将理想信念教育课程化、常态化和机制化，实现全员育人、全程育人、全方位育人，以此不断增强理想信念教育的实效。四川省成都市树德中学秉承"树德树人、整全育人"的办学理念，提出"为高校输送基础宽厚、品行优秀、具有创新潜质的优秀学生，为培养未来社会的领军人物和领袖人才奠定坚实的基础"的培养目标，以及"建设高质量、创新型、示范性，国内著名、国际知名的现代卓越学校"的办学目标。成都市青白江川化中学以"健康身心、现代文明、厚博知识、自主发展"为育人目标，营造"健康、阳光、和谐、发展"的育人氛围和"立志、勤学、文明、守纪"的学风，成为一所颇有特色和较高品质的县域高中。成都新津为明学校作为民办学校，坚持社会主义办学方向，以"培养具有中国灵魂，世界眼光的现代人"为育人目标，着力实施"明善·成长、明雅·奋斗、明志·超越"为系列的"三明"课程，着力培养"有理想、有本领、有担当"的新时代中学生。由此可见，只有将学校办学目标和培养目标与"德智体美劳全面发展的社会主义建设者和接班人"高度契合起来，学校的办学品质才能得以保证。

3. 夯实"五项管理"的减负举措

教育不仅要为学生未来幸福生活奠基，还要满足学生当下学习的需求和幸福感。之前，一方面，家长过重的教育焦虑使家庭教育出现功利化倾向，催生了社会培训机构的市场需求，"学校不补家里补，家里不补社会补"的现象愈演愈烈，导致学生学业负担过重、学习压力难以化解。另一方面，学校对"高考指挥棒"理解偏差，加之受到家庭教育的压力传导，出现依靠延长教学时间、加大训练量、频繁考试、依赖排名来激励等应试教育倾向，导致学生校内学业负担过重、心理问题突出。这两方面的问题又相互叠加，导致学生身心疲惫、厌学弃学、素质单一等，既难以培养具有创新精神和实践能力的拔尖创新人才，又不利于学生全面而自由的发展，严重违背教育的初衷和本义。针对客观存在的应试教育倾向突出、教育负担过重等问题，国家出台了一系列整治和规范的文件，包括"五项管理"（即作业、睡眠、手机、读物、体质等）、"课后延时服务""双减"等，突出强化体育、美育、劳动教育等原有薄弱部分。

高品质学校之所以被称为高品质，关键在于高品质学校能深刻领会党和国家的教育方针政策的内在规约性，在于遵循教育规律和人的成长规律，在于听取广大人民群众的迫切需求，从而自觉主动而扎实有效地落实党和国家的教育方针政策。在作业管理上，学校严格控制作业量，创新设计作业内容和完成形式，增强探究性和实践性作业，开设个性化"作业超市"。在睡眠管理上，学校通过控制作业量、柔性管理作业完成情况、设定就寝时间的"熔断机制"、延迟到校时间等举措，确保学生有足够的睡眠时间。在手机管理上，学校既加强思想教育和自律教育，让学生自觉、合理运用手机，又强化必要的管理制度、提供人性化管理服务。在读物管理上，学校积极开展"悦读"推广活动，如阅读分享沙龙、好书推荐，丰富图书馆书籍，设立班级图书角，开展亲子阅读等，鼓励学生阅读格调高雅、积极向上的课外读物，加强读物审查和管理，杜绝不健康图书进入学校。对于课后服务，学校严禁用于"赶进度"的集体教学，而用于学生综合素质提升的特色校本课程、文体活动、学生完成家庭作业等等。对于"双减"，学校既加强指导家庭教育，缓解家长的教育焦虑，更新教育观念，又严控学生课业负担，加强学生意志品质，双管齐下抓好"双减"政策落地。

（四）基于校本，特色而高质地贯彻落实

高品质学校建设强调"党有号召，学校有响应"，积极响应"坚持扎根中国大地办教育"所蕴含的因地制宜的办学思想，注重校本化，贯彻落实党和国家教育方针政策。为此，学校要从文化引领、课程课堂、家校合作、善治善为等学校办学要素和关键环节入手，基于校本特色，高质量地贯彻落实党和国家教育方针政策。

1. 文化引领，上下匹配

习近平总书记提出"兴文化、育新人""以文化人，以文育人，以文培元""文化自信"等主张，既是治国理政的重要思想，也是办学治校的关键策略。学校文化具有引领方向、凝聚人心、调适行为等作用，具有基础性、全面性、长期性、潜在性等特点，是学校办学的灵魂所在，是学校持续发展力量所在和自动化运行的关键所在。一所办得成功的学校当以它的文化著称，学校高质量发展必然走文化治校的内涵发展之路。学校文化建设既要"接天线"，紧密跟随党和国家的教育方针政策，又要"接地气"，深深扎根于学校的历史与文化。通过融合这两者，构建出既符合时代精神，又吻合教育方针的、先进科学且独具特色的学校文化系统。当然，学校也应自觉以党和国家的教育方针政策为依据和标准去评判学校文化体系，对存在冲突和矛盾的地方要及时纠正，对不足之处要大胆修改。在学校文化落地生根过程中，充分发挥党和国家的教育方针政策引领和铸魂的作用的方式很多。有的学校在文化体系中直接彰显党和国家的教育方针政策，有的学校在文化体系中与党和国家的教育方针政策相呼应。

2. 课程课堂，落地生根

课程具有培根铸魂、启智增慧的作用，体现党和国家对教育的基本要求，体现国家和民族基本价值观，规定着教育目标、教育内容和教学基本要求，在立德树人中发挥着关键作用。课堂是人才培养的主渠道，课堂教学模式基本决定了人才培养模式，课堂教学水平基本决定了人才成长水平。课堂一端连接着学生，一端连接着民族的未来，因此课堂是教育发展的核心地带和教育改革的核心。一方面，党和国家的教育方针政策必须落地于学校课程与课堂之中，方能发挥教育方针的引领与规约作用。另一方面，学校要主动检视学校课程与课堂是否符合和贯彻党和国家的教育方针政策。当下，《义务教育课程方案和课程标准（2022年版）》和《普通高中课程方案和课程标准（2017年版2020年修订）》已颁布实施，为学校推进"双新"（新课程、新教材）改革提供了法定依据和专业依据。各学校要以此为契机和使命，借助"双新"改革来推进党和国家的教育方针政策的落地生根，并以此促进学校高品质发展。

依据《关于新时代推进普通高中育人方式改革的指导意见》等文件，致力于高品质发展的学校都在着力于课程和课堂改革。石室中学已有2166年的办学历史，素来重视课程改革，学校坚持一个核心（立德树人）的价值驱动、四方联动（学校、教师、家长、学生）的角色转变、五维着力（文化引领、现场对话、聚焦课程、科研提升、数字赋能）的实践路径，通过文化引领、现场对话、聚焦课程、教研提升、数字赋能等路径，促进课程教学改革的顺利推进和有效实施。学校构建了"成长树"课程体系，将国家课程和校本课程整合在一起形成了校本化课程体系，包括国家基础课程、学校文化课程、领军人才成长课程等。石室中学课程的整体建构还体现在既开发面向国内学生的课程，又开发面向国际学生的课程。作为四川省首批汉语国际推广基地学校、教育部中外人文交流特色学校，石室中学专门开发了供国际学生使用的校本教材，如《中国文化掠影》《汉语乐》等。成都七中强调构建"以学生发展为中心"的课堂，从

"四个强"的课程理念入手，即强责任、强思辨、强主体、强实践，构建充分发挥学生主体作用的反思型品质课堂。四川省双流棠湖中学（以下简称"棠湖中学"）践行"因人施教，顺木之天"课程理念，率全省之先实现"三全"式选课走班，建立并实施"师生双选"制度，实行全员导师制，大力推进特定课程、特惠课程、特长课程、特创课程（简称4.0T课程体系）。成都市棕北中学追求"让每一个孩子智慧生长"，大力探索智慧课堂变革，促进"精准地教"支撑"个性地学"，促进"全人"的个人和"全纳"的群体培养。依据"人类命运共同体"思想，灌州小学充分认识到小学作为基础教育的起始学段，要勇于承担起培养担当中华民族伟大复兴大任的时代新人，着力在一至六年级开展"熊猫"课程，以培养具有参与全球不同领域治理能力和领导能力的国际化人才。成都市成华小学校（以下简称"成华小学"）根据《关于全面加强和改进新时代学校美育工作的意见》《教育部关于全面实施学校美育浸润行动的通知》，坚持三十余年探索"以美育人"路径，一体化构建学校美育的推进策略，构建实施"尚美课程"，研发"标准—课堂—应用"全过程评价系统，用"四域文化"（校园文化、蓉城文化、川地文化、家国文化）讲好中国故事。这些都是根据党和国家教育方针政策来促进课堂和课堂变革的有益探索和校本经验。

3. 家校合作，协同育人

教育是学校教育、家庭教育和社会教育协同合作，共同助力学生的自主教育的过程。根据《中华人民共和国家庭教育促进法》，"父母或者其他监护人应当树立家庭是第一个课堂、家长是第一任老师的责任意识，承担对未成年人实施家庭教育的主体责任，用正确思想、方法和行为教育未成年人养成良好思想、品行和习惯"。同时，"家庭教育以立德树人为根本任务，培育和践行社会主义核心价值观，弘扬中华优秀传统文化、革命文化、社会主义先进文化，促进未成年人健康成长"。这说明，家庭教育和学校教育都有贯彻落实党和国家教育方针政策的职责和使命，并且双方具有相互促进和补益的作用，需要家校合作，协同育人。高品质学校视家长为"教育合伙人"，充分发挥家校协同育人作用。一方面，注重加强家校沟通，增强家长对课程教学改革的理解和认同，从而积极支持课程教学改革；另一方面，充分发挥和运用家长自身的优势，建设家长课堂，以丰富课程资源和充实课程师资。

为加强生涯规划教育，石室中学充分调动家长的积极性，给学生介绍各类职业及其未来发展，或为学生职业体验提供实训基地，引导学生做好职业规划。石室中学还开发了"我父母的职业生活""我随父母上一天班"等生涯规划教育活动，鼓励、引导家长引进师资或亲自开设家国情怀修身课程、心理健康课程、生涯规划课程、兴趣拓展课程等，参与学生入学礼、成人礼、毕业礼、体育节、艺术节等校园活动。成都七中在加强家委会的监督、协调和支撑作用的基础上，高度重视家长学校建设，优化课程体系，常态化、计划性、多形式开展家庭教育的培训和指导。成都七中携手全社会各方力量，建立立体网络，构建起政府主导、学校为主体、家长主动、社会参与的"政校家社"心育共同体。成都市泡桐树小学大力挖掘家长资源，将家长引进课堂，开设家长课堂，家长们给孩子们带来"瞧，干细胞君""养成好习惯，成就一生""勤读《弟子规》做人有智慧"等有益于学生健康成长的好课程。乐山外国语小学提出了家校共育"四三"模式，即"三彼此"基础、"三层次"参与、"三共同"核心和"三引领"目标。"三彼此"基础指的是家校共育需要彼此之间达成广泛共识、需要彼此之间建立信任关系、需要彼此之间明确各自责任。"三层次"参与指的是次层次学习者，如参加家长会、开放日活动等；中层次自发者，如家长进课堂等；高层次决策者，如参加三级家委会等。"三共同"核心指的是家校之间是"伙伴式共同成长"的合作关系，核心是双方共同分担、共同成长、共同收获。"三引领"目标是指引领"五育三力"的教师、引领"五会三美"的家长、引领"五优三强"的学生。这些都是积极有效的家校协同育人做法，值得推广借鉴。

4. 善治善为，管理育人

在学校生活、学习和活动的每一个场景中，教育无处不在。学校教育是由课程育人、文化育人、活动育人、实践育人、管理育人、协同育人等所组成的，缺一不可。学校管理，乃至学校治理，不仅具有管理功能和服务功能，还具有教育功能。高品质学校杜绝将教育与管理割裂开来的办学行为，在挖掘和彰显管理的育人功能中提升管理品质，实现善治善为。党和国家的教育方针政策，不仅仅是党和国家的治国理政思想和智慧在教育领域的运用和体现，本身也蕴含着丰富而实用的管理智慧和教育价值。学校管理不仅要充分体现党和国家的教育方针政策，也要善于用党和国家的教育方针政策来优化和提升学校管理。在教育的"九个坚持"中，强调"以人民为中心办教育"，就具有充分的管理和育人价值。具体到学校里，就体现为"以学生发展为中心""学生的需求就是决策的依据，学生的认可就是努力的动力""爱学生，敬家长""在学生活动的场所寻找管理的灵感"等管理思想和理念，就体现为在学生宿舍设立烘干机和吹风设备、确保消防通道畅通、严把食材进货关和食品加工关、对学生意见和建议快速反应、坚决落实"每天锻炼一小时"、鼓励和组织学生社会实践和研究性学习，等等。每一个教育和管理的决策和行为的背后都有党和国家的教育方针政策做支撑，每一项党和国家的教育方针政策在学校都找得到落脚处，这是高品质学校的基本特征和应有之义。

针对部分学校注重教学区、运动区、就餐区等区域，而忽略玩耍区、展示区等区域的问题，市第十八中学校注重以"儿童友好性"来审视和优化学校基本布局。学校在教学楼各楼层放置钢琴和乒乓球桌，设计别开生面的地面游戏，布置科技感满满的"机器人对抗区"，布置"花开数朵，各表数枝"的书画展、手工制作展、作业笔记展等，让孩子们在享受玩耍的同时，得到身体的成长和思维的发育。四川师范大学附属中学构建"自主发展"育人模式，包括"四自"德育、自主多元发展课程、自主优效课堂和自主发展团队等，促进学生主体性、内生型发展，同时促进整体性推进学校的高品质建设。泸州师范附属小学构建"1233"课后服务工作法，包括每天一个半小时的"一段时间"，常规课堂和走班上课的"两个类型"，课业辅导、学科拓展、社团活动的"三种课型"，学校教育、家庭教育、社会教育的"三方融入"，得到了家长的充分认可，促进了学生健康成长，提升了学校办学品质。成都市温江区冠城实验学校提出"做最懂孩子的教育"，强调教育要理解学生成长的基因与"脉象"，提出要读懂孩子的尊严需求、交往需求、归属于爱的需求，从而给予孩子所需要的教育之爱。① 这些都是充分运用和贯彻党和国家的教育方针政策来优化学校治理体系和提升学校治理能力的典型做法。

总之，高品质学校建设要以"顶天立地"为灵魂和站位，坚定不移、彻底完整地贯彻执行好党和国家的教育方针政策，做到办学方向正确、办学行为科学、办学成果丰硕，办好"老百姓家门口的好学校"，大力推进高质量教育体系建设，促进学校可持续发展和高质量发展。

---

① 许丽萍. 理解学生成长的基因与"脉象"[J]. 四川教育，2024（02—03A）：60—61.

▶ 实践导航

只有立足国家与民族，放眼世界与未来，扎根学校教育，落实国家战略，才能在顶天立地中促进学生、学校、国家、民族和世界的可持续发展。在上述理论指引下，如何依据教育方针，聚焦"顶天立地"，明确高品质学校深化建设的可持续发展方向，这是需要学校解决的实践问题。我们选择了四个方面的实践案例——理想信念教育如何顶天立地、百年党史如何融入中学生爱国主义教育、学校课程建设如何顶天立地、学校的智慧教育系统如何为学校的"顶天"与"立地"服务，从不同层面为深化建设"顶天立地"这一要素提供借鉴。

理想信念教育如何顶天立地

四川省成都市第七中学

教育的本质是培养人。培养什么人？为谁培养人？怎样培养人？这是教育人和学校必须正确回答的问题。成都七中明确提出：我们要培养社会主义的合格建设者和可靠接班人。长期以来，成都七中为北京大学、清华大学等名校输送了大批优秀的拔尖创新人才和领军人才。为坚定优秀学子对共产主义的信仰，更好地落实立德树人根本任务，成都七中以全域德育的思维扎实开展理想信念教育，力图从德育主体、德育载体、德育时空等维度多管齐下，将理想信念教育课程化、常态化和机制化，实现全员育人、全程育人、全方位育人，以此不断增进理想信念教育的实效。

一、全员育人

在育人主体方面，学校首先注重提高教师队伍思想政治素质，通过"三向培养"机制，即把优秀骨干教师发展成党员，再把党员教师培养成优秀教育教学管理骨干，再把教育教学管理骨干培养成学校中层干部，在校园里培养一支师德高尚、业务精湛的教师队伍，并在全校范围深入展开关于优秀学生标准的讨论，从而不断提升全员育人的意识。全体教师牢固树立"四个意识"，坚定"四个自信"，做到"两个维护"。学校进一步优化、细化《加强师生理想信念教育工作方案》和《成都七中师生思想政治工作提升方案》。全体教师做好宣传思想政治工作，坚持正确的舆论导向，积极传播正能量。例如，学习共和国勋章获得者钟南山、于敏、申纪兰等的先进事迹，学习人民英雄国家荣誉称号获得者张伯礼、张定宇、陈薇和时代楷模陈立群等的先进事迹，学习优秀共产党员黄文秀、李科等同志的先进事迹。

学校还非常重视调动家长的教育力量，让家长深度参与到对学生的理想信念教育中来。通过挖掘家长资源，为学生提供走进红色教育基地、重大工程现场以及科技前沿单位的机会，让理想信念教育更加鲜活生动。学校通过邀请党员家长到校到班为教师和学生开设微党课，分享各行各业的前沿资讯，展现中国共产党带领各族人民朝着实现中华民族伟大复兴的目标砥砺前行的成果，从而让理想信念教育更具说服力。

二、全程育人

在时间维度方面，从每学期、每学月、每星期再到每一天，精心设计学校、年级或班级的理想信念教育内容，并根据不同学月重要节日、纪念日制订相应的教育主题，从而将"理想、奋斗、责任、担当"作为教育主线贯穿于学生校园生活始终。每学期，由教育处牵头，各年级具体实施并精心组织开学典礼和散学典礼，在活动中弘扬社会主义核心价值观，坚定崇高理想、信念。每学月，由教育处、校团委牵头，各班进行一次理想信念的主题班会或团会、队会的观摩课。每星期，全体师生须参加星期一升旗仪式，国旗下演讲突出理想信念、贯穿社会主义核心价值观的内容。每周星期一各班班会课，班主任对学生进行理想信念、价值观引导。每一天，学校以各学科课堂及午间德育十分钟为阵地，将理想信念教育和社会主义核心价值观的内容具体落实到相关的主题教育和学科教育教学中。

图 2—1—1　坚定理想信念，勇担青春使命

在学段维度方面，针对不同年级学生阶段性发展的特点，学校分别开展侧重点不同的理想信念教育。初一：加强对中国少年先锋队的理解，举行"换大号红领巾"仪式，开展"最红红领巾"活动；初二："离队入团，激扬青春，追逐梦想"，由团委牵头组织"青春·梦想"活动，加强团校学习，学生争取成为一名光荣的共青团员；初三：以"让团徽更亮"为品牌，由团委牵头组织以"理想·拼搏"为主题的系列团会活动；高一：以爱国主义教育的"校本化"实施为特点，以法纪、规则教育为重点；高二：将以"树立崇高理想、勇当社会重任、成就精彩人生"为主题的立志成才教育和职业体验教育作为重点；高三：将"理想、奋斗、责任、担当"的教育贯穿整个高三年级，以成人礼仪式等活动为载体，引导学生持续将个人前途与国家命运结合起来。

图 2-1-2　为新建中队授中队旗

三、全方位育人

课堂是所有教育教学活动的主阵地。各学科的课堂都是贯彻落实理想信念教育的重要场域，与不同学科深度结合的理想信念教育显得更加理性扎实。无论是政、史、地人文社科课堂中大量丰富的实例展示社会主义道路的优越性，还是理、化、生等自然科学课堂上新中国科技成就与学科素养的有机结合，都能让学生沉浸于理想信念教育的熏陶中。

以各类德育活动为重要载体，让学生在课堂外同样能得到理想信念教育的滋养，让理想信念教育更具穿透力。例如，2021 年，学校以"请党放心，强国有我"为主题，设计了系列德育活动，从表彰大会到运动会，再到艺术节，通过对主题内涵的挖掘，引领学生拥有更高的站位，认识到不仅是科技领域，艺术和体育也是体现综合国力与国际影响力的重要载体，也存在着激烈的国际竞争，同样需要以坚定的理想信念参与其中；又如在对学生进行心理健康关护时，我们发现"意义感"缺失常常会使学生陷入心理焦虑、情绪不稳等状态，而通过扎实的理想信念教育能够在一定程度上帮助学生寻找人生的方向，看向更远的未来，树立起"通过自己的努力让更多的人生活得更好"的信念；再比如学校以"培根铸魂：成都七中德育校本课程的年级建设"为主题召开年度德育研讨会，不断完善分层有效、衔接有序的德育校本课程，进一步探索了如何将理想信念教育"全员、全程、全方位"融入教育教学活动，培根铸魂，启智润心。

此外，学校、家庭、社区通力协作，构建多维一体的育人体系，是提升理想信念教育实效的必要条件。学生利用周末或节假日进社区开展各类志愿服务、职业体验、社会实践活动，如单独参加或分小组参加社区志愿服务活动；学生走进厂矿、企事业单位进行职业体验、学习宣讲等活动；学校不定期邀请社会各界精英进校园给学生开展爱党爱国的专题讲座活动；等等。家校社的协作从多渠道激发学生爱国情怀与报国之志。

党的历史是最生动、最有说服力的教科书。学校还把了解中国近现代历史和中国共产党党史作为成都七中学生综合素质提升具体办法的首要内容，并根据特定的需要，抓住重要的时间节点组织理想信念主题教育，如在党的十九大、二十大召开前后的宣传、学习、讨论，让理想信念教育为拔尖创新人才和领军人才的早期培养铸魂。

培育具备家国情怀的社会主义事业建设者和接班人是当前学校教育的重要课题。我们处在一个伟大的变革时代，未来已来，将至已至。探索提升理想信念教育实效，让学生主动将成就自我与民族复兴相连，站在引领时代发展的前沿，成为真正的中国脊梁，七中人一直奋斗在路上。

（撰稿：张　翼　李　睿　李远攀）

百年党史如何融入中学生爱国主义教育

彭州市九尺中学 四川省彭州市敖平中学

党史赋能，爱国兴邦。赓续百年党史，厚植爱国主义是新时代建设高质量教育体系的呼唤，是学校探索立德树人新路径的呼吁，是学生树立强国有我使命感的呼应。敖平中学立足理论实践，采用知行合一策略，构建"知情意行"四维模型；实施课堂内外策略，探索"双向课堂"实践路径；提炼共建共联策略，创建"四位一体"育人机制。以学固本，育爱党爱国之情；以行筑基，塑有形有感之风；以教兴校，造品牌特色之效。这些举措让爱国主义精神真正实现上植于心、下至于行。

一、背景介绍

百年党史为爱国主义教育提供了丰富的素材和深厚的底蕴。将百年党史蕴含的伟大精神和价值融入中学爱国主义教育，是时代呼唤、学校呼吁和学生呼应下的实践探索。

（一）时代呼唤：建设高质量教育体系

党的二十大报告指出："加快建设高质量教育体系，发展素质教育，构建教育发展新格局，助推中华民族伟大复兴的需求。"教育是国之大计、党之大计。2021 年 4 月，教育部办公厅发布《关于在思政课中加强以党史教育为重点的"四史"教育的通知》，进一步强调要"在以党史教育为重点的'四史'教育中有效提升学生的政治认同、思想认同、情感认同"。百年党史作为爱国主义教育的生动教材，是培养学生民族归属感的重要内容，是助推中华民族伟大复兴的重要财富。

时代精神是教育的主引擎，将百年党史融入中学生爱国主义教育，是时代建设高质量教育体系的呼唤。

（二）学校呼吁：探索立德树人新路径

庠序之教，培根育魂。自 2024 年 1 月 1 日起，《中华人民共和国爱国主义教育法》

落地施行，彰显了国家强化爱国主义教育、传承和发扬爱国主义精神的内核。2020年，教育部印发《中小学贯彻落实〈新时代爱国主义教育实施纲要〉重点任务工作方案》，要求进一步加强和改进中小学爱国主义教育工作。敖平中学贯彻落实党和政府的方针政策，在实践中积极探索培根育魂的教学路径。

学校是教育的主阵地，将百年党史融入中学生爱国主义教育，是学校探索立德树人新路径的呼吁。

（三）学生呼应：树立强国有我使命感

教育之本，育人育心。弘扬爱国主义精神要从少年儿童抓起，要把爱国主义贯穿教育和精神文明建设的全过程，引导学生树立正确的历史观、民族观、国家观、文化观，增强爱国意识和情感，让爱国主义精神在学生心中牢牢扎根。习近平总书记强调"青少年阶段是人生的'拔节孕穗期'，最需要精心引导和栽培"。将百年党史融入中学生爱国主义教育，既能总结历史经验，把握历史发展规律，又能强化学生对中国特色社会主义的认识，激发民族认同感。

学生是教育的对象，将百年党史融入中学生爱国主义教育，是学生树立强国有我使命感的呼应。

二、改革策略

回望过往的奋斗路，眺望前方的奋进路，我们必须把党的历史学习好、总结好，把党的成功经验传承好、发扬好。敖平中学采用知行合一、课堂内外和共建共联三大策略，积极开展百年党史融入中学生爱国主义教育实践。

（一）知行合一：建"知情意行"四维模型

知行合一，笃行致远。爱国主义教育旨在提升民族自尊心和自信心，树立热爱祖国的理想，并为之奋斗或献身。敖平中学一线教师在行政领导团队的鼓励和支持下，构建出爱国主义教育"知情意行"的四维模型。

理论联系实际，敖平中学教育工作者致力于整理文本资料，创新思考，深入剖析爱国主义教育的内涵，按照认知的思维过程，将爱国主义教育分为四部分：爱国主义知识是基础——以理服人；爱国主义情感是动力——动之以情；爱国主义意志是保障——持之以恒；爱国主义行为是关键——导之以行。

党的历史是最生动、最有说服力的教科书。秉持培养和传承爱国主义精神的宗旨，通过"教学""观看""说听""悟行"等多种方式，强化中学生对百年党史的学习，培养他们爱国主义教育的"知情意行"。

图 2-1-3　爱国主义教育"知情意行"四维模型

（二）课堂内外：探"双向课堂"实践路径

课堂内外，双向互补。敖平中学积极创新形式，推动百年党史融入中学生爱国主义教育全覆盖、活起来、深下去。在不断拓展内容的基础上，积极挖掘"第一课堂（课内）＋第二课堂（课外）"的资源，探索出爱国主义教育"双向课堂"的实践路径。

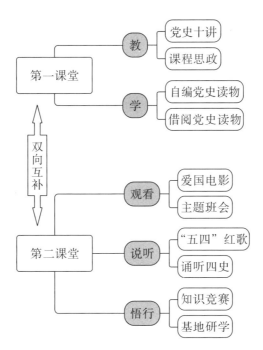

图 2-1-4　爱国主义教育"双向课堂"实践路径

1. 第一课堂（课内）重基础，强调爱国主义的知识教学

"教"主要有党史十讲和课堂思政两条途径。党史十讲课程由党总支书记、副书记、党支部书记等主讲。课程思政指由学科教师在课堂中开展大思政教育。"学"指的是学生阅读学校自编的党史读物和阅览室提供的党史著作。

2. 第二课堂（课外）重实践，强调爱国主义的情感、意志和行为

"观看"主要是指学校组织中学生观看党史相关电影和开展"青春有我，学习强国"的爱国主义主题班会活动，借助电影和班会形式进行情感熏陶，引导学生传承爱国精神，树立远大理想。"说听"主要是借助重要庆典和节日，强化爱国主义教育的仪式感，积极开展"五四"唱红歌和元旦演歌剧以及学生定期在敖中先锋公众号"声音里的四史"栏目诵听"四史"故事。"悟行"主要是指借助学校平台，开展各类知识竞赛和基地研学，将知识学习、实践体验和现场考察相结合，通过深入挖掘资源，强化信仰根基。

3. "双向"课堂既重知识教学，又重实践体验

通过创新的教育方式着重培养中学生知史爱国的意志表达，着眼于培养担当民族复兴大任的时代新人。

（三）共建共联：创"四位一体"育人机制

敖中中学整合区县党建、学校党建、教师教学、学生学习等多方位资源，共建共联，协同育人，创建了爱国主义教育"四位一体"的育人机制。

在百年党史的长河中，爱国主义之魂始终熠熠生辉，激励着我们党和人民前行。区县党建积极开展微格教研、单项教研和学习培训指导学校党建；学校党委积极开展各类党建活动，为教师创造丰富多彩的学习交流平台；教师通过教学为学生提供精神指引和互动交流；学生通过课堂内外的学习实践，内化吸收百年党史知识和爱国主义情感。

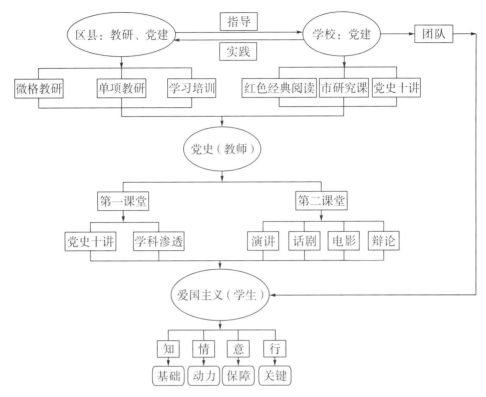

图 2-1-5　爱国主义教育"四位一体"育人机制

三、成效启示

（一）以学固本：育爱党爱国之情

学以固本，信仰乃成。以爱国主义教育为方向，以百年党史为素材，将百年党史融入中学生爱国主义教育的实践，可增强中学生对党史教育的感受和熏陶，涵养他们的家国情怀。敖中师生及相关参与者均深刻感受到了党史的吸引力，并充分认识到了爱国主义教育所蕴含的力量与情感。学习百年党史能够坚定马克思主义信仰，坚定中国共产党的领导，加深对中国特色社会主义的认识，学习百年党史更能激发学生对民族的认同，对国家的热爱。

（二）以行筑基：塑有形有感之风

行以筑基，育人有形。敖平中学扎根学校传统教学实际，结合时代需求，将学校作为"有形有感"的党建基地，"无形"校风得以"有形"呈现；"无感"体验成为"有感"教育。敖平中学以学校作为学史爱国、知史爱国的校园党建基地，全校共设有六个主题园，每一个主题园都培养校园教师和学生作为讲解员，在重大活动期间面向校内外师生、家长及群众提供讲解。校园基地建设发挥"润物无声""育人有形""体验有感"的重要功能。

（三）以教兴校：建品牌特色之校

以教兴校，打造品牌。敖平中学立足实际，创新教育，高质提升，打造敖中特色品牌。近年来，学校连续荣获"全国青少年校园足球示范学校""四川省阳光体育示范学校""成都市教育教学质量优秀学校""成都市党建标准化学校""成都市教育科研先进单位""成都市先进基层党组织""成都市党建示范学校"等荣誉称号。

百年党史学知，万里征程明理。敖平中学将坚定不移地从党的百年伟大奋斗历程中汲取爱国主义教育的智慧和力量，坚持不懈地以高质量党建引领学校高品质发展！

（撰稿：唐　磊　陈良彦）

学校课程建设如何顶天立地

都江堰市灌州小学校

灌州小学作为"高品质学校建设"总课题组成员单位，在进行高品质学校建设的过程中，以"顶天立地"理念为指引，充分调动全校力量，在广泛深入学习党和国家教育方针政策和重要理论知识的基础上，重点着力在一至六年级进行"熊猫"课程的研制与使用。经过十余年的实践探索，学校拨开了高品质学校可持续发展中的迷雾，促进了整体教育教学水平的提升。

一、"熊猫"课程建设的"顶天立地"背景及主要解决问题

（一）人类命运共同体理念对教育的引领

"构建人类命运共同体"是习近平总书记着眼于人类发展和世界前途提出的中国理念和中国方案，一经提出就受到国际社会的高度评价和热烈响应，使国际理解教育成为各国现代教育的共识。该理念旨在增强学生的国际责任感与国际意识，使其成为真正意义上的世界公民。日益国际化的今天，构建人类命运共同体，我们将面临更多的全球性的重大复杂问题，深化国际理解、提升国际交往能力是一种解决问题之道。

（二）教育强国建设需要更多国际化人才

让学生形成正确的世界观，具备认识世界、分析世界的能力，对增强学生国际理解核心素养，培养具有国际视野的创新型人才等意义重大。中国作为世界第二大经济体，与全球不断融合，培养具有国际视野的中国人具有必要性和必然性，学校应当通过国际理解教育激发学生的民族自尊心与自豪感，培育其具有民族文化认同和世界文化认同的人格，促进世界各国人民平等友好地交往合作。

（三）学校所在地区"熊猫"课程资源丰富

灌州小学所在地区是大熊猫的栖息地之一，"熊猫"课程建设的资源丰富。如今，大熊猫已经成为中国走向世界的新名片，是世界和平友谊的象征。大熊猫见证了华夏

子民的进化史，见证了中国五千年的文化发展史，大熊猫的美好形象承载着中国故事，跨越种族、文化和地域的藩篱，直抵人心，赢得世界的眼光。

（四）学校寻求国际化交流与发展的需要

我校于2004年就提出了要培养具有"世界眼光、民族精神"的中国人。学校在教学工作中强化了英语教学，与澳大利亚、美国的一些学校结成友好学校。学校组织学生到新加坡、澳大利亚、加拿大、英国、美国进行国际研学旅行；聘请外籍专业教师来学校任教、讲学，组织教师参加国际研学研修，增强国际理解教育和教师对中外人文交流的认同感；接待来自意大利、英国、美国、加拿大、印度等国的国际友人来我校考察。这些都极大激发了全校师生认识世界的热情。

图2—1—6　葡萄牙访华代表感受"熊猫"课程

二、"熊猫"课程的建构与实施

（一）"熊猫"课程的理论基础

课程的理论基础是课程开发与实施的核心基础，是指导教师教育行为与规范学生主动健康发展的重要行动指南。"熊猫"课程的理论基础是国际理解的理念。学生的国际理解能力包含四个维度：作为自然之一员、作为社会之一员、作为国家之一员、作为全球社会之一员。当学生理解自己作为自然之一员时，他应当具有环境保护意识，知道生物多样性，对自然充满敬意，懂得人与自然的共生；当学生理解自己作为社会之一员时，他应当了解家乡与世界的联系，关注社会事务，重视社会安全，与地区中的外国（外地）人和谐共处；当学生理解自己作为国家之一员时，他应当知道全球化的影响，理解各民族文化，具有公民责任感和国家认同感；当学生理解自己作为世界之一员时，他需要学习应对全球冲突，促进文化间共生，具备全球责任感，为世界和平与发展做出力所能及的贡献。

"熊猫"课程的实质是培养学生的国际理解素养，促使学生具有全球意识，能够尊重世界文化的多样性，积极促进中外人文交流，为积极构建人类命运共同体贡献力量。因此，"熊猫"课程的设计与实践需要制订适合小学生主动健康成长的课程目标，将国家课程资源与熊猫课程资源相结合来进行实践探索，促成全体师生国际理解素养的全面提升。

（二）"熊猫"课程的目标

"熊猫"课程的目标是以人文底蕴、科学创新、民族精神为抓手，培养"发展多元智能，实现差异成功，共享幸福成长"的新时代优秀的社会主义建设者和接班人。

1. 人文底蕴

人文底蕴即以人为本、关心人、爱护人、尊重人方面的个人修养。作为熊猫故乡的学校，我们有责任提升学生的人文底蕴，将孩子培养成熊猫文化的传承者、推广者、践行者、创新者。

2. 科学创新

科学创新能力是学生发展的关键能力，是国家持续发展的核心能力，更是全球一体化支撑的核心能力，面向未来的教育，在发展关键上，必须以创新为要。我校通过对本课题的研究和实施，培养教师成为科学创新思维的领路人，引领学生成为独立个体，为学生将来成长为科学创新型人才奠定全面的素质基础。

3. 民族精神

习近平总书记多次强调要传承和弘扬中华优秀传统文化。"熊猫"课程的各种资源有助于学生感受中华优秀传统文化，培养民族精神和文化自信，无论在何时何地都能自觉弘扬中华优秀传统文化。

（三）"熊猫"课程的编制原则

"熊猫"课程的编制需要遵循以下三个原则。第一，整合性原则。"熊猫"课程应具有跨时间、跨空间、跨学科等特点，按照整合性原则进行编制。第二，系统性原则。"熊猫"课程既要遵循国际理解教育知识的系统性和逻辑性，也要考虑学生的身心发展和学习规律。第三，校本化原则。"熊猫"课程需要由学校和教师根据校情、班情、生情、师情来设计符合教育教学规律和国家政策文件精神要求的课程。

（四）"熊猫"课程的设计思路

表 2-1-1 "熊猫"课程的设计思路

年段	内容	目标
低年段 （1—2 年级）	大熊猫的特征与历史	引起学习兴趣，为培养国际理解能力打好基础
中年段 （3—4 年级）	大熊猫的家乡与栖息地的自然环境，环境保护，可持续发展	强化环保意识，了解生物多样性，对自然充满敬意，树立人与自然和谐共生意识
高年段 （5—6 年级）	大熊猫的文化与精神特质，和平与冲突，国民责任与国家认同	理解各民族文化，具备国家认同和全球责任感，促进世界和平发展

（五）"熊猫"课程的内容及实施

灌州小学通过基础型课程、拓展型课程和探究型课程，达成"熊猫"课程目标。教学场所为"教室＋基地"，以教室内教学为主，成都大熊猫繁育研究基地实践活动为辅。

1. 基础型课程

基础型课程特指进入学校课程表的各学科课程，是具有法规意义的国家计划课程。基础型课程通过学科渗透的方式进行，学科渗透主要是指在语文、数学等主学科中，融入与"熊猫"课程相关的内容。"熊猫"课程需要抓好全学科渗透，才能更好地实现国际理解教育，并且在各个学科中强调育人价值。

2. 拓展型课程

拓展型课程分为限定拓展课程和自主拓展课程，限定拓展课程包括德育课程、研学旅行课程、家校共育课程等，自主拓展课程包括社团课程、兴趣课程、社区公益课程等。基础型课程通过专题教育的方式进行，按照每个年级一个系列专题的形式，落实"熊猫"课程目标。

表 2-1-2 各年级拓展型课程主题

年级	系列专题名称
一年级	我从远古走来
二年级	关于我们的科普小知识

续表

年级	系列专题名称
三年级	人类的爱是我们的保护伞
四年级	明星小伙伴
五年级	什么是"熊猫人"
六年级	我们的明天会更好

3. 探究型课程

探究型课程通过主题活动的方式进行，学校分别以学校、年级、班级为整体，通过项目式学习、小组合作学习等，有序构建活动：引导学生通过熊猫了解世界的基本问题（和平与发展、生态环境等问题），了解大熊猫保护的国际组织与维护和平的基本途径，以"熊猫文化节"为载体了解各个国家的文化生活，体验多元文化共存及世界相互依存的关系，开展真实的国际交流与合作。

（六）"熊猫"课程的评价

在"熊猫"课程评价中，我们注重以各阶段课程目标为导向，将过程性评价与结果性评价相结合。

在过程性评价中，首先看课程活动的设计是否具有趣味性和创新性，如观察大熊猫、讲解大熊猫生态、制作熊猫手工等学习过程是否生动有趣，是否激发了学生的学习热情。其次，注重实践性和体验性，如通过实地学习、实验、手工制作等活动，让学生亲自动手、亲自体验，加深对知识的理解和记忆。最后，我们反观课程的跨学科性。"熊猫"课程不仅涉及生物学和环境保护方面的知识，还融合了地理、历史、艺术等多个学科内容。课程通过跨学科的教学，培养学生的综合素养和跨学科思维能力。

在结果性评价中，"熊猫"课程采用多元化的评估方法，包括课堂表现、作业、实验报告、项目展示等，全面评价学生的学习情况和综合能力。就评价维度而言，我们不仅注重学生个人的人文底蕴、科学创新、民族精神是否有所提升，我们还看重社会效益和影响，也就是说，学生是否能助力于社会的环保行动，为推动社会可持续发展作出积极贡献。

十余年来，我校跟随"高品质学校建设"课题研究，时刻未忘记以"顶天立地"为魂，深入实践。如今，全校教职工已经自发形成学习的氛围，每当党和国家发布新的教育政策文件，都会有教师主动领学，并通过分享交流，把党和国家的文件政策转化为符合每个年级、每个班级的具体实践方法。在实践中产生的"熊猫"课程体系，

也为其他学校开设专门独立的国际理解教育课程提供了范本，形成了以"熊猫"课程
为特色的实施范式和经验。

图 2-1-7　"熊猫"课程走进凉山州昭觉县

在课程实践中，我们编写了《我与大熊猫有个约会》中英文读本；"熊猫咪咪"
"熊猫表情包"课程教学在送教凉山州昭觉县大坝乡中心校活动中被四川观察栏目全国
直播，有近四百万教育工作者同时在线观看；2019 年，我校熊猫艺术社团亮相四川省
"三九大"文化旅游联盟品牌战略发布会；张艺朵同学以"宝藏推荐人"的身份，向全
国小朋友们推介家乡大熊猫文化，并以出色表现斩获全国"中华小导游"一等奖（全
国仅两名）；学校成为"中国大熊猫科普教育联盟学校"成员发起单位；撰写的案例
《基于国际理解的"熊猫"课程建设与实践》入选教育部中外人文交流中心《中外青少
年人文交流成果案例汇编》。

（撰稿：马长俊　任　红　王　珍）

学校智慧教育系统如何为学校的"顶天"与"立地"服务

成都市石笋街小学校

成都市石笋街小学校（以下简称"石笋街小学"）探索以学习者为中心，线上线下融合共生的智慧教育学校样态——"我的学校"智慧教育学校。项目包含了个性化的"我的学习"、多元化的"我的课程"、生态化的"我的空间"和多维化的"我的画像"，能够满足"我"的学习需求和成长需要，服务于学生个性学习、多元发展和终身成长。这是智能化、数字化背景下传统学习方式的改变之道，也是学校"和而不同，各美其美"办学思想的实践载体和时代表达。

一、"我的学校"建设的具体策略

学校以"1234"的特色举措，打造"我的学校"智慧教育学校，案例荣获"2022年全国智慧教育优秀案例"荣誉。

（一）建设一个平台

学校建设的石笋线上学校平台，目前已收录课例300余例，总时长10000多分钟，用户累计学习20000余人次，资源涵盖各学科、德育、安全、党建、劳动教育、科创等，用户包括师生、家长、社会人员等，已生成个人空间5000多个，在区域范围内影响日增。

（二）实施双线培训

1. "微应用"操作培训

开展平台应用操作培训，组建技术先锋团队，通过分层分批开展精准培训。

2. "微主题"学科研修

将项目化学习和整合式任务与常态学科教学有机整合，促进用户深度学习和跨学科学习。

3. "微技能"线上培训

在线上学校开辟专题培训课堂，后台自动统计用户学习情况，满足个性化精准性需求。

（三）推进三条路径

1. 升级"技术"快通道

采用人脸识别系统，可进行测温识别、统计通知、安全预警；联动水电监测设备，实现智能监测、科学管理；启用精准作业系统，对用户学习效果进行精准诊断，自动生成个性化错题资源库。

2. 紧抓"课堂"主阵地

借助线上学校平台，融合多种智慧教学系统，探索多场景下的直播课堂、网络学习空间资源的即时应用、学习数据的精准分析、跨时空的智慧教研等，凸显"深度、融合、精准"特征。

3. 用好"项目"强抓手

组建项目组，通过平台建设、课堂实践等方式促进实施。一是做好各类试点项目，共有2个部级、2个省级、2个市级、4个区级信息化项目；二是开展学校智慧社团，含创客、机器人、3D打印、无人机等相关社团。

（四）夯实四项保障

一是组织保障，成立领导小组和实践团队；二是制度保障，做好规划、实施方案和考核办法；三是资源保障，聘请省市智慧教育专家提供智力支持，做好家校社协同，保障经费支持；四是评估保障，建立校监测评估小组、第三方和区行政部门三线评估方式。

二、"我的学校"典型应用特色

（一）基于技术赋能的教师双线培训

2020年起，学校探索教师专业发展的双线融合模式，取得较好效果，并接受《中国教育报》专访。以信息技术教学微技能项目为例。第一，线上全面覆盖培训课程，在石笋线上学校开辟"教师微技能"专题培训课堂，每天一节，每日一更，后台自动统计学习情况。第二，开展线下针对性实操课程。学科实践团队加技术人员，针对不同学科特点和教学需求，开展精准个性的实操培训。近三年共开展此类双线培训27次，累计5000余人次参加。

（二）基于数据驱动的智慧课堂

学校利用石笋线上学校精准安全的特点，课前进行学情调查；课中借助智慧教室教学工具采集数据，提供师生课堂活动的行为分析报告；课后运用精准作业平台选题组卷，对学习效果精准诊断，呈现学习效果分布区间，自动生成个性化错题资源库，为教学教研提供数据。以此生成的"大数据驱动的小学数学精准教学实践研究"立项为省级课题。此外，居家上课期间学校还探索出依托线上学校直播平台的三选项解决方案，即"少数学生不能到校，采用点对点推送个性化学习资源；部分学生不能到校，采用随堂直播学习；全体学生不能到校，进行全员直播教学"。2022 年 9 月，四川卫视对此进行专题报道。

图 2-1-8　精准实现数据收集，促进课堂提质增效

（三）基于网络空间的学生评价

石笋线上学校的"我的空间"是师生个性化空间，包含"我的体质、我的作业、我的阅读、我的课堂、我的成长"等板块，对学生进行伴随式、过程性数据采集，并进行数据呈现和初步分析。通过"我"—"我的班级"—"我的学校"路径，生成个性数据库。学校管理人员、教师、家长在各自的端口，可以查看全校、班级、个人数据，进行横向、纵向对比，为教育教学提供数据，这也与五育并举、五项管理精神相匹配。此案例获评 2023 年四川省数字校园应用场景典型案例。

三、"我的学校"建设的具体成效

（一）探索了智慧教学新模式

借助石笋线上学校的角色精准划分，我们开展了以"纵深、融合、精准"为特色的深度学习、学科融合和个性化学习，凸显"以学习者为中心"理念。

1. 基于网络学习空间的教与学

在石笋线上学校，每名师生都有自己的网络学习空间，他们的学习过程或教学活动均可以在网络学习空间上完成并形成过程性数据记录。

2. 全覆盖的"在线课堂"

通过在线资源的整合开发，实现资源普及化、校本化、特色化，覆盖各学科、多领域。

3. 依托智慧名师工作室

开展"融合信息技术的教与学模式创新"应用试点工作，结合线上学校名师课堂，进行直播研讨、异地评课议课等。其中混合式学习的信息课堂、资源精准推送的班会课堂、数据即时分析的数学课堂、跨校区进行的语文课堂获得国家、省市荣誉。

（二）延展了校园育人新空间

石笋线上学校突破时空限制，拓展了育人新空间，促进学生综合素养不断提升，近三年，在全国、省、市比赛和展示中，学生获奖累计 1000 余人次。教师学科融合和信息化教学能力得到提升，在智慧课堂、信息化教学大赛中屡获佳绩，累获全国荣誉 6 人次，省级 44 人次，市级 89 人次。此外，学校还利用线上学校设置了劳动教育融合课堂、致敬建党百年、校园意外伤害应急处置等专题，创新开展"党建＋""德育＋""安全＋"等，不断突破时空限制，创新教育场景，拓展育人空间。

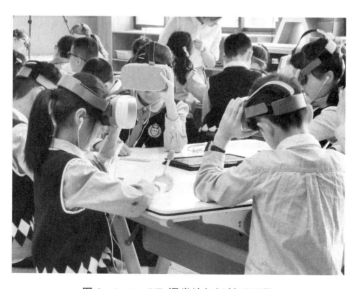

图 2－1－9　VR 课堂让知识触手可及

（三）增强了学校品牌的影响力

学校成为全国中小学校虚拟实验教学实验校、全国 STEM 教育示范校、四川云视开放课堂学校、四川省首批智慧教育学校、四川省网络学习空间优秀学校、成都市未来学校、金牛区首批线上学校、首批智慧教学示范校等。在 2020 年全国新时代高品质学校建设学术研讨会、2023 科学与科幻创新论坛、全球数字大会、四川省 STEM 教育学术研讨会等各级各类会议上交流智慧教育，彰显办学特色。此外接待国际、国内友好学校到校观摩智慧教育学校建设等，也取得较好反响。

（撰稿：张友红　张文祥）

第二章
遵循规律：按照可持续育人规律增强深化建设的后劲

"遵循规律"是四川省高品质学校建设课题组提出的高品质学校的"顶天立地、遵循规律、文化浸润、全面发展"四个主要特征与建设要素之一。在聚焦"可持续发展"的深化研究中，课题组把"办出可持续发展的高品质"作为新的品位与高质量发展焦点，把"遵循规律"定向为高品质学校的办学实践要遵循可持续发展办学质量的提升规律。如何理解并遵循规律？如何在遵循规律的观照下，把最新的教育教学理念转化成能够促进学生和学校可持续发展的育人实践？高品质学校建设课题组以及广大的参研学校，一直在思考探索与行动实践中。

▶ 理论指引

遵循可持续发展规律 推进育人方式的整体变革

李政涛教授曾在《光明日报》发表《凝聚"系统教育力"》一文，围绕"系统育人"和"系统教育力"两个概念，阐发了教育必须符合教育规律和人的成长规律才能促成人的全面发展的理念。《大学教育科学》2018 年第 4 期刊发的《"教育规律"解析》一文对教育规律的概念表述为：教育规律是教育活动的必然演变过程，是以整个教育系统为研究对象，揭示在教育系统中各要素之间的本质联系，是教育者在实践过程中只能利用和遵循而不能违背的原则。由此，我们可以这样理解：只有遵循规律的教育活动，才能更好地促进学生可持续发展；只有可持续发展自觉意识下的教育规律遵循，才能更有利于教育规律的功能实现和作用发挥。所以，遵循规律是高品质学校可持续发展的行动逻辑。

一、行动基准：遵循学生可持续发展的规律

张伟教授在本书开篇就指出，由于学校最直接的对象是学生，可持续发展的直接体现是学生的可持续发展素养，因此学校可持续发展的本质是提高学生的可持续发展素养，高品质学校可持续发展的本质是聚焦学生可持续发展素养提高品位和质量。由此，遵循规律的行动基准理所当然就是要遵循学生的可持续发展规律。可持续发展规律具体包括自我发展规律、社会适应规律、全面发展规律。

（一）自我发展规律

自我发展，也被称为自我意识或自我，是一个多维度、多层次的复杂心理现象，由自我认识、自我体验和自我控制三种心理活动构成，也是个体通过自我反思、自我认知、自我学习等方式，不断提升自身能力、实现自我价值的过程，关注个体的主观能动性和自我塑造能力。自我发展规律强调学生的自我发展最具有可持续发展力，是一场自我探索的旅程，它包括了自我认知、自我驱动、自我挑战和自我实现四个阶段。在这个过程中，学生会不断清醒地认识自己，调动内在潜力，进而主动面对和克服困难，在持续发展中实现自己的价值。因此，在遵循规律的行动实践中，首先就是要遵循学生的自我发展规律，让学生在自我认知、自我驱动、自我挑战和自我实现的探索旅程中提高可持续发展素养，增强可持续发展能力。

一要帮助学生自我认知。每个学生都是独一无二的个体，他们有着不同的性格、兴趣和学习方式。教育者要像镜子一样，帮助学生照见自己的内心，认识到自己的优点和不足。通过个性化教学，鼓励学生探索自己的兴趣所在，发现自我价值，从而激发内在的学习动力。

二要鼓励学生自我驱动。在自我认知的基础上，学生应当成为自己学习的主人。教育者的角色转变为引导者，为学生提供选择的机会和挑战的空间。无论是在课堂上的探究活动，还是在课外的实践体验中，都应激励学生主动思考、积极行动，让他们通过不断地尝试和努力，实现自我超越。

三要引导学生自我挑战。在学习和成长的道路上，挫折和失败是不可避免的。教育者要引导学生正视这些困难，将其视为成长的垫脚石。通过自我挑战，学生能更深刻地理解经验，调整策略，挑战自我，增强解决问题的能力和信心。这一过程，不仅

有知识技能的提升，更有心理素质和情感态度的成熟。

四要支持学生自我实现。当学生在自我认知、自我驱动和自我挑战的基础上不断前行时，他们将迎来属于自己的辉煌时刻。这时，教育者应继续发挥支持作用，为学生的未来规划提供指导和资源，帮助他们将个人梦想与社会需求相结合，实现从自我发展到社会贡献的华丽转身。

遵循学生的自我发展规律，是一种对教育本质的深刻洞察，也是对学生未来无限可能的信任与期待。在这个过程中，教育者和学生共同成长，共同追求知识的真谛，共同塑造更加和谐、更具创造力的可持续发展教育生态。

然而，在教育实践中不遵循学生自我发展规律的现象仍然存在。过度强调分数、过度增加负担、过度约束管控、过分保护溺爱以及满堂灌，都是不利于学生自我发展的。很多时候教师和家长忽视了对学生本人的关爱激励，而去直接关注学生的学习行为和分数，让学生感觉学习不是自己的事，而是在完成教师和家长布置的任务。遵循自我发展规律，需要教师充分认识学生的主体作用，调动学生的主观能动性，激发学生的兴趣和动力，提升学生的综合能力。同时，教师也要给学生提供科学的引导和足够的资源，努力营造最优学习环境，助力学生实现自我发展。

（二）社会适应规律

社会适应的概念最早由赫伯特·斯宾塞提出，是指个体的观念和行为方式会随着社会环境的变化而改变，以适应所处的社会环境的过程。社会适应规律强调的是，学生的发展应该与社会的需求相适应。因为学生最终是要走入社会的，他们的发展不能脱离社会的需求。如果学生的发展与社会的需求不匹配，那么他们就很难找到自己的位置，很难实现自己的价值，也就很难持续发展。基础教育要为学生打下三个方面的基础，即身心健康的基础、终身学习的基础、走向社会的基础。社会适应不是学生走向社会再去适应，而是要在现在的学习实践活动中为未来走向社会、适应社会打好基础。

学生的社会适应是一个循序渐进的过程。在教育的早期阶段，孩子们如同刚刚下水的航船，对周遭环境充满好奇与探索。学校和家庭应携手为他们提供宁静而坚实的港湾，让他们在模仿与游戏中学习基本的社交规则，如排队等候、分享玩具、尊重他人等。这些看似简单的行为，是孩子们构建社会适应能力的基石。

随着年龄的增长，学生们开始尝试更多的社会角色，航船逐渐离开港湾，驶向开阔的水域。这时，教育者的角色变得尤为重要。我们不仅要教授知识，更要引导学生理解合作与竞争的价值，培养他们的责任感和团队精神。通过小组讨论、课堂演讲、体育竞技等活动，学生们在实践中学会沟通、协商、解决冲突，逐步提升自我在群体中的适应性。

进入青春期，学生的内心世界变得复杂多变，航船面临着波涛汹涌的考验。面对身心的快速变化和社会期待带来的压力，他们可能会感到迷茫和焦虑。因此，教育应当注重培养学生的自我认知与情绪调节能力，通过心理健康教育、职业规划指导等课程，帮助学生了解自我，树立目标，增强对未来的信心，做好准备。

最终，当学生们准备好迎接社会的挑战时，他们已经是能够驾驭风浪的船长。教育应当帮助他们认识到个体与社会的互动关系，激发他们对公民责任的认识，引导他们积极参与社会实践，从而形成对社会有益的贡献。无论是志愿服务、社区参与还是环保行动，每一次实践都是他们社会适应能力的升华。

遵循学生社会适应规律，是我们共同的使命，也是孩子们走向成熟、走向成功的重要保障。学生死读书、读死书是无法适应社会的；尊敬师长、关爱同学都做不到，或做不好，根本就处理不好人际关系，肯定也很难适应社会；只会牢记公式、机械答题，而不会联系实际解决生产生活实践中的问题，也不能很好地适应社会。遵循社会适应规律，不是简单地追求外在的行为规范，而是深刻地关注学生内心世界的发展和个性的成长。这一过程需要教育者的智慧、家长的支持以及社会的理解。只有这样，孩子们才能在成长的旅途中，找到属于自己的方向，成为既有坚韧个性又能与自然和谐共生的社会成员。遵循社会适应规律，需要教师引导学生了解社会的需求，关注社会的问题，参与社会实践。同时，教师也要教给学生社会交往的技巧，培养学生的社会交往能力，帮助学生实现社会适应。

（三）全面发展规律

学生的全面发展是实现个体可持续发展的基础。只有全面发展的学生，才能在未来的学习和社会生活中更好地持续发展。学生全面发展规律包含两层意思：一是指在教育过程中，学生在德智体美劳等方面全面、协调、和谐发展的内在规律；二是指教育应当关注学生的身心发展，以及知识、能力、情感等多方面的培养，强调教育的全面性，这与可持续发展的理念要求人们具备全面的知识和技能，以及对环境和社会负责任的态度相契合。

遵循全面发展规律是一个复杂而又富有内涵的问题。从学生个体全面发展上看，他们的发展具有个体差异性、阶段性、整体性、互动性、内生性等特点，这就意味着遵循全面发展规律就必须尊重学生个体差异，我们需要因材施教，循序渐进，激发活力。从发展环境上看，我们既要为学生提供多元化、个性化、实践化的学习环境，为每一位学生的全面发展提供可能，也要关注集体凝聚力的培养、集体协作能力的提升和集体创新能力的培养，为学生创造全面、和谐、有利于发展的教育生态，助力他们的全面发展。

这三个规律是学生可持续发展的基本规律，它们相互关联、相互影响。自我发展规律奠定学生可持续发展的基础，社会适应规律明确可持续发展的培养方向，全面发展规律指引可持续能力的培养方式。只有遵循这三个规律，学生的发展才能持续、健康，才能有意义。

二、行动策略：把握准遵循规律的逻辑结构

（一）逻辑起点：贯彻方针政策

党的教育方针是党在一定历史阶段的理论和路线方针政策在教育领域的集中体现，在教育发展中具有根本性地位，是教育工作的根本遵循。国家教育政策基于教育规律并反映教育的客观规律要求。党的十八大特别是第五次全国教育大会以来，党和政府重新确立了新时代党的教育方针，出台了一系列的教育政策、法规和文件，从《中国教育现代化 2035》的目标指引，到学前教育、义务教育、普通高中、职业高中各学段发展的规划性文件，德智体美劳和科学教育的具体部署，以及评价改革、育人方式变革等改革举措，是党和国家对教育事业的总体要求和指导原则，是教育工作的行动指南和规律遵循，我们必须坚定贯彻、严格执行，这既是教育使命，也是遵循教育规律的基本行动和逻辑起点。一句话：贯彻教育方针政策，就是遵循教育规律。反之，把党和国家对教育事业的要求都置之脑后，谈何遵循教育规律。

这一逻辑起点的关键是把国家政策的核心要求转化成促进学生可持续发展的改革实践，这需要我们深入理解政策精神，结合实际创新实践；需要我们以是否能促进学生可持续发展为实践标尺，持续在实践、反馈、调试中深入推进创新实践。比如，2021 年 7 月中共中央办公厅、国务院办公厅印发的《关于进一步减轻义务教育阶段学生作业负担和校外培训负担的意见》，明确了"双减"五个方面的主要任务和重大措施：一是全面压减作业总量和时长，减轻学生过重作业负担；二是提升学校课后服务水平，满足学生多元化需求；三是坚持从严治理，全面规范校外培训行为；四是大力提升教育教学质量，确保学生在校内学足学好；五是强化配套治理，提升支撑保障能

力。有些地方把"双减"变成"单减"，只重视校外培训治理，忽略校内作业负担减轻；个别学校把校内作业负担减轻狭隘地理解为控制作业时长。如此肤浅的理解，既不能发挥政策的引领作用，也无法实现规律的遵循效力。

（二）逻辑中介：变革育人方式

新一轮义务教育课程修订的目的是要改革不适应时代发展需要的教育教学行为，变革育人方式，实现立德树人根本任务。2023 年 5 月教育部办公厅印发的《基础教育课程教学改革深化行动方案》明确强调要"更新教育理念，转变育人方式"。

教育理念是建立在教育规律基础上的教育理想，如果不能体现在指引育人方式变革上，它就只是一种空洞的理论，无法产生实践效果，"遵循规律"便无从谈起，高品质学校可持续发展也就失去了行动的逻辑中介。

这一轮课程改革特别强调基于核心素养、基于任务群学习、基于学科实践活动、基于教学评一体化改革，倡导综合育人、实践育人和跨学科育人等方式。如何避免"理念一大堆，实践无章法"的现象，把这些新的教育理念转化为促进学生可持续发展的实践操作？

我们可以在坚持守正创新中变革育人方式。守正的核心要义就是遵循规律，守正的具体体现就是坚持立德树人根本任务，着眼核心素养培育目标。创新也应遵循规律，脱离规律的创新必然根基不牢。变革育人方式的基本思路就是遵循规律观照下的守正创新。本章节呈现的《核心素养导向下的学习方式变革》案例中，成都市东城根街小学（以下简称"东小"）"立足学科实践的'思维课堂'，基于学科育人的跨学科学习"的双线变革实践过程，就是守正创新的过程，形成的"思维课堂"教学主张与教学范式，更是遵循规律观照下守正创新的具体行动。以教学评一体化改革为例，它强调教学活动应遵循"目标—教学（学习）—评价"一致性规律，通过进阶式目标导向、结构化任务驱动、序列性路径支持、表现性评价护航，促进学习真实发生。其中最核心的统领是进阶式目标导向，最具发展力的变革是表现性评价护航。如何在围绕目标的评价护航中，培养学生的学习兴趣和积极性、自主学习能力、团队合作精神、创新能力和批判性思维等实现可持续发展不可或缺的素质，是实现教学评一体化改革的教育理念转化和育人方式变革中要重点探索和具体化的举措。

（三）逻辑终点：促进全面发展

马克思提出人的全面发展，并将其视为人类社会和每个个体追求的最高理想。党的教育方针中"培养德智体美劳全面发展的社会主义建设者和接班人"是关于"培养什么人"的最高要求。因此，应该把学生的全面发展作为教育的核心目标，作为高品质学校可持续发展行动的"逻辑终点"，努力培养全面发展的学生。

这里的全面发展，是指学生在德智体美劳五育方面都能得到应有的发展。德育是全面发展的灵魂，它决定了一个人的价值取向和行为准则；智育是全面发展的基础，它提供了解决问题的基本知识和技能；体育是全面发展的保障，它保证了一个人的身体健康和精力充沛；美育是全面发展的润滑剂，它丰富了人的精神世界，提高了人的审美能力；劳育是全面发展的实践，它培养了人的实践能力和创新精神。这五个方面相互关联、相互促进，虽不是追求五个方面"无所不能"，但在育人实践中"不能偏废"。在促进学生全面发展方面，国家层面已经有了明确的评价政策导向，需要教育行政管理部门和学校坚持正确的育人方向，教师和家长树立科学的教育观，引导学生树立全面发展的观念，遵循全面发展规律，协同推进育人实践。

三、行动自觉：敬畏规律 做到知情意行合一

懂得规律和按规律做事是两回事。在功利性教育仍然存在的现实境况下，"知"规律的多，按规律"行"的少。究其原因，是我们在"知"和"行"之间，缺少了育人的真情，缺少了坚守的意志力，对教育规律缺乏敬畏之心，缺少行动自觉。

"双减"是为了减轻过重课业负担，结果校内"减"了校外"增"；课后服务目的之一是尽可能让学生在校内完成作业、查漏补缺，结果学生在校时间增加了，回家后仍然有很多作业；将幼儿园小学化、侵占音体美课、死记硬背、采用题海战术等，都是典型的违背教育规律。不遵循教育规律在很大程度上会影响学生的可持续发展，影响学生的生命质量，因此我们必须敬畏规律，应该有遵循规律的行动自觉。

敬畏教育规律与增强行动自觉，是我们在"遵循规律"的行动实践中必须坚持的两个原则。只有做到"遵循规律"的知情意行合一，我们才能有持之以恒的行动自觉，也才能有学校和师生的可持续发展。课题组在研究与实践例证中，充分认识到高品质学校可持续发展的行动逻辑是遵循规律，育人方式变革的基本思路是遵循规律观照下的守正创新。随着深化研究的推进，涌现了许多在育人方式变革实践中具有代表意义的成功案例，值得我们去剖析、借鉴。

高品质学校可持续发展的核心是学生的可持续发展，"遵循规律"的关键是遵循学生的可持续发展规律改革育人方式，而改革育人方式的核心，是引导学生遵循身心规律改变学习方式，同时促进教师根据学生的全面发展需要改革教学方式，建设适宜于学生可持续发展的课堂和学校场域。为此，我们选择了有关学习方式、学科德育、特色课堂等方面的改革案例，这些案例都以学生的可持续发展为重要追求，不断探索育人方式变革，取得了明显成效，既增强了学校自身建设高品质的后劲，也为高品质学校深化"遵循规律"这一要素提供了参考。

核心素养导向下的学习方式变革

成都市东城根街小学

在人工智能不断刷新人类认知和思维的时代，在"教育强国"的号角中，育人方式转型是教育发展的重要内容，学习方式变革是关键点。在教育要更加坚定培养德智体美劳全面发展的社会主义建设者和接班人的任务，聚焦学生核心素养发展，培养学生适应未来发展的正确价值观、必备品格和关键能力。

《义务教育课程方案和课程标准（2022 年版）》（以下简称"新课标"）提出的学科实践、课程综合化、跨学科学习、主题式学习、项目式学习、学习任务群等概念都是指向学习方式的。东小多年来一直致力于学习方式的研究和实践，不断从"知识"走向"素养"，从"教"走向"学"，素养导向下的学习方式变革的目标、路径更加清晰，学习方式变革的成果也在逐渐呈现。东小的"根真"教育以"扎根真信仰，根植真规律，根生真未来"为内涵，学校以教育规律、教学规律、认知规律和学习规律指导教育教学，设计课程框架，推动学习方式变革，提升课堂质量。

一、学习方式的双线变革

（一）立足学科实践的"思维课堂"

1."思维课堂"的发展进程

东小的"思维课堂"实践始于 2016 年，学校在"学科融合"的研究中，开始意识到思维品质在学习中的意义和价值。2017 年，学校以"工具让思维可见"的教学研究，将数学、科学、工程等多学科进行整合，探究思维的外显表现形式。2018 年以来，随着脑科学、学习科学对教育产生更多影响，学校持续对"思维课堂"进行研究。2019 年，课程中心以"学习设计，思维可见"作为研究主题，清晰地提出思维"三 jian"模式，2021 年，"思维课堂"形成了"四 jian、六式、六学、六会"的清晰结构。如今，在落地新课程标准的实践中，东小的"思维课堂"逐步建构起以学科思维表达和学习方式变革为侧重的体系。

图 2-2-1 "思维课堂"的发展进程

新课标强调，要聚焦学生核心素养发展，培养学生正确的价值观、必备品格和关键能力，强调发挥学科思想方法和探究方式的学习。新课标对每个学科的核心素养都有清楚的界定，思维能力、思维品质、科学思维、计算思维、统筹思维相关内容在各学科的培养目标中都有明确表达。这给学校多年研究的"思维课堂"注入了更多的信心。

2."思维课堂"的内涵

在培根铸魂的学校文化底色中，我们努力达成高质量落地国家课程的目标，以东小"根真"课程为顶层设计，绘制学生的理想画像：拥有扎实的知识根基、优良的思维品质、健全的品格，有家国情怀、审美情趣、健康身心、实践能力。东小的课程也在不断迭代，以"真知、真美、真行"三大体系，不断指向学生的核心素养培养，坚持课程育人目标一体化、国家课程实施校本化、校本课程设计特色化。

　　课程的育人目标需要优质课堂来实现。"思维课堂"是学校鲜明的课堂主张，东小"思维课堂"的建设具有坚定的学科本位，始终坚持基础教育的基础性和学科建设的学科性。学校从价值追求、内涵意义、教学主张、构成要素、学习方式等维度对学科实践的"思维课堂"进行了梳理。

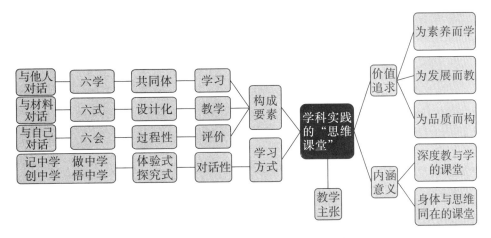

图 2—2—2　基于学科实践的"思维课堂"

3. "思维课堂"的要素

　　学校经历了"思维课堂"的雏形年、初建年、启发年、梳理年、结构年、深化年，在一次次的升级中，"思维课堂"的要素逐渐清晰。思维的"四 jian"即：思维可见，指向直观可视；思维可建，指向自主建构；思维可践，指向学科实践；思维可鉴，指向元认知化。我们将这"四 jian"与思维的识记、理解、应用、分析、评价、创新进行勾连，从低阶思维走向高阶思维，指向批判性思维和创造性思维。

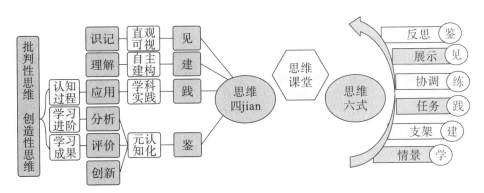

图 2—2—3　"思维课堂"的"四 jian、六式"

　　新课标明确提出了教学评一体化的要求。在东小，"思维课堂"的要素达成需要教学评一体化的设计，以"四步"保研修底线，以"九要素"建设计流程，以"六式"呈设计多元，以"六化"达学习深度，以"六学"构学习共同体，以"六会"落实教学评一致。

学科思维的表达也逐渐清晰：语文支架化、数学结构化、英语图谱化、科学问题化、艺术任务化、信息科技主题化。以语文"思维课堂"的"支架化"为例，学习支架就是展开语文课堂学习活动的载体，是连接学生现有水平与目标水平之间的桥梁，其意义在于将语文要素的达成变得具体化、可视化、可操作化。我们常用的支架有情境支架、范例支架、图表支架、问题支架等。

比如在教学统编版小学语文一年级下册《小公鸡和小鸭子》一课时，教师搭建情境支架，帮助学生积累与理解"一块儿""吃得很欢"两个表达。再如统编版小学语文二年级上册《曹冲称象》一课，课后题要求学生说出曹冲称象的过程，需要学生运用积累的表示先后顺序的词语（先……再……然后……），进行有逻辑的表达。为达成此目标，教师搭建图表支架，让思维可视化，帮助学生更好地提升思维的语言转化能力。

（二）基于学科育人的跨学科学习

新课标指出，要强化课程综合性和实践性，推动育人方式变革，着力发展学生核心素养。在学科类课程标准中，要求设立跨学科主题学习活动，加强学科间相互关联，带动课程综合化实施，强化实践性要求，注重培养学生在真实情境中综合运用知识解决问题的能力。

东小的跨学科学习已经探索多年，这里的"跨学科学习"是广义的跨学科学习，更接近于"综合学习"的概念。它的实施目标是课程综合化、学习综合化，连接全学科，培育综合素质。在这样的目标下，学校将综合学习（广义的跨学科学习）分为多学科、跨学科、超学科三种类型。

表 2-2-1　基于学科育人的综合学习

类别	表征	实践途径		指向
多学科	学科边界比较清晰	日常跨学科学习		围绕学科知识开展
		阳光课堂跨学科学习		
跨学科	学科有边缘交叉	阳光课程跨学科学习		场馆课程跨学科学习
		围绕探究任务开展		

续表

类别	表征	实践途径		指向
超学科	学科融合，无明显的学科边界	综合实践课程跨学科学习	劳动集市	围绕真实问题开展
			场馆课程	
			脑育课程	

多学科学习重常态。在日常教学中进行学科与学科之间的渗透。户外的阳光课堂是基于学科知识的学习设计，学习中各学科知识可以相互借力。比如，深秋时节阳光下的银杏树，是语文、科学、美术的学习资源，学生就在成排的银杏树下学习。

跨学科学习重主题。学校以场馆课程群来表达学科和学科之间的相互交叉，相互联系，以跨学科主题学习的方式开展探究任务。学校以年级为单位，确立学习主题，统筹设计，通过前置课程、中置课程和后置课程开展主题探究。这种学习往往都是 2 至 4 周的长程学习。我们在这方面的实践研究已经形成《行走的学习——场馆研学课程的编制与实施》一书并实现出版。

超学科学习重融合。这种学习方式大多在四周以上，强调围绕解决真实问题来开展，注重联结学科的思想和方法，联结生活经验。在超学科学习中，学科和学科之间无明显的边界，更注重学科融合，集中表现在东小的劳动集市、脑育课程、场馆课程中。

比如，"泡菜的前世今生——如何泡出一坛好菜"综合实践，就是一场超学科学习，历时五周，以泡菜的"源、法、趣、味"融合历史、地理、数学、科学、美术、语文等学科知识，连接生活，让学生走向"市场"。

学科实践是学习的主路径、主渠道。学科实践，就是用本学科的思想和方法，培育学生的学科知识、技能、能力和价值，让学科核心素养真正落地。因此，跨学科学习一定要坚持学科立场，才能整合知识、解决问题，带动课程综合化实施。

二、学习方式变革的显著成效

（一）助力学生全面发展

1. 学力提升

在落实学科本位、夯实学科建设的路上，学校的"思维课堂"建设从学科理论走向学科实践，从学科素养走向广域育人。今年 4 月，在北京师范大学"脑科学与认知实验室"的全国 200 多所实验学校中，东小学生的"思维力"位居第一。

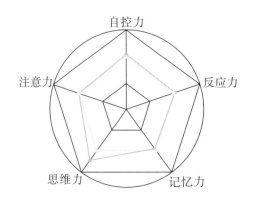

□ 校均值　■ 全国均值

图 2-2-4　东小学生"脑五力"图

2. 学习质量提升

通过本阶段的研究，学生在课堂学习的效果显著提高。从脑育实验班学生两次学业水平诊断结果可以看到明显的提升，其成绩从 2021 年的区域第五名，上升到 2022 年的区域第三名。在成都市教科院进行的作业调查中，东小在 23 个县（市、区）的抽样学校中，学生数学兴趣和成绩均排名第一。

3. 综合素养提升

我校作为青羊区学生综合素质测评试验区试点校参加 2023 年"看见成长·学生综合发展评价"，一校三区评价均取得"综合卓越型学校"的成绩，为最优型学校。

（二）拓宽教师前沿视野

在学习方式变革的过程中，我校教师在课堂教学中，并不局限于学生某一方面的表现，而是依托"六会"从六个维度进行观察；在教学方式上，教师打破传统单科教学模式，尝试跨学科教学；在评价方式上，从以测试题对学生进行评价的传统评价转变为以学生综合素养为目标实施多维评价；在学生发展上，教师改变单科评价标准，着眼于学生全面发展。

此外，我校教师近三年聚焦评价、课程构建、"思维课堂"、跨学科等词汇进行实践研究，发表论文 15 篇，论文获奖 237 篇，课题立项和结项 49 项。课题成果获得省级市级成果一等奖和二等奖，教师研究能力得到提升。

（三）助推学校高质量发展

1. 区域引领

学校通过教学方式变革，提升了教育教学质量，成为区域内的领军学校。成立四川省赖晗梅卓越校长工作室、成都市名校长工作室，成为成都市第三批校园发展基地校、"九九提质"联盟学校，借助成都市未来教育家联盟，将可借鉴的学习方式变革策略进行区域辐射，引领民族地区教育、二三圈层教育，推动了教育优质均衡发展。科研成果"名师共同体结构化精准扶教的市域行动"荣获 2023 年教育部基础教育国家级教学成果二等奖。

2. 社会认同

在此过程中，我们的创新实践也得到教育部门的肯定。2023 年在亚洲教育论坛、中国教育学会年会、全国脑育研讨会上，我校均获得机会分享东小创新实践策略。

我校从"小而精致"的学校逐渐发展成为一个一校三区的集团校，受到家长和社会的广泛认同，学生数量不断攀升，真正让"家门口的好学校"成为现实。

（撰稿：赖晗梅　张　英）

基于学生可持续发展的德育学科课堂变革

巴中市巴州区第一小学校

在建设初期，巴中市巴州区第一小学校（以下简称"巴小"）依托川陕革命根据地红色资源开展"弘扬新时代雷锋精神"主题教育，在活动育人方面取得了系列成效。

一、遵循规律，彰显全面育人质效

在育人的过程中，只有遵循学生的身心发展规律，让他们在自主、合作、探索等学习方式中激发内在潜力，才能更好地促进学生可持续发展。

巴小始于清嘉庆二十年（1815 年）官设正谊书斋。现有 5000 余名在校学生，300 余名教职员工，形成了"一校三区一园"的办学格局。学校全面贯彻党的教育方针，坚持为党育人、为国育才，在立德树人根本任务引领下，建构"全面育人"核心理念，基于"德育学科"课程，以"全员、全过程、全方位育人"为途径，以课堂教学形态变革、结构变革、评价变革为突破口，遵循学生成长规律，通过多彩活动、多种载体、多样学习方式等重构德育学科课堂，深入推行"3＋3＋3"德育学科育人体系，在活动育人的基础上，优化"基于学生可持续发展的全面育人实践"路径，培根铸魂、启智增慧，培育有理想、有担当、有本领的时代新人，推动学校高品质发展。

二、顺应发展，明确德育学科育人起点

学生发展需求：在高品质学校活动育人自主性原则上，尊重学生主体地位，立足自我发展规律，注重学生全面发展，培养学生核心素养。德育课堂能更好地满足学生的成长需求，达到全面育人效果，为他们的可持续发展提供有力支持。

学校发展需求：德育工作是学校工作的灵魂，起着导向和保证作用，它致力于学生思想品德和人格素质培养，贯穿德智体美劳教育实践的各个方面，引领整个学校教育，推动学校教育教学工作整体提升。

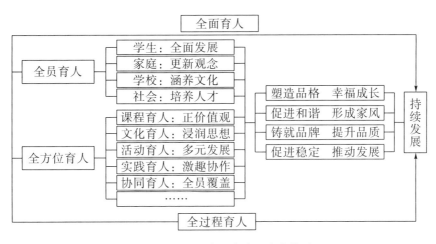

图 2－2－5　"全面育人"育人体系

时代发展需求：随着社会的快速发展，在《中国教育现代化 2035》的目标指引下，转变育人方式，是党和国家对教育事业的总体要求和指导原则，我们必须遵循教育规律基本行动，以促进学生可持续发展为实践标尺，实现立德树人根本任务，办好老百姓家门口的素质教育示范学校。

三、精准诊断，锚定德育学科变革原点

作为一所历史悠久、底蕴深厚的百年老校，我们在探索学科德育实践路上，仍旧发现部分教师往往习惯以德育思维审视学科德育，即着眼于挖掘各教学要素蕴含的德育资源，其过程仍存在很多问题。

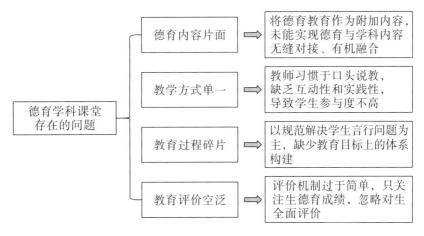

图 2－2－6　德育学科课堂存在的问题

2022 年 4 月 26 日《中国教育报》专稿《以高品质激荡起教育改革的澎湃春

潮——四川省高品质学校建设的探索与实践》中指出，只有遵循规律的教育活动，围绕系统育人方略，方可更好地促进学生可持续发展。近年来，学校创新德育学科育人机制，坚持学生至上、生命至上，夯实德育学科育人主阵地，全面落实立德树人，推行课堂变革加快推动学校高品质发展。

四、课堂变革，建构德育学科育人范式

为培养有理想、有担当、有本领的时代新人，巴小紧盯德育学科育人范式，遵循教育规律和生命成长规律，结合前期高品质学校活动育人路径，校本资源、本土资源、信息化课程资源建设等系统推进，拓宽德育学科育人空间和时间，探寻从"听"走向"学"的自主探究大课堂，遵从学生、家庭、学校、社会"四位一体"协同全面育人理念，构建了以学生为中心的"3＋3＋3"德育学科课堂变革范式，调动学生主观能动性，助力学生实现可持续发展。

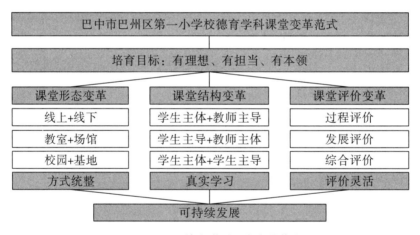

图2－2－7　德育学科课堂变革范式

（一）课堂形态变革，共筑育人新生态

"线上＋线下"同促素养提升。在学生自我认知的基础上，学校充分利用互联网、大数据、人工智能、各类主题活动等渠道实现全面育人。

（1）线上依托互联网。充分借助网络资源优势，实现互联网与德育学科深度融合，利用"国家智慧平台"和微信公众号等多种载体，开展"云端育人课堂"，实现德育学科教育革新。

（2）线下立足多彩活动。一是开设特色课程渗透德育意识。如组建律动篮球、多彩乐器、魅力科创等20多个社团，实现"学生文化素养和人格成长并重"的育人目

标。二是借助传统节日深化育人价值。通过开展"欢喜过大年""清明祭英烈""浓情端午节""和美中秋节"等系列传统节日活动，拓宽德育学科育人载体，遵循学生自我探究、自我认知规律，以多彩活动为路径，实现自我发展，树立文化自信。

"教室＋场馆"共促自我发展。课堂是落实立德树人的主阵地，以学习为中心的课堂是促进学生全面发展的根本。

（1）立足教室创建特色班级。倾情打造教室文化，借助手抄报、创意手工、书法作品、悦读角、评比栏等媒介，布置班级文化，展现学生自我发展轨迹，让教室由内而外更有温度，让每面墙壁都"会说话"。

（2）牵手场馆培养创新人才。教育、科技、人才是全面建设社会主义现代化国家的基础性、战略性支撑。学校打破校内与校外的壁垒，为学生提供多样丰富的实践体验，充分利用本土资源优势，将巴中市科技馆、图书馆、海洋馆等场馆作为培育时代新人的重要阵地，开设科普大讲堂、创客体验、探寻海洋之谜等多形式实践活动，培养创新精神和探究能力，为学生自我发展增添新动力，培养全面发展的新时代好少年。

"校园＋基地"传承红色基因。

（1）校园传承红色精神。学校深入开展"红色文化月月传"和"班级红色文化我参与"主题活动，利用国旗下展示、红歌合唱比赛等多种方式，传承红色精神。

（2）基地创设红色课堂。巴小在依托川陕革命根据地红色资源开展"弘扬新时代雷锋精神"活动育人的基础上，继续利用川陕苏区将帅碑林、刘伯坚烈士纪念馆、王坪烈士陵园等爱国主义教育基地，开展"寻红军足迹""讲红军故事""唱红军歌谣""诵红军诗文"等系列活动，创设红色课堂，学生在活动中赓续红色血脉，实现可持续发展。

图 2－2－8　演绎红色经典，传承红色基因

（二）课堂结构变革，躬耕育人新课堂

1. 构建"学生主体＋教师主导"的发展型德育学科活动课堂

学校强化德育课程管理，优化课程设置，整合课程资源，厘清德育内容，明确育人目标，创设主题情境，让学生立足自我认知、自我探究规律，构建基于学习为中心的发展型德育学科活动。

图 2—2—9　德育学科活动过程

在教学《京剧趣谈》时，教师以"戏曲寻美"为情境任务，学生在自主学习探究中以语言描述、画面重现、音乐渲染等形式自我驱动、合作交流，将传承优秀文化的精神内化为道德情感，实现自我发展。

图 2—2—10　"戏曲寻美"任务

2. 构建"学生主导＋教师主体"的能力型德育学科活动课堂

核心素养是课程育人价值的集中体现，是学生通过课程学习逐步形成的正确价值观、必备品格和关键能力。学生的品格养成关键在于"导行"，在德育课堂变革中，通过自主选择主题任务，组织、参与活动，在学生的主导下参与德育学科项目式学习。从策划到实施，在教师的协助及评价中完成项目内容，让德育学科活动课堂从"讲"变为"行"，从而实现学生能力的可持续发展。

图 2—2—11　"导行"流程

3. 构建"学生主体＋学生主导"的素养型德育学科活动课堂

结合德育目标和学科内容，设计具有针对性、实效性的活动，充分激发学生的主动性和创造性，创建以"学生主体＋学生主导"的德育活动课堂，让他们自行组织、自行策划、自行开展，学生自主选择、自主参与、自主发展，在参与过程中获得德育的熏陶和体验，综合素养得以全面提升。

图 2—2—12　素养型德育活动课堂

（三）课堂评价变革，重建育人新体系

在当前的教育环境中，将视线投向更广阔的领域，推行德育学科课堂变革，从"育分"走向"育人"，实现学生和教师的全面发展。

过程评价关注全员发展。关注每一个学生在学习过程中的表现，通过持续观察、记录学生的进步与成长，准确把握学生学习状态，提供更具针对性的指导和支持，激发学生的潜能，让他们在各自的领域得到充分发展。

发展评价关注全方位发展。通过多元化的评价方式，不断收集整理学生发展过程的信息，全面了解学生的个性特点和发展需求，为他们提供更为丰富的发展机会，让学生从评价中获得动力。

综合评价关注可持续发展。不仅要关注学生在某一阶段的表现，更要关注他们的长期发展趋势。通过对学生学习过程的跟踪和评估，发现他们的发展潜力和可能存在的问题，为他们制订更为合理的发展规划，促进学生全面可持续发展。

表 2—2—2　德育学科课堂评价量表

评价指标		权重	指标描述	等级			
一级	二级			自评	互评	家长评	总计
教学理念	立德树人	5	1. 体现以学生全面发展为根本宗旨。 2. 挖掘德育资源，落实立德树人根本任务。				
	课堂理念	5	1. 体现以发展核心素养为导向，把握德育学科本质。 2. 关注学生的学习过程，激励学生学习。				

续表

评价指标		权重	指标描述	等级			
一级	二级			自评	互评	家长评	总计
教学设计	教学目标	5	1. 目标明确，符合课标要求和学生实际。 2. 具体、可操作性强，可检测。				
	教学内容	5	1. 有助于学生可持续发展和基本能力的提升。 2. 符合学生发展规律，容量适当，重点突出。				
教学过程	教学流程	15	1. 教学流程结构合理，符合学生认知规律。 2. 学习活动情境的创设呈现德育学科核心素养的养成与发展。 3. 流程清晰，内容呈现科学合理。				
	教学方法	10	1. 灵活运用多种教学方法，满足学生发展需求。 2. 现代化教学手段及数字信息资源合理应用。 3. 对学生学习反馈、评价有效，调控能力强。				
	学生活动	15	1. 参与态度：兴趣班，主动参与。 2. 参与广度：全班学生参与学习的全过程。 3. 参与深度：体验由浅入深，学有所获。				
	教学	10	1. 师生关系平等、融洽，沟通富有成效。 2. 教学活动协调流畅，体现自主、合作、探究。				
教学效果	目标达成	15	1. 绝大多数学生掌握了目标要求的知识技能。 2. 学生的学习态度和参与学习主动性得到提高。 3. 在学会学习和解决问题中关键能力得到提高。				
	育人功能	5	1. 注重核心素养的培养，有助于其形成正确的世界观，能促进学生可持续发展和全面发展。				
教师素养	学科素养	5	1. 有很高的学科基本知识、基本能力和学科核心素养。 2. 准确把握学生的学科学习心理，根据学生的学习规律安排学生的学习活动。				
	教学技能	5	1. 教师基本功扎实，组织教学能力强。 2. 能合理正确使用现代化教学手段并不断优化。				
评价人				综合评价			

五、深思启迪，绘制可持续发展蓝图

德育学科作为立德树人的主阵地，其变革备受瞩目。以学生为中心的"3＋3＋3"德育学科课堂以构建多元课堂为路径，为学生的全面可持续发展提供了强有力的保障，加速推进了学校的高品质发展。

（撰稿：唐振华　冯　超　邹玉容）

做好课堂"加减法" 构建育人高品质

四川天府新区十一学校

"为学日益，为道日损"，在"双减"背景下，课堂首先要处理好各种关系。加与减是重要的哲学关系。减是去弊与归本，即回归教育之道，是为了轻负；加是臻善与求美，即构建育人体系，亦是为了提质。四川天府新区十一学校在加与减的课堂变革中，构建"153 加减课堂"，谱写育人新篇章，力求以可持续发展的教育质量支撑民族和国家的可持续发展。

一、变革背景

传统的课堂普遍存在以教师为中心的现象，教师一讲到底的知识灌输模式、将成绩评价作为唯一依据的现象时有发生，而在个性化教学和课堂有效互动方面明显后劲不足，导致课堂高负低效。

在教育领域，"素养导向"已成为一个热门话题，全球范围内的教育研究者、政策制订者和教师都在探索如何更好地实施素养导向的教育。"素养导向"的教育要求从根本上做好"加减法"，实现课堂轻负提质。

我校是一所创新机制学校，学校将培养师生"创新力"作为核心价值之一，校名中的"十"和"一"也是符号的"＋"和"－"，即倡导教育综合改革、加减并行的课堂理念，故做好课堂"加减法"的系列举措在变革浪潮中应运而生，旨在通过课堂变革撬动教学质量提升，实现"立德树人、立功为国"的办学宗旨。

二、变革主张

想要通过课堂"加与减"来提高育人品质，首先应该找到变革的关键。从学生认知规律的角度分析，影响学生发展的关键点主要包括注意力与兴趣点、记忆与遗忘规律、知识建构与整合、情感与动机、社会互动与合作学习等方面。教育者需要深入了解和把握这些关键点，以更有效地促进学生的全面发展。然后，要遵循课堂规律和学生素养发展规律。课堂教学必须辩证处理课堂"加"和"减"的关系，做好课堂加减法不是单纯地进行"加"或者"减"，而是要求做好"加"和"减"的辩证统一，其核心在于教学过程中的优化与平衡，让教学活动围绕"学习共同体中教师的教与学生的学如何相互促进和共同发展的问题"而展开。这种加与减的有机结合，旨在实现教学的丰富性与精简性的融合与统一，从而最大程度地提升教学效果，促进学生的全面发展。由此，我校构建了"153 加减课堂"变革实施策略。

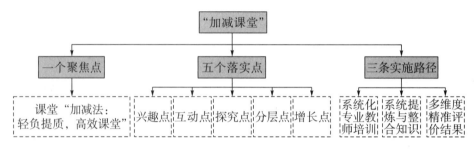

图 2—2—13　"153 加减课堂"变革实施策略

　　为促进传统课堂向情境、深度、探究、个性、多元等方向发展，我校在遵循自我发展和全面发展规律的基础上，提出"加减课堂"五点模型，主张从兴趣点、互动点、探究点、分层点和增长点五个方面做好课堂"加减法"。自兴趣点出发，这就需要激发学习动力，创新学习内容、方式和制度，在培育学生自主提升可持续发展素养方面采取切实可行的措施，实现学生的全面发展。

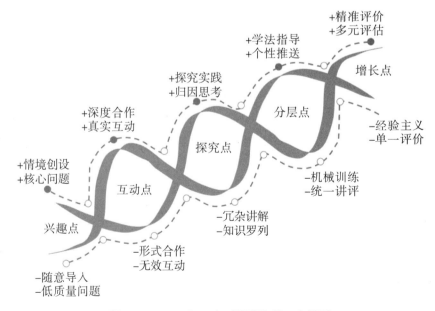

图 2—2—14　"153 加减课堂"的五点模型

（一）在兴趣点上减去随意导入和低质量问题，增加情境创设和核心问题

在兴趣点上做"加减法"实质上是一种以学生为主体的建构性教学方法。它通过精准识别并利用学生的兴趣点，优化教学内容，摒弃那些零散性、浅表性、封闭性的问题，引入具有引导性、挑战性和开放性的核心问题；减去繁琐无效、"走过场"的导入，精心创设与学习内容紧密相关的情境，有效促进学生的自主学习和深度学习，进而提升学生的高阶思维能力和学习品质。

（二）在互动点上减去形式合作和无效互动，增加深度合作和真实互动

在互动点上做"加减法"强调教学活动中学生之间互动的质量与深度。它旨在避免形式上的热闹与参与，提倡通过设计具有挑战性、生长性、需要共同探究和协调互助的任务，促进学生之间的深度合作与互动，从而激发学生的学习兴趣和动力，促进知识共享、思维碰撞和问题解决能力的提升，有效提高教学质量和学习效果。

图 2-2-15　**学生探究活动**

（三）在探究点上减少冗杂讲解和知识罗列，增加探究实践和归因思考

在探究点上做"加减法"强调学生在知识建构中的主体性和实践参与性。通过减少教师冗杂讲解、知识罗列，鼓励学生自主探究，深化对知识的理解，促使学生发现问题。同时推动学生进行归因分析，提升其批判性思维，从而培养其创新思维和实践能力。

（四）在分层点上减少机械训练和统一讲评，增加学生学法指导和个性推送

在分层点上做"加减法"主要体现因材施教和差异化教学的核心理念。该策略主张摒弃机械重复的训练和笼统的统一讲评，转而注重针对个体差异的学法指导和利用技术手段推送个性化学习资源。

（五）在增长点上减少经验主义和单一评价，增加精准评价和多元评估

在增长点上做"加减法"旨在摒弃过分依赖经验主义终结性评价的局限性，转而强调基于 AI 技术的多元过程性评价，让学生的学对于教师而言可见，让教师的教对于学生而言可见，从而正确处理"教与学"的关系。关注学生在学习过程中表现出的学习品质、学习方法、学习效果等，采用多种评价工具和方法，从而更真实地反映学生的学习状况，为其全面发展提供有效反馈。

三、变革路径

（一）促进教师专业化技能提升，用教师行为变化推动课堂变革

为全面深化落实课堂"加减法"，我校在教师系统化专业培训方面采取了四大措施：

1. 构建培养体系

基于教师需求减少通识性培训、形式主义培训，增加菜单式培训。依托学校教师发展"青苗""嘉树""栋梁"三大工程，把不同阶段教师的发展与我校"153 加减课堂"融合。在平台支撑当中，减少统一的培训量，增加三大工程的专项培训内容；减少"转转课"，增加骨干教师特色课、名优教师示范课；增加"质量月"的展示活动，减少定期的常规检查，营造"在专业反思中提升自我，在同伴互助中发展自我，在专家引领下完善自我"的成长环境。

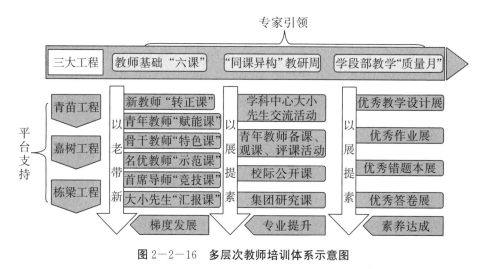

图 2—2—16　多层次教师培训体系示意图

2. 驻校专家引领

引入省、市、区名优教师、教研员为驻校专家，深入教研、把关课堂，加强对"加和减"系列主张和举措在课堂上的深度落实。截至目前，累计有 327 人次驻校专家进行了课堂指导、主题教研指导。

3. 名师工作室领衔

我校教师积极参与省、市、区名师工作室，建立校内"名师工作站"，将我校课堂

"加和减"系列主张和举措在省内外进行线上线下交流论证，定期邀请省市专家、名师深入我校进行现场指导，深化教师对"加和减"系列主张和举措的认知。

4. 促进个性发展

开办教师成长营，进行包含理论和实践的集中培训，增加教师对课堂"加和减"相关理念的理解认同，将新课程标准落实到教育教学实践中。学校利用信息技术，结合教师实际，生成"教师发展画像""教师六边形能力分析报告"，根据画像指导每位教师制订三年发展规划，提供包括但不限于校级课题研究、驻校工作室、青年教师沙龙、外出培训等个性化发展平台。加强自主学习，鼓励教师阅读包括《深度课堂》《幸福的科学》等在内的专业书籍，阅读省教育厅、市教育局公众号、网站上的相关文件；鼓励教师进行专业学习，如观看教育相关的影视剧作，学习国家智慧教育平台上的优秀课例；鼓励教师进行专业写作，利用假期进行论文、案例、课题撰写。

（二）加强课堂研究与实践探索，用学科中心活动落实课堂变革

1. 教研成果展示

我校教研包括"研课标"，从总体上把握课标的定位和学科体系；"研教材"，与课标进行贯穿式研究，建构起完整的学科知识体系；"研情境"，以积极心理学为根本，遵循学生的认知规律与内心情感需求；"研目标"，构建符合课程标准、核心素养、单元要求等融合式教学目标；"研学情"，从学生"已知""未知""能知""想知"和"怎么知"等方面综合分析学生情况；"研资源"，进行教学资源的筛选和利用，促进学生知识和经验的发展；"研拓展"，包括深度拓展、横向拓展、纵向拓展。

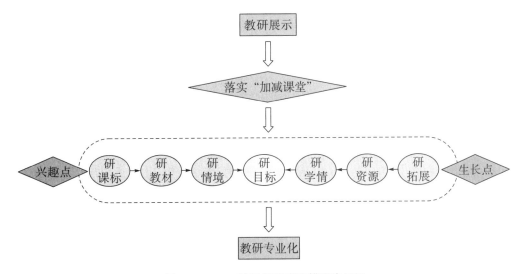

图 2—2—17　某学科课堂建模研究导图

2. 课堂观察

制订《四川天府新区十一学校"课堂观察"实施方案》，对教师、行政干部、驻校专家的观课提出相应要求。要求教师每周观课至少一节，可观同学科、跨学科、跨年级教师课堂，相互学习，落实"153加减课堂"；学科负责人、行政干部每周观课不少于二节，分类别观青年教师、骨干教师、名师优师课堂，需要按照四川天府新区十一学校"观课量表"进行对照，并根据不同类别的教师课堂要求进行评价；驻校专家每月观课不少于二节，通过观课评估"153加减课堂"落实情况，并论证四川天府新区十一学校"观课量表"的科学性、合理性。

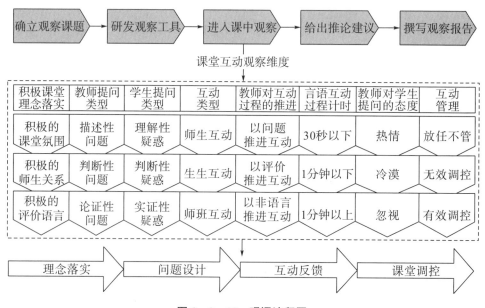

图 2—2—18 观课流程图

3. 课例研究

遵循教学优化原则，我校通过树立"153加减课堂"典型进行课例研究。以先进带动后进、部分带动整体的方式，逐步引导课堂教学由"以教师的教为中心"走向"以学生的学为中心"，逐步落实学生自主学习、合作探究、项目式学习、跨学科主题式学习等方式。六大学科中心及各备课组集体备课将课程标准和教学内容进行全面的梳理和分类，将碎片化知识转化为体系化、高品质的教学内容，形成我校教师"课标呈现—课标解读—教材分析—加减条目梳理"的备课体系。针对不同的教学内容，形成大单元统领下的"核心问题—系列追问—探究活动"的教学设计。

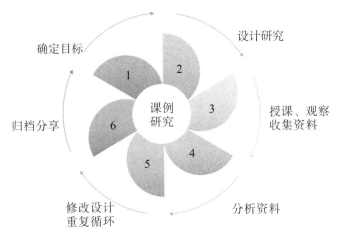

确定目标

设计研究

授课、观察
收集资料

归档分享

分析资料

修改设计
重复循环

课例
研究

图 2-2-19 某学科课例研究流程

（三）丰富评价标准与评价维度，以精准化指导来促进学生发展

在促进学生全面发展的同时，满足其个性化发展需求。我校优化教学评价量表，通过不断实践与探索，形成课堂通用观察量表9.0，引导课堂教学走入"153加减课堂"改革的深水区。在评估学生学习成果时，系统采取学生评价与教师对学生的书面作业评价、过程性表现评价相结合的方式，既保证对学生的学习成绩的评估的科学性，又促进学生综合素养的全面提升。

通过个性化辅导，不同层次学生都能够在教师的帮助下解决具体问题，提升学习效果，实现个性化成长。例如初三数学组的课堂，一方面采取分层走班教学方式，另一方面在走班内针对性地为不同学习层次的学生设置"基础小练""进阶提升""素养突破"等个性化练习，全面提升学生数学学习能力。

四、变革成效

教师能力全面提升：通过精心规划教师的发展路径、深化体系培育，项目不仅提升了教师的教育教学能力，还进一步强化了他们的专业素养和教育理念，为实现素养教育提供了坚实的师资基础。

学生素养多样发展：项目的实施有助于优化学生的知识结构，培养自主学习能力，强化实践应用能力和创新能力。通过全面实施"情境创设—核心问题—学科实践—多元评估"的课堂"加减法"，我校学生在学业成绩、自主学习能力、学生参与度和活跃度、作品和项目成果数量和质量等方面均取得显著进步，在深度参与课堂合作、探究活动的过程中实现了知识的内化和素养的外显。

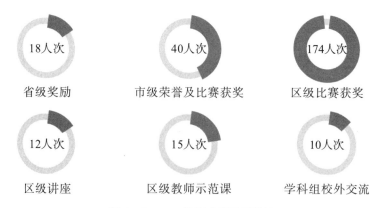

图 2-2-20　教师成长数据统计

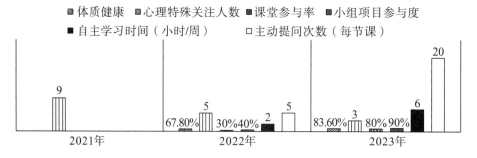

图 2-2-21　同一师生群体前后课堂互动变化

图 2-2-22　同一学生群体前后部分素养变化

建立多元评价体系：促进学生全面发展，同时关注每个学生的个性化发展。多元评价体系不仅能激发学生的学习积极性和创新精神，还能提升他们的社会适应能力和未来竞争力，为现代教育的个性化、全面化发展提供有力支撑，彰显教育的人文关怀和长远发展视野。

五、反思与提升

在教育教学的宏大舞台上，课堂教学的"加减法"成为学校办学理念与教育家精神的微观镜像。实现课堂教学的"加减法"，可减少教师事务性工作负担，使其能够有更多的时间和精力专注于教育教学的本质，增加教师对教育教学的深厚情怀与投入，提升其教育理念，激发其内在的教育热情，使教师真正成为学生心灵的引路人，成为知识的探索者与创造者。学校管理者优化工作流程，提升管理效率，通过科技的助力，如信息化教学手段等，可减轻教师在日常教学管理中的负担，让其回归教育教学核心。

（撰稿：杨永东　陈　红　叶柯男）

促进学生可持续发展的"知心课堂"建构与实践

成都市成华实验小学一直致力于课堂改革的探索，运用"1＋3＋N"建设操作系统，抓住"课程、教学、评价"三大要素，充分发挥心理学在课堂教学中的积极作用，主动建构与实践"知心课堂"。

"知心课堂"是在积极心理学指导下，针对课堂中学生学习动力不足、课堂教学忽略学生心理发展等问题，从培养学生核心素养出发，通过教师识心、教学入心、学生悦心，了解、激发、引领、满足学生需求，激发学生生命的学习动力，开发、开放生命的学习潜能，激发学生的学习活力，有效提高学习质量与效能的课堂教学形态。

识心、入心、悦心是"知心课堂"的三个关键词。识心是指在课堂教学中，教师通过学生的语言、表情、行为等外在表现，有效识别学生心理的过程。入心是指在课堂教学中，教师依照对学生心理的了解，采取走进学生心里的教学方法和措施，让学生乐意接受，并主动投入到学习活动中去。悦心是指在课堂教学中，通过教师识心、教学入心，有效调动学生学习的积极性，让学生在课堂学习中产生积极的情感体验的过程。

一、"知心课堂"的教学要求

学校提出了教师"课前知需会设计，课中知变会调控，课后知得会反思"、学生"课前知不足会提问，课中知目标会参与，课后知收获会总结"的"三知三会"教学要求，以促进学生学习主体地位和儿童学习中心的回归，以了解、引领、满足学生需求，激发学生学习动力，提高学习质量与效能。

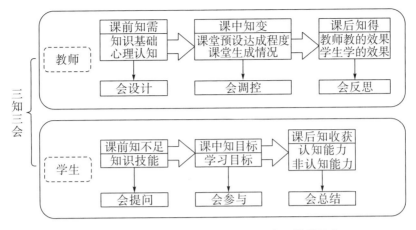

图 2−2−23　教师、学生的"三知三会"教学要求

（一）教师的"三知三会"教学要求

1. 课前知需，会设计课堂教学

教师以学习需要为重点分析学生课前学习心理，不仅要熟练地驾驭教材，更要真正了解学生已有的知识基础和心理认知规律，确定学生在不同领域、不同学科和不同学习活动中的"最近发展区"。教师需要在课前做足功课，采用多种方法和手段了解学生的学习需要，根据学生需要选择教学内容，让教学更符合学生的实际，并依据学情设计教学，真正走进学生心里，激发学生需要、引领学生需要、满足学生需要。

2. 课中知变，会调控课堂教学

在课堂教学中，教师要时刻依据学生的表现，判断学生的变化，根据变化调整教学，真正走进学生心里，让课堂处处"知心"。课堂中关注的变化有两个：一是看学生是否朝预定的教学目标发展，看课堂预设的达成程度；二是看学生在课堂上的生成情况，看课堂教学预设之外的情况。

3. 课后知得，会反思课堂教学

课后知得要求教师通过课后反思、后置作业、师生对话等方式，判断学生的学习收获和心理满足等情况，分析教学目标的达成程度，为下一节课有针对性地进行教学设计奠定基础。

（二）学生的"三知三会"学习要求

1. 课前知不足，会提问

学生课前能在书本上进行预习批注，知道自己的不足，养成良好的预习习惯。

2. 课中知目标，会参与

学生在课堂学习中要了解学习的目标和任务，并主动表达自己的学习诉求，能够围绕学习目标主动参与课堂学习，以提高学习的积极性、主动性和创造性。在学习中，除了自己主动学习外，同学间还要合作交流，相互促进，共同提高。

3. 课后知收获，会总结

学生在课堂学习结束后要通过复习、作业、反思等方式梳理自己的收获，了解自己知识与技能等方面的掌握情况，逐步学会对自己的课堂学习进行总结，以巩固学习的知识，总结学习的方法，提高学习的自觉性与主动性。

二、"知心课堂"的施教流程

（一）识心：以"三知"为重点，了解学生学习情况

1. 课前知需，以需要为重点，了解与分析学生课前学习情况

"知心课堂"要求教师采用多种方法和手段了解学生的需要，激发学生的需要，引领学生的需要，满足学生的需要。

2. 课中知变，以发展变化为重点，分析学生课中学习情况

"知心课堂"要求教师改变课堂中过度关注教师的教而忽略学生学习的现状，特别关注课堂的生成与变化，适时采用恰当的方法加以引导，以更好满足学生需要，促进主动学习，实现课前预设和课中生成的有机结合。

3. 课后知得，以习得收获为重点，分析学生课后学习情况

"知心课堂"要求通过作业分析、专项检测、访谈、学生总结、问卷调查等方式，了解分析课堂目标达成情况和学生素养发展情况。

（二）入心：以"三会"为要点优化教学过程

1. 教学内容入心，会选择适合学生实际的教学内容

"知心课堂"要求教师努力找到学生的"最近发展区"，站在学生最近发展区去选择教学内容。例如，在教学《周长》前，一位数学教师专门设计预习作业分析学生的已有知识与技能掌握情况，发现学生对周长的概念认识模糊甚至有错误。为此，教师选择的教学内容更多是让学生从不同的角度来感知周长的概念。

2. 教学方式入心，会选择有利于学生学习的教学方式

"知心课堂"要求减少教师的安排，增强学生的自主学习；减少教师的提问，增强

学生的合作学习；减少教师的讲解，增强学生的探索学习，逐步向自主、合作和探究的学习方式转变。"知心课堂"提出了"设计好问题，突出教学方式的导学性""组织好活动，突出教学方式的参与性""控制好教学时间，落实教学方式的合理性"等措施，有效改变了学生的学习方式。

3. 教学评价入心，会开展激励性评价

"知心课堂"提出了"采用多形式的评价，让学生获得积极体验""不断通过评价激发需要，让学生获得持续发展""引导学生自我评价，让学生获得自我激励"等措施。例如，一位语文教师引导学生在写完修改作文后，先自评作文，认识到自己作文中的优点和不足，确立扬长避短的策略，为下一步努力找准前进的方向。

（三）悦心，以"三让"为要点聚集课堂育心目标

1. 体验悦心，让学生在快乐体验中感受愉悦

"知心课堂"提出了"营造愉悦氛围，让学生在快乐氛围中获得愉悦的体验""设计多种活动，让学生在参与体验中获得愉悦的体验""努力创造成功，让学生在成功体验中获得愉悦的体验"等措施。

2. 评价悦心，让学生在教学评价中感受愉悦

积极、有效、及时的评价，不仅对课堂教学起着重要的导向和激励作用，同时也能促进学生认识自我、建立自信，高效推进学生发展。"知心课堂"提出了"即时评价，让学生感受即时评价的愉悦""激励评价，让学生感受获得鼓励的喜悦""增值评价，让学生感受自我成长的喜悦"等措施。

3. 反思悦心，让学生在总结反思中感受愉悦

孔子说"吾日三省吾身"，强调在反思中检视自己的思想和行为，发现不足和过失，从而促进心智的成长成熟。学生在自我反思的过程中，需要进一步自我认知、自我接纳、自我提升，从而身心更加健康愉快，内心更加丰盈。

三、"知心课堂"的施教策略

（一）有效定位策略

要实现"三个确定"，即：根据学生各方面的实际情况，确定教学目标；根据学生的需要，确定教学情景和方法；根据学生的已有知识与技能掌握情况，确定教学内容和教学重点。

通过前测问卷、预习作业、日常观察、个别访谈等方式了解学生需要、已有知识与技能、思维与习惯等方面的情况，在此基础上设计教学方案。

根据学生实际情况选择教学内容，真正实现以学定教。要根据学生需要、学生变化调整教学内容，让教学更符合学生的实际。

既了解普遍情况还兼顾特殊情况。课堂教学虽然是面对全体学生的教学，教学目标的确定应该着眼于全体学生的实际情况，但是也不能忽略了个体学生的特殊情况，在教学中应当适时采取恰当的方式对这些特殊学生加以关注和指导，以尊重个性，促进每个学生都获得充分发展。

（二）善用需要策略

要实现"三个不用"，即：激发学生需要，不用教师的想法代替学生需要；引领学生需要，不用个别同学的需要代替全班同学的需要；满足学生需要，不用实现不了的需要代替现实可行的需要。

根据学生实际激发需要。一方面要摸清学生需要，看学生有哪些现实的需要。另一方面要营造氛围，采用多种方式激发学生需要，调动学生学习积极性，让学生主动参与学习。

灵活多样地引领学生需要。需要教师不断引领学生的需要，用新的需要代替旧的需要，让学生整节课都有需要引领，能保持足够的生机与活力。

创造条件满足学生需要。保护和激发学生求知欲、探索欲和好奇心，让学生在主动的学习和探索过程中实现需要的满足。

（三）问题导学策略

要实现"三个善于"，即：善于设问，即根据教学目标和学生实际情况，精心设计问题，引领学生主动学习；善于提问，即要创设情境，采用学生乐于接受的提问方式，让学生能理解问题，把教师设计的问题变成自己真正需要的问题；善于解问，即创造各种条件引导学生主动探索问题，自主解答问题，实现课堂教学的高效互动。

舍得下真功夫，精心设计问题。提倡设计大问题，给学生留下足够的探索空间，避免问题多而细。要注意问题的定位，重点在思维点燃处、新旧课联系处、知识变化处设问；注意问题的开放性与探索性，引导学生自主阅读，动脑思考、动手探索。

抓住学生心理，将问题变成学生的需要。在提问过程中，教师要抓住学生心理，创设情境和氛围，增强问题的趣味性，让学生能理解和接受问题，将问题变成自己学习的需要。有时候可以引导学生提问，将教师想要提的问题用学生的话语中表达出来，以达到润物细无声的效果。

为不同类型的学生量身订制问题，调动所有学生回答问题的积极性。可以根据难、中、易分类组织不同类型的学生回答，以达到因材施教的效果。

（四）积极评价策略

要实现"三个获得"，即：通过教师对学生学习过程及结果开展正面、积极的评价，让学生获得积极体验；通过教师积极的评价，调动学生学习的积极性，让学生获得持续发展；通过引导学生对自己的学习过程及结果开展进行正面、积极评价，激发学生学习内动力，使其获得自我激励。

采用多形式的评价，让学生获得积极体验。在教学中，教师要善于走进学生心里，运用语言、表情、动作等多种方式对学生进行激励性评价，让学生在课堂教学中充分获得积极的情感体验，感受到学习是幸福、快乐的事情。

不断激发学生需要，让学生获得持续发展。教师要始终关注学生的需要，不断通过积极评价来激发学生需要，即便是学生完成不好或者回答不好，也要正面激励，顺势激发学生需要，引导学生主动学习，持续发展。例如，数学学科的王老师在教学中善于营造氛围，主动开展积极评价，即使在学生出现错误的时候，也"将错就错"，开展积极引导与评价，引导学生自主纠错、合作纠错，取得了很好的效果。

引导学生自我评价，让学生获得自我激励。在教学中，不仅教师要对学生进行积极评价，还要引导学生对自己的学习开展积极评价，让学生不断强化自己的优势项目，提升自己的弱势项目，彰显自己的个性，发挥自己的特长，实现个性充分和谐的发展。

"知心课堂"的实施激发了课堂动力与活力，改善和优化了课堂教学，提高了课堂质量与效率，课堂由原来的"一种声音"转变为"多种声音"，由传统的单一封闭式走向了多元化开放式，学生由原来的被动学习走向了主动学习，学生学习兴趣在课堂上得到激发，学习愿望得到充分尊重，学习动力充足，学习潜能与学业水平显著提高。"知心课堂"还促进了教师优化教学提升教学能力与水平，更推动了学校高品质发展。

（撰稿：张家明　杨晓文　巫晓翠）

构建"三有"课堂 促进学生可持续发展

四川省合江县中学校

合江县位于川渝黔结合部，处于乌蒙山片区，是著名的革命老区。四川省合江县中学校（以下简称"合江中学"）就坐落在合江县城中心。学校始建于公元 1909 年，作为一所历史悠久的百年名校，在新的形势下如何变革，让学校走上高品质发展道路，学校对比开始了新的实践探索。

一、直面现实，找准问题

受诸多因素的影响，学校一度陷入发展低谷，2005 年后学校处于发展瓶颈，毕业生的重本和本科上线人数有限，进入名校人数更有限。究其原因，一是学校留守学生占很大比例，部分学生家庭教育缺失，学习习惯差，违反校规校纪成为常态；二是教师老龄化严重，师培师训跟不上，教师教育教学理念普遍落后，教育手段单一，单兵作战、各自为政情况严重；三是课堂效率低，学生综合素养得不到提升。

二、寻找对策，奠基改革

经过多次调研，学校党总支制订了长远规划，明确了改革方向，决定以习近平总书记"四有"好老师指示为指导，以《关于全面深化课程改革落实立德树人根本任务的意见》的"学生发展核心素养"为培养目标，以"以文化人"为主线，以科研兴校、全面育人、教师成才、课堂提升为抓手，在"改变管理、改变学生、改变教师、改变课堂"四个方面融汇贯通，全面发力。

（一）强化领导力度

以处室主任、年级主任为第一责任人，强化班子成员的责任意识、担当意识，各处室分工明确，团结协作。

（二）纠正学生不良习惯

学校提出了"分数是习惯的附加值"的理念，以"习惯德育"为抓手，发展学生核心素养，培养学生适应终身发展和社会发展需要的必备品格和关键能力，并于 2018 年成功申报市级重点课题"核心素养理念下的普通高中'习惯德育'机制研究"，采取 24 小时行政值班、征集德育志愿者、导师制等多种手段，实现了"三全"育人，德育案例"行走的小红帽"被评为全国示范案例，学校形成了"习惯德育"的文化，学生状态焕然一新。

（三）强化教师培养

学校引进了围棋中的"复盘"理念，创造性地提出了"复盘式"校本研修，并于 2018 年成功申报省级课题"基于'四有'教师培育的普通高中复盘式校本研修实践研究"，形成了教师"复盘式"自主研修、备课组"复盘式"研修、年级组"复盘式"研修等模式，"复盘式"文化深入人心，更新了教师的教学理念，提升了教师的综合素养。

三、构建"三有"课堂，促进学生可持续发展

2018 年以来，国家相继出台了《国务院办公厅关于新时代推进普通高中育人方式改革的指导意见》《"十四五"县域普通高中发展提升行动计划》等一系列文件，合江中学在改变管理、改变学生、改变教师的基础上，紧跟国家政策，顺应时代要求，2020 年开始，一步一步走上课堂改革之路。

（一）多措并举，找出问题

通过问卷调查、师生座谈、推门听课等多种手段，厘清课堂存在的问题：

"有课无魂"。部分课堂教学目标不够明确，效率不高，缺乏思想引领，弱化或忽视学科教学中的思政教育。

"有课无度"。部分课堂上没有进行分层教学，没有以学生为主体。

"有课低效"。有些教师备课没有考虑学情，课堂重难点不突出，测评目标不明确。学生语言表达不准确，审题无思路，答题不规范，课堂缺乏核心素养的渗透。

总而言之，课堂上重讲解轻能力培养，重知识记忆轻思维能力，重知识传授轻立德树人。

（二）针对问题，研究对策

针对发现的问题，学校提出了"三有"课堂。"三有"即课堂教学"有魂""有度""有效"。"有魂"统领"有度""有效"；"有度"在"有魂"引领下渗透教学操作，"有效"是"有魂""有度"的必然结果，三要素相互关联，缺一不可。经过两年的探索，2022 年我校成功申报省级课题"基于核心素养培育的县域普通高中'三有'课堂教学实践研究"。

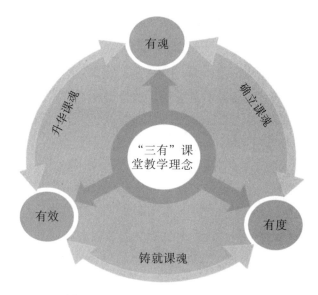

图 2—2—24　"三有"课堂教学理念

"有魂"，即课堂教学的灵魂，是课堂立意、中心、核心价值的体现，也是学生必备知识、关键能力和核心素养升华为价值认同的外在表现，是"为党育人，为国育才"的保证，是达成立德树人根本任务的基本要求。

"有度"，即课堂有温度和趣度，内容有深度和广度，提问有梯度和准度，测试有信度和区分度，组织有力度和疏密度，以学生为主体，做到因材施教，促进学生个性化发展。

"有效"，即让学生在课堂教学中掌握必备知识和关键能力，帮助学生提高学习成绩，提升学生学科核心素养，为学生终身发展奠基。

（三）深入研究，建构模式

1. "三有"课堂新授课模式

"三有"课堂新授课模式倡导把课堂还给学生，教师充当课堂教学的组织者、协调者、陪伴者、激励者。新授课过程主要分为三个阶段。

第一阶段是备课确立课魂。教师要明确课堂的德育目标以及学生需要掌握的必备知识、关键能力与学科素养。学生要在课前进行预习，以便课堂上更有针对性地与教师、同学进行合作交流探讨，获得能力的提升。

第二阶段是授课铸就课魂。教师做到因材施教，帮助学生释疑解惑，提高学生解决问题的能力。学生在自主研学、同伴助学、交流展示、变式迁移的过程中，实现深度学习、全面发展。

第三阶段是课堂总结测评升华课魂。教师需要引导学生及时反思总结，并分层巩固检测，精准个体辅导，实现因材施教。学生在课后及时总结反思，善于整理，实现朋辈互助检测。

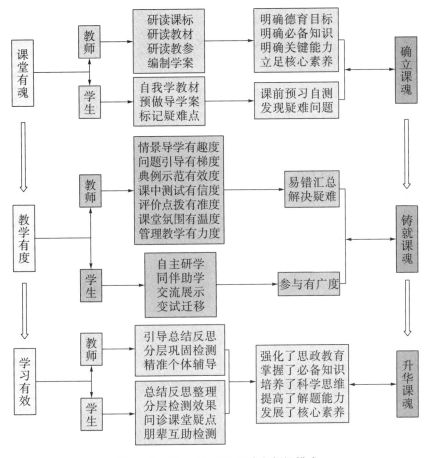

图 2—2—25　"三有"课堂新授课模式

2. "三有"课堂复习课模式

"三有"课堂复习课模式要以"三案"确立课魂，以"四步"铸就课魂。

"三案"即自学案、固学案、练学案。自学案立足课标，聚焦高考常考点，由知识框图、知识清单、课前热身练组成；固学案重点进行考点分析、问题导学和易错汇总，使复习更具有针对性；练学案以"练"为主，小题专练、大题专练、针对训练、变式训练等多"练"结合，以提高复习的效度。

"四步"即自主学习、合作探究、达标拓展、反思小结。第一步学生自主学习，学生带着问题自主复习知识点；第二步师生、生生合作探究，解决自学案和固学案中的学习问题，并展示探究成果；第三步达标拓展，以练学案达标练基本功、练方法、练能力，精选资料限时训练，及时评价、反馈矫正与拓展延伸；第四步反思小结，学生自我反思，进行交流展示，并小结学习效果。

3. "三有"课堂讲评课模式

"三有"课堂讲评课模式，需要教师在课前通过数据统计和归类梳理确立课魂，在课中通过开展"有度"教学铸就课魂，最终达到"有效"升华课魂。

在课前准备阶段，教师要坚持"无数据不讲评"的原则，对需要讲评的内容做好归类梳理，确定讲评的重点难点，明确德育目标、必备知识、关键能力等目标要素。

在课堂讲评环节，一是教师要分层点评，突出重点；二是要通过思考、合作、探究、交流、展示等，真正让学生知识过手；三是要举一反三，达到通过一道题会一类题的灵活应用目的；四是要强化二次过关，通过小型学术论坛、临界生辅导等方式，强化检测学生是否真正掌握必备知识与形成关键能力。

在总结巩固环节，联系平时学习与解题过程中存在的典型问题，师生共同小结，回顾所学知识，总结形成解题规律，培养学生思维能力，提升学生解题能力，发展学生核心素养。

（四）制订量表，科学评价

《四川省教育厅关于进一步提高中小学课堂教学质量的指导意见》中明确指出："优化课堂教学育人关键环节，突破课堂教学改革难点，坚决扭转片面应试教育倾向，切实提高育人水平，努力培养德智体美劳全面发展的社会主义建设者和接班人。"根据文件精神，结合学校实际，合江中学制订了《四川省合江县中学校"三有"课堂教学评价标准》，作为推门听课和教学展评等活动的评价标准。

表 2－2－3　"三有"课堂教学评价标准表

学科		班级		授课教师	
课题				课型	
评课教师				授课时间	
评分项目	具体内容				得分
教学设计 （30分）	1. 课魂突出，德育渗透，必备知识、关键能力、学科素养明确； 2. 能做到"有度"，以学生为中心，创设情境，分层教学，重难点突出，拓展延伸适度； 3. 课堂"有效"，能提升学生能力。				
课件制作 （20分）	1. 条理清楚或媒体选用恰当，美观大方； 2. 内容正确，重点突出或图像声音文字设计合理； 3. 分量适中，易于操作，创意新颖，构思巧妙，节奏合理。				

续表

学科		班级		授课教师		
课堂教学 （50分）	信息技术的熟练运用（5分）					
	板书设计（5分）					
	教学基本功（10分）： 1.　教学心理素质好，教态自然、亲切、大方； 2.　普通话标准，语言标准规范，清晰准确，生动精炼； 3.　讲解示范无差错，符合科学性、逻辑性、形象性、情感性； 4.　驾驭现场能力强，应变自如。					
	课堂"有魂"：课堂教学各环节贯穿"有魂"，课前能确立课魂，课中能铸就课魂，测评能升华课魂。（10分）					
	课堂教学"有度"：以学生为中心，创设情境，分层教学，重难点突出，拓展延伸适度。（10分）					
	课堂教学"有效"：提高学生分数，提升学生能力，提质增效，立德树人。（10分）					
评语：						
总分：						

（五）课堂交流，实践反思

通过课堂交流和展示检测"三有"的合理性和可操作性，课题申报后，学校开展了"三有"课堂的教学展评周，也多次开展新教师"三有"合格课比赛。

四、破茧成蝶，走向高品质发展之路

在多年的努力中，尤其是在"三有"课堂的探索和实践中，学校始终坚持以科研兴校、以文化人、全面育人、教师成才、课堂提升为抓手，在各方面都取得了辉煌的成绩。"三有"课堂文化深入人心，人人知"三有"，堂堂讲"三有"，教师的综合素养得到了巨大提升，课堂效率也得以大幅提升，学生综合素质得到很大提高，教育教学成效明显，并获得泸州市高中教育教学质量综合评估一等奖（A类），社会影响辐射面不断扩大。

（撰稿：蔡继平　吴选平　成友权）

第三章
文化浸润：建设可持续育人文化
积蓄深化建设的动能

　　"文化浸润"是四川省高品质学校建设课题组提出的高品质学校"顶天立地、遵循规律、文化浸润、全面发展"四个主要特征与建设要素之一，在以"可持续发展"为深化建设的着力点的新一轮研究与改革中，课题组把"办出可持续发展的高品质"作为文化建设的新任务，把"文化浸润"升级为"以可持续育人文化积蓄深化高品质建设的动能"的新阶段，这对高品质学校深化文化建设提出了更高要求。如何理解和建设可持续育人文化？如何利用这些文化积蓄深化高品质建设的动能，这是本章力求回答和解决的问题。

▶ **理论指引**

建设可持续育人文化 深化高品质学校文化建设

　　党的二十大报告指出："全面建设社会主义现代化国家，必须坚持中国特色社会主义文化发展道路，增强文化自信，围绕举旗帜、聚民心、育新人、兴文化、展形象建设社会主义文化强国，发展面向现代化、面向世界、面向未来的，民族的科学的大众的社会主义文化，激发全民族文化创新创造活力，增强实现中华民族伟大复兴的精神力量。"[①] 践行党的二十大精神，建设培育高质量人才的学校文化是每一所学校都义不

---

　　① 习近平. 高举中国特色社会主义伟大旗帜　为全面建设社会主义现代化国家而团结奋斗［N］. 人民日报，2022－10－26（001）. DOI:10. 28655/n. cnki. nrmrb. 2022.011568.

容辞的责任和担当。强国必先强教，建设教育强国必然需要构建符合自身特点的文化支持系统，这也是教育强国动力建设的题中要义。良好的文化支持系统可确保教育强国建设的连续性和一贯性，它是平衡文化支持与教育发展关系的调控中心，也是描绘教育强国发展脉络、推进教育强国建设的基本支持体系①。因此，到了该重新审视我们当下学校的文化建设的现状、重构新时代学校文化建设的时候了，我们必须明白的是学校的文化建设应确保学校发展的可持续性。

但不容忽视的是，当下学校的文化建设还不能完全满足学校可持续发展的需求，部分学校仍面临着"有增长无发展，有当下无未来"的现状，造成这样的现状的根本原因，是这些学校的文化建设使命不明确，思路不清晰，缺少有效的策略体系。本章力图探讨建设可持续发展学校文化的使命、特征、建设思路和建设策略，以此改造教育场域，充实学校文化内涵。

一、学校文化建设的时代使命：推动可持续发展

我们认为，学校文化功能必须与新时代的育人使命相一致。新时代重在培养具有可持续发展意识与能力的人，因此新时代学校文化建设的重要使命，是推动师生和学校的可持续发展。新时代的学校要建设高品质的学校文化，需要破解可持续发展难题，促进可持续发展育人质量的不断提升。

（一）新时代学校文化建设的挑战：破解可持续发展的难题

中华民族实现了从站起来、富起来到强起来的伟大飞跃，迎来了实现中华民族伟大复兴的光明前景，中国特色的社会主义建设焕发出强大生机活力。新时代的人民生活水平实现了新跨越。中国消除了绝对贫困，人民生活水平显著提高，中等收入群体不断扩大，城乡居民收入增长快于经济增长，人民群众获得感、幸福感、安全感更加充实、更有保障、更可持续，共同富裕取得新成效。新时代的中国引领了世界发展的新潮流。同时，中国秉持共商共建共享的全球治理观，积极参与全球治理体系改革和建设，不断贡献中国智慧和力量，推动构建人类命运共同体。

2024年全国教育工作会议明确指出，"锚定2035年建成教育强国目标……准确把握中国教育与世界的关系，在国际新格局中补短板、锻长板，加快建成有重要影响力的世界教育中心"。新时代教育强国建设需要我们加快高品质学校的建设，学校教育应该在教育终身化、教育民主化、教育内容科学化、多元化和现代化、教育手段和方法

---

① 孙杰远，于玲. 论教育强国建设的文化支持系统［J］. 国家教育行政学院学报，2023（12）：14-20.

创新、注重终身学习和全面发展以及国际化趋势等方面具有崭新的面貌。

我们知道，学校的文化是学校发展的魂，新时代的高品质教育需要高品质的学校文化支撑引领，但新时代学校文化建设面临着多方面的挑战，具体表现在：

1. 多元文化的冲击

随着全球化的加速和信息技术的快速发展，各种文化思潮和价值观念相互交织、碰撞，学校文化建设面临着多元文化的冲击。如何在多元文化背景下坚守和传承中华优秀传统文化，引导学生树立正确的价值观，成为学校文化建设的重要任务。

2. 教育改革的深化

新时代的教育改革对学校文化建设提出了新的要求。如何适应教育改革的需要，转变教育理念，创新教育模式，推进素质教育和学生的全面发展，是学校文化建设需要思考和解决的问题。

3. 科技发展的挑战

信息技术的快速发展给学校文化建设带来了新的机遇和挑战。如何利用现代科技手段推进学校文化建设，提高教育教学的质量和效率，同时防范网络不良信息的侵蚀，是学校文化建设需要关注的重要方面。

4. 社会转型的影响

当前社会正处于转型期，经济、政治、文化等方面都在发生深刻变革。这些变革对学校文化建设产生了深远的影响。适应社会转型的需要，调整学校文化建设的方向和内容，成为学校文化建设需要面对的挑战。

5. 学校内部治理的挑战

学校内部管理的不完善也会影响学校文化建设的推进。如何加强学校内部管理，建立健全各项规章制度，提高管理水平和效率，为学校文化建设提供有力的保障和支持，是学校需要解决的问题。

新时代的中国学校必须思考的问题是，我们如何有效地应对这些挑战，高质量地促进学校的可持续发展。我们首先必须追问的是：为什么有的学校文化建设不能推动可持续发展？造成这一问题的原因有三个方面。

1. 学校文化建设没有回到学校育人的原点

学校文化没能很好地回答和落实"培养什么人、怎样培养人、为谁培养人"这一教育的根本问题。学校文化建设一定要读懂时代，要站在时代发展的大势中来思考

"培养什么样的人""怎样培养人"等关键问题①。没有回到育人原点的学校文化的弊端是非常明显的，这样的学校发展缺乏生机活力，没有回到育人原点的学校缺乏对学校未来发展的长期规划和愿景，导致文化建设缺乏连续性和稳定性。

2. 学校文化没有得到有效内化

学校文化没能在学校的德育、课程、课堂、活动中得以深度渗透，学生和学校的发展缺乏"根和魂"。没有内化的学校文化是挂在墙上的冰冷的制度和不会说话的花花草草，学校里的师生没有共同的信念，学校里的各项工作是分割的，缺乏共同的文化基因，因此学校的发展缺乏可持续的动力。同时部分学校文化可能过于单一或保守，缺乏对不同文化、思想和观点的包容和尊重。这种缺乏多元性的学校文化可能会限制学生的视野和思维方式，这样的学校文化难以得到学生的认同，从而阻碍可持续发展的实现。

3. 学校文化没能促进文化自觉

无论是师生的精神、思想和行动，还是学校的课程、课堂与活动，都不能充分彰显学校文化自觉。与此同时，部分学校可能缺乏有效的文化管理机制，导致文化活动的推进困难。这种缺乏管理机制的学校文化可能会使文化建设变得混乱和低效，不利于可持续发展的实现。学校文化形成文化自觉是需要策略和路径的，形成了文化自觉的学校育人系统会彰显出蓬勃生机与活力。

总之，学校文化建设没有回到育人原点、没有形成文化内化和文化自觉，就无法推动师生和学校的可持续发展。

（二）新时代学校文化建设的使命：提高可持续发展的育人质量

新时代的学校必须旗帜鲜明地全面贯彻党的教育方针，落实立德树人根本任务，培养德智体美劳全面发展的社会主义建设者和接班人。要完成这样的使命，就必须提高可持续发展的育人质量。可持续发展的育人质量，是以可持续发展思想指导育人过程并形成相应育人结果的质量，是学校的育人过程与结果满足学生、学校、社会、国家和全球可持续发展需要的程度。

可持续发展育人质量的核心是可持续发展思想。可持续发展思想，是兼顾现在与未来、个体与群体、本土与全球共同发展的思想。从时间维度看，可持续发展思想既重视今天的发展质量，也重视未来发展的无限可能，更强调今天的发展为未来发展铺垫的有益基础；从主体维度看，可持续发展思想既强调个体的完整和谐发展，也强调

---

① 李政涛. 基础教育改革的未来走向与典型经验——以四川"高品质学校建设"探索为例［J］. 教育科学论坛，2021（08）：8－12.

群体的共同发展，更强调个体与群体的共生发展；从空间维度看，可持续发展思想既强调主体所处家庭、街道的和谐发展，也强调更大地域包括全球的美好发展，更强调本土与全球的互动发展。这三个维度的思想融合发展，才能形成可持续发展的思想内核，即只有实现了全体、全域的完整、公平、和谐、美好发展，并为未来的美好发展铺垫了基础，才是可持续的发展。学校的文化建设，必须践行可持续发展思想，以此提高可持续发展育人质量。

二、重构新时代推动可持续发展的学校文化特征

新时代推动可持续的学校文化建设应紧密围绕国家发展战略，体现社会主义核心价值观，弘扬中华优秀传统文化，展示新时代的文化特色和精神风貌。什么样的学校文化才能推动可持续发展呢，我们认为至少需要具有如下特征：

（一）生态性

中国式现代化的生态观对于指导人与自然和谐共生、建设美丽中国等具有重要时代价值[①]。中国式现代化的生态观对于新时代学校文化建设具有重要的意义，学校的文化建设应做到与所处的时代与世界、学校的地理环境与经济发展状况、人类发展所形成的经验与文明、学校里生活的人和谐共生。同时学校的文化建设还应有利于促进这些因素互动互融，共生发展。

（二）价值性

要落实立德树人根本任务，为党育才，为国育人，就必须在学校文化建设中体现价值性。新时代的学校应该积极培育和践行社会主义核心价值观，将其贯穿于学校文化建设的全过程和各方面。通过课堂教学、校园文化活动、社会实践等多种形式，引导学生树立正确的世界观、人生观和价值观，增强国家意识、社会责任感和公民意识。这一点无疑最为重要。如果学校的文化不能塑造正确的价值观，就不能完成党和人民交给学校的育人使命。不能彰显正确价值观的文化不能让人向正确的方向发展，必然不可持续。

（三）系统性

学校育人体系是具有系统性的，而学校文化处于系统的最核心，一方面由里而外，

---

① 李永胜，黄丹丹. 中国式现代化的生态观：核心内容、理论超越与实践指向［J］. 思想教育研究，2023（11）：23-31.

即文化滋养师生成长，决定学校的办学方向、办学高度、办学品位；另一方面由外到里，即学校的样态、学校的环境、学校的课程与课堂、师生的外在表现无不彰显出学校的文化。所以新时代的学校文化一定是具有系统性的，不能单一存在。

（四）整体性

学校文化建设的整体性体现在其综合而复杂的方面，涉及学校的各个方面和层次。

第一，学校文化不仅局限于课堂教学，还包括课外活动、校园环境、师生关系等多个方面。这些方面相互关联、相互影响，共同构成了学校文化的整体框架。因此，在建设学校文化时，需要全面考虑各个方面的因素，确保各个方面协调发展。

第二，学校文化是在学校历史长河中不断积累和形成的，具有深厚的历史底蕴。新时代的学校应该加强对中华优秀传统文化的传承和弘扬，通过开设相关课程、举办文化活动、建设文化设施等方式，让学生深入了解中华文化的历史渊源、精神内涵和价值观念，增强文化自信和民族自豪感。同时，随着时代的变迁和社会的发展，学校文化也需要与时俱进，不断吸收新的元素和理念。因此，在建设学校文化时，需要尊重历史、传承文化，同时也要关注时代变化、创新发展。此外，虽然不同学校的学校文化具有一定的共性，但每所学校都应有其独特的办学理念和特色文化。

第三，学校文化的形成不是一蹴而就的，需要长期的积累和沉淀。同时，学校文化也不是一成不变的，需要随着时代的发展和学校的变化不断调整和完善。因此，在建设学校文化时，需要具有长远眼光和持续发展的意识，确保学校文化能够与时俱进、不断发展。新时代学校文化的整体性决定了学生发展的整体性，培养整全的时代新人需要我们学校文化建设提供助力。

（五）规律性

学校的文化建设应尊重事物本身的发展规律，尊重万物和谐共生的规律，尊重世界运行的规律，尊重教师和学生的成长规律，尊重知识学习的规律，尊重发明创造的规律。只有尊重规律的，才是发展的，才是可持续的。新时代的学校应该大力推进民主管理，建立健全学校内部管理机制，保障师生参与学校管理和决策的权利和机会，增强学校的凝聚力和向心力，促进学校的和谐稳定和持续发展。

（六）未来性

推动可持续发展的学校文化一定具有未来性，即文化建设必须具有远见卓识，扎根中国大地办教育，学校的文化建设就应重视优秀的中华传统文化的传承。新时代的学校应该注重培养学生的创新精神和实践能力，营造积极向上的创新氛围，提供多样化的创新实践机会和资源，鼓励学生勇于探索、尝试和创新，提高解决实际问题的能力，这样才能满足学生的未来发展需求。

同时，促进可持续发展的学校文化能够帮助学生不仅成长为新时代有责任感和能力的公民，还可成长为堪当民族复兴大任的社会主义建设者和接班人，最终持续推动学校及社会自身的发展和进步。

三、建设可持续发展学校文化的基本思路

从我们的研究与实践看，要建设新时代可持续发展的学校文化，应主要遵循如下三条思路：

（一）以"全人"培育为目的，建构育人文化体系

新时代的学校对培养什么人的回答是：培育具有可持续发展能力的新时代"全人"。

具有可持续发展能力的学生，是能够适应新时代发展的"全人"。我们培育的新时代"全人"，不但是具有健全人格的"完整的人"，而且是能够不断完善自我的人。其健全人格和完整素质主要包括德智体美劳全面发展的本我素质、参与群体生活与群体共同发展的社会素质、与自然和谐相处实现共生发展的生态素质。

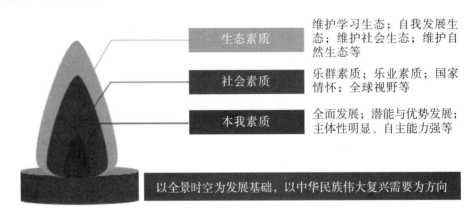

图2-3-1　新时代"全人"的素质构成及其关系

1. 本我素质，是学生全面发展的素质

"本我"，是学生走入社会之前的"自我"，其核心是促进本我意识的觉醒与自我发展能力的不断提升，实现潜能与优势的完整发展和德智体美劳等素质的整体发展。学校的文化建设就是要营造激发学生潜能与优势的发展、激发学生的自我觉醒和自我发展的育人氛围，以此增强学生发展的动力。

2. 社会素质，是学生逐步从本我走向"大我"的素质

人是具有社会性的，每一个学生最终都要从学校走向社会，因此学校的学习就是

要为学生走向社会做好素质的准备。学校的文化建设应有利于让学生与社会建立关联，拓宽育人的境界和格局，培养学生初步的职业认知，发展学生家国情怀，增强学生全球胜任力等。

3. 生态素质，是自我、他人、社会、国家和全球可持续发展的意识、态度、价值观与能力等

只有生态的才是可持续的，学校的文明建设就是为建设学校优质育人生态做价值的引领、氛围的营造、精神的传承、情怀的培育、动力的激发等。

在这三种素质中，本我素质是基础，社会素质是核心，生态素质是最高追求。学校应聚焦学生这三种素质的完整发展，建构学校的育人文化体系。

以这三种素质的完整发展建构学校的新时代育人文化体系，需要进一步细化成学生的"四力"培养，这也是学校文化建设做到"知行合一"的重要体现。"四力"是指学生学习内生力、自主学习力、资源整合力和学习表达力，这是将新时代中学生核心素养转化为学校的现实表达。学习内生力是可持续发展的动力源，自主学习力是可持续发展的支撑性能力与表征性要素，资源整合力是可持续发展的保障性条件，学习表达力是可持续发展的纽带与深化性要素。"四力"相互促进、共融共生，才能促进学校的可持续发展。

我们认为，建设可持续发展的学校文化，需要以培养学生的本我素质为基础，进而发展社会素质，再上升到发展生态素质，这三种素质是在"四力共生"的过程中不断发展起来的。学校的育人文化体系建设应紧紧围绕"三种素质"和"四力共生"等基本元素展开，持续不断地为这三种素质的发展供给"四力共生"的营养。

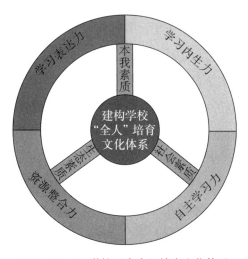

图 2—3—2　学校"全人"培育文化体系

（二）以"全景时空"为格局，整合建构育人文化场域

新时代的学校育人文化场域的建设不能简单地理解为学校的环境建设：一方面，从时空上对接人类的过去、现在和未来，对接一个学生从儿童成长为新时代所需要的人才的全域时空；另一方面，从空间上不能局限于学校和家庭，而应将文化场域置于自然和世界的视野之中，世界上的优秀文明集中体现在学校的文化中，这种文化在学校中得到了高度浓缩。同时，学校的文化也影响和推动着社会的文明进步，进而促进社会的可持续发展。

全景时空是一个充满潜力和可能性的概念，它正在逐渐改变我们的生活方式和认知方式。教育中的全景时空趋势正在快速发展。随着虚拟现实、增强现实和混合现实等技术的不断进步，全景时空在教育领域的应用也越来越广泛。全景时空为教育带来了许多创新的可能性。

第一，全景时空能够创造出真实而生动的学习环境，使学生能够身临其境地体验学习内容。这种沉浸式的学习方式可以激发学生的学习兴趣和动力，提高学习效果。第二，全景时空还可以提供更加个性化的学习体验。每个学生都有不同的学习需求和兴趣点，全景时空可以根据学生的特点和需求来定制学习内容，使学习更加符合学生的个性化需求。第三，全景时空还可以促进师生之间的互动和合作。教师和学生可以在全景时空中进行实时的互动和交流，共同解决问题和完成学习任务。这种互动和合作的方式可以增强学生的参与感和合作能力，提高学习效果。

在可持续发展思想的指引下，以"全景时空"为格局建构学校育人文化场域，既是整合"过去""现在""未来"的方式，也是整合"个人""他人""学校""家庭""中国"与"世界"的方式，更是学校提高可持续发展育人质量的关键。为此，应综合空间全景和时间全景构建学校的育人文化场域，进一步将全景时空细化为学生全景、学校全景、人类全景和生态全景四个层级。

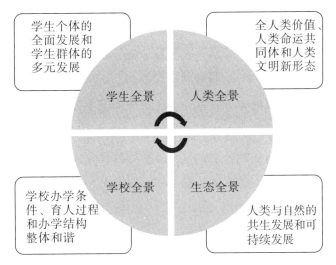

图 2-3-3 全景时空的四个层级

在促进可持续发展的育人场域中，学生全景，主要包括学生个体的全面发展和群体的多元发展；学校全景，主要是各办学要素形成的学校运行系统；人类全景，主要包括人类价值、人类命运共同体和人类文明新形态等；生态全景，主要是人类与自然的和谐共生。这四个层级相互支撑，通过全景整合建构学校的育人文化场域。深度整合中国特色、全球资源、现实生活、全人素质四个要素，整体建构学生课程学习时空、专项活动时空、项目实践时空、生命成长时空，才能在全景整合过程中落实"全人"的本我素质、社会素质、生态素质培育，发展可持续发展能力。因此，学校育人场域文化的建设，要做到符合儿童成长规律，基于学校办学条件，以所开设的课程和主要的活动为载体，在"全景时空"的大格局、大境界、大视野中为全人可持续发展提供良好的文化场域。

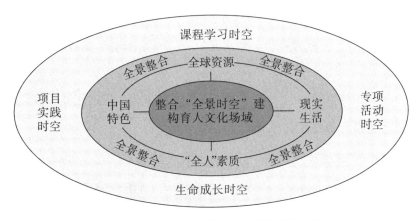

图 2-3-4 新时代学校育人文化场域构建思路

（三）以"全息系统"为载体，建设学校育人的整体实践文化

新时代的"全人"要具有可持续发展能力，需要面向未来世界提高自身的基础性能力，但中学教育主要是在学校空间内开展的教育，这就需要把外面的世界浓缩在学校空间里，进而浓缩在学校的学习体系里。这就需要把学校变为社会的浓缩系统，使学校里的学习能够保持在社会中学习的基本要素。要实现这一目标，就应使用全息原理和全息思维建构学校育人实践系统。只有以新时代"全人"的培养为圆心，以世界或社会发展为母系统建构学校教育的全息系统，沉浸其中的学生才能在学校里提高适应未来社会的可持续发展能力。

将全息技术或全息原理应用于教育是一个创新，这不仅仅是技术层面，更深层次是教育理念的改变和思维的塑造。在全人教育文化引领下，以全息理念建构学校育人的实践文化，以全息的视野提高学生核心素养的发展品质。"每一个局部都包含了被摄物体的整体信息"，即整体中的任何一部分都能体现整体的全部信息。以全息理念建构的学校文化，是把学校、儿童发展和人类社会当成一个整体来对待。

"全息系统"，是母系统与子系统在结构特征、主体信息、发展过程等方面完全相同或高度相似的系统。"全息系统"是一种开放的分型发展系统，子系统是母系统的缩影，能够全面反映母系统的结构、信息与发展特征。母系统发展后，子系统也会随之变化。

"全息系统"中，全球、国家、社会和社区，是新时代"全人"素质的多层级母系统，新时代"全人"只有全面反映这些母系统的结构、信息与发展特征，其素质才符合社区、社会、国家和全球可持续发展的要求。培育"全人"的实践系统则是最里层的子系统，既要全面反映新时代"全人"素质的结构、信息与发展特征，也要反映全球、国家、社会、社区、学校等不同层级的母系统对育人实践的要求。育人实践系统只有具备了这些特征，才能成为"全息系统"，把学生、社会、国家和世界的发展统整到学生的学习中来。

新时代学校建设培育可持续发展"全人"的实践文化，应强化如下四大功能：

1. 激活可持续发展动力

新时代学校实践文化建设的使命，就是引领实践改革，提高"全人"精神修为，滋养全人"德性"，塑造正确的价值观，以此激活可持续发展动力。学校的文化建设应力求避免功利化，引导学生全面发展，关注成长的过程而非结果。在学生成长的历程中，好的文化滋养可以避免一些成长的问题出现。

2. 夯实"整全发展"基础

学校的课程、课堂、德育活动等都应关照学生生活的整全、人格的整全、素质的整全等"整全发展"的基础，这既是学生可持续发展的前提，也是学校真正落实新时代国家"全人"素质发展要求的关键。不可否认，这是当下学校教育的一个难题，学校的课堂育人很多时候仅仅停留在单学科的知识学习上，各学科的教学是割裂的，没有形成整体的氛围，这就大大地降低了育人的效率，浪费了很多时间和精力。如果我们的课程建设、课堂建设、活动设计都站位于"学生整全发展"来进行，那我们就会在全校形成强大的育人合力，促进学校的育人生态向着我们期待的方向发展，会给学生成长带来极大的好处。

3. 拓宽"全景发展"格局

学校实践文化建设的重要指向之一，是把课程和课堂、学生全景、学校全景、社会全景和生态全景等关联成一个全息系统，让课程或课堂成为不同全景层级的小系统，在小课堂中看到大世界，在一门课程中看到全景时空对新时代"全人"的发展要求，以此提高学生的可持续发展能力。

4. 培育可持续发展素养

学生在走入社会之前，学校育人核心是围绕学生本我素质、社会素质、生态素质的发展，以此来布局学校的德育建设、课程规划、课堂变革等整体改革，才能建设出具有可持续发展促进功能的学校实践文化。

四、建设可持续发展学校文化的核心策略

落实上述文化建设思路，建设新时代可持续发展学校文化，是一个复杂的系统工程，我们需要以"全人"培育为目标，以"全景"格局为时空，建设、丰富和完善学校育人实践文化的"全息系统"。我们对高品质学校文化建设的样本学校案例加以分析和研究，提炼归纳出如下的核心策略：

（一）坚定培育新时代"全人"信念

首先，我们要站在教育强国的高度，高举高品质学校建设的旗帜。

我们正在推进教育强国建设，就是要让我国在教育领域具有强大的综合实力和国际竞争力，能够实现教育现代化，促进人的全面发展，并为国家的经济社会发展提供强有力的人才保障和智力支持。高品质学校则是教育强国建设中的重要组成部分，是

提升国家教育综合实力和国际竞争力的关键所在。

高品质学校是培养创新型人才的重要基地。创新是一个国家发展的核心动力，创新型人才的培养离不开高品质的学校教育。高品质学校注重学生的全面发展，注重培养学生的创新精神和实践能力，注重提高学生的综合素质和竞争力，为国家的创新发展提供源源不断的人才支持。

高品质学校是提升国家教育综合实力和国际竞争力的关键。高品质学校不仅在教学质量、师资力量、科研水平等方面具有显著优势，而且在教育理念、教育模式、教育评价等方面也具有创新性和引领性。这些优势和创新可以带动整个国家教育领域的进步和发展，提升国家教育综合实力和国际竞争力。

高品质学校是教育公平和社会公正的重要保障。教育公平是社会公正的重要体现，而高品质学校可以为不同家庭背景、不同地区的学生提供平等而优质的教育机会。通过接受高品质的学校教育，学生可以获得更好的成长和发展机会，实现个人价值和社会价值的双重提升。

其次，我们要站在"全人发展"的高度，高举立德树人、五育并举的旗帜。

我们的学校应该关注人的整体和全面成长，而不仅仅是学业成绩或专业技能的提升。全人发展意味着学生的知识、技能、情感态度、价值观等各个方面都能得到充分的关注和培养。在全人教育理念的引领下，我们更应关注学生的身心健康、社会适应能力、创新精神和实践能力等。

"立德树人"是教育的根本任务。教育的目的不仅仅是传授知识，更重要的是培养学生的品德和人格。我们要通过教育引导学生树立正确的世界观、人生观和价值观，培养他们的社会责任感和公民意识，使他们成为有道德、有素质、有担当的人。"五育并举"是全人发展理念的具体化。它包括了德育、智育、体育、美育和劳动教育五个方面。德育是培养学生道德品质和社会责任感的关键；智育是提升学生学术成绩和思维能力的基础；体育关注学生身心健康和体育技能的培养；美育注重培养学生的审美能力和创造力；劳动教育强调让学生参与实践活动，培养他们的动手能力和社会适应能力。

高举立德树人、五育并举的旗帜，就是要求学校站在全人发展的高度来办学。我们要关注学生的全面发展，注重培养他们的品德、学术能力、身心健康、审美能力和实践能力等。只有这样，我们才能真正培养出既有知识又有品德、既有能力又有情怀的新时代人才，为社会的繁荣和发展做出积极的贡献。

再次，我们要站在科技强国的高度，高举培养全面发展的人才的旗帜。

我们的学校不仅要关注学生的全面发展，还要将科技素养和创新能力的培养作为重要任务。在当今科技日新月异的时代，科技已经成为推动国家发展和国际竞争的关键因素。因此，培养具备科技素养和创新能力的人才，对于实现科技强国战略目标具有至关重要的作用。

一方面，培养全面发展的人需要注重科技素养的提升。科技素养是指个体对科学、技术及其应用的认知、理解和应用能力。在教育中，我们应该加强科学知识的传授，注重培养学生的科学思维方法和解决问题的能力。另一方面，培养全面发展的人需要强化创新能力的培养。创新能力是科技强国的重要支撑。在教育中，我们应该鼓励学生勇于探索、敢于创新，培养他们的创新思维和科学素养。同时，站在科技强国的高度，我们还需要将科技教育与人文教育相结合。科技虽然重要，但人的全面发展同样不可忽视。我们应该在培养学生科技素养和创新能力的同时，注重他们的人文素养和道德品质的培养。只有这样，我们才能培养出既有科技能力，又有情怀和担当的全面发展的人才。

最后，我们要站在学校可持续发展的高度，高举"以师为本、敢作善为"的旗帜。

站在学校可持续发展的高度，高举"以师为本、敢作善为"的旗帜，是我们引领学校走向未来的重要指导原则。这一原则强调了教师在学校发展中的核心地位，并鼓励全体师生敢于担当、勇于创新，以实现学校的长远发展和繁荣。

以师为本是学校可持续发展的基石。教师是学校最宝贵的资源，他们的专业素养、教育热情和创新精神直接影响着学校的教育质量和学生的成长。因此，我们必须将教师置于学校发展的核心位置，关注他们的成长和发展，为他们提供充分的支持和保障。这包括提供良好的工作环境、培训和发展机会，以及公正的待遇和激励机制。只有让教师感受到尊重和关怀，他们才能全身心地投入工作中，发挥出最大的潜力，为学校的发展贡献智慧和力量。

敢作善为是实现学校可持续发展的关键。在教育领域，变革和创新是必不可少的。我们要鼓励教师敢于尝试新的教育理念、教学方法和技术手段，勇于面对挑战和困难。同时，我们还要注重善为，即要将创新与实践相结合，确保变革能够真正落地生根，产生积极的效果。这意味着我们要注重实效性和可持续性，避免盲目跟风或形式主义。只有这样，我们才能在变革中保持稳定，推动学校不断向前发展。

站在学校可持续发展的高度，我们需要注重学校的整体规划和协调发展，高站位制订学校育人战略规划，系统化建构学校育人文化体系。创办于1908年的四川大学附属实验小学明确提出"一所学校应有一所学校的精神气质，一所学校应有一所学校的文化品质，一所学校应有一所学校的个性特质"，重塑学校核心文化主张，并以此构建形成了附小文化系统和实践体系，有力地推动了学校的可持续发展。四川省教育科学研究院附属小学具有坚定的"扎根中国大地办教育，固本铸魂育全人"的信念，以中华优秀传统文化为核心，创造性地构建了以"家国情怀教育"和"社会关爱教育""人格修养教育"为"三翼"的育人体系，创新性地引导学生掌握优秀传统文化的思想内涵和精神要义，发扬传统文化在学生全面成长中的精神铸魂作用，从而推动学校的可持续发展。

（二）构建积极的精神动力系统

积极的精神动力系统，是可持续发展学校文化建设的源头活水，在可持续发展学校文化建设中起着强大的引擎作用。习近平总书记要求各级各类学校要"培育担当民族复兴大任的时代新人"，营造积极的精神动力系统时，就应把培养新时代全人作为学校文化建设的起点和归宿，立足于激发主体意识觉醒的本我，围绕于联结国家及世界的大我，实现于具备生态素质、抵达可持续未来的超我。以此建立师生和学校发展的价值文化体系，才能建构起师生和学校可持续发展的动力系统。为此，我们可以采用以下策略：

1. 化任务学习为兴趣学习

推动本我意识的觉醒和自我能力发展的不断提升，激发学习内生力的生命活力，应转变教育观念，变"填鸭式"教育为"启发式"教育，化任务学习为兴趣学习。把引发问题而不是提供答案作为教学的中心，把价值理性而不是工具理性作为教学的目标。同时，在课堂内和课堂外拓宽学生探索兴趣的空间，以此建设学校的学习文化，才能优化师生的学习动力系统。

2. 以文化认同培养责任担当

从本我走向大我，一方面需着力于强化价值引领，增强文化认同，让学生在教学活动中充分受到中华优秀文化的浸润，塑造行走世界的中国魂；另一方面需着力于培养世界担当，让学生在国际交流实践中成长为具有中国风骨的全球性人才。

3. 构建多元联结促生态发展

实现达到共生发展、具有生态素质的超我的最高追求，应通过学校文化建设，引导学生对未来生涯的规划、多集体参与的学习活动、与自然环境的互动的深化思考，建立起学生心中当下与未来、个体与群体、本土与全球的联结性观念。

四川省巴中市的巴州区兴文学校充分结合巴中市红色革命根据地的红色资源，系统性设计红色教育活动，真正做到为学校的学生深植红色基因，补足精神之钙。同样是红色教育，崇州市七一实验小学校（以下简称"七一实小"）结合学校重建历史及时代要求，着力打造校园红色文化，以红色文化增底蕴，通过开展"塑造自我""关心他人""爱家兴家"系列活动，创建"红色文化之旗娃品格培育课程"，实现了新时代红色文化浸润教育的新途径和新方法。

（三）内化为可持续发展的质量追求

维果茨基的内化论指出，内化是指个体将外部实践活动转化为内部心理活动的过程。内化于心，外化于行，是实现可持续发展的质量追求的应有之义。而且只有将可持续发展的学校文化建设要求通过象征和仪式等方式以情感人，才能使其潜移默化地深植于心。只有将可持续发展的学校文化建设要求内化为教育者与被教育者共同的价值追求，才能创造多方广泛参与其中的有利局面。只有将解决实际问题作为学校可持续发展文化建设的前进导向，才能将理论有效地落实于实践。从以情育人到共同愿景再到问题导向，是层层递进的，有了共同情感才有共同愿景，有了共同愿景下的广泛参与，才有解决问题的集聚力。

潜移默化地以情育人。好的教育是"随风潜入夜，润物细无声"的。正如意大利诗人瓦尔登所说，人是情绪化的动物。内化可持续发展的质量追求离不开潜移默化的以情感人。从校徽、校训、校内标语等学校情感象征到班风、班规、班貌等班级情感象征再到学生会议等诸多学校仪式，将建设可持续发展文化的要求渗透于这些情感凝聚体中，融入学生的情感生活，能够起到春风化雨地将可持续发展的质量追求内化的目的。

为此，我们在学校文化建设中可以重点采用以下策略：

1. 建设多方认同的可持续发展愿景

可持续发展的共同愿景，是教育者与被教育者共同的"理想"和"方向"。要想内化可持续发展的质量追求，没有多方深切的共同价值追求，没有集体意识带动和引导个人意识，没有个人在集体中的责任感和归属感，没有广泛参与，是难以达到的。可持续发展共同愿景的建设应采取有效的方法，一是学校发展愿景是共同参与塑造的，必须明确共同的核心价值，确保这些价值在平时的学校运行过程中得到执行；二是强化过程渗透，学校应通过有效的德育活动、课程设置、课堂的实施不断地强化这些愿景，在全校营造多方参与共建愿景的局面；三是建立复盘、反思与激励机制，学校应养成不断反思和优化工作的习惯，阶段性地诊断愿景的实施效果，不断激励师生实践愿景，创建愿景。

2. 以持续性的问题解决为导向

在内化可持续发展质量要求的过程中，应以持续解决实际问题为导向。习近平总书记指出，研究阐释实事求是、知行合一的理论意义和时代价值，是当前理论工作者的重要使命。坚持问题导向，将理论有效落实于实践，使问题得到真正解决，质量追求才能深存于心。现实中，迫切需要解决的是要建立学习的意义感，就是要让学生感觉到学习是有意义的。学生的学习意义感建立后才能做到持续发展，才能内化可持续发展质量。

现代学校质量要突破的一个难点是基于解决问题导向，把学校制度内化成学校多方认同的愿景。宣汉县师源外国语小学（以下简称"宣汉师外"）从"制度管理"到"文化治理"的案例中，学校运用系统性思维，基于真实问题，改革内部治理，将制度变为了学校多方认同的价值，最终实现制度管理走向文化管理。

（四）培育可持续发展素养

可持续发展素养是指在可持续发展目标下，个体所应具备的知识、态度和行为的综合表现。它涉及对可持续发展的理解、关注和支持，以及在日常生活中实践可持续发展的能力和行动。可持续发展素养的培养需要学校、家庭和社会的共同努力。学校可以通过课程教育、校园活动和实践项目等方式来培养学生的可持续发展素养。家庭和社会也可以通过倡导可持续发展的生活方式、提供实践机会和支持等方式来促进学生的可持续发展素养的发展。学校的教育教学应致力于学生可发展素养的培养，可以采取如下方式进行：

传递可持续发展价值观：学校应该通过课程教育和校园文化活动，向学生传递可持续发展的价值观，例如家国情怀、节约资源、保护环境、公平正义等，促进他们的全面发展。

强化责任感：责任感教育是当下学校应该积极重视的教育，学生应该学会对自己、家庭、学校、工作团队、社会负责。

倡导创新和合作：学校应该鼓励学生积极思考和探索，培养他们的创新能力和合作精神。这可以通过开展跨学科项目学习、科技创新活动、研学活动、社会实践等方式来实现。

尊重多样性和包容性：学校应该尊重每个学生的个性和背景，营造一个包容和多元的文化氛围。这可以帮助学生发展他们的批判性思维能力，理解不同文化之间的差异，并促进他们之间的相互理解和合作。

提供实践体验机会和支持：学校应该为学生提供实践机会和支持，让他们能够在实践中体验可持续发展的理念和方法。这可以通过开展小课题研究、社会实践、社区服务、环保项目等方式来实现。

促进学生的可持续发展素养将有助于学生全面发展，使其成为具有可持续发展素养的未来人才。

（五）增强"三全"育人的改革氛围

可持续发展的学校文化建设，应以"全人"培育为育人目的，"全景"时空为格局建构育人场域，建构"全息系统"推进学校育人实践变革的整体育人体系。这一体系就是可持续发展文化引领下的"三全"育人体系。"三全"育人，是以发展可持续能力，以培养"整全的人"为价值追求，建设学校优质育人生态，形成学校整体育人氛围的育人实践。

1. "全人"培育融入办学实践全过程

新时代五育并举的根本目的，是培养担当民族复兴大任的全面发展的时代新人。新时代的学校应将培养全面发展的时代新人作为各项工作的共同愿景，融入学校的德育、课程、课堂等战略规划，并根据不同工作板块的不同育人特点细化成不同的目标。比如我们可以用"文化底蕴、未来意识、时代强音、立体发展"为关键词建设学校德育生态，以"中国风骨、世界眼光、当下意义、未来价值"为关键词统领课程内容、方式和评价标准……不同板块的育人关键词相互呼应，共同指向培养全面发展的时代新人，这样整个学校就能形成培养全面发展的时代新人的育人氛围。

2. 关联与整合构建新时代育人新生态

在新时代"全人"培育过程中，学校应充分运用关联与整合策略，建立以学生可持续发展能力为核心的外界关联。关联强调的是以"学生为中心"的事物之间的联结或相互影响，整合强调影响学生成长的各要素构成整体的育人效果。

3. 提高"有意义"的获得感

新时代的学校文化建设，应致力于将全景大时空和学校育人小时空有机整合起来，建构"把学生参与学校学习活动的过程变为学生增长社会适应力的过程""把每一门课程活化为学生有意义的成长经历""把每一节课变成一个浓缩的世界"等学校育人实践理念体系，可通过实践文化创新，促进学校实践发生如下转变：一是从学科思维走向全息思维，注重全面发展与协调发展，提升学科魅力，促进灵性生长；二是从学校时空走向全景时空。只有把学习时空格局打开，整合相关有利于发展的相关因素，才能持续促进学生从"本我"到"大我"，再到"超我"的转变。

新津区实验初级中学立足乡土文化，整合校内外德育元素，聚焦学校心育板块，通过课程融合、活动引领两大路径对心育资源进行了有效开发与利用。这种做法很好地促进了学生成长与本土发展的关联互动，引导学生认识到热爱家乡才能更好地发展自己，很好地促进了学生的自我完善和发展。

（六）重构实践改革的发展标杆

1. 重构可持续发展质量标高

我们需要改变不可持续的现状，需要重构可持续发展的高质量，我们要兼顾现在与未来、个体与群体、本土与全球重构协同发展的高质量，具体可从办学条件、办学过程和办学结果三个方面重构可持续发展的质量标高。

办学条件的可持续发展质量，是指办学条件有利于促进多层面多维度的可持续发展，而不是片面追求豪华与物质条件的高标准；育人过程的可持续发展质量，是指学校的育人内容、方式及其推进过程促进了多层面多维度的可持续发展，而不是急功近利、高耗低效地组织育人活动；育人结果的可持续发展质量，是指培养出来的中学生不仅具有可持续发展的潜力，而且树立了可持续发展意识，并为推进未来社会的可持续发展积累了一定的知识与经验。

2. 确立可持续发展评价框架

整合性评价是我们研究的一种新型的指向全面育人、塑造全人思维的评价方式，它强调在全人理念的指导下，运用"全息""全景"的理念，对学生的全面成长进行过程性、形成性、发展性的综合评价方式。新时代的学校文化建设要有利于促进学生的学习内生力、自主学习力、资源整合力、学习表达力持续生长，整合过程性评价、形成性评价等多种评价方式，促进全人思维发展。学生在学习中的学习态度、学习能力、学习水平的发展情况通过"四力"发展的表现性状况显现出来，在学校文化建设中，培育学习内生力要侧重激活发展动力、知识储备与提取能力、丰富学习方法、养成良好习惯；培育自主学习力要侧重发展学生自我评估能力和自我调控能力；培育资源整合力要侧重学科内、跨学科和超学科的能力培养；培育学习表达力要侧重培养学生诉求表达力、学习过程表达力等。

3. 培育学校的"产生式"文化

学校全息生态的不断优化是学校生长的全过程。一是要致力于把学校打造为优质学习生命体；二是要通过卓越的教师发展卓越的学生；三是要以"全息"思维方式对全校师生的未来产生深远的影响。

"产生"，是从无到有的涌现过程。"系统"，是一种结构化的存在。产生式系统，是具有综合多种信息形成新想法、新方案、新产品等功能的知识结构、能力结构和价值结构等的综合体，具有创生和生成等功能。"产生"不是对已有方案的生硬模仿和机械迁移，而是从无到有，形成应对新情境、解决新问题的新知识、新能力、新价值、新方案或新成果等。真正的核心素养，是在解决具体问题的过程中不断"产生"出来的，没有"产生"就没有素养的涌现，没有"产生式系统"的发育与成熟，就难以形成具有未来潜能的核心素养[①]。将"产生"的理念用于学校教育是非常重要的，这是新时代所需要的举措。

新时代学校文化建设，应特别注重培育教师的"产生式"观念，可以在如下几个方面着力：一是培育知识向素养的转化能力；二是提高课堂发展学生思维的能力；三是塑造培养新时代"全人"的教育情怀。新时代的学校文化要引领教师不仅发展学科理解能力、教学设计能力、学习活动组织能力、跨学科学习开展能力、团队协作能力等，更要让每一个教师塑造"热爱家庭、热爱国家、热爱生活、热爱学科、热爱学生、热爱教育"的情感，以教育家精神为核心，加强师德修炼，持续不断优化与完善自己，成为名副其实的能引领学生可持续发展的教师。

泸定县第一中学坚持用红色精神办学，以红色精神为导向，充分利用红色文化资源，全方位、多角度打造校园文化，因地制宜开展校园红色文化建设，把革命传统、民族团结、传统文化和科学知识有效结合，融情于境，做到对青年教师的全过程、全方位思想教育影响。这是非常值得提倡的，是弘扬学校办学的正能量、扎根祖国大地办出中国特色的高品质学校的生动样本。

4. 持续新质生产力培育

新质生产力是指通过科技创新和产业升级，推动生产力发展的新形式和新动力。这个新概念强调了科技创新在生产力发展中的重要地位，以及产业升级对于提升生产效率和质量的关键作用。新质生产力的质量导向必然内含人本属性，关注的是绝大多数人，而不是少部分人，强调的是生产力的内在质量和以人为本的发展理念，这不仅体现在物质资源和技术能力的提升上，而且更加注重人的全面发展、创造性以及生产

---

① 张伟，杨斌，张新民. 产生式系统：核心素养培育的新视点——基于《中国高考评价体系》和2020年全国高考命题改革的分析［J］. 人民教育，2020（21）：46－50.

过程中的人文关怀和社会责任①。新质生产力是推动经济持续健康发展的重要动力，也是实现高质量发展的关键所在。我们的学校文化建设就是要将学校建设成为培育新质生产力的土壤。

我们要让创新文化成为学校文化的显著特征，站在科技强国的高度，做好拔尖创新人才的教育。学校要成为创新的沃土，鼓励师生探索求知，在全校形成敢创新的氛围，最关键的是搭建平台，师生随时可以互动交流探讨，彼此为新的想法和创意助力。

学校要成为创新人才培养的沃土，需要从多个方面入手。以下是一些具体的建议：

培养学生创新思维。学校应该注重培养学生的创新思维，通过德育、课程、课堂等整体变革，引导学生积极探索、勇于创新。例如，可以开设一些创新课程，让学生参与科研项目、实践活动，激发他们的创新潜能。

建设创新实践平台。应该建立创新实践平台，为学生提供更多的创新与实践机会。这包括用好实验室、研学基地、创意孵化器等，提供更多的创新交流分享的机会，让学生能够在实践中锻炼自己的创新能力，提升实践技能。

提升教师创新能力。教师的素质和能力直接影响着学生的成长和发展。学校应该加强师资队伍建设，提高教师的创新能力和教学水平。同时，还应该鼓励教师参与科研活动，提升教师的科研水平和创新能力。

营造学生创新氛围。学校应该营造良好的创新氛围，鼓励学生敢于尝试、勇于创新。可以通过举办各种创新竞赛、讲座、研讨会等活动，让学生感受到创新的魅力和价值。同时，学校还应该加强对学生的创新教育，培养学生的创新精神和意识。

强化创新社会关联。学校应该加强与社会的联系，了解社会需求和发展趋势，及时调整人才培养方向和内容。这可以通过与企业、科研机构等合作，共同开展人才培养和科研工作，让学生更好地适应社会和市场需求。强化学校与科研机构、大学的关联，让新的技术和思想进校园，形成学校创新文化与校外主流创新文化的良性互动；同时，通过学校文化促进人的健全发展，完善学生的人格，增强学生的精神动力。

（七）重构面向未来的学校文化特性

学校文化建设是一个持续不断的过程，它不仅关乎学校的现在，更关乎学校的未来。面向未来的学校文化强调创新、开放、包容、可持续性和科技融合，旨在激发学生的创造力和想象力，以应对未来社会的挑战和机遇。基于此，面向未来的文化应具

---

① 黄群慧，盛方富. 新质生产力系统：要素特质、结构承载与功能取向 [J/OL]. 改革：1—10 [2024—03—05]. http://kns.cnki.net/kcms/detail/50.1012. F. 20240229.1305.004. html.

有如下关键特征：

技术融合。随着科技的不断发展，未来的学校文化建设将更加注重技术与文化的融合。利用虚拟现实、人工智能等技术手段，为学生创造更加沉浸式、互动性的学习体验，同时传承和弘扬中华优秀的传统文化。

多元化与包容性。在全球化的背景下，学校文化建设将更加注重多元化和包容性。尊重不同文化、背景和价值观，推动跨文化交流和理解，培养具有国际视野和跨文化沟通能力的人才。

可持续发展。未来的学校文化建设将更加注重可持续发展。在校园文化建设中融入环保、社会责任等理念，引导学生关注社会、关注环境，培养具有社会责任感和环保意识的公民。

个性化发展。随着教育理念的转变，未来的学校文化建设将更加注重学生的个性化发展。通过提供多样化的课程和活动，满足学生的不同兴趣和需求，培养学生的创新精神和批判性思维。

社区参与。未来的学校文化建设将更加注重社区参与。加强与社区、家庭、企业的合作，共同推动学校文化的发展，同时为学生提供更多实践机会和成长空间。

习近平总书记指出："文化自信，是更基础、更广泛、更深厚的自信。"学校育人，同样应建立文化自信，学校应占领文化育人的制高点，教育工作者应致力于建设推动学校可持续发展的学校文化实践行动。学校文化建设是一个复杂的、多方面、多维度的系统工程，可持续发展是我们追求的目标，我们应在学校文化建设中坚定地落实这一目标，办好人民满意的教育。

从"制度管理"到"文化治理",是"文化浸润"的必由之路。高品质学校深化文化建设,不仅要走向"文化治理",而且要探索以可持续育人文化促进学校可持续发展的思路与策略,融合各种文化丰富学校的可持续育人文化内容,特别是在有效融入传统文化、红色文化以及更宽广的地域文化等方面更要有新突破,才能真正培育出可持续育人文化。据此,本章精选了与此高度相关的文化建设案例,为高品质学校深化文化建设提供参考。

从"制度管理"到"文化治理"治理变革的实践

宣汉县师源外国语小学

学校治理现代化是教育现代化的逻辑应然。从"管理"走向"治理",从"制度管人"走向"文化管心",积极构建民主法治、扁平高效、多元共治的学校治理生态,是高品质学校以"治理"视角实现"上好学"的集中体现。宣汉县师源外国语小学(以下简称"宣汉师外")筹建于2018年7月,地处城郊接合部,建校以来,学校基于发展中面临的真实问题为治理需求,守正创新,以改革内部治理为发展引擎,变传统的制度控制为文化引领与激活,从理念、课程、管理、教学、评价、教研等维度持续激活学校活力,形成了一所城镇小学高品质管理的品相与品位,探索出了一条闪耀着人性光辉、师生和谐幸福的文化"善治"之路。

一、起于"为何治":从问题重审中明确治理需求

宣汉师外的治理之路起源于"吃"。随着国家营养改善计划的实施,做好学生营养餐成为学校的工作重点和全社会关注的焦点之一。但在推行过程中,却面临校园"舌尖浪费"现象十分普遍等突出问题,其所带来显性和隐性的经济损失触目惊心,与国家粮食安全形势和"光盘行动"计划格格不入。面对这一矛盾,学校一开始也制订了一系列刚性、强硬的制度,采用"堵"的做法,但效果却并不明显。强行让孩子吃完不愿吃的饭菜,看似在落实国家"光盘行动",实则给孩子留下了不良的童年记忆,更

是学校管理中的缺憾。学校决定就校园"舌尖浪费"现象面向全校学生深入调研，重新审视其背后的深层原因。

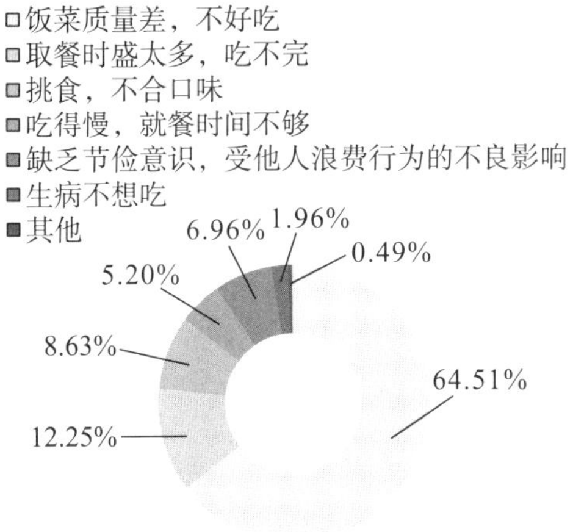

□饭菜质量差，不好吃
□取餐时盛太多，吃不完
□挑食，不合口味
■吃得慢，就餐时间不够
■缺乏节俭意识，受他人浪费行为的不良影响
■生病不想吃
■其他

6.96% 1.96%
0.49%
5.20%
8.63%
64.51%
12.25%

图2-3-5 校园"舌尖浪费"原因调查统计

真实的需求是解开问题的一把钥匙。根据调查结果，在众多的因素中，饭菜质量和口味问题是"舌尖浪费"的主要原因。学校决定改变管理理念，从供给侧进行改革，变被动"管理"为主动"服务"，一场以"好好吃饭"为主题的专项治理拉开帷幕。一是完善食堂原材料采购、储存工作，确保每天使用最新鲜的食材；二是聚焦食堂生产、加工等关键环节，加强从业人员业务培训，提高从业人员技能水平，改进烹饪工艺、丰富膳食口味，优化供给，为学生提供搭配平衡、健康营养、优质可口的膳食。学校的饭菜变得既营养又好吃，不仅浪费现象变少了，学生的就餐管理也变得容易多了。

图2-3-6 真情陪伴每一餐

二、承于"谁来治"：在关系重构中拓展治理主体范围

宣汉师外在建校初期，更多依赖行政推动、各自为政、边界清晰、线性运作的传统科层级管理方式执行各项制度，既消耗了大量的人力、精力，又容易出现"一管就死，一放就散"的现象，导致管与被管之间的割裂甚至对立这一管理痛点。

针对"谁来管"的问题，宣汉师外除保留年级组这一管理实体外，整合教务、德育、安保、体艺等各科室为综合业务部，分管领导全员下沉到年级组，建立以目标任务为导向，以联合办公为形态，扁平化、嵌入式的"全员参与、共建共治"管理框架，在管理主体与管理对象之间畅通管理链条，将管理的神经末梢延伸到各部门、各领域、各环节。通过拓展管理主体范围，"荣辱与共，休戚相关"成为师生的心理共识，形成了"人人既是管理者，又是被管理者"的良好管理生态。

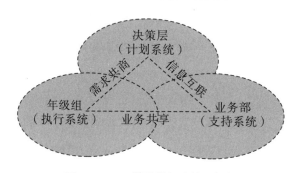

图 2-3-7　学校嵌入式管理框架

现代治理理论认为，管理学首先是关系学。构建良好关系是学校治理的核心任务。关系变了，文化就变了。而文化更多的是自律，往往在管不着或者管不了的地方起作用。正是因为理顺了管理中的人、事、物各要素之间的关系，关系才产生了意义和能量，形成了叠加效应。

三、转于"怎样治"：在机制重建中激活治理效能

所谓"治理"，在于用规则和制度来约束和重塑利益相关者之间的关系，以达到决策科学化的目的。学校现代治理的过程即法治化的过程。学校进一步完善自身章程建设，完善各种规章制度，推进管理的科学化、民主化、法治化，提升学校治理效能。

文化决定了制度的走向。管理的本质在于激发善意，管理的全部努力是使人不断向好。宣汉师外以"从人性出发、为了人"为制度建设追求，创建"133机制"，为制度建立制度，让文化成为制度的内核。"1"即在"人性光辉，幸福童年"办学理念的

总体框架下进行制度的内容设计，有效保证学校每一项制度与学校的办学精神相契合，从制度化转向人性化，让制度更科学、更规范、更具有文化特质。"33"指"三会三议"，即在制度诞生、形成的流程上突出开放民主，以党建引领，建立行政（扩大）会"动议起草"—教代会"讨论审议"—支委会"复核决议"机制，保障制度的科学性、民主性。宣汉师外特别重视制度的研究，五年来系统梳理、修订、完善、增补、重建了综合性、专项性制度共 15 类 20 多项，让学校在大事有章可循、小事有规可依的同时，也增强了师生对制度的认同度和执行力。

表 2—3—1　制度生成方法与文化取向

制度类型	制度生成方法	制度的文化取向
办学章程	新建	以人为本，彰显人性
教积工管理	改良	发展人、成全人
德育管理	完善	尊重人、发展人
教学管理	修订	引导人、激励人
财务管理	继承	信任人
营养餐管理	增补	保障人、呵护人
安全管理	继承、完善	
卫生管理	继承	引导人、方便人
图书管理	继承	
活动管理	完善	教育人、发展人
绩效管理	修订	激励人、成全人
职称管理	改良	
设备设施管理	改良	服务人、方便人
工会管理	完善	凝聚人、关爱人
课后服务管理	增补	发展人、服务人

四、合于"为谁治"：在目标重置中践行治理精神

文化是高品质学校治理的灵魂。高品质学校的现代治理最终需要回归于学校文化建设，更好为立德树人服务。宣汉师外以"把幸福的童年还给孩子，把健康的孩子交给家长，把优秀的人才送给党和国家"为育人价值追求，践行治理精神，重置师生成长目标体系，形成治理闭环，促进学校场域中"人"的更好发展，让治理回归学校文化本真。

（一）重置教师培养目标，创建联动式师培体系

学校将教师队伍建设作为学校发展核心战略，分类培养，融合发展，积极构建合作场域，促进全体教师深度耦合，让老、中、青不同层级的教师都拥有各自成长的空间和机会，让每位教师从他人身上获得成长要素，既能各展其长，又能共促共生。

一是以五步工作法（即"把身份亮出来、把责任担起来、把步子跑起来、把形象树起来、把旗帜举起来"）凸显党员教师榜样号召力。二是组建名优教师指导团。学校有省卓越校长工作室、市名校长工作室领衔人1人，省、市名师工作室成员8人，各级名师39人，占教师总数的30%。学校通过"青蓝结对"等系列活动，让名师动起来、教育活起来，以名师智慧推动教师专业水平整体提升。三是提升青年教师成长力。学校有35岁及以下青年教师共42人，占教师总数的32.3%。实施青年教师成长"12345"规划，为青年教师成长引路搭桥。

（二）重置学生成长目标，构建可持续成长体系

学校以生态理念，秉持"既关注学生的今天，又关注学生的明天"的幸福教育总目标，系统重构学生可持续发展的良好生态。

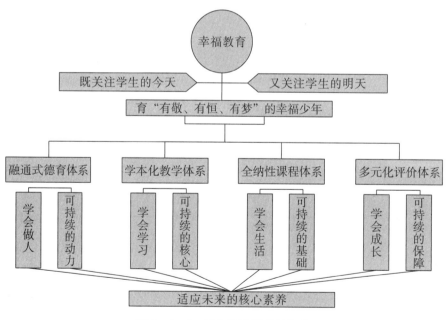

图2-3-8　学生可持续成长体系

1. 融通式德育体系

将德育内容融入课程设置、校园文化、活动开展、学校管理、家校共育之中。低

段以"习惯培养，迈好成功第一步"，中段以"个性张扬，健康快乐每一天"，高段以"全面发展，奠基幸福一生"为目标，促进学段融通、家校融通、知行融通，努力形成全员、全程、全维德育生态。

2. 学本化的教学体系

以促进学生思维发展，培养学生核心素养为课堂教学的根本追求，抓好"品质课堂"的建设，聚焦"四关注、五精准"（即"关注学生、关注学情、关注学习、关注学会"，"精准设计、精准教学、精准作业、精准辅导、精准分析"），让学习真实发生。

3. 全纳性课程体系

五育并举，采用"1＋N"课后服务模式，分设"传诵中华经典""思维拓展训练""多彩社团"3大类涵盖20多个小项目的校本课程，给予学生个性化的自主选择权，社团打破年级和班级的界限，采用全校走班制，让学生根据自己的特长、兴趣等自由选择教师和课程，促进学生全面发展。

4. 多元化评价体系

学校既继承传统纸笔测试的优势，保"基础"，又突出"增量"，注重增值评价，通过"平时＋期末""口试＋笔试"等创新评价方式，过程评价与结果评价并重，对学生综合素质等隐性内容进行全程、全面评估，促进学生全面发展。

（撰稿：张小强　龙代兴）

一核三翼 联合融通
——中华优秀传统文化在学校教育中的传承和创新

四川省教育科学研究院附属实验小学

四川省教育科学研究院附属实验小学（以下简称"省教科院附小"）以"求真向善，守正创新"为校训，守传统文化之正，创时代变革之新，践行"培育具有中国精神的未来创造者"的育人使命，力促中华优秀传统文化之光成为校内"长明灯"，统筹学校优秀传统文化整体布局，深挖精髓，在创新中落实育人策略，将中华优秀传统文化在学校教育中进行传承和创新。学校构建以"家国情怀教育""社会关爱教育""人格修养教育"为"三翼"的育人体系，引导学生掌握优秀传统文化的思想内涵和精神要义，推动传统文化在教育实践中熠熠生辉。

为更好研究传统文化在学校文化建设中的创新应用与育人路径，特选取本校教师、学生（共计 1652 人）作为研究对象，深入研究其对于优秀传统文化助力学校文化建设的观点与看法。根据研究结果，我们发现，要使优秀传统文化在新时期焕发生机，一定要在"联合融通"上下足功夫，通过场地整合、活动结合、学科融合，构建师生可感、可视、可做、可思的泛在教育环境。

一、策略改革及实施

（一）"一核三翼"育人体系

1. 以"家国情怀教育"为基，使"中国精神"成为学生的精神底色

"中国精神"的核心是爱国主义和集体主义精神，就是要培养学生的家国情怀。省教科院附小以"培育具有中国精神的未来创造者"为育人使命，坚定不移筑牢学生"中国精神"的思想底色。

学校注重情感体验和文化传承，强化价值观引导，结合实际开展多元化教学。我

们将语文、历史、思想品德等课程中涉及中华脊梁、英勇事迹等家国情怀教育的素材进行延伸，让学生了解国家的历史、传统、习俗等，并结合时事、社会热点问题等，采用小组讨论、角色扮演、主题演讲等方式，引导学生关注国家大事，培养学生的家国情怀。在课外活动中组织学生参观博物馆、纪念馆等，参与社区服务活动，通过直观方式了解国家的历史和文化，体验作为公民的责任和义务，增强中华文化自信。此外，还通过家长会、家长群等方式，与家长保持沟通，引导家长与孩子一起观看爱国主义影片，了解国家大事，让家国情怀深入学生心中。

2. 以"社会关爱教育"为重，使"社会责任"成为学生的使命担当

"社会关爱教育"在当今社会具有非常重要的意义。省教科院附小秉持"建开放的附小"的理念，旨在打造全域学习的平台，常态化地开展社会关爱教育。课堂上，教师模拟社会场景，如商店、银行等，组织学生开展主题讨论、分享会等活动，让学生在角色扮演中体验社会角色和责任，培养他们的社会适应能力。活动中，学生广泛参与志愿者活动，关注社会问题，如社区服务、环保活动等，让学生在服务社会的过程中体验到自己的价值和责任。同时，充分用好"四川云教"主播学校这一身份，组织学生开展公益活动，向边远山区学校捐书、捐衣等，引导学生关注弱势群体，培养他们的同情心和社会责任感。邀请家长参与学校活动，组织亲子义工等活动，让学生在家长的引导下更好地了解社会责任和公民义务，通过活动升华亲子关系并进一步加强家校合作。

3. 以"人格修养教育"为本，使"修己达人"成为学生的理想信念

健全的人格是学生持续发展和幸福人生的基础。省教科院附小一直注重通过中华优秀传统文化和历史上的优秀人物引导学生加强人格修养。利用历史上优秀人物的故事引导学生，讲述孔子、孟子、诸葛亮等历史人物的事迹，了解古人如何通过自身的努力和修养成为历史杰出人物。组织开展文化体验活动，如书法、绘画、传统音乐等，邀请非遗文化传承人来校举办讲座或展示，让学生亲身感受传统文化的魅力。选择经典的古诗文，如《三字经》《千字文》等，让学生进行诵读。

每年的"六一"开展环境戏剧节，让学生通过角色扮演的方式，模拟历史上的优秀人物，体验他们的内心世界和行为方式，帮助学生更好地理解历史人物的思想和品格，激发学习动力。定期组织以传统美德为主题的班会，让学生分享自己在学习和生活中的体会和实践，引导学生讨论如何在日常生活中践行这些美德。

（二）"联合融通"优秀传统文化

1. 场地整合，增强校园的文化氛围感

校园环境是学校文化的重要载体，通过打造具有优秀传统文化特色的校园环境，让学生在潜移默化中受到文化的熏陶。

图 2-3-9　对校园文化关注度调查

在调查研究中，发现调查对象对校园文化的关注度较高，特别关注与比较关注的占比达 86.74%，远超被调研者的半数，可见为助力优秀传统文化融入学校文化建设，需要在打造优质校园文化环境上下足功夫。省教科院附小的校园也在不断地推陈出新，春有"花花绘"，夏有艺术节，秋有科创月，冬有体育周，还有随处可见的优秀传统文化展览，展示中国传统的艺术品、服饰、手工艺品等，这一切构成了师生随处可感的优秀传统文化氛围。每天在校园里播放中国传统音乐、诗歌等，让学生在潜移默化中感受到中国优秀传统文化的韵味。

2. 结合活动，增强学生的文化体验感

省教科院附小一直重视开展丰富多彩的传统文化周、传统文化月活动，校园里诗词朗诵比赛、书法展示、传统文化知识竞赛、传统文化手工艺品展示、中华优秀传统美德故事会等活动接连开展，涵盖文学、历史、哲学、艺术等领域，使学生对中华优秀传统文化精神内化于心、外化于行。比如，在"孝道教育周"活动中，学生通过听讲座、观看影片、参与讨论等形式，深入了解孝道的内涵和重要性。此外，运动会中的武术操比赛，将中国武术与《弟子规》诵读有机结合，让学生在诵读经典的同时享受乐趣、增强体质、健全人格、磨炼意志。还有非遗项目组举办的"寻找小小非遗传承人"活动，在皮影、川剧、京剧、蜀绣、扎染、剪纸、竹编、糖画等众多非遗项目中都找到了小小继承人，让优秀传统文化在学生中扎下了厚实的根脉。

3. 学科融合，增强学生的文化理解力

学科教学是弘扬优秀传统文化的主渠道。省教科院附小一直注重将优秀传统文化元素融入各个学科的教学中。在学科融合的进一步延伸和实践中，语文教师以四年级《诗经》课外阅读拓展为路径，选取适合小学生理解的作品，如《关雎》《蒹葭》等，引导学生感受其意蕴美和韵律美；美术教师以"面具博物馆"为载体，对三星堆文化进行介绍，引导学生围绕三星堆文明创作中国画、剪纸等传统艺术作品；音乐教师带领学生演奏古筝、二胡等传统乐器，让他们在载歌载舞间领略中国传统音乐的魅力。学科融合中，学生对优秀传统文化的理解和感受不断深化，增强了对民族文化的认同感。

二、反思与启示

我们始终坚信小学作为塑造学生人格和价值观的重要阶段，更应该注重"社会关爱教育"，培养学生的道德观念和社会责任感，为每一位学生扣好人生的第一颗扣子，期望他们人人都有舞台、个个都能精彩。在这个开放的平台上，我们通过创新和实践，从课堂到活动、到"四川云教"平台、到家校融合，真正做到了从课堂到社会，从线下到线上，从有限到无界，通过"社会关爱教育"推动全域学习，并将我们的关爱立足本校、辐射全川。我们还期望将这一创新的方式举一反三、活学活用，结合实际有机地运用到其他教学工作中去。

在这一系列的创新和尝试中，我们坚持理论与实践相结合并进行升华，从理论知识的学懂悟透，到课堂的全员多方式参与，再到课外活动的知识补充与场景体验，最后回到家校共育、家风建设，我们力争让这一链条上的所有参与者，让学生、教师、家长等都能有所学、有所思、有所感、有所为，并通过各自的感动碎片、心动瞬间，激发出爱国心，迸发出家国情怀，常态化为学生营造出塑造"中国精神"的生态系统。

通过坚持不懈传承中华优秀传统文化，省教科院附小构建起了标识鲜明的学校文化价值系统，通过一系列的点滴浸润，不断引导师生将浓浓的爱国情与坚实的强国志、报国心统一起来，使"培育具有中国精神的未来创造者"这一育人使命、目标在日常的教育实践中清晰可见。

（撰稿：杨海媚　雷　春　袁　倩）

点燃"红色引擎" 根植红色基因 培育时代新人

巴中市巴州区兴文镇中心小学校

巴州区兴文镇中心小学校(以下简称"兴文小学")办学历史悠久,历经百年历史发展至今,在新时代建设的浪潮下,整体搬迁至巴中经济开发区东片中心区。因经济高速发展产生的建设遗留问题,学校周边留守儿童众多,急需家庭教育引导;周边配套建设加速,外来人口大量涌入,文化交流和冲击初显;加之当前的网络信息、多元文化的高速发展,学生的成长环境愈发复杂,使得学校对学生的教育和管理难度上到了一个新的台阶。为破解这些办学难题,学校进行了深入的实践探索。

一、明确红色文化育人观

习近平总书记强调:"革命传统教育要从娃娃抓起,既注重知识灌输,又加强情感培育,使红色基因渗进血液、浸入心扉,引导广大青少年树立正确的世界观、人生观、价值观。"开展红色教育,是促进红色基因传承、培育和践行社会主义核心价值观的重要途径,也是落实立德树人根本任务、帮助青少年扣好人生第一粒扣子的有力举措。学校地处川陕苏区红色革命中心,红色文化底蕴丰厚,在这个背景下,确立红色文化浸润下的育人观成为应对各种挑战的重要策略。

二、构建红色文化育人体系

夯实学校红色教育文化载体,生动讲述巴中红色故事,兴文小学又是怎样做的呢?

以红为景,突出氛围。兴文小学环境课程分为"红色记忆、红色引领、红星律动、红星灿烂"四部分。建红色讲堂、红色文化长廊、红色雕塑、忆红亭;打造红色劳动实践田等校园景观;命名红色班级、红色楼栋;悬挂红色画像,张贴红色格言,让"每块墙壁都说话""每处景物都传情"。

以红为擎,突出传承。兴文小学每逢建党日、建队日、少先队入队日及六年级学生毕业时都会组织学生参观红色教育展馆，让他们重温红色记忆，追溯红色血脉，汲取红色力量。由四至六年级优秀少先队员主动报名，学校从中严格选拔，层层把关，推选小小红色文化展馆讲解员。经专业教师指导训练后，讲解员参与红色展馆迎检，成为学校红色展馆代言人。

以红为线，突出铸魂。学校扎实开展四大特色活动课程：每天十分钟——红色故事天天讲，丰富形式；每周一课时——红色教育定期评，审视优缺；每期一主题——红色活动长期抓，加强养成教育；每年一军训——红军精神代代传，突出国防教育。

以红为纲，突出特色。学校依托红色文化，遵循育人规律，注重学生身心特点，分年级编撰红色校本教材，分层开设并实施校本课程：一年级"唱红色歌谣"；二年级"讲红色故事"；三年级"诵红色诗篇"；四年级"练红色本领"；五年级"进红色军营"；六年级"做红色少年"。

以红为魂，突出主题。兴文小学围绕红色校园文化主题，探索出"红色文化陶冶人、先烈英模激励人、军训活动塑造人、行为习惯养成人、特长培训发展人"的五大育人模式，奠基发展、铸魂未来。学校紧紧依托本土文化特色及当地文化资源，并结合校情开展了系列实践活动——讲一讲，在校园讲红色故事；做一做，编写红色知识报刊；唱一唱，唱红色革命歌曲；演一演，演经典红色戏剧；走一走，祭扫红色先烈；比一比，争做红色少年。

图 2—3—10　参观红色文化展厅，传承革命精神

三、深入开展红色文化育人实践

（一）做红色文化的被洗礼者

兴文小学每年开学都会带领一年级的孩子们参观红色文化展厅，让他们接受红色文化洗礼。一件件珍贵的文物，一幅幅精美画卷，为同学们带来新鲜和好奇：十大元帅是谁？教师讲的清江渡和佑垭口又是哪？橱窗里的叔叔的手臂上为什么绑着一条红丝巾？解开了这一个个谜底，一颗颗红色的种子，便深深烙在了稚嫩的心灵中，从此生根发芽。

（二）做红色文化的被滋润者

"我非常喜欢学校开设的红色文化课程，一方面它拓展了我的知识面，让我了解到了那段可歌可泣的历史，懂得了如今的生活来之不易；另一方面，通过实践课程，我增长了很多本领，磨炼了自己的意志，在'讲一讲、唱一唱，演一演，走一走、比一比'等系列红色劳动实践中，我发现我们国家有好多优秀的传统文化，这也提升了我的民族文化自信感"，"戴一条鲜艳的红领巾……语言要文明……不乱吐乱扔……"，这是兴文小学学生的真切表达。

通过亲身参与和体验，孩子们更加深刻地感受到了红色文化的魅力，增强了对红色精神的认同和理解。学生和学校都从中受益匪浅：学校管理的难度大大降低，校园的文明和谐程度大大提高，校外来宾到学校感受最深的就是学校整洁的环境和学生彬彬有礼的言谈举止。学校领导曾对毕业的学生进行回访，问他们在六年小学生活中最难忘、最有意义的事是什么，对自己帮助最大的是什么，学生的回答异口同声："校园红色教育特色实践活动！"

（三）做红色文化的传承者

兴文小学地处城乡接合之地，学校根据区域学生家庭情况以及身心特点提炼出的"五个一""五个不""五个要"文明教育之声在兴小校园上空回响。红色课程的开设，也真正让红色故事入脑入心。学生努力争做新时代红色少年，让红色血脉赓续流淌。

学校也将师生的品格、行为和学习与爱国教育有机结合起来，通过自评他评、小组竞争、班级评比、学校评定等形式，评选出"五星少年""五星教师"，形成良好校风、师风。在红色展馆内开辟荣誉墙，定期更新"五星少年""五星教师"荣誉榜。为了进一步挖掘区域内红军英烈史料，更好地发挥国防教育基地、爱国主义教育基地的作用，学校着力组织实施了爱国主义教育基地"四个一"工程，不断丰富教育内涵：

一是编撰实施涵盖各年级的红色校本教材；二是创编了红色革命歌曲集；三是拍摄录制了讲解兴文当地红色故事的影视作品《夜袭佑垭口》《红心向党》，作品在巴中市首届"双百"青少年讲解员评选活动中受到表彰；四是编排了一台大型专题文艺剧目《红色薪火》，以弘扬革命传统精神。

优秀传统文化资源在当代教育中依然具有重要的意义和价值，我们将继续紧扣时代脉搏，把红色基因传承好、红色资源利用好、红色传统发扬好，做优红色教育品牌，打造教育质量名片，培养德智体美劳全面发展的新时代"红军娃"，培养优秀的社会主义建设者和接班人。

（撰稿：王　云　何雨襄　鲜雨彤）

红色文化增底蕴 砥砺前行向未来

崇州市七一实验小学校

近年来,崇州市七一实验小学校(以下简称"七一实小")结合学校重建历史及时代要求,着力打造校园红色文化,以红色文化增底蕴,通过开展"塑造自我""关心他人""爱家兴家"系列活动,深化"红色文化之旗娃品格培育课程",探寻了新时代红色文化浸润教育的新途径和新方法,取得了一定的效果,得到了家长、社会的高度赞誉。

一、品质提升,形成特色文化

七一实小在 2008 年"5·12"地震后由特殊党费全额援建,从建成之初就被赋予了特殊的政治意义和教育意义。校园文化建设也融入了红色元素,"办一所具有红色精神的巴蜀名校"成为新时代学校的办学目标。为此,学校提出"每个人都是一面了不起的旗帜""出发,向更好的自己"的办学理念和校训。围绕办学理念和校训,学校开展了系列红色文化浸润教育活动,一是打造红色校园文化环境,如建成了学校红色文化广场、红色走廊,在教室布置中融入红色元素;二是探究出了校园红色文化浸润教育模式,如开展"塑造自我""关心他人""爱家兴家"系列活动;三是开发了校本红色课程,如开展"红色文化之旗娃品格培育课程"。通过以上系列活动,形成了学校红色文化教育特色,增进了师生红色文化认同感。

二、追根溯源,打造学校亮点

红色文化是中国共产党和中国人民宝贵的精神财富,是中国先进文化的重要组成部分,具有重要的时代价值。小学生理想信念教育是学生成长成才的重要保障,我们的学生只有坚定理想信念,才能够有强大的动力来实现自己的人生目标。同时,对学生的理想信念教育也是提升他们思想道德修养的重要方法。探讨如何利用红色文化资源对学生进行理想信念教育有助于提升对学生理想信念教育的效果，有助于学生更好地传承红色文化。为此，七一实小自建校之初就将红色文化教育列入学校德育工作之中，结合时代要求、学校实际不断探索有效实施红色文化教育的路径和方法。

三、多元体系，构建行动文化

针对小学生的认知特点，我们深入研究了思想政治工作、教书育人以及学生成长的规律，并参考了德育工作中的"知情意行"模式。在此基础上，我们构建了红色文化学习教育体系，它具有持续浸润性、普遍覆盖性和螺旋式上升的特点。这一体系旨在增强理想信念教育的系统性、持续性、辐射性和创新性，从而更有效地引导小学生树立正确的世界观、人生观和价值观。

（一）构建认知提升体系

"知"，即认知，涵盖感性意识与理性认识两个方面。正确的认知不仅是情感的基础、意志的前提，更是行为的先导。

我们深知，要把铭记党恩、感恩奋进，以及积极进取、完善自我、美化家园的理念深深植根于每一位七一实小学子的心中。为此，学校紧密结合红色文化，以"塑造自我""关心他人""爱家兴家"为核心，精心创设了"红色文化之旗娃品格培育课程"，旨在开展有针对性的品格教育。通过这一课程，我们引导不同年段的学生明确应如何塑造自我、关爱他人、兴盛家园，让他们从精选的二十七个品格中汲取力量。我们的目标是帮助他们形成无须他人提醒的自觉行为，以及为他人着想的善良品质。在实施过程中，学生将获得"出发币"，并将这些币贴在集旗卡上，注明获得的时间和原因。这种方式不仅记录了学生的可视化成长过程，更在潜移默化中引导他们形成良好的行为习惯和道德品质。同时，我们尊重学生的个性发展，采用多元评价方式，在学期末评选出各具特色的优秀学生，如"烟火气小旗娃""文艺范儿小旗娃""有智少年""运动小将""国际小公民"等。

（二）构建情感培植体系

为了积极营造红色文化育人的优良环境，学校深入探索并实施了常规教育日常化、特色教育品牌化的思想政治教育模式。通过组织多种形式和内涵丰富的主题教育宣传活动，学校在学生思想政治工作方面进行了积极的探索与实践。

针对当前红色文化教育中存在的点多面少、纪念节日教育较多而平时教育相对较少的问题，学校强化了红色教育的规模化、传统化、系列化和特色化路径。为此，学校采取了一系列措施：第一，聘请了学校党委书记和校外辅导员担任红色文化宣讲员，利用他们丰富的经验为学生们开展红色文化专题讲座；第二，充分利用学校专栏、教室展板、黑板报等媒介，开辟了红色阅读区，集中宣传"红色教育"进课堂的相关内容，并宣传先进典型人物及其感人事迹；第三，利用微信公众平台，推出了如《少年毛泽东》《少年英雄王二小》《一根扁担》等经典红色革命故事诵读材料，使所有学生都沐浴在红色文化的氛围之中。

（三）构建意志增强体系

在小学阶段，学生的世界观、人生观、价值观正处于形成初期，为此，学校结合红色文化教育，因时而进、因势而新，通过经典阅读、辩论演讲、红色经典故事宣讲等活动，引导学生正确塑造价值观，并培养他们的政治信仰、思想素质和道德修养。这些举措凸显了红色文化教育在学生成长成才过程中的重要性。

为了弘扬革命先烈的丰功伟绩，使红色教育深入人心，学校以"品读红色文化"为主题，将红色故事融入校本教材，鼓励学生们深入阅读红色故事，从历史的长河中汲取智慧，使他们在回顾历史的过程中获得感悟和成长。此外，学校还以"聆听红色故事"为主题，通过生动的语言和真实的情感，演绎革命英雄事迹、红色经典战役和著名历史事件等，使学生们深受感动，激发他们的奋进精神。

《王二小》《董存瑞》《刘胡兰》《海娃》等经典红色故事，让学生们深刻感受到革命战士的英勇无畏精神。同时，学校还以"传承红色基因"为主题开展学生素质拓展活动，引导学生们爱党爱家，以坚毅、刻苦、勇敢、自信的态度书写成长的足迹，使红色文化深深植根于他们的心灵之中。

（四）构建行为转化体系

作为校园文化不可或缺的一环，学校社团通过组织红色文化活动，鼓励学生广泛参与，有助于坚定他们跟党走的信念。诸如红色经典诵读、小小主持人、话剧表演等活动，都致力于鼓励学生诵读红色经典，使他们在活动的过程中坚守理想信念，坚定为实现中国特色社会主义共同理想而努力的决心。

每年的5月，学校举办以"火红的五月"为主题的校园艺术节活动，如"红星耀七一，党旗下成长"和"传承红色基因，争做强国少年"等，这些活动充分展示了学生们在琴、棋、书、画、演、唱等多方面的才艺，凸显了学校艺术教育的特色，同时也彰显了学生们作为"文艺范儿小旗娃""运动小将""国际小公民"的独特魅力。

图 2—3—11　"传承红色基因"主题音乐会

我们始终坚持理论与实践相结合的教育方法，组织学生参与"红色中国行"主题实践活动。通过深入周边地区的红色文化场馆进行实地研学，使学生们更加深入地理解红色文化的内涵。此外，"带着国旗去旅行""我和国旗合个影"等活动，已经在每个孩子的心中生根发芽，成为他们坚定信仰、热爱祖国的生动体现。

四、优化组织架构，强化责任与担当

回顾七一实小的成功实践，我们可以从多个层面反思并获得启示。

（一）教育创新角度

学校通过结合重建的历史背景与时代要求，不仅赋予了红色文化新的时代内涵，还创新了教育方式。这启示我们，在新时代背景下，教育应当与时俱进，既要传承传统，又要有所创新。红色文化作为中华民族的精神财富，应当被赋予新的时代价值，成为培育学生品格的重要资源。

（二）课程设计角度

七一实小通过开展"塑造自我""关心他人""爱家兴家"等系列活动，深化了"红色文化之旗娃品格培育课程"。这启示我们，课程设计应当注重实践性和体验性，让学生在亲身参与中感受红色文化的魅力，从而培养他们的爱国情怀和社会责任感。

（三）教育效果角度

七一实小的红色文化教育活动取得了显著的效果，得到了家长和社会的高度赞誉。这启示我们，教育的最终目的是要培养有品质、有情怀、有担当的新时代青少年。红色文化教育的开展，不仅有助于提升学生的综合素质，还有助于构建和谐的家庭和社会环境。

（撰稿：龚学泰　邹姗姗）

用"四域文化"美美地讲好中国故事

成都市成华小学校

习近平总书记在文化传承发展座谈会上强调，在新的起点上继续推动文化繁荣、建设文化强国、建设中华民族现代文明，是我们在新时代新的文化使命。美育是传承中华文明的重要方式，是增强文化自信的重要力量。新的征程上，学校美育肩负着新的使命和作为。

2020年，中共中央办公厅、国务院办公厅印发《关于全面加强和改进新时代学校美育工作的意见》，对新时代学校美育做出全面统筹部署。2023年12月，教育部印发《关于全面实施学校美育浸润行动的通知》，深化对学校美育内涵的认识，一体化构建学校美育的推进策略，明确实施浸润行动的主要目标。

成华小学坚持三十余年探索"以美育人"路径，构建实施"尚美课程"。针对美术教育功利化、技术化现状，学校秉承"以爱为径，向美而行"的课程理念，构建小学特色美术校本课程，已成为"尚美课程"的一张靓丽名片。课程建构"以美润心"，立足社会主义核心价值观，采用社会主义现实主义风格，传承中华美育精神，开发校园文化、蓉城文化、川地文化、家国文化"四域文化"特色美术校本课程，厚植师生家国情怀；课程实施"以美培元"，在建设美术馆式校园、打造校园美育文化的同时，开展整合式、项目式、沉浸式教学，培养提升学生审美与人文素养；课程评价"以美化人"，研发"标准—课程—课堂—应用"全过程评价系统，教学评结合，推动课程育人和学校办学高品质发展。

"四域文化"特色美术校本课程是践行立德树人、五育并举的美术教育新样态。其理念是以中华文化为根脉，以生活为基础，以生命体验为过程，以激趣、重情、适合、创生为要素，具有广、博、雅的特点；其目标是通过弘扬中华美育精神，激发学生持续学习的积极性，实施强调情境、情趣、情感的教学，引导学生进入开放、多元、和谐、民主的审美意境，激发学生文化自信，厚植学生人文底蕴，促进学生全面发展、差异发展、持续发展。

三十年来，由美术名师领衔的美术教师团队共同将民族风情与麻线编结结合，开展麻线编结课程创新实践，并将其经验应用到日常美术教学中，陆续开发了版画、岩彩、综合纸艺等课程，并通过与高校、教科研机构、社会形成联动，将已有的美术课程进行梳理、整合，形成"四域文化"特色美术校本课程体系。

一、案例策略

（一）"四域文化"赋能课程开发

"四域文化"特色美术校本课程以文化为经，将被淡化了的美感、情感、创意等心理要素重新确定为美术课程的有机构成，将学生的兴趣、特长、态度、价值观等人的素质的重要方面摆在应有的位置上；以实践为纬，通过各种生动、具体的美术实践活动，拉近美术学习与学生现实生活的距离，使美术成为活的生活，为学生的主动参与、主动发展开辟了现实途径。

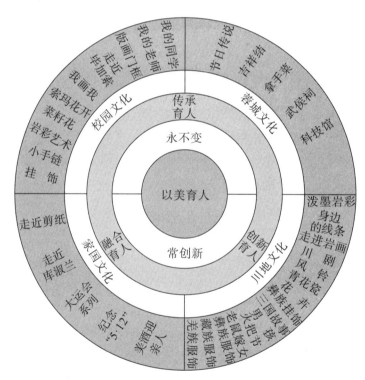

图2—3—12 "四域文化"特色美术校本课程结构图

1. 课程目标

培养具有人文素养及审美素养的爱美术、爱创新、爱实践的学子。

2. 课程思路

突出中华文化元素，着力培养审美素养与人文素养，整体架构"四域文化"特色美术校本课程，促进学生的综合素养发展。

3. 课程架构

坚持"一个核心＋二个坚持＋三个育人原则＋四个文化领域"课程架构。"一个核心"即确保国家课程的落实。"二个坚持"即坚持中华文化主题"永不变"和艺术表现形式"常创新"。"三个育人原则"包括传承育人，挖掘美术学科蕴含的中华优秀传统文化育人价值，以之进行育人实践；融合育人，挖掘运用体现中华美育精神与民族审美特质的美育资源，在统整融合实践中达成育人目标；创新育人，坚持课程创新、课堂创新、艺术形式创新，提升美术教学品质。"四域文化"包括校园文化课程呈现学生校园生活图景，引导学生发现、热爱身边的美；蓉城文化课程展现本地民俗风情，引导学生感受、拥抱家乡之美；川地文化课程表现四川地域风貌，引导学生欣赏、崇尚巴蜀之美；家国文化课程关注时事热点，引导学生厚植中华优秀传统文化之根。

"四域文化"特色美术校本课程从文化领域、课程板块、课程目标、课程内容、表现形式等方面进行统筹设计与个性实施，在不同年段采用不同的呈现方式，共同构成一个由浅入深、由近及远、由窄到宽、由低到高的课程内容与价值发展阶梯。

"四域文化"特色美术校本课程在具体实施过程中根据文化领域、画种不同，从课程目标、课时安排、课程内容、主要教学活动等不同角度进行具体安排。

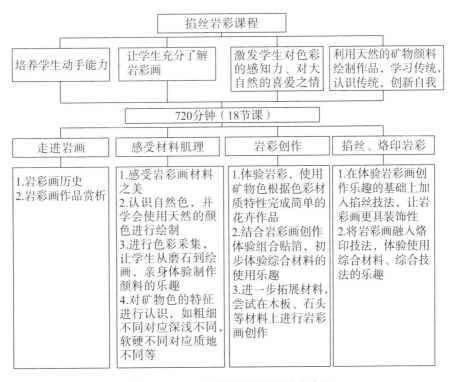

图 2-3-13　掐丝岩彩课程实施方案图

以"四域文化"特色美术校本课程总目标为出发点,从课程类别、实施方式、内容设置、实施主体、参与主体等多方面构建课程实施图谱。

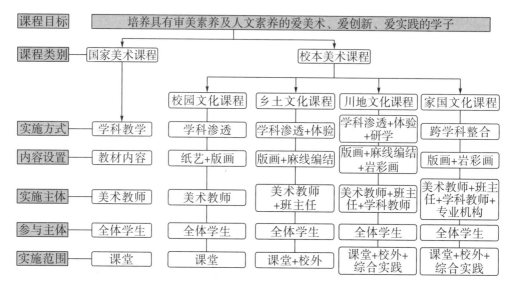

图 2-3-14　特色美术课程实施路径图谱

（二）智慧教育赋能文化互鉴

学校已建成在线的中、英、日、韩多语版校园微型儿童美术馆（以下简称"云馆"）。在云馆首页设置了双语视频介绍学校基本情况,在云馆内设置了丰富的岩彩画课程资源。

2023 年 6 月,成华小学与加拿大格伦凯恩公立学校（Glen Cairn Public School）共同在线上开启了"自然之韵——中加绘画艺术交流课程"。本次交流以岩彩艺术为主要内容,依托"互联网＋微课＋云馆"实施。双方授课教师围绕岩彩画和相关艺术展开云教研,根据加拿大友好学校师生喜爱岩彩画艺术,但是对岩彩画的历史和技法运用不太了解的情况,学校将实际教学情况与互联网教学资源相结合,制作岩彩画系列双语微课。中外师生共同学习岩彩画系列微课,感悟岩彩画艺术和中华优秀传统文化。在云课堂中,双方师生畅游云馆,围绕岩彩画艺术创作主题,体验岩彩原料制作,探讨创作技巧,进行作品欣赏,最后共同创作岩彩画,并在网上平台交流展示。

根据教育部 2023 年印发的《全面实施学校美育浸润行动》通知精神,美育智慧教育赋能行动是八大行动之一。成华小学以数字技术赋能学校美育,促进数字技术与中华优秀传统文化的融合,将岩彩艺术与互联网紧密结合,探索运用云馆开展"云教研""云学习""云交流"等活动,促进中华文明的传承创新以及与国外文明的交流互鉴。

（三）评价指向素养培养

小学特色美术校本课程评价本着价值性原则、真实性原则、模糊性原则，进行宽容、鉴赏性的评价。

评价方案由课程目标与计划评价、课程开设准备与投入评价、课程实施过程评价、课程实施效果评价四个部分组成，分别在课程质量的四个控制点进行，对课程实施全程进行质量管理。

此外，根据国家美术学科课程标准，结合学校实际，成华小学制订了《成华小学学生美术学科素养校本培育标准（试行）》，研发了"课程评价""课堂评价""学生评价""评价应用"四个方案，通过"标准建立—课程评价—课堂评价—学生评价—评价应用"将评价融入美术学科育人的全程全域，充分发挥评价育人功能。

二、案例反思

成华小学用"四域文化"美美地讲好了中国故事。一是文化引领，弘扬中华美育精神，强调实践导向，坚持以美育人。二是富集资源，加强中华优秀传统文化资源与本地美术资源有机连接。三是强化实践，通过多维度整合机制强化实践体验。学校将继续做好中华优秀传统文化的传承与弘扬，培养德智体美劳全面发展的社会主义建设者和接班人。

（撰稿：姚　远　张　元　罗丝佳）

第四章
全面发展：以可持续发展成效
提高学生的全面发展品质

　　"全面发展"是"顶天立地、遵循规律、文化浸润、全面发展"的最后一个特征与要素，说明它既是最终的要求，也是最高的要求。"人的全面发展需要建立在满足人的全面需求的基础上"，"全面发展"既是推进可持续发展的走向，也是实现可持续发展的前提。我们如何理解全面发展，如何落实全面发展，不但决定着我们的办学品位和质量，而且决定着我们的学校是否能够实现可持续发展的目标。深入把握"全面发展"这一终极目标的内涵，才能有效做好学校改革规划，提高可持续育人水平。

▶ 理论指引

关注师生成长品质 落实五育并举方针

　　中共中央、国务院发布的《关于全面深化新时代教师队伍建设改革的意见》明确提出，要"面向全体中小学校长，加大培训力度，提升校长办学治校能力，打造高品质学校"。高品质学校建设是新时代学校转型改革的新使命，也是学校教育发展的长久追求。

　　2018年，"高品质学校建设的探索与实践"课题成功立项为当年十个省重大课题之一。十年研究实践，经过市域探索、省域推动、全国推广三个历程，在总课题组、子课题单位、项目实验学校、教育教学改革研究共同体学校、实验区的协同研究与实践基础上，形成了"四系统一机制"的实践体系与核心成果。

图2-4-1　高品质学校建设"四系统一机制"图示

从认识上来说，关键的突破，是从品位和质量两个角度审视学校的发展，探索了高品质学校建设的基本特征，体现为"顶天立地、遵循规律、文化浸润、全面发展"。这十六个字共同支撑着一所学校找准自己的定位，实现可持续发展。

从实践上来说，最重要的成果则是"1+3+N"的建设操作系统。即确立指向立德树人的办学理念"一个核心"，抓住落实五育并举的课程、教学、评价"三大要素"，实施增强办学活力的党建引领、队伍建设、民主治理、校本研修、家校共育等"N个项目"。在这样一个行动框架的支撑下，越来越多的学校建构了转型改革的具体方案，探索出更切合实际的改革路径。

这些成果得到了各地各校的广泛认可和追随。先后有三十二个区域将"高品质学校建设"的理念纳入新时代教育改革发展的规划部署中，上千所学校参与实践。此外，这些成果还推广到了重庆、广东、江苏、浙江、上海、陕西、北京、贵州等多个省（市）。

2021年课题顺利结题后，我们以新的省级重点课题"新时代高品质学校建设成果深化和推广研究"继续推进研究，将前期研究的成果进行学理上的深化和实践上的推广。

一、全面发展是教育事业实现可持续发展的根本目标

（一）全面发展是人类社会可持续发展的最高目标

"全面发展"源自马克思的哲学思想。马克思提出人的全面发展，将其视为人类社

会及每个个体追求的最高理想。在《资本论》中，马克思明确指出，共产主义是以"每一个个人的全面而自由的发展为基本原则的社会形式"。

中国传统文化也一直极为强调人的全面发展。尤其在儒家思想中对人的全面发展有着鲜明的表达。《论语·为政》中记载，孔子强调"君子不器"，也就是说君子不应将自己局限于某种能力和身份，不能把自己变成做某件事的工具。因此，儒家要求弟子学习"五经（诗书礼易春秋）六艺（礼乐射御书数）"，强调一个人要不断提升"五常（仁义礼智信）"，以发展自身综合素养。

在不同的文化背景之下，在不同的时代问题之下，人的全面发展都是我们共同的目标追求。个体的全面发展构成了人类整体的全面发展，从而支撑了人类社会的可持续发展。教育在这个过程中起到了衔接的作用。教育在多大程度上给学生创造了全面发展的机会，学生的未来，甚至社会的未来，就在多大程度上具备了全面发展的条件。

（二）全面发展是中国式现代化的重要内容

中国特色社会主义进入新时代，中国开启了现代化的新征程。在马克思主义中国化的过程中，社会发展的种种理想也正在逐步地照进现实。而人的全面发展，正是我们摆脱贫困、走向高质量发展的重要条件、重要手段，也是根本目的。

习近平总书记明确指出："现代化的本质是人的现代化。"现代化的观念带来现代化的治理，现代化的技术引发现代化的生产，现代化的生活方式营造现代化的社会生态；而现代化的政治、经济、生活又给人的进步提供更优越的环境和条件……现代化的进程与人的现代化高度一致，这是国家新时代发展的长远目标，也是每个国民要面对的现实挑战。党的二十大报告明确概括了中国式现代化是人口规模巨大的现代化，是全体人民共同富裕的现代化，是物质文明和精神文明相协调的现代化，是人与自然和谐共生的现代化，是走和平发展道路的现代化。这五个中国特色现代化以人为中心，也提到了追求人的物质与精神相协调的全面发展。高品质学校要具有支撑中国式现代化建设的思想高度，就必须形成全面发展的使命意识。

（三）全面发展是教育方针政策的持续落实

教育的发展始终适应于其所处的经济、政治基础。我国教育事业在不同的发展阶段，也致力于解决不同的问题。而始终不变的，是要坚持中国特色社会主义教育发展道路，培养全面发展的社会主义建设者和接班人。自改革开放以来，党的教育方针表达逐渐规范，"全面发展"就开始被固定下来。无论是"德智体""德智体美"还是"德智体美劳"，虽然各时期全面发展的具体内容有细微的差异，但全面发展始终都是我们国家人才培养的一个重要要求，是我们坚持社会主义办学方向的一个重要体现。

表 2—4—1　党的教育方针中关于"全面发展"表述的演变

年代	文件	表述
1981 年	《中国共产党中央委员会关于建国以来党的若干历史问题的决议》	用马克思主义世界观和共产主义道德教育人民和青年，坚持德智体全面发展、又红又专、知识分子与工人农民相结合、脑力劳动与体力劳动相结合的教育方针
1982 年	《中华人民共和国宪法》	国家培养青年、少年、儿童在品德、智力、体质等方面全面发展
1993 年	《中国教育改革和发展纲要》	教育必须为社会主义现代化建设服务，必须与生产劳动相结合，培养德、智、体全面发展的建设者和接班人
1999 年	《中共中央国务院关于深化教育改革全面推进素质教育的决定》	教育必须为社会主义现代化建设服务，必须与生产劳动相结合，培养德、智、体、美等方面全面发展的社会主义事业建设者和接班人
2007 年	党的十七大报告	要全面贯彻党的教育方针，坚持育人为本、德育为先，实施素质教育，提高教育现代化水平，培养德智体美全面发展的社会主义建设者和接班人，办好人民满意的教育
2012 年	党的十八大报告	全面贯彻党的教育方针，坚持教育为社会主义现代化建设服务、为人民服务，把立德树人作为教育的根本任务，培养德智体美全面发展的社会主义建设者和接班人
2015 年	《中华人民共和国教育法》	教育必须为社会主义现代化建设服务、为人民服务，必须与生产劳动和社会实践相结合，培养德智体美等方面全面发展的社会主义建设者和接班人
2022 年	党的二十大报告	全面贯彻党的教育方针，落实立德树人根本任务，培养德智体美劳全面发展的社会主义建设者和接班人

因而，深刻把握全面发展的内涵，促进教育事业的可持续发展，是我们面向历史、面向时代、面向国家要求必须认真对待、深入思考的问题。

二、准确把握全面发展的本质——针对"异化"现象的纠偏

虽然全面发展如此重要，但长期以来，我们对全面发展的理解存在简单化的问题。不少人都把"全面发展"片面地理解为"无所不能"，要么对全面发展的理念不屑一顾，要么对学生的学习提出过高要求，其实这些都是明显错误的做法。而在可持续发展素养的视角下，全面发展是立足自身潜能实现的德智体美劳协同发展，具有独特性和个性化特点。

马克思提出人的全面发展是有特定语境的，是在批判资本主义社会中"异化"现象，揭露出资本主义社会生产关系下物对人的奴役、人和人主体间关系物化的同时产生的。而全面发展追求的正是消除异化，复归人的本身。相应地，我们也可以通过学

校教育中存在的一些"异化"现象，来理解全面发展。

（一）经验的分离化割裂完整发展的实现

学校教育的"异化"首先突出表现在经验的分离化。学校作为专门的教育教学机构，要完成有目的、有组织、有计划的教学活动。因而自班级授课制诞生以来，真实的生活经验被划分为各个学科，安排在各个时段，我们也把学生根据年龄组织到各个年级、班级。这本身是一种高效的、公平的做法，它保证了学校能在有限时间内把生活中最重要的经验平等地传递给学生。然而，基于这种安排，教学组织效率越高，课程教学就会越与生活相脱离。在实践中，片面追求教学效率往往导致教学的抽象化，学生在课本中能理解事物，在生活中却不认识，在考试中能明白知识，在生活中却不能运用，形成了"高分低能"的现象。根据全省课程实施情况的调研可知，还有不少学校存在育人理念相对陈旧、教学方式比较单一的问题，不利于开展跨学科、生活化、探究式、重体验的教学，影响着学生核心素养的培育。学习的意义在于增长见识、提高能力，当教育无法拓宽学生的视野，不能启发学生在生活中解决问题时，其价值也会大打折扣。

（二）评价的片面化妨碍共生发展的深入

学校教育的"异化"进而表现在评价的片面化。教学与评价二者是一体两面的关系。教的内容决定评的范围，评的方式又影响教的重点。指向升学的评价同时制约着日常的教学评价过程。一方面，学生在学校中的发展被聚焦于几门"主科"上；另一方面，学生在这几门"主科"上的能力还被简化为一个个分数。我们无法仅通过一个分数确切地认知一个学生的学习能力，更无法通过学生某个阶段对某方面知识的掌握情况去了解这个人，甚至在不同学生之间进行比较。然而，在考试升学的压力之下，评价变成了训练和筛选的手段，学生成了比拼试卷分数的"运动员"，而这个分数也就成了学校和家庭对学生的全部认知。教师和学生越是紧盯分数，就越容易忽视学生的综合发展，导致学生自身各方面能力难以协调，使学生之间的关系变成了简单而粗暴的竞争关系，进而造成学生发展的不平衡。

（三）学习的机械化阻断生态发展的拓展

学校教育的"异化"又表现在学习的机械化。在考试的倒逼之下，课堂往往变成了考试的演练场——把知识改成题，反复记忆，反复练习。教学的逻辑转变为教师督促学生增加演练的次数。只要练习次数足够多，就能拿到符合预期的成绩；成绩不够好，那一定是练得不够多。学生的身心发展、学科的认知逻辑、脑科学、心理学……

教与学的科学规律被忽视，学习和成绩被抽象为线性的数量关系。学生长期被书本知识所局限，被刻意练习所束缚，逐渐失去自主发现问题、理解问题的能力。当学习变成了一种机械化的行为，学生的学习就与实践脱节、与环境脱节——学生的学习越深入，就越把自己封闭进入书本，而使自己所理解、接触的环境越来越小，失去融入生态、发展生态的意识和能力。

综合来看这三个问题，经验的分离化、评价的片面化、学习的机械化，构成了我们教育教学的"异化"循环，阻碍了学生完整发展、共生发展、生态发展的可持续进步提升。虽然近代教育在大范围上完成了普及的使命，但我们也不得不面对大规模、高效率开展教学带来的"异化"问题。高品质学校建设必须破解"异化"问题，构建新的可持续发展模式，才能有效提升学生素养，推动全面发展的实现。

三、面向未来提升全面发展价值，树立学校改革共识

要解决"异化"的问题，学校教育需要重新回归常识、回归本分，在思考全面发展的未来价值的基础上设计和实施全面育人战略，在育人的内容和形式上更注重夯实学生全面发展的基础。全面发展作为我们最基本的出发点和最上位的追求，需要得到充分的辨析和澄清，学校要争取形成共识。

（一）全面发展意味着真实的全面

全面发展是真实具体的人的发展，而不是抽象的分数的发展。面向真实的学生，关注他的身心成长，关注他的学习能力和学习品质，关注他各方面的综合素质。虽然课堂是主阵地，但我们的教育还要全面融入生活，全面适应学生。学生的学习，问题从生活中来，应用到生活中去，最终才能真正成为他面对生活的力量。关注教育的过程，看到学生的困难，看到学生的成长，才能真正促进他的发展。

（二）全面发展意味着个性的全面

全面发展是各美其美的差异发展，而不是平均主义的齐步走。学生各有不同的天赋禀性，各有不同的成长节奏。一方面，全面发展要引导学生掌握通识，形成基本的认知和技能，具备一般的生活生产的能力；另一方面，全面发展更要尊重学生的能力水平，激发学生的潜能，引导学生发扬所长，形成自己的优势。因而我们不能对所有学生用"同一把尺子"。社会的发展有多么广阔，成长的道路就有多少选择；教育的评价有多少个维度，学生的未来就有多少种可能。

（三）全面发展意味着主动的全面

全面发展是充满好奇的探索，而不是另有所图的应付。学习和发展的冲动天生地蕴藏于每个人心中。教育的使命在于帮助学生清晰认识自我实现的愿望，并引导学生将自我价值的实现与社会价值的实现结合起来。因而，基于学生对生活的体悟，对自己的了解，教育将进一步赋能学生，帮助学生找到自己擅长和喜爱的领域，使之逐渐找到愿意终身学习的事物，明确一生追求的使命。因而，在教育教学的过程中，始终尊重学生的主动性，才是真正的"以生为本"。

近年来，国家陆续推出重要的举措推进教育改革，首先是强调了关于核心素养的认识，对"双基""三维"进行了升级；紧接着，在教育方针中明确了德智体美劳五育并举的原则；此后又先后以高规格的政策推动教育评价改革和"双减"行动。从全面发展的角度来看，不难看出，这是国家在系统构建真实的、个性的、主动的全面发展的新教育生态。

四、立足可持续发展素养系统建构全面培养路径

高品质学校把完整发展、共生发展和生态发展素养等作为一个整体来丰富全面发展的内容，克服当下教育教学中的"异化"现象，从路径上更要强化落实"三全育人"，对学生进行全面培养。

（一）全员育人，指向真实的全面发展

指向真实的全面发展，学校教育必须依靠全员，校内要增强教职员工育人意识，校外要加强家校社协同育人实践。

在校内，教师是教育的第一资源。教师的心态、观念、能力、格局，都在很大程度上影响着学生的成长，塑造着学生的"三观"。

关于教育的本质，有一句很有诗意的话："教育是一棵树摇动另一棵树，一朵云推动另一朵云，一个灵魂唤醒另一个灵魂。"而问题在于，我们这棵树、这朵云，我们教师的灵魂，所相信的到底是什么？我们是否认同教材中的知识，是否认同生活中的真善美？如果我们所相信的就是要"刷题"，要"内卷"，要"吃得苦中苦，方为人上人"，那我们也必将教出没有思想和感情的考试机器。而如果我们所相信的是热爱生活，好奇新事物，拥抱无限可能，那也就会教出阳光乐观、充满创意的学生。所以我们看到的名师往往自己内心强大，热情洋溢，无论是于漪老师说"一辈子做教师，一辈子学做教师"，还是华应龙老师说"我就是数学"，包括魏书生老师说"天天上班，

享受生活"，我们都能看到他们自身所具有的信念和活力。

教师队伍是一支专业的队伍，但在学校里，与学生相处的并不只有教师，还有保安、保洁人员，还有厨房打饭的叔叔、阿姨。他们也是参与学校育人活动的不可忽视的力量。学校要打造育人共同体，要让所有教职员工都具有育人的意识和积极的心态。

在校外，学校更要有一种开放的心态，打造家校社协同育人的教育共同体，共同树立先进的育人理念，分享科学的育人方法，共享丰富的育人资源。美国教育家杜威认为"学校即社会"，学校里应该具有所有社会上普遍存在的元素，使学生可以学习理解。陶行知结合中国国情提出了"社会即学校"，提倡在社会环境中也可以开展教育。学校、家庭、社会方向一致，学生的校园生活、家庭生活和社会生活能够畅通协调，教育的效能显然就会得到更大的提升。

近两年来，越来越多的学校把全员育人提到了学校转型发展的战略高度进行顶层设计。学校更加注重在教师培养和后勤管理中加强育人意识的提升；推进家长学校建设，普及科学的育人观念和知识方法；开展家校社联合资源建设、搭建合作平台……

（二）全程育人，导向主动的全面发展

面向个性的全面发展，学校教育必须覆盖全域，要开齐、开足、开好国家课程，同时要以学校文化为轴拓展校本课程。

尊重学生的个性发展，首要的问题是给学生提供全面的课程。要给学生提供多元的体验，学生才能在比较中了解自己的个性。国家要求坚持五育并举，开设各科基础课程，既是对学生最低限度学习的保障，也是给学生认识自我的基本途径。虽然国家政策一再强调开齐、开足、开好课程的重要性，但是从实际调研情况来看，仍有不少学校在教学安排上对语数外有所偏重，德育、体育、美育、劳动教育的时间和空间无法得到充分的保障。在这样的课程安排下，或许这些学生在语数外的学习中取得了进步，但我们又怎能保证，这样做没有埋没了体育的天才、耽搁了艺术的大师呢？而对于更多的学生，智能得到了发展，知识得到了积累，又是不是就能够保证他们可以拥有健全的人格、享受幸福的生活？学校以执行国家关于教育的方针政策为使命，以贯彻国家意志、保障民生为要旨，开好国家课程是核心的体现，也是办学的底线。为了学生的全面成长，争取一切条件满足国家课程的合理设置，应该是每所学校的关注重点。

国家课程是必选项，但还很难满足学生学习的实际需要。学校应结合自身的办学条件进行拓展延伸，给学生提供各类学习机会。从全域育人和课程建设的角度来看，学校文化在学校办学实践中最能体现出灵魂作用。学校文化在课程建设中保持政策贯彻和育人方向的延续性、有效性、针对性，使各方面的课程构成有机的整体，因而老校、名校要注重文化传承，新建校则要科学设计文化系统，注重日常积淀。

（三）全域育人，面向个性的全面发展

导向主动的全面发展，学校教育必须觉察全程，要加速健全学校治理体系，给学生创造自主参与校园生活的条件。

马克思在《德意志意识形态》中阐释全面发展时举例说道："今天干这事，明天干那事，上午打猎，下午捕鱼，傍晚从事畜牧，晚饭后从事批判，但并不因此就使我们成为猎人、渔夫、牧人或批判者。"这段话生动地说明了主动的全面发展，是一个人自由意志的自由选择，而不是被动地嵌套在生产系统中。学生的学习也同样如此，它应该成为学生自主自觉的行为，而不是被决定、被劝说，甚至被强制地要求。学生不爱学习，往往是由于自己不明白学习的意义，而被要求长时间地保持学习的状态。我们甚至看到不少家长认为学生的休闲娱乐也最好能够含有教育的意味——玩也要玩出水平来，要玩出成绩来。长期的过度教育，使学生受困于自己"学生"的身份，失去了日常生活中交往、议事、休闲等行动的选择和体验。

学校必须对学生在校生活有所觉察，要给学生留有自主度过校园生活的时空，要给学生创造参与学校生活的机会。学生自治组织的建设是一个非常重要的形式，学校要重视学生自治，平等认真地处理学生的意见。学生在学校里，不仅是学习者，同时也作为服务者、管理者，同时也作为儿童、玩伴，他们自然地在各种角色中切换，才能逐渐得到一种自主参与生活的能力，实现主动的可持续的全面发展。

建设高品质学校，目的是进行高品质的教育实践，协调学生获取物质条件和提升精神境界的能力，实现全面发展，最终让每个人都享有高品质的生活。这是时代赋予我们的使命，是社会转型发展给教育提出的要求，也是我们坚持社会主义办学方向的本质特征。因而，全面发展是每一所学校都要坚持的育人方向。

实现学生全面发展是教育工作中至关重要的理念，也是教育工作的最终目标。可持续发展教育对学生的全面发展品质具有重要影响。通过整合课程内容、开展实践活动，激发创新思维、创设多元学习场域等策略，我们可以有效地提高学生的全面发展品质，实现教育的真正意义和价值，完成立德树人核心任务，完成为党育人、为国育才的初心使命。

普通高中选课走班的整合式育人探索

四川省双流棠湖中学

选课走班是充分展示学生主体选择性，张扬学生个性，全面提高普通高中教育质量的育人方式。但随之而来的，是新的教学模式带来的系列问题：学校教学管理难，尤其是选课走班背景下课程编排难、教师评价难；教师工作不适应，尤其是对学生自由流动的管理不适应；对学生发展指导的困惑，尤其是在选择空间扩大的背景之下，对发展方向选择的困惑。针对这些问题，棠湖中学构建了4.0T课程体系，形成了"二三四"级部管理机制，开展了整合式育人方式的探索实践。

《普通高中课程方案（2017年版2020年修订）》明确指出我国普通高中教育的任务是促进学生全面而有个性的发展。实施适合学生个性的教育，让学生以自己的方式接受教育，才能最大限度地激发学生的潜能。基于此，棠湖中学充分调研了本校学生素养发展的需要，开发了丰富的校本课程，并将其与国家课程融合，打造了适合学生全面而个性发展的4.0T课程体系。高一上期，学生通过艺术、体育和校本课程的走班实践体验，为后续全面的选课走班做好了准备。有了这个过渡体验期，在系列保障机制下，全体学生从高一下期开始了师生双选和一生一课表的"全员""全科""全程"的棠湖中学"三全"选课走班学习。棠湖中学以丰富的课程内容加上选课走班形式，实现学生个性化发展。

一、主要做法

（一）4.0T课程与整合式育人

4.0T课程体系的基本结构包括："特定课程"实现国家课程校本化，落实学生学科核心素养的培养，为学生终身发展奠基。"特惠课程"顺应学生的天性，培养学生的综合素养，惠泽学生人生。"特长课程"着眼于学生的天赋，张扬学生的个性特长。"特创课程"以实践为载体，通过探究性学习，强化实践创新能力的培养。

4.0T课程体系的实施系统包括：坚持统整育人，构筑整合式育人体系。确保德育课程每周不少于三课时，要求各科教师深入挖掘学科综合育人元素，在课堂教学中融知识、能力、情感和思想教育于一体。强化实践育人，开展体验型实践活动。与百余家单位共建校外社会实践基地，覆盖了科技、安全、环保、艺术等类别。校内建设了卫生、纪律、学习、设计、服务、主持、创意、劳动等实践岗位。强化评价育人，完善综合素质评价。探索形成了以"五项素养"为主要内容的学生综合素质评价体系。"五项素养"即道德素养、文化素养、健康素养、审美素养和劳动素养。

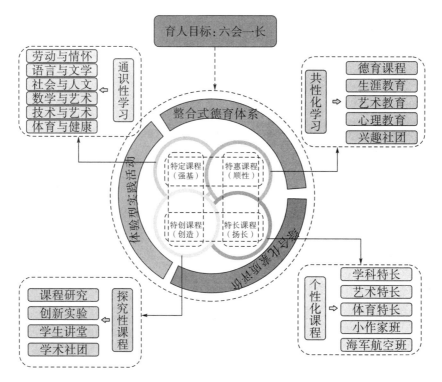

图2—4—2　4.0T课程体系

（二）教学组织形式创新与导师制

"三全"指"全员、全科、全程"。"全员"指每位学生均需走班学习，并有选择每一科教师的机会和权利；"全科"指学校开设的所有学科（高考学科、非高考学科）均需走班学习；"全程"指学生从高一到高三都可以根据自身发展情况作出选择调整。

1. "三全"选课走班创新教学组织形式

学校探索了"五步"教务编排流程。实施基于"自主择师"的教学组织编排方式改革，形成了"学生选科—学科分层—编排课表—自主择师—走班学习"的选课走班编排流程。

（1）学生选科：学生根据自己兴趣、特长和未来职业取向选择相应修习学科。

（2）学科分层：根据学生学习能力、学业表现等因素综合评估学生的综合排名，将综合评估排名前 6% 的学生记为全 A+ 层次，其余学生单科排名靠前的记为单科 A+ 层次，其他学生分为 A、B 两个层次，各占 50%。

（3）编排课表：采用"先排后选"的方式，先编排好课程并公布选课规则，然后提供给学生选择。

（4）自主择师：学生根据自己的学科层次，自主选择学科教师，允许学生期末根据师生互动情况重新选择。

（5）走班学习：学校借助第三方公司协助开发的智能系统，实现"一生一课表"，学生依据个人课表走班学习。

2. "三全"选课走班催生"一四三"全员导师制

学校构建了"一四三"全员导师工作机制，即一纲：把"让学生成为最好的自己"作为导师工作的总要求；四目：把思想引导、学业辅导、生涯指导、心理疏导作为导师工作的目标；三途径：通过学生记录成长档案、导师定期约谈和家校协作等途径，关注学生成长与发展。全员导师制落实了教师"一岗双责"，教师既是学科教师又是人生导师，指导学生基于生涯发展的选科选考。

（三）学校内部治理体系改革

为保障"三全"选课走班育人方式改革顺利推进，学校进行了"二三四"级部管理机制引领的学校内部治理体系变革。

学校将管理下沉，建立了扁平化管理机制和网络状管理组织，形成以责任团队全权负责板块工作的"二三四"级部管理机制。

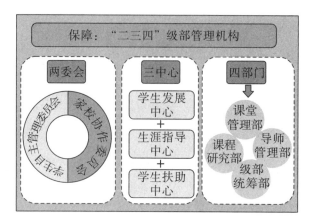

图 2-4-3 "二三四"级部管理机制

建立两委会：一是学生自主管理委员会，旨在培养学生自我管理、相互促进的品质；二是家校协作委员会，负责建立家校交流平台，加强家长与年级、学校之间的沟通交流。

成立三个中心：一是学生发展中心，负责学生座谈会、学生发展情况交流、导师业绩考核等；二是生涯指导中心，对教师生涯规划教育工作开展进行培训，对学生进行生涯规划指导；三是学生扶助中心，开展学困生学业辅导、问题学生行为矫正、艺体学生课业指导。

设置四部门：一是课堂管理部，负责教学常规管理、学生自习编排与管理、管理制度的研究与制订、学生违纪的处理与通报、课堂问题的调研与解决；二是课程研究部，负责课程开发与实施、课程教学研究与管理；三是导师管理部，负责德育和学业导师的培训、管理和考核工作；四是级部统筹部，负责各部工作的协调与合作、检查与评估、级部整体工作的规划与实施、级部发展目标的制定与分解、考试规划与编排、质量分析等。

二、实践反思

（一）选课走班是学生全面而个性化发展的创新路

选课走班打破了传统的教育模式，使得学生可以根据自身特长和兴趣进行个性化课程选择，有利于培养学生的自主学习能力和创新思维，促进其全面发展。其次，选课走班能够更好地满足不同学生的学习需求，避免了课程设置单一化所带来的学习压力和学习兴趣下降的问题，有利于提高学生的学习积极性和学习效果。

（二）实施选课走班必须开启全员育人模式

习近平总书记强调，要坚持显性教育和隐性教育相统一，挖掘其他课程和教学方式中蕴含的思想政治教育资源，实现全员全程全方位育人。传统以班主任为主的行政班管理模式已无法满足学生发展的新形势。为此，学校提出了全员育人的新要求。全员全程全方位育人是相互促进、有机统一的整体。要尊重教育规律、教学规律和人才成长规律，落实好立德树人根本任务，把思想政治教育贯穿人才培养全过程和各环节，系统实施选课走班背景下的全员育人。

（三）实施选课走班关键在落实"选择性教育"

我们认为，要实现"全面而有个性发展"的目标，关键在落实"选择性教育"。

学会选择本就是一种实践教育，是一种自我认知的实践活动。学校教育应该关注"选择"，把选择作为一种教育手段，为学生提供丰富的选择实践机会，让学生在选择中发现自己的兴趣和特长，在选择中激发人生追求的动力，在选择中成就自己的卓越人生。有选择就必然有学生充分而自由的流动，流动形态的走班学习不只是形式，更是一种有意义的教育实践活动。学生在走班中学会自律、学会规划、学会与他人交往，这些都触发了学生反思成长。有了选课走班，教育的意义就可以更好地真实彰显。

（撰稿：刘　凯　陈　玲　先有利）

"劳育＋德育" 有效融合 助力民族地区
学生全面发展

北川羌族自治县西苑中学

西苑中学立足民族地区实际，秉承"为生命成长赋能"的办学使命，合理利用70余亩（合4.6万余平方米）闲置用地开展劳动教育，通过聚焦价值观塑造，挖掘劳动育人功能，完成立德树人的初心使命。

学校对全校学生进行了劳动认知、劳动能力、劳动的主动性等方面的问卷调查，结果发现具备日常自理劳动能力的学生数量不足一半，具备系统劳动能力的学生数量很少。怎样让学生会劳动、爱劳动？怎样让学生通过劳动提升个人品格？怎样在劳动的过程中立德树人？怎样把说教式的德育变得更有效？我们从"劳育＋德育"方面进行探索实践，并取得了一定成效。

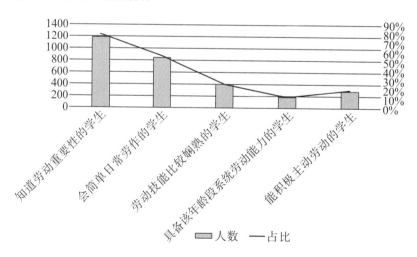

图 2—4—4　学生劳动能力调查问卷统计结果

一、以劳立德，领略天地之道

顺天应时是我国劳动人民几千年来恪守的准则，劳动生产具有很强的季节性。耕作如此，教育亦然。学校针对学生在劳动教育过程中表现出来的不同劳动态度，因材施教地开展品德教育，一方面通过教育、自然教育，教育引导学生养成遵守规则的优良品格，自觉遵守家风家训、校纪校规、公民公德和社会法纪；另一方面努力让学生明白农业生产必须"不违农时"，错过了春种就不会有秋收，体会"一寸光阴一寸金"的真正内涵，加强时间管理，提高学习效率。

七年级学生开设"二十四节气"课程，诵读《二十四节气歌》和《二十四节气农事歌》。八年级学生在具备一定的地理知识后，开始学习了解古人结合北斗七星的星移现象和自然规律制定的《太初历》。"春雨惊春清谷天，夏满芒夏暑相连，秋处露秋寒霜降，冬雪雪冬小大寒……""立春春打六九头，春播冬耕早动手……""斗柄指东，天下皆春；斗柄指南，天下皆夏；斗柄指西，天下皆秋；斗柄指北，天下皆冬"，这是在学校劳动教育中经常听到的朗朗声音。学生有了这样的知识储备，结合四川西北部气候特点，各班的劳动达人编出了这样的顺口溜——"谷雨前后栽地瓜，最好不要过立夏；要种四季豆，不在清明后……"

二、以劳促德，感悟劳动之美

让学生动手实践、出力流汗、接受锻炼、磨炼意志，显著的实践性是劳动教育的一大特征。为防止劳动教育"重学习、轻劳动，重成绩、轻动手"的问题，学校坚持把体力劳动作为劳动教育的基础，让学生亲身经历劳动过程，在实践中感悟劳动之美。学校的劳动教育基地地处山顶，土地贫瘠、坚硬且干旱缺水，是典型的川西北山区地貌。教师带领学生开挖土地的过程艰难，起初由于部分班级学生没有精耕细作，他们种植的作物收成欠佳，有的班级在分得的200余平方米的土地上种的土豆，收获仅30余斤；有的班级种植的茄子、黄瓜植株瘦小，光开花不挂果；有的班级种植的辣椒、玉米几乎毫无收获。学校的劳动课程注重通过劳动实践，引导学生创造性地解决实际问题，经过不断学习实践，农作物收成大幅度增加，也使学生增强了劳动的意识，积累了职业经验，提升了就业创业能力，感受到了劳动之美。

除了农耕劳动，学校也十分注重学生日常自理劳动能力的培养。"皮胶布凉拖，鞋跟向着我""梳头洗头要注意，散落头发要清理""勤洗衣服和裤袜，早起晚睡要刷牙"，对这些宿舍公约学生烂熟于心。学校实行学生自带餐具、自己清洗的制度；校园绿化分给各个班级，修枝、除草、杀虫、浇水由学生完成，形成了从为我劳动到为他人和学校提供价值的闭环。

家庭是劳动教育的重要场所，从学习叠被子、打扫卫生到洗衣做饭等生活技能做起，逐步培养学生勤俭自立的优良品质。学校德育处要求学生将参加家务活动的视频或图片发给班主任，各班根据学生表现，评选"劳动小达人"，并为"劳动小达人"代表颁奖。德育处还利用节假日举行了"羌娃说节俭""羌家好家风"等系列活动，让孩子们养成勤俭、自立、坚韧的品格，进行了劳动创造美的最好诠释。

三、以劳树德，夯实实践之基

纸上得来终觉浅，绝知此事要躬行。传统的课堂教育以知识灌输为主，不利于学生动手能力的提高和正确价值观的形成。为使劳动教育更好落地生根，学校立足新课标，跨学科整合，创新开展"我和我的劳动故事"实践活动，通过"劳动课堂＋劳动实践"，探索学科知识和劳动实践结合的新途径新方法。

学校的劳动教育基地为学生搭建了沟通交流的平台，同学们来到田间地头，三五成群，抛开枯燥的书本学习话题，共同翻土、播种、除草、浇水、施肥、采摘。劳动中你追我赶，既活动了筋骨，也通过看看绿植，预防了近视，更重要的是增加了他们的共同话题，交流互鉴，提升技能。等到丰收的季节，班级间互赠、互换丰盈的蔬菜瓜果。学校还开设各具特色的课后延时服务班，举办美食兴趣小组、剪纸班、草编班、科技环保调查小组等团队合作课程活动。在校园美食文化节上，孩子们分享自己的劳动成果，充分展示各自的厨艺；在蔬菜成熟采摘季，同学们化身卖菜主播，把成熟的蔬菜在校园里售卖，"小菜农"用大喇叭叫卖，教职工们、家长们、学生们乐呵呵地捧场，短时间内，白菜、菠菜、莴苣、萝卜、蒜苗、黄瓜等蔬菜就一售而空。孩子们将卖菜的收入用于购买学习用品，美滋滋地享受着劳动的快乐。部分班级还将成熟的劳动产品用作礼品奖励学习进步的同学，进一步点燃了他们的学习激情和劳动热情。

图 2—4—5 羌族草编课堂，感受非遗匠心

四、以劳育德，砥砺奋进之志

劳动是最好的德育，以劳育德胜过空洞的思想说教，劳动给学生提供道德实践的机会，促使学生在体验感悟中实现德育内化。在这充满希望的土地上，孩子们通过辛勤的劳作，收获了茂盛的作物，黄豆颗粒饱满，玉米也长出胡须，四季豆郁郁青青……同学们深深地爱着给他们带来丰收喜悦的土地，感恩大地，感恩阳光雨露，感恩为班级耕种付出心血的每一个人。

"感恩天地滋养万物，感恩祖先慈悲智慧，感恩国家培养护佑，感恩父母养育之恩……"这是在西苑中学时常可以听到的同学们诵读的《感恩词》。西苑中学在"5.12"地震后由山东威海援建，学校的一砖一瓦、一桌一椅凝聚着党和全国人民的关爱。学校践行"敬乐在心、感恩于行"的校训，全校师生在工作和学习中常怀感恩之心。从每月为长辈洗一次脚，到定期为敬老院老人打扫卫生、叠被子、洗鞋子；从到街道社区为环卫工人、交警叔叔、保安叔叔送上祝福卡片，到为社区打扫卫生；从徒步参观巴拿洽商业步行街、通航产业园感受北川重生的力量，到去圣灯山采摘枇杷、去石椅羌寨感受乡村振兴的好风貌，全体师生满怀感恩之心、奋进之志，与民族同命运、与祖国共奋进、与时代齐发展，以劳动开创未来，以奋进实现梦想，为民族复兴、强国建设做出应有贡献。

图 2-4-6　餐前诵读感恩词，牢记珍惜粮食

劳动教育对培育学生人生价值观意义重大，具有树德、增智、强体、育美的综合育人价值。推动劳动教育与德育相融合，有效促进了民族地区学生的全面发展。

（撰稿：王　涛　周晓莉　许翠华）

革命老区学校科技教育 我们这样做

达州市通川区七小新锦学校

地处革命老区的达州市通川区七小新锦学校，突破传统科技教育模式，树立面向全体的教育理念，以创建促进学生全面而有个性发展的分层科技课程体系作保障，做好科学教育加法，努力探索出一条以科技教育为切入口，通过广泛开展科技活动，多形式、多渠道地为学生提供科技活动舞台，培养学生探究精神、动手实践和创造能力的道路，形成了学校科技教育特色。

2018年，李根老师来到学校任信息技术教师。当时，学校信息技术专任教师仅两人，学校没有一间机器人活动室，更别说科技活动教室了。作为全省十佳机器人教练员的李老师陷入了沉思：如何以青少年科技教育为突破口，丰富课后服务内容，提升学生综合素养呢？李根老师认为，科技教育要面向全体学生，促进学生全面而有个性的发展；依据学生的年龄特点、身心特点、学段特点、成长规律等，因材施教，启发引导，激发兴趣，点燃学生内心深处的好奇心，促进其学习的自觉、自省、自强。既关注学生的当前，更着眼学生的长远；既要考虑个体特色发展，又要考虑整体发展。在他看来，对青少年进行科技创新教育，其目的不仅仅在于让学生制作几件科技作品，在各项竞赛活动中获得几个名次，更重要的在于培养他们的科学观念、科学态度、科学思维以及科技创新能力。

针对学校师资短缺、功能室不足等实际情况，李根老师积极向学校汇报，和信息技术组教师共同想办法，突破传统的物理空间，让全校教师、家长都积极参与其中，以创建促进学生全面而有个性发展的分层科技特色课程体系作保障，通过学科和德育渗透，广泛开展科技活动，多形式、多渠道地为学生提供科技活动舞台，让孩子们快乐学习、全面发展。他们从学校科技教育的目标定位、设施配置、团队培养、学生活动与评价等方面进行了广泛的探索与实践。

一、目标定位"准"：坚守科技教育的育人价值，树立面向全体的教育理念

2020 年 9 月，习近平总书记在科学家座谈会上指出，好奇心是人的天性，对科学兴趣的引导和培养要从娃娃抓起，使他们更多了解科学知识，掌握科学方法，形成一大批具备科学家潜质的青少年群体。我们必须深刻领会党和国家对高素质人才尤其是战略科学家和卓越工程师的培养要求，采用小学生喜闻乐见的形式将科学家精神的种子"种"在少年儿童的心田。

根据 2022 版《义务教育课程方案和课程标准》，科技教育的当代内涵体现为科学素养培育的多维层面，即科技内容（科学知识与理解）、科学思维（分析问题、解决问题的思路）、探究实践（科学家精神）、科技与社会（科学态度、责任、信念与价值观）、参与和决策（社会、文化、政治和环境）。

（一）在学科教学中努力增强学生科技意识

学校在推进"科技教育进课堂"的实践探索中，将科技教育融合到科学和信息科技教学中，实现跨学科主题学习，在培养学生科学素养的同时，形成"参与、探究、合作、活动"的课堂教学特色。同时，学校全方位营造浓郁的科技教育氛围。我们要求学校各年级组科学教师在学科教学中让学生多亲身探究，从中获得知识，对自然界的各种现象、行为作出判断与理解，注重培养学生的创新意识，充分调动学生的好奇心，鼓励他们多猜想、多提问，探索如何建构自己的结论，教师要根据教材给予学生观察和实验的必要机会。要着力做到以下三点：第一，科学意识的培养。在教学中不断培养学生的科学意识、证据意识，养成诚实品德。第二，科学精神的培养，也就是塑造实事求是的精神、追求真理的精神。第三，科学态度的培养。就是认识问题或解决问题时首先寻求科学方案。

（二）在学校德育中有机开展科普活动

学校德育中有相当一部分工作是与科技环保有关系的，如"节水节能"活动、环保教育主题月活动，以及黑板报、红领巾广播、小论文及手抄报等活动，有利于激发学生爱科学、讲环保的热情。开展科普宣传周活动，通过红领巾广播站、主题队会等加强对学生的宣传教育，以校园书画展示等形式激发学生爱科学的热情。

（三）通过创造丰富多样的科学探索机会，提供个性化的课程

最大限度地激发学生对科学的好奇和热爱，才能让每个具有科技创新潜质的孩子

被充分发现、认真对待，从而培育完整的人、具有个性发展的人。学校坚持"普及＋提高"的原则，分层推进科技教育，为每个孩子提供个性化课程，让他们都有选择的机会，获得全面而有个性的成长。

二、设施配置"齐"：拓展实践活动空间，保障科技活动开展

在学校功能室不足的情况下，我们在教学楼课间学生活动场所设置科技角、科幻角、科技书屋等，打造科学教育、科幻教育的泛在场景。加强学生科技社团建设，充分用好泛在空间，开展学生科普手工作品、科幻画作品、科幻模型作品等展示。在"书香校园"建设中深度融入科技教育、科幻文化等元素，加大优秀科学教育图书的投放力度。

学校周边的公益性科普基地如达州市青少年素质教育实践学校、达州科技馆、达州博物馆等场所正成为培养学生科学技术素养的"孵化器"，免费向中小学校开放，学校每年组织学生开展科技研学实践活动。同时，与四川文理学院智能制造学院建立良好的合作关系，其优秀师资等深度参与到学校科技教育教学工作中。

三、团队素养"专"：打造"六善"团队，树立"人人都是科技教育工作者"的理念

（一）管理团队：善引领，善包容

让科技与五育自然而又紧密地融为一体，培养学生的想象力和创造力。于教师，在创新中淬炼自己；于学生，在创新创造中舒展个性。

学校建立健全科技工作领导小组，成立了由书记为组长、校长为副组长，分管副校长和各处室主要负责人、科技辅导员为成员的学校科技工作领导小组，先后建立和完善了《科技活动室制度》《科技成果奖励制度》等制度，做到计划先行、稳中推进、有条不紊。

学校科技教育管理团队注重学习与创客教育相关的新理念，不断钻研科技知识，更新自己的知识库，争当创客教育的探索者和推动者。

（二）教师团队：善研究，善创新

做好科学教育加法，科技教师是关键。推进学校科技教师队伍建设是时不我待的"小切口"，加强学校科技教师培养，从"小切口"做"大文章"，成为撬动解决一系列

重要科技创新和科技教育发展问题的核心支点。通过新老传承、培训提质、实战锻造等途径，促进专业教师综合素养提升。

学校树立"教师和家长人人都是科技教育工作者"的理念，鼓励每位教师和家长都投入到科技创新活动中。一是实施教师科学素养提升计划。加入四川省"金导师计划"，在科研、课题、论文、创新素养、指导能力建设等方面得到提升，储备科技教育骨干力量。二是着眼应用，研训在先。学校邀请省内外科技教育专家来校作学术报告、把脉会诊。同时，组织教师参加科技骨干教师培训，了解最新的前沿动态，学习先进的科技教育理念。三是注重课题研究，开发特色校本课程。学校组织科技组教师开展信息技术教育课题研究，围绕分层推进的目标，研发科技校本教材，让一大批教师快速成长为科技教育骨干。四是对外交流，传播学校经验。教育扶贫路上不掉队，我们为偏远山区的孩子送去科技课堂，捐赠器材，激发了山区孩子们对科技课堂的兴趣。

（三）家长团队：善家教，善合教

科技教育的领域不仅仅局限于学校场所，家庭和社会也是孩子们探究与学习的重要场所，家长通过参与孩子们的 STEAM 项目研究，培养孩子们跨学科的知识整合能力、解决现实生活中问题的能力，如：探究家里植物的生长变化规律等，解决日常生活中的问题，使其知然并知其所以然。

同时，学校每年科技节邀请家长观摩指导、当评委，举办科技教育家长论坛等活动，加强对家庭科学教育的指导。

四、课程开设"精"：构建独具特色的科技教育文化，助推"双减"落地

学校课程中蕴含有丰富的科技教育内容，我们通过系统设计、特色建构、精细实施，主动为孩子们全面而有个性的发展提供发展空间，充分利用课后服务时段，拓宽实践领域，多形式、多渠道、分层推进科技活动，不仅丰富了师生校园文化生活，而且培养了学生的创新精神和实践能力。

目前，学校开设了小制作小发明、科幻画、科学实验、竞技叠杯、机器人、3D打印、无人机、科学影像创作、科技实践活动（科学调查体验活动）等几大科技活动课程。

表 2—4—2　学校分层推进、全面普及的科技活动课程架构

课程性质	课程名称	课程对象	课程简介	开设形式
全面普及（初级课程）	小制作小发明	1—6年级	学生根据已有的科学技术知识和实际能力，在日常学习、生活、劳动中对感到不方便、不称心的物品加以改造，从而培养和提高学生的动脑、动手能力，并养成观察思考的习惯	整校推进全员参与
	无人机	1—6年级	通过对无人机的组拆装等，全面提升学生的专注力、手眼协调能力、动手能力	整校推进自愿参与
	非编程式机器人	1—5年级	通过机器人普及课程引导学生观察与认识物体的外部特征，了解生活中的一些常见物质结构和简单机械原理，通过互动拓展思考能力，充分调动青少年对机器人的好奇心，激发他们的探索欲和创新精神	整体推进自愿参与
	竞技叠杯	1—4年级	让学生通过竞技叠杯这一新奇有趣、集竞技型智力和手部极限于一体的运动开阔眼界，培养手眼脑协调能力和敏捷性	整班推进
个性特长培养（中级课程）	科幻漫画	3—6年级	学生对宇宙万物、未来人类社会生活、社会发展、科学技术的遐想进行绘画表达，真实反映学生对美好生活的追求	整体推进自愿参与
	机器人创意编程	3—6年级	通过图形化编程教学培养学生的动脑、动手及创造能力，从而培养小创客	整体推进自愿参与
	科技实践活动	2—5年级	以小组、班级或学校、校外教育机构等为单位，围绕某一主题在课外活动、研究性学习或社会实践活动中开展科技实践活动，具备一定的教育目的和科普意义	小组参与
科技拔尖人才培养（高级课程）	机器人巡线竞赛课程	3—5年级	在教学中引入机器人设备，通过"图形化编程＋机器人教学"来培养学生的各项能力	择优参加
	机器人工程挑战项目课程	4—6年级	学生通过编程、动手及创造，完成一系列工程挑战任务。主要培养学生的编程能力、动手能力及合作能力	择优参加
	科学影像拍摄与制作	4—6年级	学生利用DV的手段记录自己亲身经历的一项科学探究活动。引导青少年在掌握DV技术的同时，培养热爱科学的情感与克服困难、坚持不懈的探索精神	择优参加

同时，学校充分依托社会资源，开展科技研学实践活动。学生通过走进达州科技馆和达州市青少年素质教育实践基地，开阔视野，丰富科技知识，培养热爱科学的思想、献身科学的精神。依托独特的文化资源，充分发挥达州市博物馆社会公共教育职能作用，通过开展教育合作的方式，让学生感受优秀传统文化的魅力。

图2—4—7 走进科技馆，开启科学梦

五、学生素质"高"：以各级竞赛为载体，为学生提供多元展示舞台

学校为了丰富校园文化生活，每年都举办校园科技节，期间学校到处洋溢着节日气氛，同学们尽情施展科学才华。在每年一届的科技节活动中开展"七个一"活动：读一本科普书籍，观看一部科普影视，聆听一次科普讲座，撰写一篇科技创新作文或富含金点子的文章，制作一份科普手抄报，完成一件科技小制作小发明，参加一次科技竞赛活动。学生的探究精神、合作意识、创造能力在科技节活动中得以彰显。

图2—4—8 科技筑梦，创新成长——科技节活动

同时，学校积极组织学生参加省区市及全国青少年科技创新大赛及创客成果展示活动，成绩斐然，近年来共斩获全国一等奖10项，省一等奖80余项、省二等奖60余项。

六、学生评价"全"：注重学生综合素养和过程性评价

（一）争章活动让学生参与评价

在信息科技学科教学中，通过"信息小达人"评价学生的学习动手能力和创新能力，反映学生信息科技学科的知识技能掌握情况和信息素养水平，为他们今后的学习和教师的教学提供指引。

（二）实践性作业设计让学生选择评价

除常规的学科书本作业外，学校鼓励各学科教师布置实践性作业，教师对学生实践性作业的评价，既能反映出学生的学习能力和实践效果，也能反映教师在整个教学过程中的成果。

（三）综合活动让学生体验评价

综合评价活动拓展了信息科技评价的时间，不再仅限于课堂中的 40 分钟，还可以是课外，渗透于学生的学习生活之中。另外，它延伸了评价的空间，使学生走出课堂，通过一系列亲身经历活动，提高了学生参与评价的兴趣和积极性。

学校根据以上评价，每年评出具有个性色彩的各种科学星章，如科技小达人、创意之星、未来之星等。

近年来，学生思维与创新课程的不断实践取得了丰硕的成绩，学校先后被评为"全国青少年科普创新示范学校""全国科技教育创新优秀学校""全国青少年人工智能特色示范单位""四川省青少年科技教育创新实验学校""四川省机器人活动实验学校"等。

教育不能让一个孩子掉队，科技教育更是如此。让我们继续行走在创新成长的路上，关注科技教育发展，提升科技教育质量，做好科技教育加法，让科学的种子在孩子们心中发芽生长，从而推动科技教育实现更高质量发展，为培养更多、更全面的具有高科学技术素养的人才奠定基础。

（撰稿：王仕斌　冉　东　李　根）

聚焦国际理解 构建全球视野

成都霍森斯小学

党的二十大报告提出，要加快建设高质量教育体系，办好人民满意的教育。作为具有国际友好城市基因的一所公办小学，成都霍森斯小学（以下简称"霍小"）紧扣新时代立德树人的根本任务，积极响应高品质学校建设号召，以国际理解教育为抓手，在探索高质量育人的过程中，边思考边实践，以学习促思考，以思考促行动，以行动促文化，以文化促认同，将大变局下中国式国际理解教育全方位、多角度地扎实落实在学校生活的点点滴滴之中，促进了学校办学的高品质可持续发展。

一、特色打造

（一）"儿童中心"一以贯之

将儿童放在学校的最中央是霍小的行事准则，学校从外部建筑风格到内部办学理念都不约而同指向"以儿童为中心"。无论是国际理解教育课程设置还是课程实施，都将儿童的真实需求和发展需求置于首位。

（二）国际理解教育进课表

国际理解教育在霍小不是简单的几次活动、几次讲座，而是进入课表的正式课程，有完整的课程体系，有针对不同年级设定的不同目标。课程安排采取单双周交替的方式，每个班每学期大约要上 10 节国际理解课。

（三）国际理解教育教学资源包不断迭代

霍小国际理解教育资源包现有 24 个主题、96 个课时的课件和相关视频、音频、图片，从 1.0 版到 2.0 版再到 3.0 版，资源包一直不断更新。关于国际理解教育的主题确定和板块设置全部由学校教师原创，而不断完善的资源包则是保障。

（四）与高品质学校建设的内在关系

国际理解教育和高品质学校建设之间相辅相成，具体体现在：

目标一致。二者的目标都是为了培养全面发展的学生，提高教育质量。内容相关。二者都注重培养学生的创新能力和实践能力，都注重培养学生的核心素养。方法多元。二者都注重通过多元方法来保障效果。

二、人类命运共同体视域下的小学国际理解教育路径

（一）打造以全面育人为中心的国际理解教育课程体系

学校围绕落实全面育人，从人与自然的和谐发展、人与社会的和谐发展、人与人的和谐发展三大领域开展国际理解教育，覆盖人生存与发展的全部空间和领域。以立足中国、读懂世界、合作共生为课程的核心理念，从人人和谐、文化解码、环境探秘、规则解析四个维度开发了国际理解教育校本课程体系，以国际理解专题课程、学科渗透课程、主题实践探究课程为具体实施方式，确定了国际理解专题课六个学段的目标。

（二）聚焦学生核心素养导向的典型课例研究

学校围绕落实学生核心素养，通过"种子教师"打磨精品课例的方式完成典型课例研究。以精品课例为范式，形成共享借鉴的课程样态，努力打造富有特色的国际理解典型课例。建设完成了国际理解专题课教学资源库的 48 个教案、48 个课件和相关视频、音频教学资源，对同样开展国际理解教育的学校具有很好的借鉴和推广价值。

（三）构建特色课程工作室为引领的教师队伍

学校成立了成都市高新区国际理解教育特色课程工作室，以成就一群老师、带动一批学校、研究一项课题、孵化一批成果、辐射一个区域、形成一个区域特色为工作目标。工作室目前聚集了 50 余名老师共同构建高新区国际理解教育的课程理念、课程目标、课程内容，形成具有可操作的实施途径、可共享的课程资源包、可借鉴的课程样态。

（四）搭建基于国际理解教育高质量发展的支持系统

1. 整体推进

学校致力于培养具有"民族自信、国际视野、全球眼光、开放包容"的新时代少年，国际理解课程覆盖所有年级、班级，由专任教师授课。

2. 持续推进

国际理解教育是霍小独具特色的课程，建校伊始，国际理解就被写进课表。从2018 年建校到现在，霍小的国际理解教育已经开展了六年多，惠及全校所有学生。

3. 分段推进

学校根据不同年级学生的特点设置国际理解课程，以专题课、学科渗透、主题探究和人文交流等多种形式，将四个维度的内容落地。

三、启示和反思

（一）不断优化国际理解教育的课程框架

完善的课程框架是落实国际理解教育的根基。霍小从建校伊始便投身于国际理解教育领域，根据立德树人育人宗旨确定课程目标，依托全方位协同育人搭建课程体系，立足五育融合设置课程样态和内容，聚焦多元包容呈现课程评价。在实施过程中，不断参考国内外相关指导性文件，促进理论实践相融合，不断优化学校的国际理解教育课程框架。

（二）不断加强国际理解教育的学科渗透

由于课时容量有限，国际理解教育的学科渗透必不可少。国际理解教育的学科渗透要力争做到切换多元的世界场景并带着学生在场景切换中不断感受，帮助学生在强烈的认知冲突中做到求同存异。霍小坚持进行国际理解学科渗透，已初具特色，能为其他学校提供可借鉴的优秀案例。推进中，我们坚持把爱国主义教育融入其中，将家国情怀与文化自信深植于学生心中，以此把握国际理解教育的实施方向。

（三）不断整合国际理解教育的师资力量

要培养具有国际理解素养和国际理解视野的学生，相应的教师培养必不可少。为了整合国际理解教育的师资力量，霍小打造了"1＋3＋N"跨学科项目团队，其中"1"指的是1位"种子教师"，"3"是指3门学科，"N"是指后期队伍的不断壮大，以点带面，加强学校国际理解教育师资队伍建设，发挥教师们在教育教学工作中的示范辐射作用，从而促进学校的高质量发展。

下一步，学校将着力建设国际理解教育的评价体系，继续用国际理解教育撬动高品质学校建设，让国际理解教育浸润每一个课堂，润泽每一个学科，滋养每一个学生。

（撰稿：曾　霞　姚　莉　曹学文）

彰显国际理解教育文化 建设全面育人美好校园

成都市龙泉驿区天鹅湖小学

学校文化建设是学校提升内部治理品质的重要途径，是高品质学校可持续发展的内在驱动力。面对世界百年未有之大变局，面对中国教育现代化发展进程，学校需要在文化建设中关注时代、关注未来。成都市龙泉驿区天鹅湖小学（以下简称"天鹅湖小学"）主张真正的现代化要与时俱进，真正的国际化要与世界同频共振，因此注重在校园文化中彰显国际理解教育元素，呼应学校的办学愿景和办学使命，打造师生精神共识，引领学校高品质内涵发展。

作为一所坚持海纳百川，面向现代化、国际化的未来学校，天鹅湖小学在建校初期就将构建学校文化生态模型作为学校文化建设的总纲，并在校风、学风、教风构建以及场域营造中融入国际理解教育文化。

国际理解教育文化内涵丰富，它旨在拓展学生的国际知识，形成包括基本知识、技能和态度的跨文化适应能力。在情感态度方面，国际理解教育注重培养学生以开放、平等、客观、求同存异的态度来理解全球文化。在行为能力方面，它引导学生从全球的视角去观察和思考问题，对异域文化形成全面而准确的认知，并具备跨文化对话交流的能力。

打造基于国际理解教育文化特色的校园文化，需要立足中国、面向世界，需要结合学段特点，帮助学生获得文化知识，理解文化内涵，比较文化异同，汲取文化精华，培养学生的国际意识以及跨文化理解与沟通能力，从而增强传播中华文化的能力和文化自信。为此，学校在校园文化打造中，从学校标识、校园环境、阵地建设等层面进一步营造国际理解教育文化氛围。

一、顶层设计校园文化系统，凸显育人场域的国际视野

在规划学校发展时，坚持从顶层设计的视角构筑校园文化系统，形成了学校文化生态模型，从品德发展、学业发展、身心发展、审美素养、劳动与社会实践五个层面

助力学生全面发展，成就每个生命的幸福美好未来。学校以"立德树人，培养有爱、尚美的未来公民"为办学使命；以"海纳百川，成就一所现代化、国际化的未来学校，一所缔结爱、传递美的卓越学校"为办学愿景；紧紧围绕"看见你的美"的核心理念，坚持开放办学，营造优雅而美好的校园氛围；培养对世界保持好奇、对自我保持自信、对他人保持友善的学风；倡导以欣赏激发好奇、以鼓励培育自信、以关怀呵护友善的教风。从办学使命、办学愿景以及学校"三风"的高度凸显育人场域的国际视野，并从办学理念的视角诠释了如何在人文交流与对话中相互尊重、相互理解，看见彼此的美。

二、全面构建文化行动体系，夯实育人支撑的开放根基

（一）以文化人，形成共建共享的校园文化建设机制，全面构建校园文化

学校坚持聚焦学校生态中的"人"，用场域的力量推动学习方式的变革，再造教育流程，形成文化特色；同时学校文化建设坚持群策群力，结合实际，兼收并蓄，注重挖掘既往教育经验精华，积极听取教育专家的合理建议，充分发挥全体师生的主观能动性，让人人都成为校园文化的建设者、宣传员和受益者。

（二）以课育人，构筑学校 SWAN 课程体系，营造国际理解教育氛围

学校构建了独具特色的 SWAN 课程体系：S－Systematic（系统化的课程设置）、W－World-wide（世界性的教育认知）、A－Attractive（有吸引力的教学过程）、N－Natural（自然的推进方式），打造有爱、有美、有料、有趣的美好课堂，追求各美其美、美美与共的美好教育样态。课程设置方面，学校整合课程资源和师资团队，开发了"小小环保设计师""饥饿的世界"等国际理解专门课程、"藏在货币里的中西建筑图鉴""蓉城智'碳'"等融合课程，以及英语周、"英"你而美·汇"剧"中华 Shining Star 汇报演出等活动课程。还依托华教云课堂、熊猫走世界、小使者等中外人文交流项目，积极与英国、加拿大、西班牙等国的学校结为友好学校，不定期开展线上交流活动，帮助学生了解文明的多样性，开拓学生的国际视野。

（三）全员育人，树立人类命运共同体意识，加强国际理解阵地建设

充分利用学校图书馆、阅览室、橱窗、电子班牌、文化墙、微信公众号等文化载体，充分挖掘世界环境日、世界地球日、世界粮食日、世界能源日、国际湿地日、国际生物多样性日、国际和平日等节点资源，充分调动全体师生的主观能动性，开展国旗下讲话等活动，制作主题宣传小报，帮助学生树立人类命运共同体意识，增强学生

关注全球议题和人类可持续发展的意识和国际理解能力。

三、特色营造文化浸润场域，塑造育人校园的现代化特质

（一）创造静态的美

学校按照未来学校的标准，形成具有绿色、智能和泛在互联的基础设施，创设集成、智慧、多变的新学习场景，不断丰富完善静态的视觉景观和功能空间，建成时尚典雅的文化交流中心、开阔大气的学术报告厅、温馨知性的湖畔书屋、活力满满的室内体育馆、精致的 i2 小剧场、先进智能的录播教室等。同时进行信息化管理，打造智慧校园，构筑现代学校管理体系。

（二）生成动态的美

不断推进各种主题活动，让学校 logo、核心语词、办学理念、校歌等被广泛使用，营造文化视觉系统，由表及里，深入人心，彰显现代学校气质。根据学校发展需要，结合教师专业和兴趣特长，遵循孩子身心发展规律，融合德育发展，个性化开展特色主题活动课程和综合实践活动课程，例如阳光体育文化节、校园亲子露营、星光夜市、SWAN 课程体验活动、湖畔拼音嘉年华、草坪音乐节、小镇游园会等。

（三）营造生态的美

不断优化学校最为重要的教育生态系统，使学校文化开枝散叶、繁花似锦。天鹅湖小学官方微信公众号和视频号定期发布信息，文字翔实、图片丰富，再辅之以视频，及时发布推广学校校园文化建设、人文交流、国际理解教育的建设成果。学校积极承接各种考察调研、参观交流活动，创造人文交流校园环境和良好生态。

四、反思启示

（一）国际理解教育的科学认知是营造良好国际理解教育文化的基本前提

国际理解教育是一种思想对话、文化理解，要基于本国文化，培养学生的多重责任感，胸怀全球，热爱祖国，关心社会，保护自然，同时让学生在纷繁复杂的世界局势中维系自己稳定的价值体系，培养对祖国优秀传统文化的认同和对世界文化的包容态度。如果不能正确认知国际理解，就容易在校园文化建设中空有其表而无实质内核，甚至在推进国际理解教育过程中出现认知和实施上的误区。

（二）国际理解教育系统化建构是深化国际理解教育文化的必然要求

根据《成都市教育局关于加强中小学国际理解教育的指导意见》，国际理解教育课

程主要分为专门课程、渗透课程和活动课程。厘清国际理解教育推进实施的路径，疏通实施渠道，打造专业队伍，连接外部资源，推进深度融合，才能在实践中发展学生核心素养，从而达到真正育人的目的。

（三）全面发展教师国际理解素养是学校国际理解教育校园文化的催化剂

教师作为引领者，是学校文化的重要建设者和塑造者，他们的国际理解素养直接影响到校园文化的发展方向。具备深厚的国际理解素养的教师，能在日常教学中融入国际视野，引导学生关注全球问题，培养学生的国际意识，从而形成浓厚的国际理解教育氛围。教师作为推动者，其国际理解素养还能推动学校国际理解教育的深入开展，他们通过组织各种人文交流活动、开设国际理解教育课程等方式，推动学校国际理解教育的全面实施，进一步丰富校园文化的内涵。

（撰稿：周学静　刘海名）

中国情怀 世界眼光
——中外友校人文交流育人实践

成都蒙彼利埃小学

成都蒙彼利埃小学（以下简称"蒙小"）是基于中法双方友好城市合作共建背景下创建的学校，建校以来，学校坚持落实立德树人根本任务，以促进人的全面发展为出发点和目标，秉承"蒙正·比时·利学·及埃"的办学理念，结合办学背景，将友校人文交流作为高品质学校建设的特色路径选择，积极探索基于友校结对共建，依托顶层设计、课题引领、课程建设、活动推动、环境文化营造等，坚持走出去、引进来，以人文交流推动学校高品质建设的新样态。

蒙小自 2014 年建校之日起就成为社会关注的焦点，高标准的硬件建设、高平台的教育基础、高素质的教师队伍、高要求的家长群体，促使我们站在"为每个孩子最大可能的发展负责"的高位去思考办学目标与未来发展；去谋划培养兼具"中国情怀、世界眼光"的新时代小学生，空间上囊括世界，时间上指向未来，精神上固本思源；去回应国际化办学背景下时代赋予蒙小的对教育的无尽想象。作为成都市第一所友好城市合作办学学校，蒙小肩负着推进优质教育走向公正、公平、共享与平等等使命。我们认为，在现代学校高品质建设中，推动中外人文交流是深化学校教育改革，提高学校站位，拓宽学校视野，提升育人品位的实然之举；是丰厚学校文化土壤，培植深厚育人根基，锻造学校文化品牌的应然内容。

一、友校人文交流特色育人新样态探索

（一）友校人文交流特色育人新样态

蒙小作为成都市友好城市共建学校的代表，自创校之初便打上了鲜明的中外人文交流烙印。如何将这一先天优势转变为学校高品质办学的有力支撑，成为创校团队面临的一个课题。经过多方研讨，我们确立以友校人文交流特色育人新样态的探索与构

建作为学校整体建设的撬动点。经过多年的实践探索，基本形成了以友校结对为基础、以课程共建为特色、以活动交流为路径、以文化场域为抓手、以师生发展为目标的基于友校中外人文交流育人新样态。

（二）友校人文交流促进学校高品质可持续发展

新时代教育高质量发展离不开教育对外开放，新时代学校高品质可持续发展更需要学校面向世界、面向未来、面向现代化"开门办教育"。蒙小以友校人文交流作为学校教育"引进来""走出去"的基础和亮色，在友校人文交流中不断拓展育人实践的广度和深度，借鉴和学习友校的优秀办学经验，分享我们办学的思考和故事，双方在常态交流中互学互鉴、共同促进，为蒙小高品质可持续发展提供了动能和支撑。

二、友校人文交流特色育人新样态实践路径

（一）基于友校人文交流育人的顶层设计

1. 育人机制设计

为了更好地推动中外人文交流的开展，我们关注"管理的变革与创新"，以推动友校常态交流，形成高水平育人机制。一是创新学校管理机制。学校成立了国际传播研究学院，由专门学科教师、有海外留学经历和具备一定语言交际基础的教师组成。完成了学校"中外人文交流项目"的顶层设计，建构了课程群，搭建了路径，多维度展开校际的系列交流。二是搭建友校常态交流机制。中外友校间的交流需遵循双方国家的教育法律法规，尊重对方文化习惯和当地习俗，注意与国际相关管理与法规相衔接。在学院的组织下，从制度建设、国际理解课程建设、主题活动策划组织等方面入手，形成了常态交流机制，将中外友校人文交流纳入学校日常管理。

2. 育人路径变革

将学校的育人行为纳入学校中外人文交流的整体实践中，在交流中育人，在育人中交流，倒逼学校由传统育人向开放育人转变、由单一育人向多元育人转变。树立中外人文交流理念，探索友校交流育人路径，将学校传统的育人行为向全方位育人、全过程育人、全周期育人转变，在对外开放中拓宽学生的国际视野，提升讲好中国故事的能力和沟通交流能力，展现自信、独立、平等的中国少年儿童形象。

（二）基于友校人文交流的育人探索

1. 友校结对

友校之间的交流与合作可以有效推进学生对他国文化的理解，建立起学生与世界

沟通的桥梁。建校以来，在中法友校结对的基础上，蒙小已与来自美国、英国、加拿大、澳大利亚等国的七所学校签订了友好交流合作协议。其间一直坚持"走出去、引进来"的原则，以友城友校为依托，秉持开放、分享、包容的态度，保持和友校在教育资源整合、课程共建共享、学术活动研讨等方面的充分交流。

2. 课程共建

学校通过课题研究来促进理论和实践的双向提升，引领和赋能高效的课程共建，不断推进对外人文交流工作的深入开展。

（1）课题引领

以成都市人文交流子课题"基于互联网＋的中法友校共建课程的实践研究"为引导，蒙小与法国成都小学积极进行了线上线下课程共建：精选双方学生感兴趣的话题设置主题课程，实现线上线下资源共享；以音视频、图片、课程双语资料等形式传送交流，互相学习不同文化，开阔视野，发展交流能力。

（2）课程共设

蒙小在开齐开足国家课程的基础上，设置了丰富的外语文化课程。已形成以英语、法语、西班牙语为主的外语特色课程体系，每周开设四节英语必修课、二节法语必修课，其中二年级、三年级每周还有 1.5 节西班牙语必修课，同时还创办法语合唱团、英语话剧社，开设西语 PBL 课程等选修课程。友校法国成都小学每周也开设一节中文课。语言文化课程的常态化建设为人文交流打下了语言基础。

（3）教研共商

在课程实施中，学校引进了成都市拉伯雷法语课堂项目，同时也吸引了一批高素质的法国留学生和国内大学的优秀毕业生，有了学校自主培养的法语教师团队。在交流中，双方教师通过实地互访和线上交流积极开展学术研讨。蒙小法语教师团队立足校本教研，结合蒙小的法语课堂实情，参考《义务教育英语课程标准》、小学阶段英语教材、蒙彼利埃成都小学教师意见等，编制了校本辅导书《法语课程手册》，为学校学生课前预习、课中实践、课后复习提供了资料保障，让法语的学习"看得见、摸得着"。

3. 活动交流

在与友校共建中，为帮助学生深入感受彼此文化魅力，在实践中发展交流能力，我们以活动交流作为人文交流的主要路径，常态化开展互访交流项目。

（1）走出去，冲破育人文化屏障

蒙小每年都会有教师和学生去友校学习、访问。到目前已组织了师生 200 余人到友好学校访问交流，包括行走课堂在内，足迹遍布法国、芬兰、美国、英国、德国、捷克、澳大利亚、加拿大等国。教师带去了学校中华优秀文化特色课程，呈现给友校的师生；一起访问的学生会融入友校的课堂，和友校的同龄小朋友们一起学习、生活。研学师生就是蒙小的"外交官""文化使者"，通过话剧、演讲、舞蹈、解说等形式传播中华优秀传统文化。

图 2-4-9 生肖课程走进友校课堂

图 2-4-10 师生携四川清音赴维也纳金色大厅演出

（2）请进来，打破育人空间局限

蒙小和友校保持了充分交流与教育研讨，省市外事办也为蒙小师生提供了多种外事活动机会。截至目前，学校已接待来自法国、美国、英国、澳大利亚等友校访问团、学术团 20 余次，外宾 200 余人次，交流涉及运动、艺术、科技、非遗文化等多领域，清音社团、合唱团、话剧团等参与涉外演出。来访外宾深入学生课堂，了解学习过程，体验中华优秀传统文化课堂的魅力。活动展示了学生的综合素养，提升了师生的文化自信，实现了高质量的人文交流。

图 2—4—11　法国总领事深入课堂

4. 环境营造

基于双方对"以人为本"理念的高度认同，蒙小与友校法国成都小学在构建校园建筑时都采用了同一位法国设计师的设计，建造了两所建筑形态完全一样的姊妹校。宽敞的走廊空间与普通教室连为一体，学生的学习空间由室内延伸到室外，流线型的花台、居家式的阅读区、开放式的教育空间极大满足了学生多样学习、多种活动、多彩生活的需要。2020 年，蒙小完成了二期扩建，由中国的建筑设计师设计，包括浅丘坡地、川西民居意境的屋顶、创新六边形教室等，开放灵动、绿色生态的校园环境为学生带来更多的学习体验和探索机会，为多样化、项目式学习方式变革带来了更多的可能。

我们充分利用校园环境，为学生创设了形式多样的人文交流体验活动，如一年一度的"蒙博会"，将与成都缔结为友好城市的 37 个城市作为国际理解教育活动的研究内容，从文化、艺术、人文、科技、教育等多维度在校园各功能区域设计实践项目开展体验；一年一度的外语文化节，全校近千人报名，涵盖英、法、德、西、韩、日等多个语种的 400 多个节目在多个舞台同时呈现，展示了学生对世界的理解，用世界语言讲好中国故事；还有法语活动日和西班牙语活动日等，增进了学生的国际理解与跨文化表达，让灵动的成长在设计理念超前、育人功能齐备的校园里时时发生。

在友校结对交流中，蒙小通过丰富的课程和活动帮助学生提升了对跨文化的探索兴趣与理解，为继承和发扬我国优秀文化奠定了基础，与此同时，也进一步发展了学生的思辨能力、实践探索能力、创新能力，开拓了国际视野，提升了人文素养及跨文化交流的能力。

三、反思和启示

在实践中，我们始终认为，实现教育对外开放，开展中外人文交流是对人的全面发展的关注，是立足未来人才全球竞争力的培育定位。青少年肩负着构建人类命运共同体和讲好中国故事的使命担当，在高品质学校建设中，抓住中外人文交流这条特色育人路径，必将构筑起新时代学校高质量育人的新样态。

（一）友校人文交流是促进文明互鉴、民心相通的重要形式

友校人文交流，有助于我们打破文化的隔阂，建立深厚的友谊，促进各国文化的交融与理解，增进彼此的了解和信任。通过交流，我们可以更深入地了解不同文明的特点，从而发现各自的独特价值和魅力。互鉴过程不仅开拓了我们的视野，也让我们更加尊重和理解多元文化的存在。这种民心相通的情感纽带，能够超越国界和文化的差异，不仅有助于促进国际交流与合作，还有助于构建一个和谐共处的世界。作为肩负培养国家未来人才重大责任的学校，我们应该积极推动这种交流形式的发展，为增进国际理解与友谊、推动人类文明进步贡献自己的力量。

（二）人文交流拓展了学校高品质可持续发展的有效路径

在全球化的大背景下，学校的国际化水平是衡量其品质的重要标准之一。通过与友校的深入交流，学校可以引进先进的文化理念和教育模式，从而丰富自身的文化内涵，提升学校的文化品质。学校在扩大国际视野、增进国际理解的同时还可以挖掘和传承自身的文化特色，形成独特的校园文化氛围和教育理念，同时在交流中为友校友城输出我们的教育理念与文化特色。因此我们认为人文交流有助于推动学校的国际化发展，为学校的高品质可持续发展提供了有效的路径，学校应该重视并加强人文交流工作，以推动学校的长远发展。

（三）深入开展人文交流是新时代教育高质量发展的应然之举

在新时代背景下，随着全球化的加速推进和信息技术的飞速发展，在人文交流中打破文化壁垒，可以增进相互理解，为教育的高质量发展提供一个开放、包容的国际环境，还可以激发教育创新的活力，为学校的可持续发展注入新的动力，提升自身的教育水平和国际竞争力。在人文交流中，为学生提供一个更加开放、包容的学习环境，可以让他们接触到不同的文化、思想和观念，从而增强他们的跨文化沟通交流能力，激发他们的创新精神。跨文化沟通能力和创新精神的培养对于学生未来的职业发展和社会适应能力具有重要意义，也是教育高质量发展的重要目标之一。

（撰稿：芶　鹏　袁　华　林存粉）

实施敬乐教育 为生命成长赋能

北川羌族自治县西苑中学

北川作为全国唯一的羌族自治县，提出了"建成民族地区教育强县"这一目标任务。近年来，西苑中学准确把握建设民族地区高品质学校的着力点，守正创新、奋楫扬帆，积极探索并大力实践敬乐教育，把立德树人根本任务有机融入思想道德教育、文化知识教育、社会实践教育等各方面，得到了上级教育主管部门的充分肯定和社会各界的一致好评。

一、敬乐教育的缘起

西苑中学创办于1958年，占地面积110亩（合7万余平方米），有教学班36个，学生1867人，教职工146人。近年来，学校立足民族地区、地震灾区、脱贫攻坚地区、边远山区等实际，深入思考"培养什么人，怎样培养人，为谁培养人"的根本问题，探索出敬乐教育的特色办学之路。

敬乐教育起源于对羌族优秀传统文化精神的传承。羌族又称"云朵上的民族"，在长期与战争、洪灾、地震的抗争中，古羌族人心中永远充满敬畏，他们敬重英雄，敬畏大自然；他们勤劳善良，坚韧不拔，乐于奉献；他们心怀大爱，充满感恩。经历汶川大地震等灾难的磨砺，北川羌族人更加坚定了敬畏生命、乐观生活的信念。"敬乐"是羌族优秀传统文化精神的根基，也是民族教育传承的血脉。敬乐教育之目的就是培养品行端良、心中有爱、坚韧不拔、德才兼备、堪当大任的人才。

敬乐教育也起源于学校多年办学经验的总结。西苑中学前身是安县师范学校，在70多年前就提出了"求实、创新、敬业、乐群"的校训，培育了"敬业乐群"的教育精神，为社会输送了大批的优秀毕业生。学校在传承"敬业乐群"教育精神基础上凝练出了敬乐核心理念，全面实施时代新人培育工程，大力推进素质教育，培根铸魂、启智润心，在促进学生德智体美劳全面发展的同时，积极构建特色校园文化，为学生的成长成才奠定坚实的基础。

图2-4-12　羌族学生跳羊皮鼓舞，感受非遗独特魅力

　　敬乐教育还起源于对教育强国时代要求的回应。习近平总书记2018年5月2日在与北京大学师生座谈时提出："要把立德树人的成效作为检验学校一切工作的根本标准，真正做到以文化人、以德育人，不断提高学生思想水平、政治觉悟、道德品质、文化素养，做到明大德、守公德、严私德，努力培养德智体美劳全面发展的社会主义建设者和接班人。"新时代的教育之本在于立德树人。敬乐教育的内涵就是将目光落在学生的全面发展之上，教学生做真善美之人，做德才兼备、学识丰厚之人，努力成为优秀的社会主义建设者和接班人。

二、敬乐教育的探索

（一）开发敬乐校本课程

1. 敬文学乐阅读

　　校园内定期举办"百家讲坛""校园阅读节"；通过演讲辩论、征文比赛，展示学生阅读自信；邀请文学家办讲座，作家协会进校园培养学生阅读能力；通过"阅读明星""书香班级"表彰活动营造阅读氛围；开展亲子共读共写、"书香家庭"评比，让书香弥漫校园。学校因此先后被评为市县级"书香校园"。

2. 敬成果乐劳动

　　西苑中学充分发挥劳动教育实践基地的优势作用，构建了"一课两园三体"的劳动教育课程及实施体系，扎实开展好劳动教育，让学生在参与各类劳动的过程中体会到劳动的意义，通过付出获得收获的快乐。四川省基础教育装备专项课题"'双减'背景下农村学校劳动教育与德育有效融合的实践研究"我校也已立项开题。

3. 敬规则乐成长

校本教材《西苑学生成长手册》强化学生"不以规矩，不成方圆"的规则意识，引领每个西苑学子规范做事、规矩做人。学校搭建互动交流平台，开展多样的快乐成长活动，传承规则文化，弘扬契约精神。

4. 敬生命乐生活

学校建设了心理健康智慧屋，开设了心理健康活动社团，配置了专兼职心理健康教师，引进心理健康专家团队，让学生全员参与心理健康活动，让他们敬生命乐生活。四川省思想政治教育研究课题"初中思政课教学渗透生命教育的探究策略"我校也已立项。

5. 敬艺术乐活动

艺术的熏陶滋养了生命的成长，学校成立了国画、版画、书法、羌绣、剪纸、合唱、器乐、舞蹈等社团 30 个，给予学生充分的兴趣培养和特长发展机会，有效促进了学生的个性化发展。

（二）建构敬乐课堂教学

1. 形成敬乐育人目标

将立德树人任务融入知识与技能、过程与方法、情感态度与价值观等三维目标之中，引导学生掌握学科知识及能力的同时，求真向善立德，进行德行的蕴育，实现全科育人的目标，培养有理想、有本领、有担当、乐于学习的时代新人。

2. 注重敬乐教学过程

坚持"以学生为主体、以学习为中心"的原则，坚持启发式、对话式、探究式、任务驱动式等教学方法，充分激发学生的学习激情，努力追求营造"人在课中央"的敬重知识、快乐学习的自然样态，引领学生成为学习的主人、课堂的主人。

3. 营造敬乐教学生态

尊重学生的人格，正视学生的差异，坚持以学定教、因材施教，探索分层教学、分层作业，营造宽松、民主、平等、和谐的课堂教学氛围，积极鼓励每个学生，促其全面发展，构建"各美其美，美美与共"的课堂教学生态，实现为学生生命成长赋能。

（三）营造敬乐人文管理

1. 环境美化

学校由山东省威海市投资近亿元援建，校园内鸟语花香，绿树成荫。这里的一花一草、一砖一瓦、一楼一阁无不彰显"敬乐"核心文化理念。敬德苑、乐学苑、悟耕苑、赋能苑"四苑一体"的布局，无处不凸显着感恩、大爱、快乐、和雅的西苑风貌。

2. 制度引领

依法治校、依法治教需要学校拥有明确清晰的规章制度。每次制度修订，我们都会将权力下放给所有教师及学生，并在汇总上报的基础上进行梳理，本着少数服从多数的原则进行完善，引领全体师生自主管理、自主发展。

3. 教师示范

每年举行一次"好干部""好教师""好班级""好学生""好员工""好课堂"评选及表彰大会，并将那些以赤诚之心、仁爱之心、奉献之心投身教育实践的感人事迹，通过校园广播让学生讲述出来，在公众号和专栏上进行宣传，以此激励全体师生学习先进、争做先进。

4. 评价激励

制定了《西苑中学师生荣誉制度》，分为"教师类""学生类""家庭类"三个类别，奖项包括"敬德奖""乐学奖"和一个校级最高荣誉"敬乐奖"，有效促进全体师生、所有家庭以更加饱满的激情投入到工作和学习生活中，有效促进学生全面发展、教师专业发展、家校合作共育。

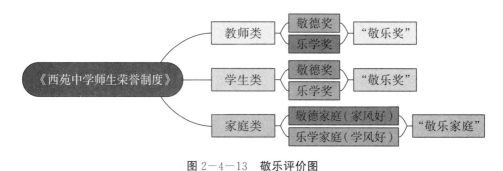

图2-4-13 敬乐评价图

（四）敬乐教育的成效

实施敬乐教育，促进了学校师生的不断成长和学校可持续发展。学校先后荣获国家级篮球和足球特色学校、国家级绿色学校、四川省文明校园先进单位、绵阳市书香校园、绵阳市艺术特色学校、绵阳市心理健康特色学校、绵阳市非遗传承基地等称号。2023年，西苑中学被评为四川省最美学校，荣获绵阳市义务教育质量评价特等奖，有3个省级课题立项。

　　敬乐教育，鲜明而集中，既是传承，又是创新，不仅促进了学校的高品质建设，而且积极助力民族地区教育强县建设。下一步，我们将持续探索实施敬乐教育，让教师乐教，让学生乐学，更好地担负起"为党育人，为国育才"的时代重任！

（撰稿：唐艳宏　易　屏　蒲　燕）

实现全面发展 培养"五优"学生

达州市通川区第七中学校 达州市通州区罗江镇初级中学校

达州市通川区第七中学校（以下简称"通川区七中"）以"面向全体，注重发展"为高品质学校建设主线，基于学生成长规律，自 2021 年申报省级高品质学校建设名师工作室成员单位以来，构建出了高品质的，以促进学生全面发展为主旨的五育融合课程体系。

一、高品质五育融合课程体系建设的原则

（一）个性化发展原则

个性化发展原则强调每个学生都是独一无二的个体，拥有不同的兴趣、能力和潜力。因此，课程设计应该充分尊重学生的个体差异，为其提供个性化的学习路径和发展空间。课程设置应该根据学生的年龄、认知水平和兴趣爱好进行调整和优化，使之符合学生不同阶段的发展需求。这意味着课程设计应该灵活多样，允许学生根据自己的兴趣、能力和发展需求进行选择和调整，从而实现个性化的成长目标。

（二）综合性发展原则

综合性发展原则强调学生的全面发展，涵盖德智体美劳等多个方面。这意味着课程设置应当全面、综合，以促进学生在不同领域的全面发展和综合素质的提升。同时，课程之间应该相互衔接、相互支持，形成一个有机的整体，使学生能够在各个方面得到均衡发展。

（三）实践性发展原则

实践性发展原则强调学生的成长需要通过实践来实现，只有通过实践才能真正理解和掌握知识，提高能力。因此，五育融合课程建设应当注重实践性发展，强调理论与实践的结合，注重知识的应用和能力的培养。课程设计应该充分考虑实践环节的设置，为学生提供丰富多样的实践机会和体验活动，使他们能够通过实践探索，提高解

决问题的能力和创新能力。

（四）学生主体性原则

学生主体性原则强调学生应该成为课程学习的主体和参与者，积极主动地参与学习过程，发挥自己的主观能动性和创造力。因此，五育融合课程建设应当注重培养学生的学习兴趣和自主学习能力，鼓励他们积极思考、主动探索，发展自己的学习策略和方法。课程设计应该充分考虑学生的需求和意见，尊重学生的选择和决定，使之成为学习过程的积极参与者和推动者。

二、高品质五育融合课程体系的构建

（一）厘定以全面发展为追求的课程目标

基于全面育人的要求，明确高品质五育融合课程的培养目标，即在德智体美劳等方面全面培养学生，包括培养学生的道德品质、认知能力、身体素质、审美情趣和心理健康等方面的能力，为其全面发展和未来成功奠定基础。同时，需要明确课程的核心价值观，即在德育方面培养学生的社会责任感、公民意识和道德观念，在智育方面培养学生的学习兴趣、创新能力和批判性思维，在体育方面培养学生的健康意识、团队合作、竞技精神、情感管理、压力调适和心理健康，在美育方面培养学生的审美情趣、文化素养和创造力，在劳育方面培养学生的劳动意识、劳动技能、创造能力。

（二）构建涵括五育的多元化课程体系

根据四年的实践探究，学校构建出了高品质五育融合课程体系，其课程架构包括德育、智育、体育、美育和劳育五个方面，将德智体美劳五育融合于学校的课程和教育教学活动中，相互渗透，实现五育的整体生成和学生的全面发展，形成了一个有机的整体。

除此之外，学校还根据课程框架具体细化了每个方面的课程内容和教学标准，明确了学生应该掌握的知识、技能和能力，注重知识与能力的结合，强调课程与教学的融合，共同促进课程目标的实现。

三、高品质五育融合课程体系的整合实施

打造跨学科课程模式。将不同学科的知识和技能有机结合，培养学生的综合能力。例如，在学习历史的同时，可以引入艺术作品、音乐和文学等元素，让学生通过多个

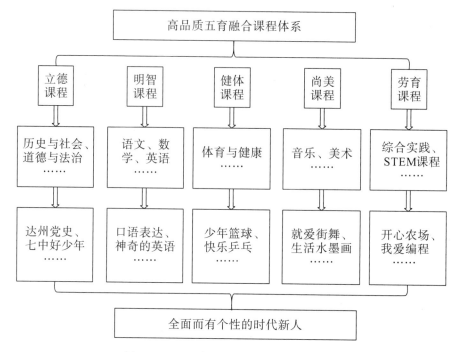

图 2—4—14　高品质五育融合课程体系图

角度来理解历史事件和文化背景。在语文教学中，渗透历史文化，通过文史融合，提升学生的人文素养。

促进学生项目式学习。以项目为核心，以解决问题为最终目的，学生在开动脑筋、解决问题的自主探索过程中，运用多学科思维，培养综合能力和解决问题的能力。例如，关于环境保护的项目可以涉及物理、化学、生物学等多个学科，让学生全面了解环境问题并提出解决方案。学校通过引入项目式学习，让学生通过实际项目的设计、实施和评估，综合运用各种学科知识和技能，促进五育并举的全面发展。

组织主题活动。结合学校特色教学活动和校本课程的开展，将不同的育人要素融入其中，为学生提供丰富多彩的社会实践、文化体验、文化创作等活动。例如，举办艺术节或体育运动会（体育赛事），让学生展示自己的艺术才华和体育能力，同时培养团队合作精神和领导能力，激发学生的创造力和创新精神，让学生在体验中提升综合素质。

通过以上跨学科的课程整合活动，打破传统的学科教学壁垒，实现了德智体美劳五育课程（活动）的融通，最终有利于学生综合素养的全面、和谐发展。

四、高品质五育融合课程体系的评价机制

学校着力在学生的学业成绩、学习能力和综合素质三个方面下功夫，在各个学科

测评的基础上，增加了从德智体美劳五个方面进行评估的内容。不仅如此，我们还将测评结果及时反馈给学生和教师，使教与学双方都能了解学习和教学情况，以助于教师及时调整教学策略和课程设计，提高教学质量和效果。在反馈的过程中，我们专门设置了"对课程设置和实施的意见与建议"一栏，以便深入了解学生和教师双方对课程的直观想法。课程体系建设是一个持续的、渐进的过程，需要学校、学生、教师各方不断总结经验、吸取教训，以促进课程体系的持续科学发展。

学校课程是育人的主要途径，学校应该在课程设置和实施中坚持德育为先，五育并举，融通五育，为学生提供全面发展的教育环境。以课程为实现全面育人的主要抓手，坚持德智体美劳五育并举，并在实践中打造跨学科整合课程，实现五育融合，引领学校教育回归育人本源，促进学生全面而有个性的发展，既是教育的本质内涵，也是培养合格社会主义建设者和接班人的必然要求。通川区七中在课程体系构建过程中，结合德智体美劳五育并举的要求，丰富了"融合"内涵。学校设置多元课程，增加德育、体育、艺术和劳动等方面的课程内容，使所有学生在不同领域都能得到培养。德育课程在整个课程体系中居于核心地位，通过课堂教育、校园主题文化、综合实践活动等形式，引导学生树立正确的价值观和道德观念，对自我、他人与社会有正确的认知；通过体育和艺术活动，培养学生的身体素质和审美能力，在活动中学会与他人团结合作；通过劳动教育，让学生参与实际的劳动活动，培养学生的实践动手能力和群体交往能力。五育融合的多元课程实践活动，打破了原有的以知识为重心的课程学科分野，追求学生德智体美劳全方位的均衡发展。

在建设高质量教育的时代要求下，全校师生已经深刻认识和理解到身心发展规律、学习认知规律、社会情感规律的重要性，"面向全体，注重发展"也成了学校教师入脑入心的理念与行动，学生在"品行优善、学业优良、身心优美、情趣优雅、劳动优秀"（简称"五优"）等方面也得到了长足的发展。

（撰稿：李　波　廖　彧　段佐平）

相信种子 助力成长

德阳市岷山路小学

基于对生命的本质特征、生长规律的思考和对高品质教育的坚定追求，德阳市岷山路小学积极探索实践"种子德育"。从生物学意义上来讲，种子原本是休眠体，它的生长往往会经历被唤醒、被培育直至破土生长的过程。由此，学校将每名学生都视作拥有无限可能的小种子，将"唤醒、育爱、创生"确定为"种子德育"的核心理念，以德育文化为纲、德育课程为目，以活动与实践为主要载体、管理与协同为力量支持，为实现"启力主动发展、助力全面发展、强力个性发展"三个层级的育人目标，积极构建"种子德育"体系，助力小种子们"成长为最好的自己"。

一、唤醒——萌动种子生长意识，启力主动发展

"教学的艺术不在于本领的传授，而在于激励和唤醒。"诚如第斯多惠所言，教育的重要功能是基于信任的唤醒，要从小种子的实际出发，唤醒他们的生长意识，激发他们的美好梦想，从而产生自我认知、自我激励、自我发展的内驱力。

（一）唤醒意识，激活自由生长

为了更充分地唤醒每一颗小种子的生命意识、生态意识，培养他们的生命理解力和生态素养，"种子德育"构建了丰富的生命教育和生态文明教育研学课程，把广袤天地变成大课堂，让他们在生动的研学中了解生命的起源，感受生命的多样，感知生命的不易，感悟生命的力量，体会生命的精彩；让他们在丰富的体验中，"晓生态""树观念""守法制""护生态"，不断提高自身的生态素养。润物无声中，小种子们敬畏自然、珍惜生命、关注生态的意识自然滋长。这些意识和体悟，悄然伴随着他们自由地生长。

（二）激发梦想，引领主动生长

习近平总书记指出："心有所信，方能行远。面向未来，走好新时代的长征路，我

们更需要坚定理想信念、矢志拼搏奋斗。"小学阶段是理想教育的萌芽期，激发他们美好的梦想，培育崇高的理想信念，能给他们以奋斗的方向，为他们主动生长开启力量。

"种子德育"依托德育课程、升旗仪式、班队（会）活动、艺术实践等阵地，生动开展理想信念教育，致力于帮助小种子成长为有理想、有信念的人：引领小种子"识寰梦"，启蒙人类命运共同体意识；带领小种子"知国梦"，理解中国梦对祖国、对个人的伟大意义；鼓励小种子"树我梦"，引导他们树立向善的道德理想、向好的生活理想以及向上的职业理想，立志用少年梦托起中国梦。

"种子德育"引领小种子"崇真理"，培育他们尊重规律的态度、实事求是的思想和追求真理、崇尚科学的信念；激励小种子"砺坚定"，培育他们坚定的爱国信念和报国之志；鼓励小种子"恒奋斗"，培育他们科学规划的态度、持之以恒的信念、把握机会的意识和面对挫折的勇敢；带领小种子"树自信"，使他们既初步理解国家层面的"四个自信"，又树立自我层面的目标自信、能力自信、方法自信。

"种子德育"秉持"尊重、改进、引导、激发"评价理念，把"尊重"作为一切德育行为的前提，将"改进"定位为德育的过程特征与终极目标，以"引导"和"激发"作为德育的主要手段。遵循自评、他评与互评相结合，单一评价与综合性评价相结合，量化评价与定性评价相结合，横向评价与纵向评价相结合，结果性评价与过程性评价相结合，表扬与奖励为主、批评与惩戒为辅的原则，对七个方面的德育内容进行评价，核心目标就是激励每一颗小种子主动生长。

图 2—4—15　童心向党，争做好队员

二、育爱——丰沃种子生长土壤，助力全面发展

正如种子生长要得益于足够、肥沃的土壤，学生的成长需要多元化、高品质的教育。

（一）培养观念，形成正确"三观"

社会主义核心价值观的培育和践行是国民精神改造的系统工程，这一重大历史任务的完成需要社会各界的长期共同努力、公民个体的普遍认同和积极参与。"种子德育"依托童谣传唱、故事演讲等系列活动，生动开展社会主义核心价值观教育：带领小种子了解国家发展历程，培养共同富裕、共同强大的观念；开展少代会、小干部岗位竞聘，通过"我给校长写封信""今天我值日"等活动，启蒙民主的观念；带领小种子学习文明规范，践行文明行为，开展"博纳共生""悦纳不同"等主题实践活动，培养小种子和谐的观念；在低段开展"我和小伙伴""班级荣誉我的责任""我为教室美美颜"等班级自主管理活动，在中段开展"快乐读书吧""幸福种植园""学法讲法小达人"等年级项目管理活动，在高段开展"自由与规则""平等与公正"等主题辩论会，带领小种子认识自由与平等、公正与法治，培养他们逐步形成遵规守纪自制力、是非荣辱判断力和权利义务理解力；开展"我们的节日""红领巾心向党""向国旗敬礼"等主题教育活动，带领小种子了解祖国、了解中国共产党，培育他们爱祖国、知党恩、跟党走的信念；开展"小鬼当家""'岷'星闪耀""我的职业体验""同在一片蓝天下""假如我是你"等实践活动，培养小种子敬业、诚信、友善的观念。

（二）培植德行，塑造完整人格

"种子德育"倡导以爱为育人起点，以爱为育人路径，以教师的博爱之心去爱小种子并培育小种子的爱，带领他们在发现爱、理解爱、表达爱、传扬爱的过程中，思悟爱的意义、了解爱的内容、学习爱的方法，自觉培育对自己的爱、对他人的爱、对学校和家乡的爱、对祖国的爱、对世界的爱。

"种子德育"从"立自信""炼勇气""练专注""葆同情""学包容""习冷静""乐创新"七个方面对小种子实施积极心理品质教育，从"识情绪""纳自我""学规划"三个方面开展自我心理认知教育，让小种子在发现与领悟中，在爱的浸润和引领下塑造完整的人格，为"适应未来社会，积极地影响世界"打下坚实的基础。

（三）培育兴趣，引领全面发展

身处迅猛发展的新时代，教育需要给小种子提供更多的可能，以适应未来社会的

多元化需要。"种子德育"秉持"播下一颗种子，遇见无限可能"的育人主张，在开足开齐国家课程的基础上，自主开发以"健、善、慧、美、新"为主要内容的五彩种子课程，对应100多个学生兴趣社团，让小种子们能在多个领域去发现、去培养自己的兴趣爱好，实现全面发展。

图 2—4—16　"岷山小镇"玩乐六一活动

三、创生——催发种子生长力量，强力个性发展

创新的时代，需要"创生"的教育。"种子德育"所主张的"创生"，就是开创小种子的生命力，使他们达成开放的、可自我完善的、可持续发展的个性发展生命状态。要实现这样的教育追求，就必须以不断"创生"的教育激情去开启小种子个体的生命成长力和个性发展力，以达成终身的自我维新。

（一）激励探究，创生发现的力量

在"创生"的教育追求下，"种子德育"全心呵护小种子的好奇心，鼓励发现、激励探究、褒扬质疑。"种子德育"开展"生活小百科"知识竞赛，鼓励他们做乐于观察的生活有心人；设置"小种子·打问号""我的奇思妙想"两个信箱，鼓励小种子保持好奇、大胆思考；开展"我的观察和发现""我的小发明"等展评活动，激励他们主动探究、积极学习，不断提升发现的能力。

（二）磨砺意志，创生突破的力量

培养小种子面对困难的勇气和克服困难的能力，创生突破的力量，是"种子德育"

的重要目标。"种子德育"开展的"挑战不可能"系列活动，涵盖生活、学习中的多个项目，让各年级段的小种子们在不同水平层次的"极限"挑战中碰撞出智慧的火花、发现自我的潜能，培养他们不轻言放弃的意志和持之以恒的毅力。"种子德育"在中高年级段开展"选择影响成败"主题体验活动，启发他们了解选择的重要性，培养他们的想象力，启蒙他们的预判力。

我们坚信，每位孩子自出生就是一颗带有幸福基因的种子，就是一颗蕴含着巨大能量的种子，就是一颗拥有无限可能的种子，"种子德育"就是为他们提供一个健康、和谐、良好的成长生态，通过唤醒、育爱、创生，让每一颗幸福小种子成为最好的自己。如今，"种子德育"正真实而又生动地发生在学校的每颗小种子身上，小种子们获得了越来越多的阳光生活和幸福陪伴，"最美个体"和"最美群体"竞相涌现，"美在瞬间"和"美在平凡"相生相长，"各美其美"和"美美与共"蔚然成风，呈现出由"盆景"转化为"风景"并向"风尚"推进的生动局面。

（撰稿：俞安君　郭恒霞）

第三编

新时代高品质学校深化建设的支撑点：优化可持续发展保障

　　在高品质学校建设的第一轮研究与实践中，我们发现：要走向高品质学校、达成高品质学校的理想样态，需要做强校长、教师、学生、家长和校园建设五大支柱。就校长而言，需要修炼"五修三力"；就教师而言，需要做好"五育三课"；就学生而言，需要夯实"五优三强"；对家长而言，需要做到"五会三美"；对校园建设而言，需要强化"五建三好"。只有这五大支柱共同发展、相互支撑，才能促进学校不断朝着高品质迈进。

　　高品质学校的深化建设，既要不断深化这五大支柱的建设，也要根据提高可持续育人水平的需要，重点做强"教研强基""战略先行""儿童立场""教师固本""协同育人"五大新支柱。新旧支柱合力推进高品质学校的深化建设，才能切实支撑和提高学校的可持续育人水平，不断走近高品质学校。

第一章
教研强基：高品质学校的深化建设
需要教研的高品质

欲推改革，先强教研。高品质学校需要高品质教研作支撑，特别是以可持续发展为着力点的学校深化建设，更是离不开高品质教研，只有全方位提高了学校的教研品质，才能为高品质学校的深化建设和成果推广夯实基础。但是，何为高品质教研？高品质教研研什么、怎么研，才能助力学校提高可持续育人水平？这些问题需要深入研讨和有效突破，才能不断提高教研品质。以下理论剖析和实践案例，将会给大家带来不同角度和不同层次的启发。

▶ 理论指引

高品质教研的价值和导向

一、上海基础教育改革的经验借鉴

长期以来，上海作为基础教育改革与发展的先行区，始终引领着中国基础教育改革的发展方向。上海学校学生在 2009 年和 2012 年参加经济合作与发展组织（OECD）开展的国际学生评估项目（PISA）测评，均获全球第一。上海教育改革的经验值得分析和借鉴。回顾上海教育改革实践，上海市教委原副主任张民生认为，上海基础教育改革有三大法宝。

第一个法宝是出思想。思想在学校，在校长。出经验、出方法比较简单，多当几年校长，自然有管理经验；多做几年教师，多上几年课，自然有教学经验，这个一点不稀奇。但出思想难。思想有活力，才会有源源不断的新经验、新方法的喷涌。上海的中小学校长、骨干教师不仅出经验、出方法还出思想。以人民教育家于漪老师为代表，她提出"德智融合，学科育人"的教育思想，影响深远。

具体来说，第一是关于教育的思想。你怎么理解教育？你的教育观是什么？什么样的教育是你心目中的好教育？第二是关于学校的思想。在你心目中，什么样的学校和幼儿园是一所理想的学校、理想的幼儿园？第三是关于育人的思想。我们的学校要育出什么样的人？所有的学校都要以党和国家的教育方针为指引，在这个基础上，每所学校自身的优势和特色是什么？我们的学校能给学生成长打下怎样的鲜明烙印？

进一步还要有相应的关于学习的思想。我们怎么理解学习？学习在课堂上、在学校里怎么发生？接下来是课程的思想、教学的思想、教研的思想、评价的思想。在今天这个时代，还要有关于技术的思想。信息技术时代、人工智能时代的学校教育中，你怎么看待技术？怎么看待教育技术？教育技术进学校、进校园，要以教育为引领，教育要为技术立法。技术有了教育的思想、教育的理念、教育的价值，才能叫教育技术。

第二大法宝是主动科研。2019 年，《教育部关于加强新时代教育科学研究工作的意见》出台，学校要深刻把握文件精神，加强科研的意识、科研的素养、科研的能力。上海对基础教育教学成果奖特别看重，以科研的方式来培育、总结教学成果。第三届国家级基础教学成果奖评审中，上海的获奖数虽然是第三名，但是 85％ 的获奖率位列第一。这样的成绩和上海的教育作者以科研的方式来推动教学改革，对成果严密论证、精心打磨是分不开的。

第三大法宝是强教研。上海教育非常重视教研对教育教学质量的支撑。上海市教委原副主任尹后庆认为，上海的教研有三个显著的特点：一是求新，不断地推陈出新。上海市教育委员会八年前就在一些中小学试点推进大单元教学和项目化学习，就是一个力证。二是求深。教育教学改革不只是关注一些具体的操作、路径、方法，而要"深"到价值观里去，"深"到思维里去。思维方式、思维品质的提升，是教育的根；操作方法、技术、路径，是枝叶，是花朵。没有深厚的根，怎么长出漂亮的花朵和枝叶？三是求实，在教学教研中讲实话、讲真话。在教研活动中不只是夸一夸教师，更要捉虫。什么叫"捉虫"？捉教师教学中的观念之"虫"、方法之"虫"和行为之"虫"，就是要在研究中看问题。不能是"你好、我好、大家好"，而要实实在在地做一些教研该做的事情，而且最后还要有实效。教研工作最不能讲形式，讨论得再多，思考得再深，不能转化成实践，不能从实践中看到效果，都是没有价值的。上海的教研在求新、求深、求实三个方面有主张、有追求，推动了上海基础教育的快速发展。

二、对教研的基本理解

教研，关键在"研"。"研"字左边是"石"，右边是"开"，意思就是要针对日常教学中那些瓶颈难题——教与学过程中困扰我们教师、学生的一些瓶颈难题，把它破开、打开。

怎样才能破开、打开呢？要通过反思。无反思不成长。反思对教师成长来说太重要了。"思"字上面是"田"，下面是"心"，心的田里。首先通过教研反思，让科学合理的、最新最优的教育理念、经验入脑入心，同时通过反思，不断地拓展原有心的田野的边界，不断提升心的田野的品质——就像土壤一样，有肥沃的土壤，有贫瘠的土壤，教师的心灵也一样，有丰饶的心灵，也有贫乏的心灵。其实为什么要倡导教师阅读，道理就在这里，通过阅读，让教师心的田野、心的土壤肥沃起来，丰饶起来。这是研的必要。

所以我们说"欲强教师先强教研"。教师要能够有更好的专业成长与发展，不能只就教师说教师，要把教师置身于教研过程中，通过高质量的教研、高品质的教研，培养高品质的教师。

三、高品质教研的三个导向

要做到高品质的教研，需要坚持三个导向。

（一）前沿导向

高品质的教育，要善于走入前沿，要有对前沿的敏感性、对前沿的自觉性。前沿导向又有四个台阶。第一个台阶叫瞄准前沿。我们要知道前沿在哪里，不能瞄错了方向，自以为是前沿，别人一看早都落伍了。第二个台阶叫面对前沿。面对前沿，不同于远远地瞄准，而是意味着你开始和前沿面对面，拉近了和前沿的距离。这就要求我们对前沿问题有深度的把握。第三个台阶叫立足前沿。此时此刻你就站在了前沿，能自信地说"我即前沿，前沿即我"。最高的一阶叫引领前沿。高品质学校要引领着大家朝前走，让别的学校、别的教师自觉地跟随、主动地学习。

例如，今天大家都很关注新课程、新教材。"双新"强调了许多新的理念，就是我们要瞄准的前沿，其中包括"核心素养是育人价值""学科实践是强化的方向""因材施教是落实的方向""真实情境是活动载体""领域知识是必要载体、必要基础""学习变革是实践路径"……这些都是非常重要的前沿理念，需要我们重点去把握。

新课标特别强调要从知识本位转向素养本位，这个转向是具有革命性的。以往知识是作为教育教学目标，教学、育人就是传递知识。传递知识，理解知识，记忆知识，背诵知识，考核知识……一切都是为了知识而学习。现在我们都理解了，这是不对的。知识只是载体，只是手段。目标是育人，育什么人？有核心素养的人。人的素养才是终极目标，要把实践作为核心素养的培育路径。

实践是一种亲历，是一种体验。而只有创设情境，让人置身于情境中，才能产生体验。如果我们要让学生理解"盲"，理解"盲人"，可以通过教师讲述告诉孩子们这叫"盲"，这是"盲人"；可以通过查字典，字典会清清楚楚用文字的方式告诉学生什么叫"盲"。但这些都是外在的。通过情境创设，可以让学生蒙上眼睛，假设此时此刻你是盲人，你从教室里走到校门口，你试一试，这么走了一遭以后，学生就体验到什么叫盲、什么叫盲人的艰辛与不易了，"盲"这个字，"盲人"这个群体，就扎进学生的心底去了，因为他有了体验。

实践还让跨学科教学成为大势所趋。北京师范大学的郭华教授指出，人类的生活、思想、科学和艺术的创造本身是不分家的，是不分学科的。所以进入实践，进入情境，必然是要跨学科的，跨学科是回到原初——人类生活、思想、科学、艺术创造的原初状态——它们本来是浑然一体的。人类社会，人本身，都是非常复杂的存在，学生的学习就是一个"盲人摸象"的过程。每个学科都有自己的所见、所能和所不见与所不能。没有一个学科，在摸"象"的过程中，在摸索"象"的规律中，在获得真谛、真相、知识的过程中，能够摸尽全部。所以才需要跨学科，用一个学科的所见所能，去弥补其他学科的所不见和所不能，这就是跨学科的价值。

但是这个转向并不是对过去的全盘否定。跨学科教学并不排斥学科立场的教学，每个学科都有自己独特和不可替代的育人价值，各个学科都有自己要培育的学科核心素养。实践并不排斥知识，我们无法想象没有知识的教育教学，所以知识依然重要，只是其定位从过去的核心目标变为通向核心素养的必要基础。所以新理念中还是强调"学科实践"和"领域知识"。在跨学科的过程中，我们还是要坚守学科本位，恪守学科价值，强化学科自信，发挥学科功能。

最终这个转向还是要回归到学习方式的变革。它既是起点，也是终点。学习方式的变革既牵动着课程、教学、评价的改变，也倒逼着教研的变革；同时，我们所有的改革，也终究要服务于学生学习方式的优化。今天的时代，科技变革日新月异，随着手机的普及，移动学习、泛在学习、拼缝式学习、碎片化学习、人机交互式学习，各种新的应用、新的方式涌现出来，都是值得我们关注的新现象。另一个角度来看，深度学习、社会情感学习、游戏化学习、项目化学习……各种新的理念也在改变着我们对学习的理解。到底应如何理解真实的学习，又成为一个挑战。如果一堂课上，教师布置的每一个任务、提出的每一个问题，学生都能快速、流利、准确地回答，说明课前学生对教师提的每个问题和任务都会了，他只不过是把课前就有、就会、就懂的东西在课堂上再现、在课堂上还原，这不是真学习。什么叫真学习？学生遇到问题或任务，皱起眉头，抓耳挠腮，百思不得其解，此时此刻学习真实地发生。当学生在课堂上有了独立自主的思考与实践的时候，学习才会真实地发生。

对这一系列问题的研究和理解，其实也就是我们在前沿问题上不断上台阶的过程。

（二）问题导向

要走向高质量、高品质的教研，必须解决教研中的一些瓶颈难题，比如散漫化、形式化、表面化，等等。

有一些问题是非常典型的。第一种是无对话，就是一个教师讲，其他教师听、听完了，散会了。第二种是一刀切，无视学科特性，所有学科，语文、数学、英语、物理、化学都是一种教研方式，没有展现出每一种教研的学科特性；无视教师的特性，不同类型层次的教师采取同一种教研方式。第三种是被动教研，简单地服从领导的安排，而不是主动解决教学中的困惑，这样就很容易变成旁观旁听的教研。理想的教研一定是全员介入式的教研。只有每个参与者真正把自己摆进去、装进去，沉浸其中，才会走向高品质教研，教师们才能在教研中有真正的收获、真正的成长。

（三）机制导向

立足前沿，针对问题，还要建构贯通式、一体化、全程高品质的教研机制。建构机制的关键在"全程"。就像课堂的质量必须把课前、课中、课后全程贯通，做到课前、课中、课后一体化，同样的，教研也要把教研前、教研中、教研后一体化。

对于"教研中"，我们提倡教研活动九步法。教研活动要专题化、细节化才能改变散漫的工作状态。要通过专题实践课、组长专题报告、教师专题说课、组内评课、提问质疑、团队回应、专题评课、二度反思、教学重建等九个步骤，提升教师的倾听能力、现场学习力、反思力和重建力。教研活动九步法是个理想状态，不可能每一次教研都如此，可以有所选择、有所侧重，研讨的内容、研讨的环节可以根据实际的聚焦来调整。但是有一个关键，就是教研活动应该以重建课来收尾，以保证教研活动的实效。

对于"教研前、教研后",则应注重前移后续式的教研。首先是前移，主题教研时间定了、主题定了，之前的一周里，需要做好三件事情：一是文献综述，二是教学尝试，三是提出问题。教师们要带着学习的成果，带着探索的体会，带着实践的困惑进入教研，把每一次教研，都变成解决自己教学问题的过程。后续的环节，也要做三件事情：第一是反思性后续，想想这次教研自己的收获、自己的变化、自己的成长；第二是实践性后续，这里仍然要强调重建课的作用，因为有了教研活动之后，自己再上一堂课就不一样了，这才能证明教研起了作用；第三件事情是写作性后续，写出案例、课例，因为写是一种综合，是一种提升，更是一种留存，我们要通过写把所听、所见、所想转化为自己长期的实践经验和精神财富。后续三件事情，前移三件事情，千方百计让教师们介入，让教师们把自己摆进去，解决这些根深蒂固的瓶颈难题，这就是高品质的教研需要做的事情。

高品质教研，不仅要研教研学，还要研究乡土文化与校本资源，研究国家政策、教育改革趋向与本校校情的有效结合等诸多问题，只有大格局、宽视野、本土化地推进教研改革，才能有效提升教研品质。下面三个实践案例，为提高学校教研品质提供了不同思路和操作参考。

立足乡土文化的心育资源开发

成都市新津区实验初级中学

新津位于成都南郊、岷江之滨，素有"西南丝绸之路第一站"的美誉。漫长岁月中，新津积淀了厚重的文化底蕴，展现着独特的人文魅力，她拥有"天府之根"——宝墩遗址、古蜀名山——修觉山、千年古堰——通济堰等。

2021年10月，成都市新津区实验初级中学（以下简称"新津区实验初中"）对全校1168名学生及86名教师做了新津历史文化资源素养及文化自信调查，结果显示，仅有31%的学生及52%的教师对新津历史文化达到合格标准。了解才能热爱，热爱才能根植情怀。学校站在德育角度梳理教育存在的主要问题：一是德育资源匮乏，实施路径不丰富；二是五育割裂，未真正实现相互融合、相互支持；三是育人不育心，五育还未真正引导学生将知识与技能内化于心、外化于行；四是家国情怀教育形式单一，家国情怀根植不深。

为践行五育并举，落实立德树人根本任务，促进学生全面发展。新津区实验初中立足乡土文化，整合校内外德育元素，聚焦心育板块，通过课程融合、活动引领两大路径对心育资源进行有效开发与利用。

一、课程融合

2023年5月，教育部印发《关于加强中小学地方课程和校本课程建设与管理的意见》，明确要求"结合实际，充分挖掘当地自然、社会、人文、科技资源，构建主题内容、呈现形式和实施方式等各具特色的课程，发挥独特育人价值"。新津区实验初中将乡土文化资源融入校本课程，创立"丹青绘新津""翰墨写新津""妙语话新津"等系列乡土文化资源课程，让学生在获得知识、提升能力的同时，更加了解、热爱家乡。

"教流于知意"是培训的做法，"学成于走心"才是教育的真谛。学生如果仅停留在掌握知识层面，便不能获得真正的成长，"入心见行"才是心育的终极目标。学校心育校本课程融艺术、国际理解教育及其他相关学科课程于一体，要求教师在课堂上充分关注学生的自主性输入与输出。通过实践探究，该课程已形成涵盖课前、课中、课后的基本教学范式。

表3-1-1　心育校本课程基本教学范式

环节	内容	方法	目的
课前准备	线上线下分工，合作调查相关文化资源	在线查阅；亲临新津区图书馆、新津区地志办、文化古迹现场查阅并记录资料；整理总结资料	掌握乡土文化资料调查学习方法；充分利用社会相关资源丰富课堂内容；培养学生活动规划、有效沟通、合作等实践能力
课中学习	合作汇报	小组内分工完成，讲解员负责汇报工作，书记员负责记录	培养学生语言组织表达、项目合作规划能力
	提问答辩	各组相互提问，进行答辩	培养学生思辨能力
	作品制作	独立或小组合作完成作品	培养学生相关文化技能
	分组展示	各小组派代表就作品理念、技法、寓意、情感等进行讲解	培养学生总结、概括、表达能力；升华情感、态度、价值观
课后实践	传递所学	发挥"新津小史官"作用，带亲友亲临新津人文历史古迹现场，讲解相关文化知识	鼓励学生参与实践，提高学生学习成就感，激发学生自主探究兴趣

二、活动引领

课堂所学应通过实践活动进行知识锚固、思想镌刻、价值升华和情感沉淀。新津区实验初中积极联络新津区相关部门开展丰富多样的校内外实践活动。

（一）"请进来"的讲座

讲座是学生的心育学习资源，亦是教师的校本研修资源。学校邀请新津区地志办为师生带来"新津历史文化"系列讲座。巍巍修觉山、溶溶南河水，师生在讲解与互动中了解了新津的前世今生，真切感悟到了新津文化的源远流长与民俗的淳美。

图 3－1－1 "新津历史文化"系列讲座

（二）"融进来"的文化

活动兼具更新知识、激发兴趣、实现文化认同等功能。学校将乡土文化资源充分融入校园文化活动，让探究、传承乡土文化成为校园文化的一部分。每年的艺术节、读书月、科技节等总有分享新津乡土文化的相关项目。

2022 年 10 月，学校以"'绘''话'新津"为主题开展了校园读书月主题演讲活动。来自八年级的同学讲到了历经沧桑、斑驳疏影的杜甫诗碑，一千多年前诗圣于安史之乱四游新津的场景赫然眼前。"西川供客眼，唯有此江郊。"杜甫对新津的高度评价让同学们的自豪感油然而生。乡土文化的融入，带来了浸润家国情怀的契机，丰盈了学校"细润"文化，奠定了师生"爱校""爱家""爱国"的思想基石。

（三）"走出去"的研学

研学活动是校内外教育衔接的创新形式，是落实"综合实践育人"的有效途径。新津区实验初中组织学子走进山水，感悟家乡的自然美景，走进古迹细品家乡的古往今来，走进基地解码家乡的特色发展。

2023 年春，学校组织学子到新津农博园开展"寻觅农耕文明"研学活动。中华农耕文明馆为学生开启了一场穿越之旅。丰富的图片、视频带着学生从远古游历到现代，了解了四川农耕文明的发展历程，在惊叹于"数字农博＋乡村振兴"高端技术对农业发展推动的同时，孩子们真切感受到了先祖们在农耕文明发展中作出的贡献。

丰富的校内外活动在充分利用乡土文化资源的基础上，拓宽了学校德育实施路径，改变了以往学校德育以班会课为主的方式。校内乡土文化活动丰盈了学校"细润"文化，校外研学实践活动帮助同学们践悟相关知识，将其内化于心、外化于行，真正实现对乡土历史文化知识的深刻理解与深切感悟。

表3-1-2　立足乡土文化的心育资源开发

资源类型	资源内容	相关课程与活动	相关部门及基地	资源开发利用目标
新津文物古迹	修觉山、老君山、宝墩遗址、通济堰、南河会馆遗址等	"丹青绘新津"课程、"妙语话新津"课程、"走遍新津"讲座、艺术节"'绘''写'新津作品展示"活动	新津区地志办、新津区科协、新津区文体旅局、新津区图书馆	丰富学校心育资源；丰富教师校本研修资源；拓展德育实施路径；拓展乡土文化知识，厚植家国情怀；探索落实五育融合的科学实施路径
新津历史文化	新津农耕文化、古蜀宝墩文化、汉代石刻文化、山水码头文化、鱼鲜美食文化等	"翰墨写新津"课程、"妙语话新津"课程、"新津文化简史"讲座、"'绘''话'新津"校园读书月主题演讲活动、艺术节"'绘''写'新津作品展示"活动、科技节"一粒米的旅程"农耕文明研学体验活动	宝墩考古工作站、"天府首艺宫"研学基地、天府农博园研学基地、月光宝荷·当代少年研学实践基地	
新津非遗传承	端午龙舟会、新津灯谜、新津火牛阵、传统手工茉莉花茶、金华龙灯、绳编艺术、剪纸艺术	绳编项目课程、"非遗探秘"	新津区非遗工作坊	

2023年12月，学校再次对全校师生进行新津文化资源素养及文化自信调查，发现师生对乡土文化资源了解度与文化自信度均有明显提升。"心行合一""文化自信""恋家爱国"已成为新津区实验初中的校园文化底色。

新津区实验初中心育校本课程及丰富多彩的校内外乡土文化活动，融"修德""润心""启智""砺格"于一体，充分利用乡土文化心育资源，丰富了德育路径，践行了五育并举，以实际行动诠释了立德树人根本任务，在新津区实验初中进行高品质学校建设的发展蓝图中勾勒出了浓墨重彩的一笔。

（撰稿：鲁　莉　马晓慧　周　宜）

面对"双减" 学校何为

重庆市垫江县澄溪小学校

"双减"背景下，教师的教学压力相应增大。教师需要更加注重课堂教学效果，提高教学效率，确保学生在有限的时间内获得更好的学习效果，这要求教师在备课、教学方法选择、学生辅导等方面付出更多的努力和时间。"双减"政策带来的另一个挑战是评价体系的转变。传统的以考试和成绩为主的评价方式已经无法满足新时代的教育需求。学校需要探索更加科学、多元的评价方式，注重学生的全面发展、个性差异和创新能力培养等方面的评价。这需要建立完善的评价体系和反馈机制，确保评价结果客观公正。

一、主要做法

（一）找准基点：细化校本教研，让教师自信从容

"双减"政策出台后，我们深刻认识到，提升教师素质是提高教学质量的根本之策。校本研修是提升教师素质的有效途径，是教师继续教育的重要环节。

1. 微型教研"常态化"

每天早晨利用十到十五分钟，以学科组为单位，大家围坐在一起，由主持人组织开展培训，培训内容包括教材解读、课件使用说明等，相关材料于前一晚发至备课群。每位教师可以提出个性化问题，再进行集中研讨。

2. 集体研讨"系列化"

每周一次以学科组为单位进行集体备课，备课内容主要是典型课例研究和单元知识梳理。做到有计划、有分工、有记录、有反馈、见实效。各学科组通常以单元为结构，从单元的整体视角解读教材、分析学情、提出建议。

3. 课题研究"人人化"

学校要求教师必须人人以问题为导向，拟定研究小课题，期期有研究心得。主题

不在于有多宏大，而在于"精细实"。

4. 人人出题"多元化"

学校要求每位教师每学期针对自己所教学科出一套单元或者章节练习题，以此提高教师对教材知识点的把控能力。

5. 随生考试"体验化"

每学期教师要跟随学生进行四次考试，以此分析命题人的思路、命题方向，为教学把脉。

图 3—1—2 常态化开展教研活动，精准研讨促成长

（二）抓住重点：优化作业设计，让作业在课堂落实

为了让"双减"政策落地，澄溪小学校各学科教师通过集体备课、讨论，重点发挥作业诊断、巩固、学情分析等功能，统筹规划，设计出符合学生认知规律的基础常规作业、弹性和个性化作业、发挥自主能力的特色作业，并进行科学的作业时间管理，达到减负提质的目的。为保障课后作业质量，学校还要求教师做到三个"及时"：全学科作业及时完成，本学科作业及时批阅，错误作业及时指导。课后作业设计实行"五环一链"：设计初案—集体评议—审核修改—实践检验—反思提升，并尝试设计学科特色作业，如"阅读天地""最强大脑""思维碰碰车""生活现象""每天一练"等。

（三）突出亮点：强化课后服务，让学生享受快乐

为了践行"提质减负，打造高效课堂"的目标，奠定课后服务基础，学校成立以校长为组长的课后服务领导小组，全面部署学校课后服务工作，从组织教师学习文件

精神，召开专题会议，到制订各项制度，学校精心把控每一个环节，力求规范开展课后服务工作，通过作业辅导服务、素质拓展活动等形式保障课后服务实效，广泛收集家长、教师的意见与建议，因校制宜，深入挖掘资源，充分发挥教师非专业特长，形成了"菜单式"特色课程。如信息与技术教师开设编程课，数学教师教孩子们科技模型手工课，美术教师开设手工编织课，科学教师开设趣味科学实验等。课程涵盖语文、数学、英语、音乐、体育、美术、科学等学科领域，包括了合唱、国画、网球、阅读与思辨、国际象棋、石磨豆花等六十门精致"菜品"课程。充分挖掘学校功能场馆，开放心理咨询室、图书室、阅览室等各类资源设施，开展丰富多彩的文体、艺术、劳动、阅读、科普等活动，丰富美育活动，补足劳动教育，提升了课后服务的吸引力，提高了孩子们的参与度，目前澄溪小学校的课后服务参与率为百分之百，实现了学校课后服务课程百花齐放的美好愿景，课后服务真正成为"双减"落地的助推剂。

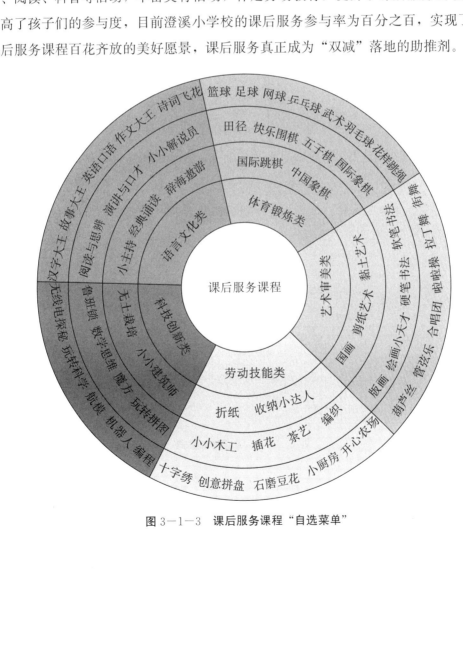

图 3—1—3　课后服务课程"自选菜单"

（四）锁定目标：深化课堂改革，让个性绽放未来

学校围绕"随风潜入夜，润物细无声"的教育理念，以"阳光文化"为载体，深化课堂教学改革，结合校情制订了《澄溪小学课堂教学改革实施方案》，并采用"四步走"的方式落实课堂教学改革。

1. 学习培训——知模

学校组织教师向书本、网络学习，并先后派出副校长、部门主任、教师等到重庆人民小学、重庆人和街小学、垫江县桂溪小学等学校学习，为学校课改领航。

2. 先行先试——建模

在前期学习培训的基础上，2021年秋季起，学校鼓励骨干教师、部分党员教师先行试点，探索适合学校的课堂教学模式——"阳光课堂"教学模式。

3. 全面实施——固模

2022年春季，课改在学校整体推进，所有学科、教师都积极投入到课改浪潮中。

4. 个性化教学——去模

在熟练应用"阳光课堂"教学模式的基础上，鼓励教师结合学科、学情、课型等开展个性化教学。

通过课堂教学改革实践，探索出了学校"阳光课堂"基本范式，落实了教学"十字诀"，构建了"七有四格"课堂评价体系，并在全县范围内推广。

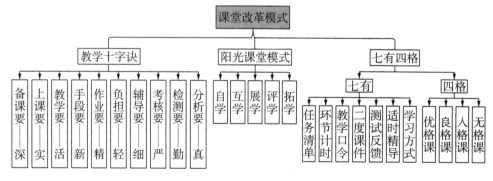

图3-1-4 课堂改革模式

（五）突破难点：活化多元评价，让评价赋能成长

评价是系统工程，澄溪小学校根据"让每个学生都出彩"的评价原则，探索构建了"4+4+N"五好阳光少年评价体系。第一个"4"即日评价、周小结、月展示、学期表彰"四步走"；第二个"4"即自评、师评、校评、家评"四联动"；"N"即通过

课堂表现、文明礼仪、主题活动、竞赛活动、电子问卷等方面对标对表落实评价任务，关注学生成长与发展。学校还结合"红领巾争章"活动，评出十二类校级一星章和六类自设的一星章少年，每学期至少让每一位学生有一次获得"太阳花"的机会。

二、取得成效及社会影响

三年来，垫江县澄溪小学校严格落实"双减"意见，教育质量和社会赞誉度再次提升。

（一）成效

1. 聚焦教研与课改，提升教师参与度

在学校教研与教改的过程中，教师不仅是行为参与，更是思想参与、情感参与；教师不再是被动的参与者，而是共同设计者、合作者和资源提供者；教师不仅要进行信息输入，还要进行信息输出。全校教师都能深度参与到教研和教改的活动中。

2. 分层作业与多彩课服，提升学生及家长满意度

澄溪小学校认真落实立德树人根本任务，聚焦课堂与作业，实现教学相容；构建课后服务体系，拓展学生成长空间，促进学生全面发展和健康成长。三年实践，变化喜人：逐步建立并完善的"双减"长效机制，让"书山题海"不见了，取而代之的是偏向于以社会实践及动手创造为主的活动和作业，让学生学习更有动力，成长更加出彩，家长也更加满意。

（二）社会影响

学校荣誉：先后被评为全国义务教育教学改革实验校、全国民族文化（戏曲）传承学校、中国儿童青少年体育健康促进行动学校、国家信息技术支撑学生综合素质评价试点校、重庆市基础教育科研实验学校、重庆市基础教育校本教研示范校等荣誉。

文本推广：获得重庆市"双减"案例评选活动一等奖。

经验推广："双减"经验在《垫江教育督导专报》《垫江教育》和《重庆日报》刊载。

我们深知，"双减"是一项系统工程，需要家庭、学校、社会携手并进，才能实现"双减"的目标，回答好"培养什么人、为谁培养人、怎样培养人"的时代之问。

（撰稿：任建伟　夏秋容　吴正勇）

创生性预习让课堂活起来

眉山市东坡区百坡初级中学

眉山市百坡初级中学（以下简称"百坡中学"）自 2019 年建校以来，致力于课堂教学改革，建构课堂教学生态，探索培养核心素养的新型教学模式，尤其在创生性预学上进行了深入探索。通过四年探索实践，取得了显著成效，构建了"三段四步"预学法，初步形成了以学为中心、素养导向的课堂教学模式，课堂活力大幅提升，促进了学生学习动能、学习能力、学业成绩的显著提升，提高了学校可持续发展的育人质量。

一、在不断自我检视和反思中开启了创生性预学的探索之路

百坡中学是 2019 年新建的位于城乡接合部的学校，这所年轻的学校面临的主要问题是：

（一）学生课堂学习参与度低，被动学习多，学习效率低

学生来自全区 20 余所小学，近一半是进城务工人员子女，一部分家庭对学生的学业质量要求不高，相当多的家庭对孩子教育方法失当，导致孩子学习习惯较差，学生进一步学习的动力不足，学习兴趣不浓，很多学生不能积极主动地参与课堂学习。

（二）教师讲得较多，面面俱到，重点不够突出，课堂效率低

学校教师普遍较年轻，近一半的教师教龄不足五年，教师对学情的掌握多不准确，往往怕该讲的知识没讲到，在课堂上面面俱到，结果是学生不懂的知识教师没讲透，学生已经会的知识重复教，导致学生学习兴趣不高，久而久之失去课堂学习的兴趣，甚至出现教师越想"教"，学生越不想"学"，学生越不想学，教师就越想"教"的恶性循环。

基于以上两个问题，我们力图从教师的"教"，即教什么、怎么教，学生"学"，即学什么、怎么学、什么时候学两方面入手，寻找能解决这两个问题的新的课堂教学

模式，为此我们进行了积极的探索，最后确定以创生性预学作为突破口，优化和明确课堂中教师应教什么、怎么教，以及学生在课前、课中、课后应怎么学。

二、"三段四步"预学策略赋能学生高质量学习

预学，可以促使学生带着有准备的头脑进入课堂，让教师以学生已有的知识储备来确定教学的内容和形式，创生性预学作业可以根据教学内容安排在课前或课中进行，讲授新课前组织学生进行创生性预学，主要是以"预学单"的形式来完成。

（一）课前预学，预学单的设计，突出创生

以"目的性"为导向，进行创生性预学作业单设计。

以"趣味性"为出发点，激发学生对创生性预学作业的兴趣。

以"拓展性"为推力，推动学生思维的发展。

以"合作性"为契机，提高学生的合作能力。

以"层次性"为设计原则，提升创生性预学作业的效果。

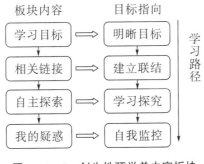

图 3—1—5 创生性预学单内容板块

（二）课中建构，预学方式的落实，突出自主

课前自主填写预学单，课中小组讨论。确定创生性预学作业的正确答案，交流不同的理解认识，优生帮差生释疑解惑。

课中展示与交流。小组展示合作学习的成果，讲解解答问题的思路、方法、答案，其他小组适时质疑、补充，教师适当点拨、提炼。

课中合作探究。对"生成问题"与"预设问题"先独立思考，有困难时小组再讨论，通过学生展示、相互补充或教师启发讲解等，掌握本节课重点知识。

课中反馈质疑。预设习题，由学生当堂独立完成，当堂讲解交流。

本课小结。归纳总结本课知识，点明重点。

创生性预学单将教学重点、难点提前分解，让学生通过思考并运用已有经验解决问题。充分尊重学生的主体地位，尽可能在课堂上提供机会展示作业，不断增强学生的自我成就感。这样，学生才乐于去做，才能在学习中取得更大的学习自信心。同时着眼于全体学生的不同背景，让每个孩子带着有准备的头脑进入课堂、进行学习，课外的充分研究让课内的学习更深入，课内交流更有理有据，留给了学生广阔的建构空间。

（三）课后输出，预学方法的掌握，学以致用

四步预习法：

是什么——读材料、做笔记，掌握基础知识和基本方法；

为什么——联前后、理结构，探究知识背后的过程与方法；

怎么做——验真知、研习题，用以致学，研究习题，检验预学成果；

还有什么——在预学第1—3步中，对不理解之处能清晰提出问题，主动向学伴提出疑问，尝试求助解决，拓展延伸提出新问题。

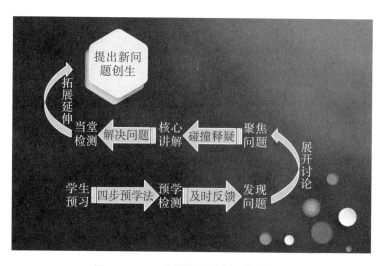

图 3—1—6　"预学到创生"教学流程

三、创生性预学让课堂更加灵动

有效的预学为学生的课堂学习打下基础，也培养了学生的自主学习能力，最大限度地体现了学生自主学习的能动性。

1. 教师的"教"更加灵动、高效

教师教学理念发生深刻变化。教师由知识传授者转变为点拨者，使得以"学为中

心”的教学方式得到优化。改变传统的灌输式教学，充分尊重学生的个性差异，注重因材施教，教师从课堂中的权威转变为学习活动的组织者、引导者、合作者。

促进专业化成长。教师对教学中的问题及困惑及时地进行归纳总结，由被动的教学思考逐渐走上主动教学思考，有效地促进了教师的专业化发展。

2. 学生的"学"更加主动

学习主动性提升。经过教师的精心培养，学生掌握了创生性预学的课堂交流、汇报方法，并内化为自己的学习素养，学生感受到自主学习的成功感，极大地调动了积极性。

自学能力提高。创生性学习单的设置使学生在课前对教学的重难点进行自学探究，逐渐学会如何思考，如何解决疑难问题，有效地培养了学生的自学能力。

团队意识增强。小组合作学习使学生取长补短，缩小两端学生的差距，双方都能获益，尤其对后进生有很大的帮助，各个层次的学生都能得到充分的发展，团队意识极大增强。

（撰稿：张旻文　解丽英）

第二章
战略先行：以可持续发展战略
引领高品质学校建设

高品质学校要实现可持续发展目标，需要有可持续发展的办学战略作指引。可持续发展的办学战略，是以现有办学水平为基础，以党的教育方针和国家的教育战略为依据，以可持续育人水平的有效提升为基本战略，在顶天立地、遵循规律、文化浸润、全面发展等方面制订学校发展规划。这样的规划，既立足于学校的现有实践，也具有一定的战略性，所以也称为战略规划。战略先行，是指以学校的办学规划为指引开展办学活动。制订这样的办学规划，既要有可持续发展的战略意识，也要有落地行走与能够实施的目标、思路、任务、路径与策略。但是，如何确立可持续发展的办学战略？如何根据这一战略制订办学规划？如何根据既定的战略规划推进高质量的办学活动？这些问题也是高品质学校深化建设需要解决的问题，本章内容为解决这些问题提供了理论与实践参考。

▶ **理论指引**

高品质学校可持续发展的时代意涵与办学战略

教育兴则国家兴，教育强则国家强。拥有十四亿人口的中国是世界人口大国，如何实现从人口大国向人才强国的跃迁，是教育工作者面临的时代课题，是摆在我们面前亟待破解的重大理论和现实问题。党的十八大以来，以习近平同志为核心的党中央立足国际国内形势和国家发展全局，全面系统阐述了"培养什么人、怎样培养人、为谁培养人"的根本问题，为教育工作指明了前进方向，为新时代教育改革发展提供了根本遵循，是建设新时代高品质学校的出发点和落脚点。

一、高品质学校的可持续发展

进入新时代，中国社会的主要矛盾已经转变为人民群众日益增长的美好生活需要和不平衡不充分的发展之间的矛盾。对教育而言，无论是从落实党和国家的教育方针来说，还是从经济社会发展对人才需求的角度来看，抑或从教育事业发展本身的需要来解析，建设高品质的、可持续发展的现代学校，是教育事业发展的重要趋势。

（一）党和国家的教育方针要求建立高品质的学校教育体系

党的二十大报告明确提出，要"坚持以人民为中心发展教育，加快建设高质量教育体系，发展素质教育，促进教育公平"①。中共中央、国务院印发的《关于全面深化新时代教师队伍建设改革的意见》指出，要"面向全体中小学校长，加大培训力度，提升校长办学治校能力，打造高品质学校"。中共中央、国务院印发的《中国教育现代化2035》指出，要"发展中国特色世界先进水平的优质教育"，"推动各级教育高水平高质量普及"。教育部、国家发展改革委、财政部印发的《关于实施新时代基础教育扩优提质行动计划的意见》指出，要"显著扩大基础教育优质资源，加快构建幼有优育、学有优教的高质量基础教育体系，更好满足人民群众'上好学'的美好愿望"。由此可见，建设高质量的教育体系，建设越来越多的高品质学校，一直以来就是党和国家重点关注和努力破解的社会难题。

特别是进入新时代后，人民群众对于教育的诉求已经不再是"有学上"，而变成了"上好学"。这就要求要开办越来越多的优质学校，让普通的薄弱学校提档升级，满足当下人民群众对教育的美好需要。习近平总书记在二十届中央政治局第五次集体学习时强调，"要坚持把高质量发展作为各级各类教育的生命线，加快建设高质量教育体系"。高质量教育体系的核心就是建设高质量的学校教育体系，高质量的学校教育体系的关键就是建设高品质学校，通过推动各级各类学校提高办学品位和质量，全面落实立德树人根本任务，确保学校教育真正促进学生全面发展，实现教育公平均衡优质发展的目标。

---

① 习近平. 高举中国特色社会主义伟大旗帜 为全面建设社会主义现代化国家而团结奋斗——在中国共产党第二十次全国代表大会上的报告［M］. 北京：人民出版社. 2022：2－32.

（二）新时代经济社会发展需要高品质学校提供人才支撑

国家发展靠人才，民族振兴靠人才。综合国力竞争归根结底是人才竞争，人才是衡量一个国家综合国力的重要指标①，全社会的经济发展需要高素质的人才支撑。党的二十大报告一体化部署教育、科技、人才，突出了教育在促进科技进步、培养人才方面的重要作用。学校教育是培养人才的主要途径，通过学校教育可以获取知识、技能和价值观念，从而成为有用的人才。良好的教育环境、优质的教育资源、有效的教育方式，都可以对人才的成长产生积极的影响。反之，如果教育环境恶劣、教育资源贫乏、教育方式落后，那么人才的成长就会受到阻碍。

这无疑对于现代学校建设提出了更高的品质要求，要求学校更加聚焦学生能力和素质的培养。进入新时代，科技发展日新月异，各类产业快速迭代升级，特别是伴随着5G、人工智能、大数据、云计算等信息技术的快速发展，经济社会生产生活样态快速演进，如何确保培养的人才不落后于时代、不落后于现代信息产业技术变革，高品质学校建设成为必然的选择。当今世界，各国对于人才培养越来越重视，特别是对于科技创新拔尖人才培养不遗余力，这就更需要通过高品质学校建设，推动教育理念、方式、内容等方面的变革，为优秀人才培养奠定坚实的基础。只有学校办学品质越来越高、高品质学校越来越多，才能源源不断地满足社会经济发展对于人才的需要，服务于中华民族伟大复兴的大局。

（三）教育事业的高质量发展需要高品质学校的可持续发展

教育高质量发展是通过不断优化教育资源配置，提高教育质量和效益，实现教育公平和公正，促进学生全面发展，以满足社会经济发展和人民群众日益增长的教育需求的过程。而教育事业的高质量发展的最终目标，是能够基本消除区域、城乡、学校之间教育不公平现象，能够促进教育的均衡发展、协调发展，实现青少年全面发展。这一系列目标绝不是短期内涌现出一批优秀的学校、培养出一批优秀的人才就能实现的，而是需要立足长远、久久为功，不断地调整、改进、完善学校教育体系，努力达到教育发展的最优样态。

而作为现代教育首要场景的学校，其办学品质的好坏直接影响着教育高质量发展的实现。要提升学校办学品质，核心关键就是可持续发展。一方面要坚持学生培养的可持续，不能为了学校一时的业绩拔苗助长，特别是不能通过短期的过重的学业负担

① 习近平. 深入实施新时代人才强国战略 加快建设世界重要人才中心和创新高地［J］. 求是，2021（24）：1—7.

来创造所谓的优秀成绩，挤压学生未来的成长空间，而要着眼于人才的终身培养，合理有序地开发青少年的潜能；另一方面要坚持学校发展的可持续，由于区域、经济、学段等差异，学校之间的差距普遍存在，各地各学校要实事求是，从学校实际出发做好短期、中期、长期的不同规划，推动教育质量持续提升、学校教育资源合理配置和教育环境的持续改善。这样，能够满足人民群众日益增长需要的更高质量、更加公平、更有效率、体系更加完备、更加丰富多样、更为可持续发展的高质量教育体系才能逐渐形成[①]。

二、高品质学校的时代内涵

高品质学校是品位和质量都高的学校，能根据政策要求和教育规律找准自身发展定位，根据办学条件和学生需求采取适宜的教育教学策略，做到兼顾学生今天的幸福和明天的发展[②]。

（一）高品质学校的价值属性

高品质学校之所以符合新时代教育事业发展的需要，是因为它在历史任务、逻辑导向和学校取向三个方面存在着鲜明的价值属性。

1. 历史任务上，高品质学校着眼于"上好学"

自改革开放以来，中国教育迎来了快速的变革，从 1982 年的"普及初等义务教育"到 1985 年的"有步骤地实行九年制义务教育"，从 1992 年提出的"到本世纪末，基本普及九年义务教育，基本扫除青壮年文盲"到 2001 年的"人民教育政府办"，从 2006 年的"义务教育全免费"到 2016 年的"统筹推进县域内城乡义务教育一体化"，从 2018 年的"教育引导学生培育和践行社会主义核心价值观"到 2021 年的"双减"，学校的使命从最初的"普及初等义务教育"演变成追求德智体美劳全面发展，从"有学上"转变成"上好学"，实现了从规模扩张到内涵建设的巨变，走上了建设高品质学校的道路。

2. 逻辑导向上，高品质学校着眼于价值理性

由于历史原因，过去很长一段时间，教育陷于"以分数论成败，以分数评价学校的优劣"的工具理性，更多注重学校教育培养出来的人才数量，对于人才的全面发展

---

① 周洪宇，李宇阳. 论建设高质量教育体系［J］. 现代教育管理，2022（1）：54—58.
② 刘涛，崔勇. 高品质学校建设的"四川样本"［J］. 人民教育，2020（10）：47—50.

以及与社会的需求匹配度关注不多。进入新时代，高品质学校教育不再单纯地只关注学生分数，学生的道德品质、身体素质、美育素养、劳动能力、心理健康等都成为学校关注的焦点，对学生的评价方式、教师授课方式也在不断地丰富和完善。2020年10月，中共中央、国务院印发的《深化新时代教育评价改革总体方案》指出，要扭转不科学的教育评价导向，坚决克服唯分数、唯升学、唯文凭、唯论文、唯帽子的顽瘴痼疾，引导教师潜心育人的评价制度更加健全，促进学生全面发展的评价办法更加多元，高品质学校的评价维度就复杂得多。

3. 学校取向上，高品质学校着眼于"人"的自我实现

传统学校更加注重教育教学质量目标的达成，用达成的比率来衡量和指导教育教学工作。而高品质学校建设聚焦的是"人"的自我实现，从教师、学生的视角来审视学校教育教学活动。如在高品质学校的课堂教学中，理解和应用知识不再是唯一的选项，还要通过学习方法的传授、思维习惯的培养和语言表达的锻炼等方式，审视学生在课堂中的成长和获得。高品质学校的育人方式深度转变，培养体系越来越全面，学校的课程实施机制越来越健全，教学组织管理形式越来越注重"以生为本"，学校教育以主动的、整体的、长远的眼光看待学生成长和学校改革发展。在高品质的学校中，学生可以拥有不同的发展方向，追求不同的自我实现，教育不再只是注重眼前的成长和进步，而更侧重于为学生的持续学习和终身成长奠基。

（二）高品质学校的内涵维度

高品质学校与新时代教育事业发展紧密相关，是遵循教育规律，拥有最适合师生教育情境和发展需要，实现学生全面而有个性发展的学校。从不同的维度剖析，高品质学校在发展内涵、行动特征、核心导向上各有不同，但最终还是统一到了落实立德树人根本任务上来。

从方向性的内涵维度来看，高品质学校的行动特征是顶天立地。即高品质学校既要培养孩子脚踏实地的精神，引导孩子关注和促进个人成长；也要从社会发展的角度拓展面向全社会的视野，主动思考关系全人类的问题。在这样的交互中，个人发展与社会进步交相辉映，实现有效统一。

从长效性的内涵维度来看，高品质学校的行动特征是遵循规律。即高品质学校引导师生和家长接纳不同孩子在记忆、理解上的差异，不脱离孩子的天赋而追求不切实际的目标；但是，也鼓励那些积极学习的孩子，激励他们通过自身的努力和勤奋提高能力和水平，实现后天与先天的统一。

从情境性的内涵维度来看，高品质学校的行动特征是文化浸润。即高品质学校尊重孩子的认知思维，不站在高高在上的角度教育孩子，而是通过学校的校园文化或活动，让孩子们在潜移默化中接纳正确的价值观教育，实现方法与价值的统一。

从包容性的内涵维度来看，高品质学校的行动特征是全面发展。即高品质学校尊重孩子的个体差异，让不同情况的孩子都能在学校中接受优质的教育，在教育中实现个人的成长。但同时也引导孩子积极参与集体生活，遵守集体的规则，实现共性与个性的统一。

表 3-2-1　高品质学校的内涵维度

发展内涵	行动特征	核心导向
方向性	顶天立地	个人与社会的统一
长效性	遵循规律	后天与先天的统一
情境性	文化浸润	方法与价值的统一
包容性	全面发展	共性与个性的统一

三、高品质学校的办学策略

学校作为教书育人的地方，其作用发挥情况直接影响着人才培养的成败。而高品质学校不仅能够实现教书育人的最终目标——立德树人，更能够展现当前社会治理体系下的全新样态。在传统的教育体系下，学校作为教育组织机构，以工作任务为目标，以工作绩效为导向，以工作内容为单元，与一般的企业单位并无太大差别。但是，高品质学校则将学校作为教育实践场域，以人的发展为目标，以人的自觉为导向，以人的连接为单元，最终实现人的教育和培养。前者是一个顺利运行的组织，只能勉强维持教育常态，学生成长往往缺少内生动力；后者则是一个自我更新的生态，在这样的状态下会孕育出各种各样的教育创新，学生会将学习转化为自己所获所能，最终实现终身发展。而要建设高品质的学校，则必须把握住三大核心策略。

（一）坚持党的领导

新时代高品质学校教育不仅承载着传播思想、传播真理、塑造灵魂的时代重任，更承载着服务中华民族伟大复兴的重要使命。因此，坚持和加强党对学校教育的领导是坚持社会主义办学方向的根本要求，是办好高品质学校的根本保证。

1. 充分发挥学校党组织的领导作用

学校党组织要把方向、管大局、作决策、抓班子、带队伍、保落实，使基层党组织成为学校教书育人的坚强战斗堡垒。学校领导干部要带头维护党组织的权威、落实党组织的决议，把旗帜鲜明讲政治全面融入学校管理工作中，将党建工作与业务工作深度融合，把党的教育方针政策转化为科学治校的决定和行动，确保教育教学改革顺利进行和立德树人任务落地落实。

2. 充分发挥党员教师的先锋模范作用

坚持"一个党员就是一面旗帜"，加强教师师德师风建设，树牢"四个意识"、坚定"四个自信"、自觉做到"两个维护"，牢记自己的教育初心和使命。引导广大党员教师做廉洁的表率、团结的楷模、实干的标杆，带头讲党性、讲大局、讲团结、讲正气，合力攻坚克难，不断将教育发展推向新的高度，努力在"培养什么人、怎样培养人、为谁培养人"上取得新的成效。

3. 全面加强思想政治工作

学生作为学校接受教育的群体，高品质学校教育要充分发挥学生的主体作用，把立德树人贯穿到日常的教育教学工作中，通过国旗下的讲话、班会等活动，教育学生"听党话、跟党走"。加强思想政治理论课建设，推动思想政治理论课改革创新，增强思政课的吸引力、感染力、说服力、亲和力。加强课程思政和学科渗透，将社会主义核心价值观融入学生课堂学习全过程，推动各类课程与思政课程同向同行。

（二）进行系统改革

高品质学校与传统学校的显著差别就在于它的发展路径更加聚焦人的发展、全面的发展。因此，建设高品质学校，亟须对原有的学校教育系统进行改革，让其与新时代的教育发展和群众需求相匹配。

1. 要建立起科学完整的实践框架

高品质学校建设的典型经验和普遍规律是"1＋3＋N"结构：确立指向立德树人的办学理念"1个核心"，抓住落实五育并举的课程、教学、评价"3大要素"，实施增强办学活力的党建引领、队伍建设、民主治理、校本研修、家校共育等"N个项目"。也就是说，高品质学校建设要以"1＋3＋N"结构性改革来建构教育文化生态。

2. 要明确它的愿景、使命和价值观，形成一套完整的学校发展体系

如成都市霍森斯小学就是以"成就每个孩子独一无二的幸福童年"为育人目标，结合城市发展、区域特色和育人方向，积极推动"公园城市课程""空间课程""儿童戏剧课程""乐高课程"的研发与实践，致力于办一所学生喜欢、家长满意、教师幸福、社会向往的高品质现代化学校。

3. 要建立健全学生参与的学校治理体系

要引导学生当学校的主人，积极建言献策，营造共建共享的学校氛围。同时，也需要营造良好的师生关系。

4. 要进行可视化、活动化、常态化的品牌建设

现代社会，一所高品质学校不仅要有良好的口碑，也应有便于识别、认识和理解的物化标识和特色的课程、活动，让学校的教育教学理念通过可参与、可感知的形式浸润进学生的日常教育。

5. 要着力于学校文化和办学条件的资源开发利用

高品质学校绝不是千校一面，而应鼓励不同学校结合自身的实际，打造属于自己的特色，形成自己与众不同的文化印记，成为孩子们成长中难以忘怀的美好记忆。

6. 要完善家、校、社、场馆、基地的合作机制

现代学校需要打开门办学，只有整合各类教育资源，共同为学校建设和发展服务，才能真正实现学校的高质量发展，培养德智体美劳全面发展的新时代青少年。

7. 要在技术支持下进行日常数据收集和自我诊断改进

不管是课堂教学，还是日常的各类学生活动，在人工智能高速发展的今天，高品质学校均应引入现代信息技术，不仅是为了助力学校的教育教学和管理，更是为了让孩子们尽早进入信息化和人工智能的时代。

（三）提升关键能力

建设高品质学校，还需要在当前的学校教育困境中寻求突破，特别是要致力提高应对内卷、提升素养、增强应用的能力，让学校教育走出教育的"围城"。

1. 对抗内卷：扩大课程资源，提供丰富的学习机会

第一，引导个性化的学习。学校根据学生的不同需求和能力来设计和实施教学活动，让每个学生都能以最适合自己的方式学习，教师或教育工具会根据学生的学习情况、兴趣爱好和学习风格，为其提供个性化的学习资源和教学计划，提高学生的学习兴趣和主动性。第二，引导多元化的学习。学校要鼓励学生通过阅读书籍、观看视频、参加线上或线下的课程、进行实践活动等多种方式获取知识和技能，同时通过学习多个领域的知识，学习者可以建立广泛的知识体系，提高跨界思维能力。第三，引导向外扩张的学习。学校应鼓励学生积极寻找和探索新的学习资源和学习机会，主动尝试

和应用新知识和新技能，通过学习其他学科的知识，来丰富自己的知识体系，拓宽孩子们的国际视野，提高全球竞争力。

2. 致力减负：聚焦学习能力，提升学生的核心素养

高品质学校教育要尽量避免追求高分的边际效应递减，在批判性思维、创新能力、沟通能力、团队合作能力、自我管理能力、道德责任感等核心素养上发力，培养学生在知识、技能、情感、价值观等方面的综合素质，以适应社会和个人发展的需要。第一，根据学生的需求和兴趣，提供多样化和个性化的课程，让学生有机会学习和发展他们感兴趣的领域。第二，摒弃传统的填鸭式教学，采用启发式、探究式、讨论式、参与式教学，激发学生的好奇心和主动性，培养他们独立思考和创新的能力。第三，提升教师的教学理念和教育方法，让他们能够更好地指导学生，帮助他们提高核心素养，为学生未来的学习和生活打下坚实的基础。

2. 学以致用：改革评价方式，强化学生的应用能力

高品质学校应重视日常质性评价和表现性评价，引导学生提升分析问题和解决问题的能力和水平。第一，开展除了考试成绩以外的多元化评价，考虑学生的行为习惯、学习态度、创新能力、团队协作能力等多方面的表现，进行全面的评价。第二，注重对学生在学习过程中的表现进行评价，比如课堂参与度、作业完成情况、团队合作能力等，而不仅仅是最终的考试成绩。第三，坚持形成性评价与终结性评价相结合，在通过提供及时的反馈和指导帮助学生改正错误的基础上，对学生学习成果进行最终评价，更好地促进学生全面发展，提高学校教育教学品质。

高品质中小学校建设的多重逻辑

党的二十大报告强调，要坚持以人民为中心发展教育，加快建设高质量教育体系，发展素质教育，促进教育公平。学校、教师、学生作为教育构成的基本要素，在建设高质量教育体系中尤为重要。建设高品质中小学校，加快基础教育高质量发展，助力教育强省、教育强国建设，是贯彻落实党的二十大精神的务实之举，是夯实基础教育基点的现实之需，也是办好人民满意教育的应有之义。需要在深入掌握其内涵特征、外在相貌基础上，认识高品质中小学校建设的多重逻辑。

一、高品质学校的内涵特征

（一）字词释义

"品质"二字有多重意蕴：可以是指行为、作风上所表现的思想、认识、品性等本质，或指物品的质量，或指一定社会或一定阶级的政治、道德的原则和规范在个人修养方面的具体反映，或指个人在其行为整体中所展示的素质、人品和价值意义。与之对应的英文单词有两个，一是 attribute（属性），一是 quality（质量）。"高品质"即 high Attribute 或 high quality，通常指的是一种高水平、高标准、高质量的状态或特性，它不仅仅适用于产品、服务或物质层面，也可以用来描述人的思想、行为、生活状态等方面。从某种意义上讲，高品质学校就是强调学校具有比较优势的属性、质量、状态或特性，是先进的价值理念、高质量教育教学、科学的治理体系、特色的育人模式等多重属性的综合。

（二）内容组成

细分高品质学校内容，应当包含高品质教育，为党育人、为国育才，立德树人、五育并举；包含高素质教师，拥有一大批有理想信念、道德情操、扎实学识、仁爱之心的"四有"好老师；包含丰富多样、与时俱进的课程体系，满足学生多样化的学习需求；包含优质的实践交流与协作创新，注重教师教育教学科研，培养师生实践创新能力和团队协作能力；包含培养高水平学生，以学生为中心，关注学生的个性化发展需求，促进学生全面、持久、个性、公平发展；包含实施高品质管理，拥有科学、规范的管理制度和运行机制，科学、全面、多元的评价体系，注重教师的激励和约束，激发教师的工作热情和创造力；包括营造高品质文化，注重校园文化的建设，拥有独特的学校文化和精神风貌，营造良好的育人环境等。

（三）过程回应

建设高品质学校，既要在新型城镇化和人口出生率持续下降等发展新格局大背景下，考虑如何持续优化教育教学模式，提升教育教学水平，提高教育教学质量，回应学生、家长及社会对优质、公平教育的现实期盼问题；也要回应在五育并举、立德树人基本要求基础上，如何做好"拔尖创新"人才培养工作，破解"钱学森之问"，培育好社会主义现代化的合格建设者和可靠接班人的国家需求问题；还要解决好贯彻落实党的二十大关于教育、科技、人才统筹部署，坚持高质量发展，以学校为基础，以教育为重点，以人才为抓手，发展新质生产力，提高人才服务教育强国、科技强国、人才强国等社会需求问题。

（四）目标追求

高品质学校建设具有多维目标，致力于追求卓越学术，着力培养学生的批判性思维、解决问题能力和终身学习习惯；追求全人教育，注重学生的全面发展，包括道德、情感、社交、体育和审美等各个方面；追求提供个性化学习路径，帮助每个学生实现其独特需求和最大潜能；追求主动承担社会责任，培养学生创新思维和领导能力，鼓励学生成为未来社会的领导者和变革者；追求文化多样性，通过技术整合，强调国际视野，教育学生尊重和欣赏不同的文化和背景，促进包容性和相互理解；追求家校社合作，建立学校与家庭、社区的紧密联系，共同为学生的成长和发展提供支持。

（五）突出特征

高品质学校具有高格局、高气质、高品位、高目标、高追求、高质量、高动能、高示范、高影响等特征。高格局要求学校具有宏观教育视野，要着眼于学生的全人发展、终身学习和社会贡献；高气质要求学校形成独特的校园文化和教育气质，营造出积极向上、追求卓越的教育氛围；高品位要求学校注重教育内容和方法创新，培养学生的正向审美和人文素养；高目标指教育目标要高标准，旨在培养学生的领导力、创新力、协作力、解决问题能力、强烈社会责任感和道德意识；高追求要求学校不断探索更有效的教学方法和管理模式，以适应快速变化的教育需求和社会变革；高质量要求学校提供个性化的教育方案，确保教育活动的高效和有效；高动能要求学校激发学生的学习动力和创新精神，让学生在学习过程中发挥主动性和创造性；高示范要求学校成为其他学校的示范和榜样，从而推动教育的整体进步；高影响要求学校对学生、家庭乃至整个社会都有深远的影响，从而推动社会的发展和进步。

二、高品质学校的外在相貌

（一）高品质学校是棵树

高品质学校是一棵枝繁叶茂的参天大树，它深深扎根于中国特色社会主义教育实践的沃土之中，传承和坚守传统教育价值，吸收与融合着现代教育理念，转化为学校独特的育人模式，生长、繁荣着新时代教育的力量。树的根系代表着学校的核心理念和价值追求，是学校发展的基础；树的主干象征着学校的办学特色和育人目标，明确了学校的发展方向；树的枝丫代表着学校的组成部门和多样课程，它们共同支撑着学校的运行和发展；树叶和果实则是学校培养出的优秀学子。这棵树既是获取知识、培养能力的重要场所，更是塑造品格、实现人生价值的重要平台。它不仅是一棵树，更是一个生态系统，为学校的可持续发展提供不竭动力。

（二）高品质学校是面旗

高品质学校具有引领作用。它不断探索教育创新，勇于教育改革实践，以独特的校风、教风和学风，先进的教育理念、科学的教育方法和卓越的教育成果，为其他学校树立榜样，成为教育事业的楷模，引领着教育行业发展的方向，使得整个教育系统更加充满活力。高品质学校具有凝聚作用。它以其深厚的文化底蕴、良好的教育氛围和积极向上的精神风貌，吸引着师生积极参与和投入，共同追求知识和真理，探索生命的意义，为实现价值目标而努力奋斗。高品质学校具有教育力量。旗帜代表着一种信念和追求，高品质学校以其优质的教育资源、丰富的教育内容和科学的教育方法，旨在引领学生形成正确的世界观、人生观和价值观，培养有理想、有道德、有文化、有纪律的社会主义建设者和接班人。

（三）高品质学校是团火

高品质学校是知识的火炬，它汇聚了先进的教育理念、优质的教育资源、富有创新精神的教师团队。这团火彰显着对知识的渴望、对真理的追求，引领学生们在知识的海洋中遨游，激发他们的创造力和探索精神。高品质学校是温暖的火焰，它不仅是传授知识的场所，更是充满人文关怀的大家庭。在这里，师生们相互尊重、关爱、包容，温暖着每一个师生的心灵，让他们在成长的道路上不再孤单，而是充满信心和勇气。高品质学校是希望的火种，它承载着社会的期望和家长的寄托，致力于培养新时代"四有"新人，这团火点燃了学生们对未来的憧憬和梦想，激励着他们为实现中华民族的伟大复兴而努力奋斗。高品质学校不仅自身熊熊燃烧，更是努力传递火焰的力量，能带动整个教育行业进步与发展。

（四）高品质学校是盏灯

明灯照亮教育之路，引领前行方向。高品质学校是知识的明灯，它汇聚了丰富的教育资源，拥有专业的教师团队。这盏灯不仅照亮了学生们的求知道路，还激发了他们对未知世界的探索热情，拓宽了他们的视野和思维，为未来的学术和职业发展奠定了坚实的基础。高品质学校是品德的明灯，它注重培养学生的品德修养和人格魅力，通过丰富多彩的教育活动和校园文化，引导学生树立正确的价值观和人生观。这盏灯照亮了学生们内心的世界，让他们学会尊重他人、关爱社会、追求卓越，成为具有高尚品德和社会责任感的人。高品质学校是梦想的明灯，它鼓励学生追求自己的梦想，并为他们提供实现梦想的平台和机会。这盏灯照亮了学生们未来的道路，让他们充满信心和勇气，勇敢地追求自己的梦想，实现自己的人生价值。

（五）高品质学校是部书

高品质学校就像一部丰富的书，每一章节都充满了知识和智慧，等待着学生去探索和学习。高品质学校是知识的宝库，汇聚了古今中外各个领域的知识精华。学生们如同读者，在书海中遨游，汲取知识的养分。高品质学校是智慧的源泉，它教会学生们如何思考、如何创新、如何解决问题，培养学生独立思考、批判性思维等重要的智慧品质。这些智慧品质将伴随他们一生，成为他们面对未来挑战的有力武器。高品质学校是人生的导师，它通过丰富的课程、多样的活动和深厚的校园文化，塑造学生们健全的人格和良好的品质，让学生们学会如何与人相处、如何面对挫折、如何追求梦想。高品质学校是未来的指南，不仅关注现在，更展望未来。它引导学生们了解了社会的需求、世界的变化和未来的趋势，为他们未来的职业规划、人生规划提供有力的指导。

三、建设高品质学校的逻辑路径

（一）现实逻辑：比较优势显特色

建设高品质学校，首先要凸显的是与其他学校的相对比较优势，不管是教育理念、育人标准、师资队伍、课程体系、治理能力、环境条件、平台渠道、育人成果，均要结合实际，因地制宜，争取人无我有、人有我优、人优我特，高品质学校建设就是建设相对的高品质学校，是比较之下的高品质学校。建设高品质学校，要重点凸显自我的绝对比较优势，与自己的过去比较、历史比较，进步比较、发展比较，重点关注的是其自身的奋斗历程、产出成果、进步空间和奋斗方向，是学校自我寻找、自我认同和自我实现的发展历程、进阶路径和涅槃过程。建设高品质学校，是学生、家长和社会等教育重要利益相关者的相互比较和学校选择的过程，体现的是各利益相关者的"口耳相传""社会口碑"，需要用实际行动讲好"育人故事"。

（二）时空逻辑：传承借鉴烁古今

高品质的历史渊源可以追溯到古代文明时期。在古埃及、古希腊、古罗马等古代文明中，人们就开始追求高品质的建筑、艺术品和手工艺品；工业革命是高品质发展的重要里程碑，其间品质管理理论和方法逐渐成熟，为高品质的发展奠定了坚实基础；现代社会中，人们对品质的要求也越来越高，高品质成为衡量一个国家或地区发展水平的重要指标之一。尤其在教育领域，《礼记·学记》指出"玉不琢，不成器；人不学，不知道"，强调通过不断学习和磨炼，人可以提升自己的品质，变得更有价值。《诗经·小雅·车辖》强调"高山仰止，景行行止"，表达了对高尚品质的敬仰和追求。建设高品质学校，就是要锲而不舍、孜孜以求、持续推进，不能三心二意、见异思迁、半途而废。

（三）价值逻辑：担责育人谋发展

担责，是高品质学校的首要使命。不忘初心、牢记使命，学校应当勇于练好内功，承担铸就基础教育学校品牌之责，承担助推基础教育高质量发展之责，承担助力建设教育强省、教育强国之责，承担为党育人、为国育才之责。育人，是高品质学校的核心任务。教育的本质在于培养人，而高品质学校则更加注重学生的全面发展。要注重培养学生的创新思维、实践能力、团队协作能力、社会责任感等，使他们成为未来需要的拔尖创新人才。谋发展，是高品质学校的长远目标。学校的发展不仅仅是规模的扩大和设施的完善，更重要的是教育理念的更新、教学方法的改进、师资队伍的建设以及科研水平的提升。只有不断发展，学校才能迭代升级、浴火重生，跟上时代的步伐。

（四）治理逻辑：持续改进开新篇

高品质学校治理不是一种静态的管理状态，而是一个动态发展的、不断优化的过程，是一种全面、深入、系统的思维方式。通过不断地自我审视、发现问题、寻求解决方案和实践检验，使得学校能够在不断变化的教育环境中保持竞争力。高品质学校持续改进，应根据社会发展不断改革创新，可持续改进教育目标，使之更具前瞻性和指导性；建立科学高效的教育教学管理体系，有效地提高教育教学的效率和质量；不断加强师资队伍建设，帮助他们不断提高教育教学能力；构建高效沟通机制，促进各部门之间的信息共享和协作。通过持续改进，努力为学生提供更加优质、个性化的教育服务，共同推动学校在未来的发展中保持领先地位，实现学校可持续发展，不断开启教育事业新篇章。

（五）共生逻辑：姹紫嫣红才是春

一花独放不是春，姹紫嫣红才是春。建设高品质学校，需要营造一个开放、包容、合作的良好氛围。要开门办教育，将教育融入生活中；要包容学生的差异性，尊重他们的个性和特长；要整合各界教育力量，形成校家社统一战线，构建良好教育生态。建设高品质学校，关键需要有奉献精神。要坚持以人为本，扎根中国大地办教育，心怀大爱办教育，祛除教育短视行为和功利心态，回归教育育人本质，不能见钱不见人、见权不见人、见分不见人，共同构筑充满爱与责任的教育环境。建设高品质学校，需要有敢于分享的心态和勇气。通过与其他学校的合作与交流，在共建、共育、共享中取长补短，分享其优质的教育资源和管理经验，传播其办学理念和教育价值，帮助周边学校提升教育质量和管理水平，构建教学、科研、发展共同体，促进区域教育资源的优化配置和均衡发展。

高品质学校深化建设的办学规划，要把培养新时代的可靠接班人作为可持续育人的基本任务，着力培育有灵魂、有理想和有中国内涵的全面发展的时代新人，既传承优秀文化，也充分利用现代技术赋能，为每个孩子的"灵动成长"创造更有品质的条件。

红色铸魂　培养新时代可靠接班人

万源市白沙镇小学

党的十八大以来，习近平总书记在地方考察调研时多次到访革命纪念地，瞻仰革命历史纪念场所，反复强调要用好红色资源，传承好红色基因，把红色江山世世代代传下去。达州在土地革命战争时期是全国第二大革命根据地区——川陕革命根据地的重要组成部分，是典型的革命老区。在这片厚重的热土上，诞生了张爱萍、陈伯钧、向守志、魏传统等二十一位开国将领；红三十三军军长王维舟，被毛泽东亲笔书赠"忠心耿耿，为党为国"；刘伯承、徐向前等重要领导人，李家俊、徐彦刚、唐在刚等大批英勇无畏的革命烈士曾在这里工作过、战斗过。万源市是川陕革命老区的核心组成部分，固军坝起义、万源保卫战、大面山阻击战等战役曾在这里打响。白沙镇曾是全国五大工农区之一，也是万源保卫战的主要阵地之一。达州地区留下了很多脍炙人口的红军故事、民间传说及红军歌谣等红色精神文化。为"传承红色基因，培育时代新人"，万源市白沙镇小学（以下简称"白沙镇小"）一直致力于挖掘本土红色文化，将红色传统、红色记忆、红色基因根植于学生心中，让革命薪火代代相传。

一、红色铸魂，引领五育并举

（一）在德育中挖掘红色内涵

党的二十大报告指出，育人的根本在于立德。白沙镇小通过在校园宣传栏张贴英雄事迹，在走廊和墙壁等处张贴红色标语，根据不同的纪念日设计班级黑板报等，创新营造校园红色氛围。组织学校教师认真研读教材、活用教材，通过红色故事导入、红色故事情景再现、红色故事表演、红色诗歌朗诵等方法让学生积极参与到课堂活动中来，将红色精神融入道德与法治课堂教学的各环节。利用每周的升旗仪式和国旗下演讲，让学生了解革命历史，学习革命先辈的奋斗精神。上好每周主题班队会课，通过了解英雄故事、观看历史纪录片，开展理想、信念等主题演讲，以丰富鲜活的内容来感化学生。学校还充分利用学雷锋纪念日、国庆节等纪念日、传统节日，组织学生开展具有地方特色的主题教育。

（二）在智育中汲取红色智慧

党的二十大报告指出，培养造就大批德才兼备的高素质人才，是国家和民族长远发展大计。学校充分发挥骨干教师的专业引领作用，通过教研活动对红色文化教材进行校本化开发。教师结合具体的教学情境，运用拓展、整合、创编等方法深刻挖掘本土红色文化，打造学科教育与红色文化元素相融合的学科课程，同时通过环境创设、课堂教学、实践体验等多样化的方式构建红色文化课堂。每期至少开展一次"讲红色故事"活动，由教师和学生共同去搜集本土革命故事，在班（队）活动中声情并茂地讲述；组织师生阅读《红色少年的故事》等红色书籍，观看《周永开》《开国大典》《英雄儿女》《长津湖》《闪闪的红星》等红色电影，召开分享会，让学生在"讲、观、听"中感受红色精神、汲取红色智慧，厚植红色基因。

图3-2-1　演红色故事，传红军精神

（三）在体育中传承红色精神

红色资源蕴含着红色体育基因的历史烙印，在不同历史时期和不同根据地形成了不同形态的精神力量，比如苏区体育精神、延安体育精神等，在当代，体现为中国女排精神、北京奥运精神等。红色体育厚植于中国革命土壤，对铸魂育人具有独特的时代价值。"五卅"赤色体育运动会上，张爱萍同志提出了"比赛不是为了胜负，而是为了锻炼铁的筋骨，需要有锻炼工农身体的竞赛，而不是锦标主义"等观念，蕴含着"公平竞争、强身健体、友谊第一、比赛第二"的体育精神。

（四）在美育中丰富红色体验

美育是审美教育、情操教育、心灵教育、想象力教育和创新教育的综合体，新时代学校美育要立足于以美养德、以德铸魂。白沙镇小开展以红色文化为主题的美育研讨活动，利用红色影像资料、红色歌曲等从视觉、听觉上给激发学生学习兴趣。以红色国画、油画、水彩等形式的作品引领学生学会美术鉴赏的基本方法。注重多学科融合，将万源本土红色文化故事穿插其中，编排出笋子梁十二勇士情景剧等。以乡村少年宫活动为载体，以万源当地人文风情、红色革命、茶文化、巴山文化为主要题材，以课堂讲授和实践操作为主要形式，将红色文化与剪纸艺术相结合。在四川省"乡村学校少年宫嘉年华"交流展示活动中展示以"红色万源"为主题的剪纸艺术，学生们以刀代笔，《万源保卫战》《红色万源》《情系白沙》《红色万源，永恒记忆》等作品栩栩如生。以书法课堂为载体，将革命传统、红色精神的传承与弘扬纳入日常书法教学中，学校书法工作室的教师们带领白沙镇小学子在课堂中临摹革命书信、革命诗歌，在提升学生书法欣赏和创作能力的同时，培养学生的爱党爱国情怀。

（五）在劳育中根植红色信仰

习近平总书记曾在多个场合提到，"要把红色资源利用好，把红色传统发扬好，把红色基因传承好"。学校将红色文化融入劳动教育，精心设计劳动教育课程，加入红色教学内容、案例，打造专属劳动学科特色品牌。走进万源保卫战战史陈列馆、花萼山笋子梁、红军公园等开展红色劳动实践教育。到花萼山战场、大面山革命烈士陵园、八台镇梁家坝梁明伟烈士墓等地开展清明祭扫活动。组织开展采访老党员、听老兵讲故事、打卡红色地标等活动，助力学生了解革命历史，了解家乡红色记忆，了解革命先辈的艰辛奋斗历程。通过红色劳动技能竞赛、红色劳动实践基地建设、劳模讲座等活动，让学生在劳动中传承红色精神。红色文化与劳动观念双管齐下，充分发挥学校的育人功能，增加学生未来竞争力。

二、红色教育成果

通过一系列的红色教育，白沙镇小构建起了红色校园，创建了红色特色课程，继承和发扬了老一辈革命家不畏艰险、奋楫争先的精神。在教育的过程中，让学生深刻感受到红色文化的博大精深，培养了他们懂得感恩、不畏艰险、敢于斗争的精神品质，启迪了他们的智慧，培育出一批又一批德智体美劳全面发展的社会主义建设者和接班人。

躬耕不辍积跬步，日居月诸至千里。白沙镇小将继续带领全体师生讲好红色故事，传承好红色精神，将红色文化融入校园，打造特色校园文化品牌；把红色文化融入课堂，创建特色课程，真正办好群众家门口的学校，赓续红城万源的红色血脉，培养社会主义事业的可靠接班人。

（撰稿：杨　令　刘茂平　梁小龙）

灵动课堂：让每一个孩子都灵动成长

自贡市汇南实验学校

课堂是教育改革的核心地带和育人的主阵地，课堂品质决定学校品质。为破解学生学习被动、课堂缺乏灵动与活力等问题，按照高品质学校建设理念与规律，自贡市汇南实验学校以"学、问、思、辨、行"五步学习范式为基本策略，建构"灵动课堂"，逐步迈上了以灵动课堂激活学生思维，让每个孩子灵动成长的高品质发展之路。

一、案例背景："课堂静悄悄"的困惑

意气风发的小文老师，通过公招考入学校。办公室总见她专注备课的身影，教材上重要知识内容、补充资料等总批注得细密工整，PPT上知识点、重难点、考点等内容丰富，上课时总见她教得投入，讲得津津有味。但开学一月后，小文老师困惑了：为什么思维灵动主动发言的学生越来越少了？为什么学习被动、无精打采的学生越来越多了？为什么"自己的课堂静悄悄"？

二、案例分析："静悄悄"的叩问

通过课堂观察、教师访谈、师生问卷调查，我们发现各个班级不同程度存在"这里的课堂静悄悄"，缺乏思维灵动与课堂活力的现象，各班级存在课堂学习的旁观者、"静悄悄的学生"，究其原因主要有：一是课堂以教为中心，满堂灌未能唤醒学生学习的主体性，学生参与度不够；二是重课中讲授轻课前预学，课堂教学未能以学生预学情况为学习起点，教学内容与学生学习实际关联不够，学生学习兴趣不浓；三是课堂重知识传授轻素养养成，单一的知识强化未能让学生在自主探究中建构知识、运用知识，学生学习力培养不足；四是课堂重应试轻思维，未能创设情境让学生在解决问题中经历思维发展，学生思维不灵活。

三、实践策略："静悄悄"的变革

"静悄悄的课堂"缺乏思维的灵动与课堂的活力,"静悄悄的学习旁观者"缺乏学习的内驱力和学习力,如何破解?

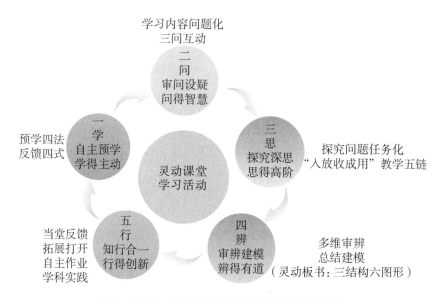

图 3-2-2 "学问思辨行"灵动课堂教学范式

两年来,我们以"学问思辨行"灵动课堂循序渐进推进课堂教学改革,逐步破解难题。"学问思辨行"源于《礼记·中庸》的"博学之,审问之,慎思之,明辨之,笃行之"。我们从中国传统教育智慧中受到启发,结合现代教育理论和实践经验,建构"学问思辨行"灵动课堂教学范式。"学问思辨行"是紧密相连的五个环节,也是五个递进的阶段,完整清晰地呈现了学习过程的本质、特点、方法和规律。

(一)学:自主预学,学得主动

学,即自主预学和预学反馈,学生主动预学新知,教师获得预学反馈,是灵动课堂的前提。

训练自主预学。即让学生借助"课前预学单"主动学习,包括"读资源做笔记—联前后理结构—试探究初体验—提疑难备共学"等预学四法。学生在提取信息、整合信息、尝试应用、提出问题中积极参与,灵活学习,有效预学新知。

训练预学反馈。教师通过课前批改、榜样展评、预学检测、探究任务等四种基本方式了解学情,确定教学的起点和难点。如榜样展评,学生通过教师展示点评榜样"课前预学单"获得反馈,并培养"预学四法"能力;探究任务,学生通过探究"课前预学单"中的核心任务，调动思维灵动思考。

（二）问：审问设疑，问得智慧

教师不能仅将知识传授给学生，应成为学生学习知识的引路人。让学生发现问题、提出问题、解决问题，是激发学习内驱力的有效措施。

问，即审问设疑，问得智慧，"三问互动"是课堂灵动的闪光点。从"问"的内容方面，一是学会提问，结合学习内容指导学生从"是什么、为什么、怎么做"提出疑问；二是提取主问题，教师根据素养导向的教学目标，对学生问题整理归类，提出统领性的"主问题"，以驱动学生主动进行"探究深思"；三是问题归类，将学生问题按由浅入深、层层递进、环环相扣的原则进行整理归类，形成有核心、有逻辑结构、指向高阶思维的系列"子问题串"。循序渐进地训练，学生逐渐从识记、理解问题，走向分析、综合、评估问题，从而培养学生的高阶思维，为"思辨"打下基础。

"问"的形式包括"三问"，即提问、追问、反问，学生在学习疑惑处提问，运用"易错问、举例问、对比问"进行追问，还针对自我、师生和生生之间的各种问题进行反问。"三问互动"本质在于唤醒，唤醒学生敢于质疑、善于解决问题的意识，唤醒学生课堂的活力，促进学生在自我发现、自我探索中走向自我实现。

（三）思：探究深思，思得高阶

"学而不思则罔"，只学习不思考就不能获得真正的知识。探究深思，即围绕"主问题"的"子问题串"，通过探究"子任务"，深思"子问题"，获得"子结论"。探究深思是灵动课堂关键环节，学生对所学知识进行深入思考，形成自己的见解。紧扣学生探究深思，教师运用"入、放、收、成、用"教学五链策略作为灵动课堂的重要保障。

入，即探究深思进行情境导入，教师创设便于观察、思考、发现的"情境"，借助生成的感知、经验、体验，引导学生进入静心思考状态，促进新知理解。

放，即教师提出指向目标实现的开放性任务，放手让学生开放学习。如个体自学、结对互学、小组讨论、大组交流、全班展示，在有效的互动与交互中促思维提升、促学生学习力提升，让课堂灵活生动。

收，即敏感捕捉学生个体或小组的有价值的资源，引导全班进行互动深化。

成，即小结生成，教师帮助学生总结归纳所学知识，形成清晰化、丰富化、结构化的观点或结论。

用，即教师引导学生将所学核心知识进行及时巩固，并应用于实际生活中或迁移到新的情境中。

（四）辨：审辨建模，辨得有道

辨，即审辨建模，包括多维审辨和总结建模。"多维审辨"指学生从不同维度讨论、辨析观点，互动中建立、完善观点模型，提高思辨能力。"总结建模"是对"思"生成的观点、模型进行总结提升，形成更清晰化、丰富化、结构化的认知模型。

灵动课堂中，灵动的板书是审辨建模的具体体现。板书内容上，从知识结构、方法结构、内容结构多方面进行梳理、建构和呈现；板书形式上，以圆圈图、气泡图、流程图、括号图、树形图、桥形图等六种图形为基础，用灵动的思考图清晰展现思维的流程；板书书写上，提倡双色笔交替使用，圈画重点和突出思维流程。灵动的板书既让整节课的重点完整呈现，又使课堂充满灵性。

（五）行：知行合一，行得创新

行，即知行合一、实践应用，通过行迁移应用素养，带着思维模型在新情境中解决新问题，打开认知的新世界，包括当堂反馈、拓展打开、自主作业、学科实践。当堂反馈，课堂上对必须掌握的新知识进行检测和针对性评讲。拓展打开，学生将所学知识应用于实际生活中，提高实践能力。自主作业，包括基础性作业、拓展性作业、综合性作业等。学科实践，鼓励学生参与学科的实践活动，激发学习兴趣，学以致用地解决问题。

以上"学问思辨行"灵动课堂五个环节，体现出"先学后教，学生学得主动；以学定教，教师教得生动；教学闭环，思维碰撞灵动；教学相长，师生良序互动"四大教学特征，核心为激活学生内驱力，让课堂充满思维的灵动，让学生在课堂中灵动生长。

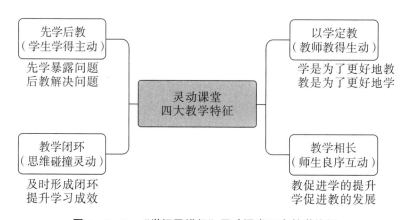

图 3—2—3 "学问思辨行"灵动课堂四大教学特征

四、案例启示："课堂静悄悄"的反思

（一）"学问思辨行"灵动课堂，激活学生学习内驱力是前提

"学问思辨行"灵动课堂，教学灵活多变，充满活力与灵气，富有创造性，体现出自主性、开放性、探究性、互动性、生成性等基本特点。其前提为激活学生学习内驱力，让学生成为学习的主人；激活教师创造力，让教育充满智慧挑战；激活师生灵性思维，让课堂灵动焕发生命活力。

（二）"学问思辨行"灵动课堂，培养学生学习力是关键

"学问思辨行"灵动课堂，关键是把学生学习力培养融入各个环节。如在课前自主预学、课中独立思考、课后自主作业中，培养学生的自主学习力；在结对过关、小组讨论、大组交流、全班展评中，训练学生的合作学习力；在审问设疑、探究深思中培养学生的探究学习力；在审辨建模、总结提升、拓展打开中，培养学生的高阶思维能力；在巩固迁移中，培养学生的创新能力和实践能力。

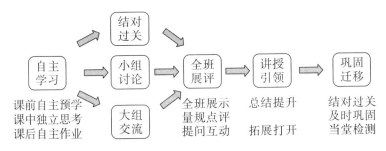

图 3-2-4 "学问思辨行"学生学习力图示

（三）"学问思辨行"的灵动课堂，四大核心要素建设是保障

确立以核心素养为导向的教学目标、制订单元整体的教学设计、组建小组合作的学习共同体、建立学业质量的教学评价等四大核心要素是推行"学问思辨行"灵动课堂建设的保障。核心要素中目标导向、任务探究、合作学习、教学评一致将全面激励学生全程全身心参与学习活动，促进学生主动发展、灵动成长、全面发展。

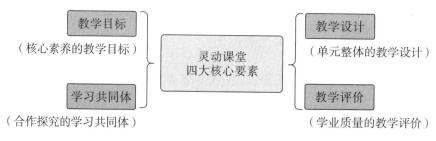

图 3—2—5 "学问思辨行"灵动课堂四大核心要素

综上所述，四大教学特征、四大核心要素、五步学习环节成为"学问思辨行"灵动课堂教学模型的总体框架。

五、改革成效："课堂静悄悄"的变化

两年来，"学问思辨行"灵动课堂经过从骨干教师的探索到全校教师的实践，逐步形成固定的范式，成为各学科各具特色的新样态，学校正在"静悄悄"地发生变化。

曾经只是默默观察学习的学生正在逐渐改变，他们现在积极参与自主学习、结对互学、小组交流、全班展示和上台演算等活动，展现出阳光自信的态度。学生自主学习力、合作学习力、探究学习力、高阶思维力、创新能力、实践能力等逐步发展。

"教得投入，讲得津津有味"的教师逐渐改变，从以"教为中心"转变为"学为中心"，从注重知识传授转变为注重素养养成，从注重应试训练转变为注重激活思维，从自己"教得投入"转变为训练学生"讲得津津有味"，一批骨干教师在省市赛课、科研、经验交流活动上频繁亮相，快速成长为"灵动课堂"的引领者。小文老师也从当初的"困惑"逐步转变为享受灵动课堂带来的自信，2023 年喜获四川省优质课比赛一等奖。

"静悄悄的课堂"逐渐改变，师生之间、生生之间在提问、追问、反问、讨论、辨析中不断展现出灵动思维，使得课堂充满活力。"静悄悄的课堂"也有了新的含义，其体现的是学生自主学习的专注，是凝心聚神的倾听，是潜心深入的思考，是多维审辨后的建模，是心领神会的灵气。在学校承办的四川省课题成果推广、四川省中小学教育教学改革共同体研讨、四川省名师工作室研讨等活动中，"学问思辨行"灵动课堂既呈现出学生积极参与、充满活力的课堂灵动，又呈现出学生静心学习、沉心思考的思维灵动。

躬身自省，行以致远。学校将按高质量教育要求，以"学问思辨行"灵动课堂推进"新课程""新课标"系列改革，发展每一名学生，成就每一位教师，推动高品质学校可持续发展。

（撰稿：钟长淑　陈　剑　宋水华）

现代技术赋能课堂教学变革之路

广安市邻水县第四中学校

广安市邻水县第四中学校位于县城中心，在校学生 3900 余人，教师以中青年为主，教学设施较完善。学校大力推进"四环节"课堂教学模式，一定程度上提高了课堂教学效率和质量，但在教学形式、教学资源、教学内容、教学过程、教学评价等方面存在诸多问题，课堂教学改革遇到困难。

AR，全称 Augmented Reality，即增强现实，是一种通过计算机视觉和实时图像处理技术，将虚拟信息与现实世界叠加融合，创造出高仿真的体验场景，用户借助特定设备（一体机、智能手机、平板电脑、AR 眼镜等）进行体验，在不脱离现实世界的同时感觉虚拟对象。AR 技术具有三大特点，一是真实感，AR 生成的逼真的图像、声音、视频等，与真实世界无缝融合，让人身临其境；二是交互性，用户可以通过手势、语音、触摸等方式与虚拟信息进行交互，实现人机互动；三是三维性，AR 技术生成的虚拟信息能够在现实世界中立体呈现，用户可以 360 度观察和体验。

利用 AR 等现代教育技术进行全息可视化教育、体验探究式教学、沉浸交互式学习、趣味性游戏式学习，可将教学方式变革为互动式、体验式、探究式等教学，将学习方式变革为研究性学习、深度学习、项目式学习、跨学科整合学习、自主合作探究式学习等。AR 技术为学校深化教学方式变革提供了重要技术支撑。

一、实践过程

（一）问诊课堂教学现状

通过课堂现场观测、组织教师和学生进行问卷调查等方式，对普通课堂教学现状把脉问诊，发现普通课堂教学存在的主要问题有：一是知识学习枯燥乏味，学习体验差；二是教学资源有限，难以满足学生多元化需求；三是课堂互动以问答为主，形式单一；四是教学内容"一刀切"，难以满足个性化需求；五是探究活动、合作学习多流于形式，学生参与度较低；六是过于注重学习结果与知识，忽视学习过程与积累。实践证明，课堂变革的破壁可以充分利用 AR 技术打造的"情景式＋互动式＋沉浸式＋趣味性＋游戏式"的高仿真体验场景。

（二）搭建"AR＋课堂"教学环境

"AR＋课堂"是利用 AR 技术打造"情景式＋互动式＋沉浸式＋趣味性＋游戏式"的教学场景，需要搭建适合的学习环境，包括硬件设施、软件资源、数字资源、网络环境等。

硬件设施：配置 AR 设备，包括 AR 眼镜、头盔、手持设备等，配置教学一体机、平板电脑等智能设备，为"AR＋课堂"提供硬件支撑。

软件资源：配置 AR 教学软件、教材的 AR 版本、实验模拟软件等，为"AR＋课堂"提供软件支撑。

数字资源：开发 AR 数字资源，如制作 AR 课件、AR 动画、AR 实验模拟等，形成 AR 校本数据包，各学科共享 AR 教学资源，实现跨学科整合。此外，还可以引入其他数字资源丰富课堂内容，如数字图书、数字地图等，以丰富学生的学习体验。

网络环境：升级校园宽带网络，确保校园网络畅通，为"AR＋课堂"提供稳定的数据传输。

（三）探索"AR＋课堂"实施策略

1. 机制保障

确保"AR＋课堂"的教学实施。探索"AR＋课堂"管理机制，建立领导管理机制，制订教学管理制度、教学教研方案和考核制度；建立保障机制，设立"AR＋课堂"专项经费，保障"AR＋课堂"教学的有效实施。

2. 专业培训

提升教师"AR＋课堂"的技术能力。坚持"请进来、走出去"相结合培训教师，邀请企业 AR 教学软件工程师、高校教授对全校教师进行实操培训和专题培训，选派骨干教师前往信息化教学效果突出的学校和地区交流学习和跟岗培训，提升教师的信息化水平和 AR 技术的教学应用能力，为"AR＋课堂"教学实施打下基础。

3. 骨干示范

树立"AR＋课堂"教学标杆。选拔一批在"AR＋课堂"教学探索实践中表现突出的排头兵，通过经验交流、课例研讨、资源分享、示范展示等形式，形成教学教研合力，推动"AR＋课堂"教学的推进和普及。通过"AR＋课堂"教学竞赛、"骨干示范季"等活动，促进教师示范课、研究课、指导课、精品课、教学资源开发的开展，推进"AR＋课堂"教学改革。

4. 以评促改

发挥教育评价效能作用。将教师"AR＋课堂"教学的实施和效果纳入学校教学评价体系，激发教师教学改革的动力。同时，通过对教学效果的评估和反馈，及时总结经验，发现问题，不断改进和完善"AR＋课堂"教学。

二、教学应用

（一）"AR＋课堂"教学应用方式

1. 设定自主课程

主要有两种方法：一是组合利用原有资源。在设定自主课程的时候，将不同类型的 AR 资源进行组合利用，例如"月相"这节课，只有月相这个资源，我们将太阳、地球的 AR 资源与月相资源进行组合，既能够巩固之前学的知识点，又能将之前学的知识点和新学的知识点进行链接。二是改进转化原有教学资源，使之变为自己的课堂教学资源。在设定自主课程，改进转化原有资源为自己的课程教学资源的时候，可以将 PPT、图文、文档、音视频与 AR 资源进行改进转化，形成自己的课程教学资源。

2. 沉浸交互式教学

主要有两种方法：一是沉浸性教学方式。创设沉浸性教学环境，创设探究与体验情境，让人身临其境，从而建立真实生活、虚拟生活与学科知识的链接。例如"地球结构"这节课，通过 AR 技术将地球植入在学生中间，让学生在这个场景中去探索地球的内部结构有哪些，分为几部分，以及厚度大小是多少。二是交互性教学方式。创设交互性教学环境，将基于传统 PPT 等二维文本、图像等静态平面式多媒体教学环境向更为逼真的三维交互式学习环境方向发展。教师形象生动地展示教学内容，学生直观地理解相关知识点。例如"月相"这节课，用传统的 PPT 演示时，学生不易在脑海中形成太阳、地球、月球的位置关系，运用 AR 技术让孩子们在模拟环境中通过三维交互的方式进行学习，而且可以结合传统的 PPT、图像、视频等二维方式，通过"二维—三维—二维"的方式进行教学，学生就更能深入地理解相关知识点。

3. 互动体验式学习

包括人机互动、生生互动、生师互动。例如小学数学"三视图"的教学，利用

AR 技术模拟方盘，教师通过二维的三视图让学生在一体机面前利用 AR 技术还原三维的方块组合，极大地锻炼了学生的空间结构思维能力，教师也通过 AR 技术组合方块，让学生更好地去观察三视图，通过三维的方式转变为二维。接下来，让学生互动学习，通过 AR 技术自主学习讨论。在学习过程中，虚实结合，多维体验，在互动中观察、实验、制作、观赏、阅读、创作，学生主动探索、发现和解决问题，学习效果得到极大提升。

（二）"AR＋课堂"教学应用实例

1. 古诗文的深度体验

在语文课堂上，学习《静夜思》这首诗时，"AR＋课堂"教学使学生看到月光透过窗户洒在地上的景象，真实感受到了诗人的情感，不仅增强了学生对古诗文的记忆和理解，还激发了他们对中华文化的热爱。

2. 几何图形的动态展示

在数学课堂上，学习"三角形的高"这一知识点时，"AR＋课堂"教学使学生看到三角形的动态变化过程，直观地理解了什么是底边、高以及如何画高。

3. 实验器材的虚拟再现

在物理课堂上，学习"大气压强"知识点时，"AR＋课堂"教学使学生看到模拟的马德堡半球实验，直观地理解了大气压强的概念。

4. 地球仪的 3D 展示

在地理课堂上，学习"七大洲四大洋"的地理知识点时，"AR＋课堂"教学使学生看到各个洲的 3D 模型和海洋的动态变化过程，轻松理解了地理知识的原理。

5. 历史场景的虚拟重现

在历史课堂上，学习"抗日战争"这一历史事件时，"AR＋课堂"教学使学生看到战场的实景和战争中使用的武器装备，真实感受到了战争的残酷和英雄的精神，不仅增强了学生对历史的感知和理解，还激发了他们的爱国情怀。

6. 实践操作的虚拟模仿

在劳动课堂上，学习烹饪课程时，"AR＋课堂"教学使学生看到模拟的烹饪过程和立体呈现的食材，更好地掌握了烹饪技巧和食材搭配的知识，不仅提高了学生的学习效果和实践能力，还为他们未来的生活与发展打下了坚实的基础。

（三）"AR＋课堂"教学应用效果

1. 提高了学生的学习兴趣

通过 AR 技术，教学内容变得生动、有趣，激发了学生的学习兴趣。在"AR＋课堂"中，学生可以亲身参与互动，感受学习的乐趣，从而提高了学习积极性。

2. 增强了学生的认知能力

AR 技术将抽象的知识点以直观的形式展示给学生，有助于学生更好地理解和记忆。同时，AR 技术还可以模拟真实场景，让学生在实际操作中掌握知识，提高了学生的认知能力。

3. 培养了学生的创新思维

"AR＋课堂"可以为学生提供丰富的学习资源，激发学生的想象力。在 AR 技术的辅助下，学生可以自由探索知识，发挥自己的创新潜能。

4. 优化了教师的专业素养

AR 技术可以帮助教师提高教学水平。通过 AR 技术，教师可以更轻松地展示复杂的概念和操作，减轻教学负担。同时，AR 技术还可以为教师提供实时反馈，帮助教师了解学生的学习情况，从而更好地调整教学策略。

5. 夯实了可持续发展素养

AR 技术融合学科教学、综合性学习、跨学科学习等方式提升了学生的学习力、发展力、综合力，提升了学生的学科素养、核心素养、科技素养、综合素养，促进学生全面发展、可持续发展。

三、问题反思

高质量 AR 教学资源相对匮乏。虽然 AR 技术可以为学生提供丰富的视觉、听觉等多感官体验，但相应的教学资源却相对不足，使得 AR 技术在课堂教学中的应用受到了极大的限制。

教师信息技术素养参差不齐。AR 技术作为一种新兴技术，对教师的专业素质提出了更高的要求。然而，当前许多教师在 AR 技术的应用上尚处于摸索阶段，缺乏系统的培训和实践经验。这导致他们在运用 AR 技术进行教学时无法充分发挥其优势。

"AR＋课堂"在课堂管理上也面临挑战。由于 AR 技术具有高度的互动性和趣味性，学生在课堂上可能会过于兴奋，注意力可能会分散，从而大大增加了课堂上对学生管理的难度。

四、前景展望

随着 AR 技术的不断成熟和发展，未来教育将呈现出以下发展趋势：

促进个性化教育。AR 技术可以根据学生的兴趣、能力等因素提供个性化的学习方案，实现因材施教。

促进跨学科融合。AR 技术将促进各学科的融合，培养学生跨学科的思维能力。

促进场景化学习。AR 技术可以模拟真实场景，让学生在实际操作中学习，提高学习效果。

促进教育公平。AR 技术可以打破地域等限制，实现教育资源的优质均衡、共享互赢。

AR 技术的应用为教育领域带来了前所未有的机遇。在"AR＋课堂"的模式下，教学过程更加生动、互动、直观，学生的学习兴趣和效果得到显著提高。AR 技术赋能教与学的方式更加优化。展望未来，AR 技术将继续推动教育变革，为培养具有创新精神和实践能力的新时代人才贡献力量。

（撰稿：李道福）

第三章
儿童立场：以学生可持续发展的
高品质成就学校的高品质

坚持儿童立场是指教育人所处的地位和所持的态度应基于儿童，从儿童出发①。儿童立场是指教师站在儿童的视角看待教育问题的立场，即教师站在儿童的视角，体验儿童的内心世界，满足儿童的兴趣和成长需求，以达到促进儿童发展的目的②。儿童立场旨在更好地发现儿童、理解儿童、开发儿童、引领儿童、支持儿童、发展儿童。学校的一切育人活动，只有真正地悬置成人立场，具备以儿童眼光和视角来开展教育的能力，才能真正坚守儿童立场，促进儿童全面发展，提高儿童的可持续发展能力。但是，如何理解儿童立场？如何以儿童立场提高学校的可持续育人水平？这是需要仔细剖析和变革创新的话题。本章对这些话题进行了理论探究，并以优秀的实践案例进行了示范。

▶ **理论指引**

高品质学校可持续发展的儿童立场

党的二十大报告提出，要办好人民满意的教育，全面贯彻党的教育方针，落实立德树人根本任务，培养德智体美劳全面发展的社会主义建设者和接班人。高品质学校建设的根本目标是不断将国家教育要求更好地落实到教育过程，在更贴近儿童需要的

---

① 徐则民. 儿童立场，呼唤我们不懈努力 [J]. 上海托幼，2022 (9A)：30.
② 王春燕，张传红. 学前教育变革中儿童立场的审思 [J]. 幼儿教育，2020 (03)：03.

层面变革育人方式，最终实现人的发展，培养能面对和适应未来需要的建设者和接班人。

一、关于儿童及儿童立场的思考

社会对于儿童的理解是有一些误区的。很多人讲到儿童，心里出现的形象往往都是小学低段及幼儿园那些天真烂漫、童趣十足的小孩。其实，早在 1989 年 11 月 20 日联合国大会上通过，并从 1990 年 9 月 2 日开始在世界范围内生效的《儿童权利公约》第一条规定：儿童系指 18 岁以下的任何人。《中华人民共和国未成年人保护法》第二条明确规定：本法所称未成年人是指未满十八周岁的公民。因此，当我们在谈论儿童立场时，应该对"儿童"这个概念及它指向的群体有正确的认识。

与儿童立场相关的概念还包括儿童意识、儿童视角。儿童意识即对儿童作为处在特殊年龄阶段的人的价值的认识与体悟[①]。它指向理解并尊重儿童的特点和需求，并依此建立起优先保障儿童利益的行为准则，是一种超越种族、国界、年龄、身份等界限的人类共识。儿童意识一般包含四层意思：要意识到儿童对人类发展的重要价值；要意识到儿童身心发育的特殊性，尊重并理解他们与成人的差别以及他们各自的差异；要意识到儿童的兴趣与需求，并以此作为安排其生活的主要依据；要意识到发展是儿童的重要权利，成人有义务创造并提供能够促进儿童身心健康发展的条件。儿童视角（child perspective）通常是指成人在了解儿童的特点和兴趣的基础上对其认知、经验和行为的理解，是成人在尽可能接近儿童的经验之后所创造出来的"对儿童的理解"[②]。我们认为，儿童意识、儿童视角、儿童立场都强调以儿童为中心，尊重他们的需求和权利，以促进学校的可持续发展。其中，儿童立场是一种更为综合和全面的表达。

二、学校的可持续发展要以"儿童可持续发展"为核心

北京十一学校是目前各个层面公认的一所高品质学校。如果要问这所学校可持续发展的儿童立场体现在哪里，"走班制教学"或许是许多人的答案。走班制教学是方式，是学校"创造适合学生发展的教育"的教育使命的落实。李希贵校长曾说，学生

---

① 张斌，虞永平. 让"儿童意识"融入公众意识 [J]. 幼儿教育，2011（09）：16.

② 鄢超云，魏婷. "儿童的视角"研究的价值取向、方法原则与伦理思考 [J]. 学前教育研究，2021（03）：06.

走班上课，每一个学生有自己不同的方向、每一个学生自主管理自己的时间和学习生活的时候，跟管理的冲撞就处处都是。这种冲撞有时候发生在表面，事实上更多还是在我们内心。在这样一场以选择为核心、迎接挑战的改革之中，所有的选择都因为我们的立场。没有学生立场，所选择的就不会是真正的教育①。走班制教学方式的实现，其实质是学校整个系统都必须基于儿童立场运行，需要将学习空间再造，以适应学生学习不同学科的需要；需要将教学推进节奏重组，以满足学生教与学的适切性；需要将授课方式更加多元，以适宜不同学生的学习特点，随儿童的内需而设计，应儿童的主动而变革，以儿童的灵活而灵活。北京十一学校让我们看到：学校的可持续发展要以"儿童可持续发展"为核心。

2023 年，有一个关于教育的社会热点话题：消失的课间 10 分钟。在全社会都在讨论"怎么才能把课间 10 分钟还给学生"之时，李希贵校长却反其道而行之，在北京第一实验学校把 10 分钟压缩成了 5 分钟。

这个做法背后秉持的理念是：学校是社会生活的浓缩和预演。李希贵校长认为，在未来的知识经济时代，大部分人的工作节奏都可以自主规划，工作单位绝不可能规定员工统一上厕所的时间，那么学校就应该倒逼教学变革，教师必须顾及有孩子需要上厕所，所以课堂上集中讲授的时段就不会超过 15 分钟。教师得讲一会儿，让大伙讨论一会儿。他们甚至把传统教室的空间设计也变革了，根据学习任务的不同，一节课期间学生分布在不同的空间里，各有各的学习方式。学生上厕所，也不再是众目睽睽之下集群式完成，心理压力就没那么大，课堂的节奏也就变得有张有弛。同时，课间 5 分钟只够学生从一个课堂跑到另一个课堂。所以，下课铃一响，学生站起身来就得走，教师想拖堂也没了理由。每个课间省了 5 分钟，全天加起来可就多了将近一个小时啊。学校将这一个小时定义为"自主时间"，让学生自己安排，去讨论，去做实验，去踢场球，甚至去发个呆，教师会从旁观察，发现问题，再来引导。"课间只有 5 分钟"，其核心是儿童立场，是儿童的可持续发展。我在听的过程，有这样一些画面出现：敬仰教师的儿童、充满生命活力的儿童、保持积极主动学习的儿童、持续奔向学习中的儿童……这样的画面感诠释的正是"体现出儿童的发展是现代教育核心价值的定位②"的价值观。

今天的学生与人工智能共同生活，线上线下学习相融合的学习模式已经来到孩子

---

① 李希贵. 当成长和管控相撞，有学生立场才是真的教育 [J]. 教学管理与教育研究，2017，2（20）：128.

② 成尚荣. 儿童立场：教育从这里出发 [J]. 人民教育，2007（23）：5.

们中间，线上学习的市场特性，必然要求每一家线上平台具有强有力的黏性，而游戏化则成为平台开发商的第一选择，当线上的学习因为好玩而模糊了学习和游戏的边界的时候，学习和学校都必须重新被定义。当孩子们带着线上的体验走进传统的教室时，也必然带来改变传统课堂的渴望，他们不会喜欢一面是火焰、一面是冰山的学习方式，因而，如何让学习变得有那么一点好玩，以游戏化的思维解决长期困扰学校教学生活的顽症，是站在儿童可持续发展的立场思考教育绕不开的选择。当我们把学生看作用户的时候，我们会更在意他们的深度需求，师生成为合作者，共同开发和创造适切的课程产品才有了可能，师生平等的校园生态才会自然显现，这个时候，真正的教育才有可能发生。

这样的学校或接近这样的学校才是可持续发展的高品质学校，而他们能得到社会认可、学生喜爱的最根本的原因就是站在儿童的立场去创造教育，实现儿童发展的无限可能性。

三、儿童的可持续发展必须回到个体整全发展的原点来思考

这里所指的整全发展不是简单的全面发展，而是关注个体动态的生命与内在的自我成长，是指向人自身的和谐。

每一个儿童都是独立的个体，每个个体都是独特的，只有通过满足儿童个性需求，才能实现儿童个体的整全发展。学校应该提供多元化的教育资源，引导儿童发现和发展自己的优势和潜能。教育应该把注意力放在儿童的优势上，基于优势，我们将看到高水平、有力量、自信的儿童。

让我们再一次回到北京十一学校的转型改革场景中。学校首先是确立了共同的价值观：让每一位学生成为他自己。这是将学校价值和培养目标立足到"每个人"的自主成长，创造适合每个学生发展的教育的转变。大家看到的走班选课正是在这样的价值转变后的作为育人载体的课程的转变。一位学生一张课表的背后是学校课程的多样性，突出以学生个体为单位的选择性，通过选课，让学校课程最大限度地联系起来，构建起每一位学生自己的学习体系。

这一切变化的背后，是教育更强调发现和唤醒，发现每个学生的不同特点和个性差异，在满足学生擅长的、能做到的基础上，唤醒他们沉睡的潜能，在适合自己的各种平台接受适宜的各种刺激，被发现也自我发现、被唤醒也自我唤醒，从而悦纳自我，在适合自己的人生方向的引领下持续性地发展。

个体的整全发展，首先是承认每个学生的不一样，一个学生就是一个世界，他们带着独有的 DNA，带着不同家庭的印记来到学校，我们不仅要关注他们的分数、他们的优长，更要关心他们的生命健康和精神成长。

2023 年元旦节前，某幼儿园出现了这样的景象：迎新火锅大餐时，有一桌每个孩子衣袖上都贴着纸条，上面写着他们能吃的和不能吃的食物，很显然这是一群对食物有着苛刻要求的过敏体质儿童，他们的食料从食谱、进货、洗切、入锅都需要特殊的单独通道，但孩子们浑然不觉，他们享受着与其他孩子一样的过程和体验。越小的孩子，越是通过嘴巴感知世界，吃的愉悦感将会贯穿他们的整个身心，让他们满怀信心与热情地去与世界对接。这部分孩子在这样的教育环境中，获得的是更多的接纳、友善、支持，为他们身心和谐发展提供养分。

无论是北京十一学校还是这所幼儿园，基于儿童个体健全发展的教育，绝不只是这些可视的教育策略、方式的变化，而是整个教育生态的优化。当学校的每一个环节、每一次运行、每一种展现都极尽可能去包裹每个学生，链接他们的过去、现在与将来，让那些可感更丰富，也就奠定了学校可持续发展的基底。

这样的学校或接近这样的学校都是可持续发展的高品质学校，我们要努力的方向是让这样的学校更多一些，因为在这方面广大学校还有很大的空间。2024 年 1 月 5 日，成都市教育局发布的关于寒假的相关通知里有这么一段话：教师要在学生期末评语中，为每一个学生具体描述至少一项闪光点，鼓励学生发现同伴优点，让学生成长中的关键品格、必备能力和天赋被看见、被认同。

留意学生的每一个微笑，关注学生的每一次感动。喜怒哀乐间，倾听他们内心的声音；酸甜苦辣中，感受他们的欢笑。把学生们的一切都收入眼底，放入心间，每一位教育者的内心都装有一位全信息的孩子，这样的教育才能真正进入理想天地。

四、儿童的可持续发展应立足儿童群体共生发展的立场

儿童的发展既涉及个体层面，也涉及与群体的关系。我们既要让儿童个体发光发热，也要让儿童在群体中找到自己的定位，更要学会在集体中体现出对于他人的关爱和尊重、理解和关怀。这种平衡有助于儿童发展出既独立又具有团队精神的特质，为未来的可持续性发展提供更强有力的支持。教育不仅要为儿童的人生开好一个头，更要为其人生立好根基。教育是一项长期的事业，儿童是附着于整个社会环境的生命体，我们需要拉长儿童成长的周期，放大儿童的生长环境来思考。

当前的儿童，生活在一个经济高速发展的时代，物质生活极大丰富，生活品质大幅提升，精神文明建设也显著提高。例如，一系列政策和法律在积极推动社会公正，维护社会正义；政府和各类组织积极地建立透明的治理机制，增强社会信任和稳定；在日常生活中，我们也经常看到个人、社会志愿者和非营利组织关心弱势群体，积极参与公益事业，承担社会责任，弘扬着奉献与利他精神。但与此同时，一些负面社会事件也频频曝光，反映了传统价值衰落和精神境界滑坡的道德危机。如果我们想要改善社会中的不良风气，建设富强、民主、文明、和谐的社会主义现代化国家，我们需要从儿童着手，因为今天的儿童，是决定明天世界好坏的主体。正如蒙台梭利所言，"如果我们要改变某个国家的风俗习惯，或希望加强某个民族的某种品格，我们必须把孩子作为突破口，从他们小时候就开始行动，因为能够在成人身上做的事情是非常有限的"。因此，学校教育要注重培养儿童的社会情感、公共品格和道德观念，以促进群体的共生发展。

当我们提及儿童时，常常用天真、纯洁、可爱等美好词汇来形容他们，然而，儿童并非生活在真空之中，社会中的弊病同样以各种方式侵入他们的生活。在儿童的成长过程中，同样面临着多重道德危机。在儿童的生活中，充斥着"不要和陌生人说话"的信任危机，幼儿在社交中感受到戒备和不安。这可能在儿童的心中埋下对陌生人的过度戒心，阻碍人际信任的发展。在儿童的生活中，盛行着在具有竞争性的群体中争先的竞争主义。在竞争激烈的环境中，儿童可能过分关注排名和胜负，而忽视了合作和团队精神的重要性。在儿童的生活中，他们也可能正经历着对某些特殊群体的排斥和歧视，形成偏见，不利于他们形成对个体差异的尊重和包容的品质。在儿童的生活中，他们也可能目睹一些孩子利用特权获得特殊照顾，这可能引发不公平感和对社会公正的疑虑。在儿童的生活中，他们还可能经历数字化娱乐中的价值观混乱，难以抵挡一些不良信息和行为的诱惑，影响他们的价值观和行为准则。在儿童的生活中，他们还可能受到父母错误的价值观以及不道德行为的影响，以至于在生命初期、接触最频繁的生活空间中接受着错误的引导。

在儿童所经历的真实而又复杂的社会交往环境中，什么是对、什么是错的原则可能被模糊，对积极价值观的信仰也可能会淡化。面对一系列的危机，在儿童成长的道路上，我们急需创造一个积极、正面、富有力量的环境，引导他们在多元林立的价值观中保持清晰的道德导向，培养正直的心灵和价值观。学校教育要为养成正直心灵保驾护航。

我们所处的时代，也是科学技术快速发展、充满不确定性的时代。在这样的背景下，作为教育工作者，我们必须拉长时间尺度去思考：我们到底应该培养什么样的孩子？人工智能的发展让人们不确定到底什么对人更重要，让人们担心未来教育的目标和方向是否会发生改变。其实，我们并不需要担心未来机器人是否会变得越来越像人，我们真正需要担心的是人是否会越来越像机器。人工智能的发展让我们更加清晰地认识到，教育的根本任务在于塑造儿童适应未来的必备品格，确保儿童具备足够的生活能力、人文关怀和社会责任感，以适应未来社会的变化和挑战。

五、走出儿童立场的误区

儿童立场不是盲从儿童。人们容易陷入非此即彼、非左即右的思维模式，这种二元对立的观念也渗透到了教育改革中。以幼儿园孩子们到户外游戏为例，常见的情况要么是"放羊式"的，孩子们自由玩耍，要么是"高控式"的，孩子们只能在教师的指挥和要求下活动。虽然一些教师可能会宣称坚持儿童立场，全面放手让孩子们自然成长，然而，儿童具有无限的发展潜力并不意味着他们可以自动发展。盲目地迁就儿童可能导致一系列不利后果，因为儿童在成长过程中需要得到正确的引导和支持。作为教育者，我们的责任是创设适宜的环境，为儿童提供必要的支持和指导，帮助他们实现潜力，并将可能性转化为现实。就像王春燕老师说的："尊重儿童的人格尊严，绝不是拔高儿童的地位；尊重儿童的话语权，绝不是事事都要听从儿童；尊重儿童的兴趣需求，绝不是迎合儿童的所有兴趣。"[①] 儿童立场的核心在于平衡和谐，既要尊重儿童的权利和意愿，又要在适当的时候给予正确的引导和教育。因此，儿童立场是基于对儿童以及对其综合发展的需求的理解和关怀，而不是简单迎合或盲从。

儿童立场不是成人的自以为是。成人常常基于他们自身的经验、观点和偏好，为儿童制订目标，并认为这是"为了孩子好"。实际上，这种忽视儿童独特需求和体验的期待更多的是成人的自以为是。儿童立场是建立在对儿童的真实理解和尊重之上的，强调儿童在教育和生活中的主体性和独立性。儿童立场鼓励成人放下成见和偏见，真正倾听儿童的声音，理解他们的需求和感受，并在教育和互动中给予适当的支持和指导。与此相反，成人的自以为是可能导致对儿童的误解和忽视，阻碍其自主性和成长。因此，儿童立场的核心是以儿童为中心，尊重他们的个体差异和发展需求，而非成人的主观臆断和自以为是。

儿童立场不是培养精致的利己主义者。儿童立场主张"儿童利益最大"原则，但

---

① 王春燕，张传红. 学前教育变革中儿童立场的审思［J］. 幼儿教育，2020（03）：05.

如果表面或肤浅地理解"利益"，或者过度强调儿童的个体利益，则可能会培养也"精致的利己主义者"。精致的利己主义者强调个人利益和欲望的满足，忽视对他人和社会的责任和关怀。儿童立场强调的是培养儿童的共情能力、合作精神和社会责任感，鼓励他们在成长过程中学会尊重他人、关心他人，以及积极参与社会公益事业。儿童立场旨在造就具有积极社会影响力的公民，培养儿童的社会情感和道德观念，而不是单纯追求个人利益的利己主义者。因此，儿童立场的核心在于引导儿童建立良好的人际关系，培养他们的社会责任感和公民意识，以及促进他们成为能够为社会贡献的全面发展的人。

儿童是学校的原点、目的和一切活动的根本。学校的一切努力和活动都应当基于儿童立场展开，以促进儿童的可持续发展、健全发展以及群体的共生发展。学校应该尊重儿童的权益，让每一个儿童都能够获得充分的关爱和支持，实现其个人潜能的最大化。只有这样，我们才能真正建设起以儿童为中心的高品质学校，为社会的未来培养出更多有才华、有责任感的人才，共同推动社会的可持续发展。

"儿童立场"的另一种表达是"学生事大"。如何建设"学生事大"的学校文化以体现儿童立场？如何把儿童立场的学校文化建设下沉到班级，建设儿童友好的班级文化？如何在学校文化、班级文化和学生的成长指导中，让每一个儿童都闪闪发光？以下案例为我们提供了参考。

学生事大：凤钟文化的生长与进化

四川大学附属实验小学
四川大学附属实验小学明德学校
成都市望江楼小学

四川大学附属实验小学（以下简称"川大附小"或"附小"）创办于1908年，前身为四川通省师范学堂属设高等小学堂。自建校以来，附小人致力于儿童教育，躬身教育实践，探索教育真理。特别是近30年来，从生活教育的主张出发，不断探索并形成的附小生活教育现代实践与认识取得了丰硕的办学成果。2009年川大附小成为成都市首批名校集团之一，走上了更好发展的道路。2014年11月，川大附小集团在首届成果发布会上明确提出"一所学校应有一所学校的精神气质，一所学校应有一所学校的文化品质，一所学校应有一所学校的个性特质"，这成为附小教育的精神、文化和个性追问之始。自此，川大附小从文化、精神和个性上开始了对附小教育的精神价值、生活方式和集体人格的实践探索，其根本目的就是要找到附小教育的核心文化主张，并以此构建附小文化系统和实践体系，形成百年附小的文化回答并支持附小教育更好发展。

一、直面新时代高质量发展，聚焦附小教育需着力解决的关键问题

2017年，四川开始了高品质教育的省域实践研究，川大附小作为首批参与的学校，积极探索并以附小集团形态整体推进。为促进附小教育在新时代高品质建设的过程中更好发展，2017年在制订学校第四个五年发展规划时，川大附小提出"如何在附

小办学历史回望的深刻总结中继承，如何在教育未来发展展望的洞察选择中创新，如何在附小教育现实发展中直面机遇与挑战"三个指向附小未来发展的基本问题，并逐渐明晰"从富有走向高贵、从困倦走向自由、从知繁行滞走向行知并芳"是未来需着力解决的三大根本问题。同时，提出"以文化成就品质、以现代化领导创新、以规范化优化治理"三条实践突破路径。为此，六年来，我们以立德树人根本任务为引领，坚守"中华优秀传统文化传承、世界优秀经典文化洞察、现代文明素养涵养和天府地缘文化理解"文化选择，从精神、儿童和生活三个维度，基于上述问题对附小教育文化进行哲学层面的历史回望、现实守望和未来展望，逐渐寻找并发展形成附小教育外在的文化大观和内在的精神气韵。

二、立足百年附小发展史，厘清附小教育的关键文化基因

文化的生长一定基于独特的土壤。我们对百年附小"十二易校名、六迁校址、九办分校"的历史脉络进行深度厘清，去寻找每个时代附小教育的至深记忆和文化基因。

1908 年 6 月，川大附小前身四川通省师范学堂附属高等小学堂设立时，其办学宗旨为"答本学堂之设，所以备研究普通教育之成效，以图进步为全省高等小学堂之模范，且以资师范学堂学生之实事练习"。至此，小学堂便奠定了附小"模范、实验和研究"的发展定位。首任校长徐炯先生倡导"学生事大"的办学主张，倡导从小培育学生成为"读书种子"，长大后成长为"国家栋梁"的治学追求。就这样，奠定了一所小学教育之源的家国情怀和精神格局。

1918 年，恰逢附小立校十年之际，时任校长邓胥功先生为校立本——"你须成为一个堂堂正正的人"。至此，附小教育就有了灵魂、有了风骨。

1921 年，时任校长吴玉章先生提出运用道尔顿法进行课堂改革，倡导课堂的自由和合作。同时，他主张"到乡村去办学"，推动教育的公平与正义，则体现了附小教育的担当和教育无疆的精神。

1923 年，王右木担任附小教导主任，他组织成立马克思读书会并创办《人声》报，鲜明地宣传马克思主义，唤起人民的觉醒，10 月，建立了中国共产党在四川的最早组织——中共成都独立支部。"右木播火、人声启航"成为附小红色教育中记忆最深最美的色调。

1939 年，日本侵略者轰炸成都，四川大学迁至峨眉山，附小随迁峨眉山报国寺而更名为报国小学。报国当以精神至上、体格康健，因此学校注重学生的精神和体

育教育。

1953 年，成都市望江楼小学（川大附小历史上的第八个校名）提出"办有文化品质的教育"，注重儿童的智育，让附小教育有了品相、有了慧悟。

1966 年，学校更名为劳动路小学，加强学生的劳动教育，主张和新时代劳动改造社会的需要相一致，劳动教育也成为学校重要的办学支撑和办学特色。

1990 年后，学校注重艺术教育，成为四川省首批艺术教育示范校，附小教育有了特色、有了雅趣。

2000 年，国家开启新一轮课程改革，主张以人为本，注重综合育人。附小坚守儿童立场，以生活教育为办学主流思想，主张"以大学文化孕育小学教育精神，以大师思想生长小学教育个性，以校本研究促进儿童个性化发展"，使附小教育有了明确思想和实践路径。

2018 年，全国教育大会召开后，为党育人、为国育才成为新时代教育的根本目标。基于此，附小在实践中提出"天地间立人、生活中新民"的学校育人使命。

回望百年附小，在砥砺前行中追求教育的本质，附小教育在百年行程中留下了以"模范、实验和研究""学生事大""读书种子""你须做一个堂堂正正的人""到乡村去办学""人声启航""办有文化品质的学校""教育，从儿童出发""立人新民"等为源泉的附小文化基因。

三、勇担新时代文化使命，探寻附小教育新质发展基点

教育在文化传承、创造和发展中有着十分重要的作用。2017 年 8 月，川大附小第四个五年规划开启了学校高品质发展的新篇章，在新时代发展过程中，如何更好地全面贯彻和落实党和国家的教育主张是我们需要重点关注的首要问题。为进一步落实国家意志，构建附小教育现代文化，推动附小集团教育高质量发展，我们对党的十八大以来党中央、国务院、教育部关于教育的重要文件进行长期关注、研究和系统传达。紧紧围绕"培养什么人，怎样培养人，为谁培养人"三个根本问题，全面贯彻新时代党的教育方针，坚持"为党育人、为国育才"根本目标，坚守"服务中华民族伟大复兴"的重要使命，坚定教育强国建设要以支撑引领中国式现代化为核心功能，并在新时代教育的"六个下功夫"和"九个坚持"上进行系统着力和学习。

我们从"以人民为中心"的发展观、党的教育方针中"为人民服务"等众多表达和核心诉求中，坚定附小"立人新民"的育人使命，其核心是基于人的教育，涵括个

"人"、社会"人"和国家"人",即"人、从、众"的教育,因而附小教育最核心的根本是人的教育,是为了人人美好生活的教育,是实现人人创造更美好世界的教育。

2018年全国教育大会召开以来,川大附小人秉持"顶天立地、守正创新、继往开来"三大原则,坚持"以文化成就品质、以现代化领导创新、以规范化优化治理"三大突破路径,更加坚定地全面贯彻新时期党的教育方针,深入学习并践行习近平新时代中国特色社会主义思想,聚焦为党育人、为国育才根本目标,对川大附小一百一十五年办学成果、附小集团二十年办学成就和紧密型成员校多年实验成效进行全面、系统而持续的总结,基于历史、面向时代、致力生长,提炼形成"学生事大·真实成长·立人新民"的核心价值追求,关于使命情怀、精神价值、集体人格、生活方式和成长样态的附小教育完整的共同理念和文化价值系统,以附小精神图腾——凤钟来代言,简称为凤钟文化。而凤钟文化中最核心的主张是"学生事大"。

"学生事大"是川大附小教育的基本立场和文化源点,是川大附小教育哲学的第一命题,其本质是对儿童生命的尊重、敬畏和成全。

从本义上讲,"学生事大"是指学生的事很大、很重要,一个人一生都是学生,因此,"学生事大"意味着人的一生事都很大。学生如此、家长如此、教师也如此,因此,古人有"活到老、学到老"之说。当然,"学生事大"在小学更指向小学生的事大。今天,川大附小认为,"学生事大"主要体现在学生的"身心健康、全面发展和个性鲜明"等成长之事更大、更重要。

四、面向未来和现代化,整体构建附小教育文化体系

川大附小以第四个五年规划的制订为标志,开始对自己的教育哲学从"精神、思想和文化"三个方面进行系统构建。2019年,梳理形成附小教育"时代价值""基本价值""重点概念"三个部分的附小教育文化哲思。2020年,优化形成了"学生事大""做堂堂正正中国人,成和善创造生活家""海纳百川·行知合一·向上向好"的附小教育三大核心命题,并通过"时代价值""基本价值""重点概念",形成附小教育哲学与文化体系。2022年,进一步优化调整形成以"学生事大"为附小教育文化的第一命题与底层逻辑,以"真实成长"为附小教育文化的第二命题与中间逻辑,以"立人新民"为附小教育文化的第三命题与顶层逻辑,并由此系统形成附小教育哲学的框架体系。

图 3-3-1 川大附小文化源点与基本立场

这一体系聚焦附小教育的核心价值取向——始终致力于儿童好奇心、好知欲、好习惯与生活力、创想力、生命力在充分激发与生长进化中真实成长，成为引导附小及集团各学校向上向好发展的文化价值坚守和精神生长之本，成为附小"文化、思想、精神，课程、课堂、学程，队伍、治理、评价，生命、生态、生活"等内涵发展之本和集团"同行、高品、个性"拓展的变革之根。2022 年，"学生事大——附小教育哲学概论"全面形成，成为指导附小教育的哲学纲领，并全面构建起基于附小教育核心文化主张的实践体系。

以"学生事大"为附小文化源点和基本立场，全面形成"教育哲学、课程、课堂、评价、队伍、美好生活"附小内涵发展实证系统。

在培育"身心健康、全面发展和个性鲜明，并能创造和享受美好生活"的现代小公民教育中，构建与完善了适应小公民素养教育"学科成长课程、生活实践课程和综合发展课程"的课程文化。

在聚焦"儿童感、生活味、思维度和创造性"的"现代生活·情智课堂"中，形成了以"情生、智长、胆壮、志融"为核心要素的课堂文化。

在塑造"儒雅静美、堂堂正正、海纳百川、行知并芳"的"玉兰花"教师精神中，形成了"师道芳华、名师引领、梯度发展、个性鲜明"的教师团队文化。

在完善"生态家园、书香文园、雅趣乐园、情智梦园和规则学园"的校园形态中，建成了"天下风度、汉唐风骨、庭院风韵、生态风景、大家风范"与"华夏黄、中国红、蜀汉灰、生态绿、未来蓝"五风与五色相融的校园环境文化。

在构建"一校两区四方十校二十四联百校云教""同行、高质和个性"的集群共同体发展的生态格局中，形成了"领航本部、活学西区、建本清水河、典范明德、美丽望江、传脉滨江、三首东山"的高位均衡发展的教育集团紧密型学校文化个性。

从"学生事大"的文化源点和基本立场出发，构建起指向师生和学校"真实成长"的立体实践系统十八场域，并在不断优化和升华中持续达成"立人新民"的附小使命，从而形成附小教育的文化大观和精神气韵。

附小文化大观——四川大学海纳百川的精神气质，百年附小学生事大的文化品质，生活教育行知并芳的个性特质。

附小精神气韵——现代教育立人新民的育人使命，现代附小堂堂正正的育人风骨，现代生活和善创造的育人性情。

在文化大观和精神气韵的交织辉映中进化生长，铸就一所学校、一个集团的精、气、神、韵、品……附小人以自己的方式诠释着对文化的理解与实践。"育情智生命、建美丽附小、创美好生活、促真实成长"，达成附小的办学文化愿景。"凝聚并拓展一所学校的精神气度，求解并成就一个群落儿童的高质量成长，探索建构一种高品质的生活方式"，成就附小集团的文化使命。

（撰稿：刘　晏　龚　艳　黄　颖）

儿童友好班级文化 促进学生全面发展

成都市实验小学

班级是学生在学校学习、生活最基本的空间，容纳着儿童最频繁的学习、社交活动。班级文化决定着一个班级的持续性发展，也影响着班级里每一个学生的个体成长。儿童友好，就是以儿童发展为中心，家长、学校、社会各方面广泛参与，倡导儿童优先、儿童平等和儿童参与的理念，构建良好的儿童发展环境，尊重并维护儿童权益，有效保障儿童安全，让儿童充分表达观点，促进儿童全面发展。教师如何才能把班级建设与管理的权利交给学生，以儿童友好的文化进行班级共创？成都市实验小学四年级 2 班（班级名称：π星球）的实践给我们提供了一些路径和思考。

一、儿童友好，重构班级空间

班级空间就像一座冰山，有看得见的部分，比如教室空间、物品设备、教师学生、班级课程等，还有看不见的部分，比如班级文化、组织方式、班级记忆等。儿童友好的班级文化，让班级空间得以立体重构，从内而外让班级承载学生的成长，支持学生的发展。

（一）班级名字，儿童设计

π星球这个班级名称是学生们一年级刚入学的时候共同设计的。一年级的学生来到一个陌生的班级，被鼓励参与班级的建设中，第一件事情就是给班级取名，让大家对这个空间拥有归属感，像自己喜爱的玩具，或是共同成长的伙伴一样。每一个学生都成为班名设计者，他们大胆表达自己的想法，分享交流，选出最受欢迎的名字，全班一起优化它。这就是儿童友好的班级文化，鼓励儿童主动参与，激励儿童个性表达，尊重儿童平等的权益。在班级初建的时期，一个班级的名字带来了未来六年生机勃勃的想象：未来，π我来。一群学生来到一个班级，脚踏实地，仰望星空，创造如 π 一样无限不循环的未来。

（二）班级布置，儿童参与

π星球班级布置的大小事务，均有学生参与。儿童天生就是空间设计者，他们对于自己生活的教室有独特而敏感的认知，他们清楚地了解自己喜欢在教室干什么，希望教室可以帮助自己什么。儿童参与班级布置，保障了空间设计的第一步"用户需求"，让空间真正支持儿童的生长，呵护儿童的情绪。于是，有了许多让人欣喜的教室空间设计。比如，靠墙一面的收纳箱变成了"一睹展"，把收纳箱的一个平面变成了学生的展览画布，定期更新。饮水区和植物区紧挨在一起，因为当学生给植物浇水的时候，会记起自己也需要喝水，生命的成长需要水的滋润。读书角像小人国，有小沙发、小台灯、小书虫，教室里的小家具会让儿童成为巨人，拥有更多的自信和勇气。文具共享袋让不小心在教室遗失的文具找到了共同的家，既解决了文具收纳问题，又解决了同学们对文具的临时需要。

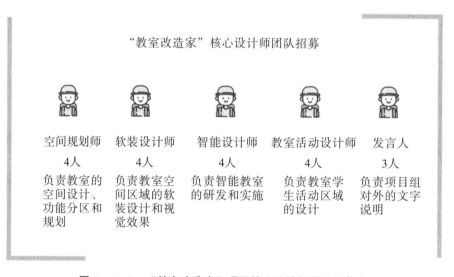

图 3—3—2 "教室改造家"项目核心设计师团队招募表

二、儿童友好，设计班本课程

班本课程是一种以班级为基础的课程模式，它强调围绕班级的特点、需求设计制订课程计划。π 星球将每周固定的班队课时间和碎片化的班级生活时间（早读、午休、课间、延时、班级活动等）统筹在了一起，教师和学生是课程的共创者，他们设计了覆盖小学六年的班本课程，让儿童喜欢的学习方式在稳定的课程中生根发芽。

表 3—3—1 π 星球班本课程设计

年段	课程内容	目标
一年级	"超级英雄"始业课程	完成从幼儿园向小学过渡，像超级英雄一样学习技能，成为真正的小学生

续表

年段	课程内容	目标
二年级	"小小书"阅读课程	阅读书，设计书，借助共读打开世界，用策展思维展示"小小书"
三年级	"π无限"社团课程	鼓励学生成立社团，并开展持续活动，用兴趣引领学习，用儿童影响儿童
四年级	"你好，摩诃"公园日课程	打破学校空间，借助校园旁的公园开展活动，探索自然与人的关系
五年级	博物馆课程	借助"泡馆学习"，了解博物馆空间，构建主题自主学习方式，扩大视野
六年级	童年课程	回望小学，过渡初中，纪念母校与童年

在"小小书"阅读课程中，孩子们把爱在书本上画画的嗜好，变成了"小小书"的设计，一张纸可以变成一本"小小书"，随时随地记录儿童的想法。他们看到教室窗外银杏变黄，担心银杏叶会害怕秋风扫落叶，于是，用了整整一个深秋，写了好多好多本关于银杏的书，在校园银杏叶泛黄的时候，举办了"一叶知秋·杏好有你"银杏小小书展，陪伴银杏飘落，约定春日再见。

在"你好，摩诃"公园日课程中，孩子们把校园空间的新生长变成了课程，他们发出奇思妙想：我可以到学校旁边的摩诃池公园学习吗？于是，有了长短公园课，早自习的20分钟在公园晨读晨练，午休的40分钟在公园写生作诗，黄昏的60分钟在公园与市民同乐，研究城市公园的可持续发展……

图3—3—3　公园日课程：我和公园有个约会

儿童友好，让学生的潜能在班本课程的设计中被发掘，建构了新的课程生态，让最有活力的学生促进了教育的发展，唤醒了成人的儿童视角，让儿童"开源"的方式回到了学校。

三、儿童友好，开展班级活动

班级活动随时随地都会发生。在儿童友好的班级，班级活动不仅由教师组织，还可以由学生组织。儿童友好很重要的一点是激发儿童的创想，听见儿童的声音，班级活动设计就是最好的土壤，根植在儿童日常学习生活中。

（一）组建儿童自治团队，保持活动持续性

π星球为开展班级活动，建立了儿童自治团队"没完没了编辑部"，类似于树洞，收集班级同学的想法，把想法变成班级活动。班级因为有了这样一个固定的编辑部，便给了儿童一个舒心的平台随时随地表达自己的想法。编辑部会以共创的方式，鼓励同学们把想法变成项目组，在儿童设计中变成班级活动。"没完没了报纸"会记录这些项目的开展过程，还会记录还未落地的想法，持续发酵转化。疯狂帽子节、可爱樱桃节、阅读巨人日、惊喜停电日、超级星期八……这些备受学生喜欢的班级活动源源不断地出现，丰富了班级生活，锻炼了学生能力，夯实了班级文化，促进了学生全面发展。

（二）建立班级节日表，用活动创造仪式感

π星球的孩子们深深理解节日仪式感的意义，不仅过法定的节日和中国传统节日，也创设了独属于班级的节日，抓住班级的重要节点，用活动将班级的每个人连接在一起，为集体带来生机、活力以及归属感。世界读书日，一起读书，爱上世界成为书友；国际植树节，一起春种播撒希望；国际数学日，过班级生日研究 π；每学期报到日，用心设计欢迎彼此；停电日，和黑暗交朋友……

儿童设计班级活动，就像童年住着"星期八"，在每一个平常的日子，创造班级特别的记忆，而教师作为共创者，做的事情就是不断地激励学生，创造机会，提供工具，鼓励创造性冒险，找到志同道合的团体，让学生的想法在班级中慢慢长出来。

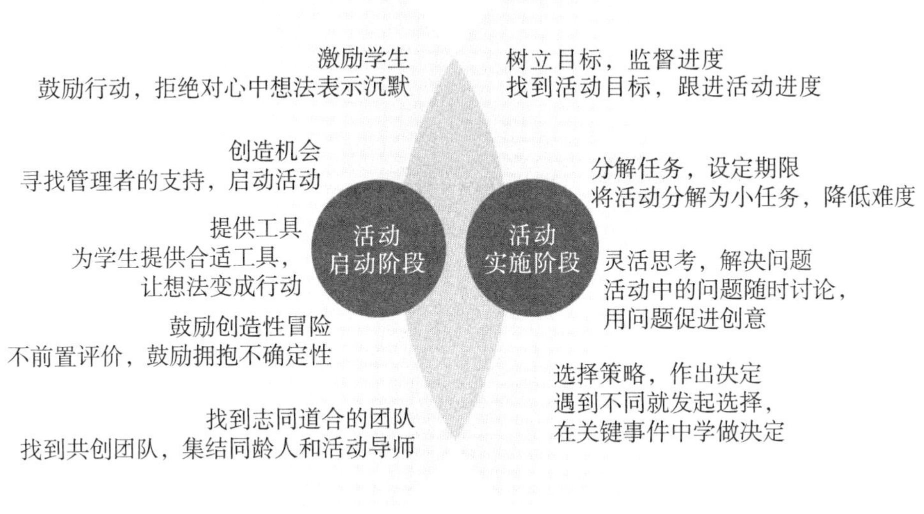

激励学生
鼓励行动，拒绝对心中想法表示沉默

树立目标，监督进度
找到活动目标，跟进活动进度

创造机会
寻找管理者的支持，启动活动

分解任务，设定期限
将活动分解为小任务，降低难度

提供工具
为学生提供合适工具，
让想法变成行动

**活动
启动阶段**

**活动
实施阶段**

灵活思考，解决问题
活动中的问题随时讨论，
用问题促进创意

鼓励创造性冒险
不前置评价，鼓励拥抱不确定性

找到志同道合的团队
找到共创团队，集结同龄人和活动导师

选择策略，作出决定
遇到不同就发起选择，
在关键事件中学做决定

图 3－3－4　π 星球活动开展实施原则

四、儿童友好，赋能学生发展

儿童友好的班级文化，从空间设计到课程实施，再到寻常班级活动，终极目标是赋能学生发展，让儿童在日常的班级生活中，慢慢成长为一个有能力的终身学习者，把时间还给学生，把活动还给学生，把课堂还给学生，把评价还给学生，让儿童平等参与班级建设，自由进行表达，保证儿童权益。

（一）班级公共岗位，人人参与

π 星球没有班委干部，学生自创班级公共岗位，比如粉笔管理员、点灯管理员、植物园丁、教室交通引导员等，管理班级的所有日常事务，学生自主选择，定期创设新的班级公共岗位，人人参与班级公共事务，让每个人平等地锻炼管理能力，培养责任意识。

（二）班级日常生活，共创管理

班级日常管理，由教师和学生共同承担，学生为班级负责任，并推动班级越来越好。教师和学生在班级的角色发生了改变，教师不仅是执教者，还可以是联结者、分享者、支持者、记录者、观察者、犯错者。学生不仅是学习者，还可以是提问者、组织者、反对者、创造者、发起者，班级形成了充满生机的集体生态系统，聚集资源，生发创意。

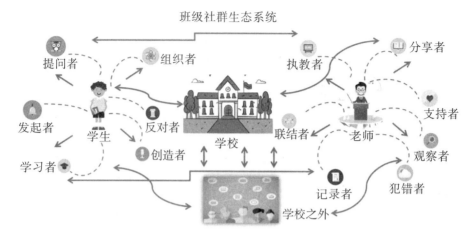

图 3—3—5　班级社群生态系统

（三）儿童友好班级，支持发展

　　儿童友好班级文化渗透在班级的每个方面，教师努力呵护学生最珍贵的品质，比如好奇心、试错精神、表达欲、内驱力。班级关键事件由学生发起，允许学生秘密传递，学生提出想法，教师在信任的基础上提供支持，鼓励学生自治，建立团队、构建生活，在全面发展中创造丰盈的童年。这样的班级文化，让成人得以与富有创造力的儿童群体共同成长，开始重新认识儿童、认识自我。当成人与儿童一起畅想与面对未来时，这个班级就处于自适应成长的状态，学生也有了持续全面发展的土壤。

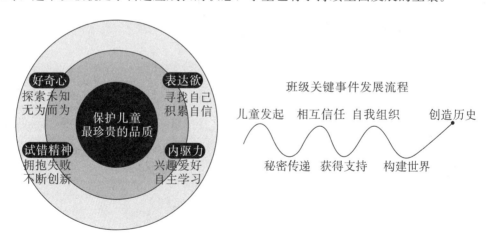

图 3—3—6　儿童友好班级文化

　　班级是学生在学校最基本的生活空间，从班级这个小单位去改变，创造儿童友好的班级文化，相信儿童会在这里主动地全面发展，成长为他们喜欢的样子。

（撰稿：白　雪）

让每一个生命都闪闪发光
——积极心理健康教育视角下的心育案例研究

攀枝花市实验学校

攀枝花市实验学校自 2022 年开始探索积极心理健康教育视角下的心育实践课程，努力营造积极、开放、安全的心理健康环境，提升学生积极心理品质，为学生更有力量地成长赋能。本文讲述了抑郁的小星在学校积极心理健康环境下脱困增能、重拾自信的故事。这是学校积极心理健康教育实践中的一个典型案例，也是学校致力于"让每一个生命都闪闪发光"育人追求的缩影。

一、案例呈现：黯淡了的星星

小星是学校小学部的优秀毕业生，不仅学业成绩优异，还是一名颇有天赋的田径特长生。她被四川省专业队录取的时候，所有人都相信，她是班里那颗最亮的星。

但是，随着小星转入专业队，这颗星星黯淡了。专业队里高手如云，每天高强度的训练、教练近乎严苛的要求、队友的优异表现、父母对她的高期望值……这重重的压力让小星窒息，她的训练越来越不在状态，精神状态也每况愈下。两年后，终日郁郁的小星不得不从省专业队退出。父母带她看心理医生，经过一段时间治疗后，医生建议让小星回到学校，在正常学习生活中慢慢调理。父母到处寻求学校接纳未果，最后求助到我们实验学校。作为孩子的母校，我们接纳了小星。

回到学校的小星经常从教室里"失踪"，藏到学校各个角落，她总是蜷缩成一团，耷拉着脑袋，默默地发呆，两眼空洞无神，还出现了自伤行为，曾经耀眼的那颗星黯淡了光芒。

二、案例分析：星星为何隐耀

通过和小星及其父母多次沟通交流，我们了解到她心理问题的成因：自尊心很强，在专业队发展遇到挫折后，陷入了巨大的心理压力之中，表现为强烈自责、心理消极、情绪管理差、价值感低。回到学校后，在新环境中难以融入集体，找不到发展方向。又因为不良情绪堆积，无法排解，从而感到无助、无望，有时甚至会通过自我伤害来舒缓身心不适，其实是自我期望和现实之间落差大、抗挫能力弱、自身能量不足。因此，重要的是要为小星营造一个积极、安全的环境，帮助她调整心态，激发出她内在的动力。

积极心理学理论将"培养积极心理品质"摆在了"克服心理与行为问题"的前面，兼顾心理问题的预防、发现与积极干预，为此，我们把"开发潜能，减负增效"与"塑造积极向上心态和奠基幸福人生"的学校使命有机结合起来，在积极心理学理论指导下，学校心理教师和德育团队教师共同分析小星案例，认为小星自身具备一定的积极心理品质，只是现在潜藏起来了，于是制定了"擦亮星星"帮扶方案。我们重点关注小星的心理状态，创设安全的、有丰富刺激的环境，实施积极心育课程，通过"参与式""体验式"的课程和活动，唤醒她良好的心理体验和感受，激发和培养小星内在坚韧、乐观和自信的积极心理品质。

三、"擦亮星星"行动

"擦亮星星"行动主要依托学校特色心育课程、心育活动、心育环境三个维度立体开展。

（一）课程育心，促进自我内在完整发展

1. 学校课程

用"强基—赋能—成长"学段心育课程和"心理＋"五育融合课程为心理赋能。班级开展以"人际交往、青春两性"为主题的心育班团队会课程，帮助小星悦纳自己，悦纳他人，构建和谐融洽的人际关系。学校开设研学实践、心理剧展演、心理运动会等"心理＋"融合课程，鼓励她积极参与。当她表现出积极行为时，教师及时给予赞扬和鼓励，强化她的积极行为，激发她的积极心理品质。

表3-3-2　"强基—赋能—成长"学段心育课程

年级	心育专题	积极心理品质发展重点	课程内容设计
1~3	生命课程、习惯课程	感知学校文化，培养良好习惯	"榕"文化课程
4	家风传承、幸福密码	感受家庭的支持，建立心理安全感	讲家风故事、绘家族图谱
5	品格养成、自尊自信	培养坚毅勇敢的意志品质	读伟人故事、写读后感
6	个性发展、心怀感恩	提高自我意识、自尊自信，实现自我	挫折教育、小学毕业课程

年级	心育专题	积极心理品质发展重点	课程内容设计
7	环境适应、学习品质	适应有压力的学习生活，培养学习方法	学习方法指导、团建活动
8	人际交往、青春两性	悦纳自己，悦纳他人，认识校园欺凌	性教育课程、法律课程
9	意识责任、成人成才	宣泄压力，迎接挑战，拥有临考好心态	冥想课程、正向暗示课程

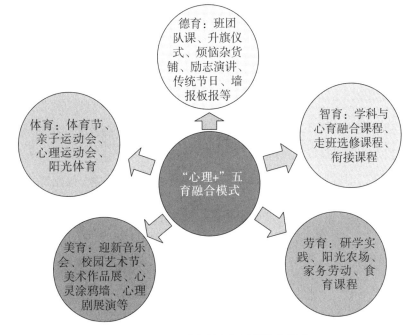

图 3—3—7　"心理＋"五育融合模式

2. 家庭课程

为了让学校教育能够在小星家庭教育中得到拓展延伸，保持校家共育的一致性，学校积极开展家庭教育指导。学校邀请家长积极参与特需培训课程，分析了前期家庭教育的误区，从抚养子女、亲子交流、在家学习等方面给予家长家庭教育理念和方法的指导，重点指导如何训练孩子用恰当行为获取关注的能力，用恰当的方式宣泄情绪、控制自己不良情绪的能力；定期开展阳光家访活动，教师和同学到家里给小星颁发奖状、播放教师悄悄录制的有关小星点滴变化的视频。积极、温暖、正面的鼓励式家访给了小星极大的鼓舞，我们看见了孩子久违的笑脸。

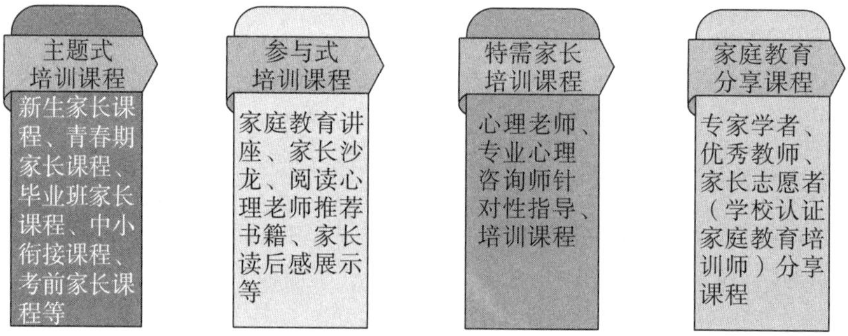

图 3-3-8　校家社协同育心家长培训课程

3. 社会课程

学校充分挖掘社会资源，开发社会实践课程。针对小星焦虑、自我伤害等问题，学校主动寻求心理专科医院的专业支持，开通心理帮扶绿色通道，定期给她进行心理评估诊断、干预，帮助她纾解身体的不适；带学生走进消防支队和武警支队，参观消防、武警官兵的日常训练，通过座谈了解如何理解训练的苦与实现自身价值的乐趣；开展班级研学实践活动，参观"三线"博物馆、城市原点，聆听钢城故事，感悟"三线"精神，让小星在红色文化、红色精神中汲取能量，奠基积极人生。

（二）活动育心，促进自我与他人共生发展

鼓励小星积极参与特色主题活动，培养她的团队合作精神，让她体验团队合作的力量，增强自身责任感，促进自我和他人共生发展。学校精心设计积极心理健康教育活动——"525"心理文化节、"心"悦读读书分享、心灵涂鸦墙绘、初春"心"苗计划、纸鸢悦心、校园心理剧展评等。在活动中，引导小星学会尊重他人、理解他人，培养包容心和共情能力。如在"春日有约"亲子活动中，鼓励小星用书信向妈妈表达爱；校运动会上，小星不敢参加开幕式班级方阵展示，班主任不放弃她，特意租借了两套玩偶服，和她一起扮作玩偶行进在队伍里；艺术节上，教师邀请她共同承担班级舞蹈节目的编排任务，帮助她获得成就感。

（三）环境育心，促进自我与环境生态发展

一方面建立支持性学习环境，让小星感到被接纳、被尊重和被支持。鼓励小星参与班级文化布置，创设舒适的、积极向上的学习环境。每周一，班主任与科任教师对小星开展鼓励式谈心，一个拥抱、一句暖心的话语、一个灿烂的微笑，帮她开启元气满满的一周；每周五，心理教师定时倾听小星一周以来的内心感受，教给她积极应对困难和挑战的策略，如积极思考、积极应对、积极寻求帮助等，帮助她建立积极心态；

教室里，为她安排乐观开朗的学习伙伴，互帮互助、共同进步，带着她慢慢融入班集体。通过给小星过集体生日、录制鼓励视频、推荐阅读及观影等方式，帮助她建立自信，提升心理韧性。

另一方面建立支持性家庭生活环境，让小星在幸福和谐的家庭氛围中感受到父母的关爱和鼓励。引导家长建设和谐家庭环境，给小星充分的关爱，尽力切断家庭生活中不良生活事件的刺激。周末，推荐小星和父母观看励志电影，共同完成小星最爱吃的美食烹饪制作；小长假，鼓励她和父母外出旅游等。

四、效果及反思：顶天立地再出发

（一）帮扶效果

一年多以来，通过实施"擦亮星星"的帮扶方案，小星慢慢适应了学校新生活，有了自己努力的方向，能够积极参与学校的各项活动，运动会上能为班级争夺荣誉。虽然孩子不时还是会有消极的情绪流露，但是敏锐的教师、友爱的同伴、温暖的班集体总是能及时化解她的不良情绪，护佑她一直向好，最终让小星脱困增能、重拾自信，从黯淡到闪耀。

（二）帮扶反思

小星的案例让我们特别感慨，一个心理生病的孩子，学校仅用厚重的教育情怀去接纳是不够的，我们更要有实施积极心育的能力，努力发掘并激发孩子内部系统的潜能和心理品质，助其建立心理弹性、坚韧人格和乐观人格等积极特质，促进孩子与他人、与环境生态的共生发展。

党的十八大以来，以习近平同志为核心的党中央高度重视和关心广大学生的心理健康和成长发展，在党的二十大报告中提出要"重视心理健康和精神卫生"。2023年5月，教育部等十七部门联合印发了《全面加强和改进新时代学生心理健康工作专项行动计划（2023—2025年）》。2024年，四川省教育厅等十八部门联合印发了《四川省全面加强和改进新时代学生心理健康教育工作实施方案》，全面加强和改进新时代学生心理健康工作，提升学生心理健康素养。这些文件精神为我们指明了学校心理健康教育的方向。学校将根据党和国家的教育方针政策检视办学思想，落地办学实践，顶天立地，依据积极心理健康教育工作新理念，聚焦提升学生可持续发展素养，不断完善学校高品质育人核心载体——"心理＋"五育课程体系，构建校家社协同心育新生态，落实立德树人根本任务，促进学生全面发展，让每一个生命都闪闪发光。

本文通过攀枝花市实验学校帮助小星同学脱困增能、重塑自信的案例，阐述了学校运用积极心理学指导心理健康教育工作的创新实践，彰显了学校"让每一个生命都闪闪发光"的育人理念。

（撰稿：余晓梅　姚　丽　陈　洲）

学生成长指导站：
一站式服务 为孩子终身发展奠基

四川省成都市石室联合中学

　　构建学生成长指导体系是推动学校教育从过度"育分"转向全面"育人"的根本需要，也是落实立德树人根本任务和培育学生核心素养的本质要求。当下，学生成长面临诸多问题，心理健康状况不容乐观。《儿童蓝皮书：中国儿童发展报告（2021）》显示，我国中小学生的心理健康问题呈现逐年上升态势。学生的家庭教养环境状况堪忧是学生成长面临的最重要的问题。在这个快速发展的时代，家长的教育焦虑有增无减，期待居高不下，家庭暴力依然存在，这些问题严重影响了学生的心理健康水平。学生生涯规划意识的唤醒是学生成长面临的一个非常迫切的问题。大部分家长和学生对自我定位不准，自我认知和职业发展期望过高，生涯规划设计的路径有些想当然，这使得学生缺乏学习内驱力，甚至影响后续发展和成长。

　　审视学校自身工作，我们虽然已经在课程、活动、家校共育等方面做了大量工作，但是依然存在三个缺陷：一是前瞻性不强，存在着功利化和短视化的弊端，没有对初中生进行三年发展的系统指导。二是实效性不足，指导学生成长发展的人员不够专业，校本课程不够科学，落实成效不佳。三是融通性不够，学校各部门负责的育人工作大多各自为政，缺少融通，没有形成高质量的教育合力。同时，如果仅仅以学生作为指导对象，就会出现"头痛医头、脚痛医脚"的弊端。

一、学生成长指导站体系建设

　　基于上述背景，我们认为学生成长指导工作应将指导学生、发展教师和家校共育的内容作为一项系统工程谋划落地，才能事半功倍。为此，本着以"服务学生成长"为中心的理念，以学生发展为核心，以问题为导向，聚焦学生成长发展中存在的普遍问题与重大问题，将心理健康教育、家庭教育、生涯教育三个方面的功能整合为一体，系统推进。

（一）架构为先，构建完善的组织管理体系

1. 做好顶层设计，增强系统性

学校建立了全国首家"学生成长指导站"，它的责任和使命就是"为孩子的终身发展奠基"。作为一个实体，它拥有接近200平方米的独立空间，下设心理健康教育中心、家庭教育指导中心、生涯教育指导中心三个中心，配备专职人员，设计专属Logo，为学生与家长提供个性化、专业化的成长指导服务，一站式解决孩子成长过程中存在的教育障碍；同时学生成长指导站也在每个班设立成长驿站和心理委员，通过知识宣传以及心理委员的桥梁作用，把学生成长指导站的服务延伸到每个班级。作为服务学生成长的"大脑中枢"，学生成长指导站负责策划、组织、实施与学生成长指导相关的各项工作，增强整体谋划、协同参与的系统性。

2. 引入优质资源，确保科学性

融合学校、家庭、社会各个层面的优质资源，学校组建了以专职教师、兼职教师、家长及专家构成的专业团队，人员结构层次多，专业质量高，增强学生成长指导工作的科学性。

3. 注重分类推进，具有针对性

成长指导站开展工作注重分类推进，既面向全体学生，又针对存在共同问题的学生群体，还针对有同样教育困惑的家长群体，关注学生个体特点，让成长指导工作更具针对性。

（二）学生为本，构建系统的成长课程体系

1. 校本课程多元化

成长指导站团队通过深入了解学生生涯发展的多元需求，构建了系统的成长指导校本课程。其中博雅课程注重学生的自我认识，通过引入社区、学校周边场馆、高校、企业、各类协会的课程资源，增强学生的个性体验，让他们找到自己的兴趣所在；春晖讲堂注重学生的外部探索，请家长和各行业专家进校基于自己的专长设计教学，分享工作经历和人生阅历，加深学生对社会及职业的认识；卓越英才课程注重学生的潜能开发，培养拔尖创新人才；护苗课程注重补齐学生的短板，重视对学生学习动机、学习态度和学习目标的指导，培养学生自我发展的能力。

2. 实践课程丰富化

成长指导站充分整合校内外资源，策划了丰富多彩的生涯体验实践活动，家校社共创适合学生生涯发展的育人场域。一是充分利用校内资源，开展主题体验活动。通过开展个人艺术作品展、小小讲解员、联中电视台、跳蚤市场等主题体验活动让学生自主体验。二是充分利用家庭资源，开展职业体验活动。利用寒暑假开展"我当三天家""与父母一起上班""走进名校""职业规划我做主"等职业体验活动，增进学生对社会职业的了解，增强家长对孩子客观、积极的看法。三是充分利用社会资源，开展社会实践活动。积极与社区、学校周边场馆、红色教育基地、实验室、工业教育基地等建立联系，为学生提供志愿者服务平台和研学基地，践行实践育人。

3. 定制课程个性化

成长指导站基于学生心理问题和生涯发展需要，为学生提供个性化的成长帮扶。其一是实施科学测评。对学生进行专业的心理健康和生涯发展测评，给予科学的发展建议。其二是开设定制课程。成长指导站开设定制化的心理主题和生涯主题"团辅"课程，解答学生成长困惑，助力学生生涯发展；并对有需求的学生提供个性化生涯咨询、心理咨询，帮助学生解决成长障碍。其三是设立导师课程。建立导师制，让师生双向互选，德育导师和学科导师引领学生发展方向，给予学业和生涯指导，帮助学生向着人生梦想进军。

图 3－3－9　学生个性化实践课程，为每个学生奠基未来

（三）师资为基，构建坚实的队伍保障体系

1. 优化核心团队

校内组建以心理教师为专业支撑、班主任为骨干力量的核心团队。校外聘任专家、有专长的家长为指导学生成长的兼职教师。

2. 带动教师转型

教师自身的成长，能带动、影响、指导学生更好地成长。所以我们凝聚团队共识，增强情感归属，不断提升教师队伍的凝聚力；深入了解教师发展需求，搭建各类教师发展平台，完善教师激励机制，不断提升教师成长内驱力；强化生涯发展理念，聚焦学生成长开展交流研讨，不断提高教师专业发展能力。

3. 提升指导素养

指导站联合学校教师发展中心构建了分层分类的教师发展课程体系，让教师自身职业发展与学生生涯指导相结合，让师生一起成长。

（四）家长为要，构建优质的家校共育体系

1. 打通成长指导渠道

指导站设立了成长守护热线，指导站教师定时轮流接听，帮助家长解决孩子成长中遇到的困扰，对孩子生涯发展进行指导。遇到线上不能解决的问题，线下开展一对一咨询服务。

2. 办好智慧家长学校

学校定期举办家庭教育专题讲座，针对不同年级的学生特点，开设系列课程，并针对有同样困惑的家长订制主题沙龙，定期推送育子指南，打通学生心理问题转介通道，筑牢孩子健康成长根基。

3. 开展家校共育活动

各类活动邀请家长与孩子一起体验见证，组建家长安全专家委员会，成立"雷厉风行"家长志愿者队，与家长面对面共话"双减"，助力孩子全面健康成长，提升家长的育儿水平。

图 3—3—10 "雷厉风行"家长志愿者队

二、学生成长指导站建设成效

自学生成长指导站建设以来，学校学生成长指导工作也取得了一定成效。

（一）助力学生健康成长

各类成长指导课程和活动深受学生欢迎；学校公号平台发布学生成长指导主题推文 30 余次，向 16000 余人次普及了维护心理健康的知识，增强了学生求助与寻求支持的意识，有效预防了心理问题的出现，学校心理健康筛查危机学生比例逐年下降；学生心理咨询时长共计 6275 分钟，成功地帮助 300 多名学生解决了心理困惑与问题；越来越多的家长愿意和指导教师沟通孩子成长问题，交流科学育儿方式，家校协同育人合力显著增强；生涯大讲堂的学生参与人数达 1000 多人，生涯游学体验覆盖了全体学生，唤醒了学生的生涯意识，让学生形成了正确的职业认知。

（二）助力教师智慧发展

教师全员参与学生成长指导实践，在实践中获得了专业发展，对学生的成长认知更加科学，70% 的教师能够在自己的教学中渗透成长指导理念与方法；教师队伍素质显著提升，每年均有将近 100 位教师在各级课题研究、教学比赛、综合素质大赛等活动中脱颖而出。

（三）助力家长焦虑缓解

学生成长指导站从 2021 年建立以来，学生和家长的服务覆盖率已达 100%。热线咨询一直保持热度，已提供了包括热线、面对面心理咨询服务 300 多次，咨询时长超 10000 分钟，其中家长占 42.42%，学生占 57.58%。家长学校及沙龙培训了家长学员 10000 余人次，家长教育观念得到极大转变，亲子矛盾明显减少，育儿水平显著提升，有效缓解了家长的教育焦虑。家长对学校的满意度在 95% 以上，社会对学校满意度每年均在 98% 以上。

（四）助力学校内涵发展

服务学生成长指导的实践探索，转变了学校育人模式，密切了师生关系，学校育人氛围更加和谐，学生的幸福感和获得感明显提升，社会对学校办学更加认可，项目获评 2022 年成都教育 EPC 年度盛典 "年度教育创新实践案例"；我们也积极推进该项目在集团各校区、各成员校推广应用，通过辐射联动的方式促进成员学校育人方式转变，赋能成员学校高质量发展，学校获评四川省义务教育优质发展共同体领航学校。

党的二十大报告指出，要"坚持以人民为中心发展教育，加快建设高质量教育体系，发展素质教育，促进教育公平"。学校将继续秉持立德树人的初心使命，加强学生成长指导站建设，积极转变育人方式，提升教师指导力、家庭指导力、家校协同指导力，进一步完善家校社协同育人机制，实现全员全程全方位育人，办好人民满意的教育。

（撰稿人：宋奕云　汪　金　罗　敏）

第四章
教师固本：以可持续发展的教师
培育可持续发展的学生

教师是学校的根本，强学校之师，才能固学校发展之本，高品质学校的深化建设尤其如此。我们所说的教师，包括校长及其领导团队、教师个体与不同类型的教师共同体。在高品质学校的深化建设过程中，学校中的教育者一个都不能少，因为要制定和完善促进可持续发展的办学规划，使学校的品质发展顶天立地，要按照办学规划遵循可持续发展规律改革教育教学，建设可持续育人文化，促进学生更高品质的全面发展，离不开所有教育者的可持续素养。做强高品质学校深化建设的新支柱，也应以教师为根本：教研的首要任务是强师，办学规划的重要依据是教师的胜任力与发展可能性，儿童立场的实现只能靠教师，只有可持续发展的教师才能培育出可持续发展的学生。虽然这是不言自明的真理，但如何培养具有可持续素养的教师，却是高品质学校深化建设的难题，这道难题既需要教师自己来破解，更需要学校为教师破解这一难题创造良好条件。

▶ 理论指引

高品质学校可持续发展的校长修炼

高品质学校的建设是教育现代化的必然要求，学校的可持续发展是教育现代化的重要条件。校长作为学校的灵魂和舵手，对学校发展的影响是多维度和深层次的，校长的教育理念、管理能力、人格魅力等，直接决定了学校的发展方向和教育质量。校长只有不断提升综合素养和领导能力，才能有力地驱动学校的内涵发展、持续改进和长远发展。

一、学校发展阶段与校长使命挑战

组织生命周期理论认为，任何组织都会经历从诞生到成熟，再到衰退或转型升级的过程。对于学校而言，这个过程可以划分为初创阶段、发展阶段、稳定阶段和转型升级阶段，每个阶段都有其特点和校长需要面对的使命挑战。

初创阶段，学校刚刚成立，校长的使命是确立学校的愿景、使命和价值观，并建立起基本的组织结构和运行机制，确保学校有序运转。挑战在于如何吸引并留住优秀的教师和学生，如何在资源有限的情况下，有效平衡学校的基础设施建设、教学质量提升和师资队伍建设，确保学校的生存与发展，以及如何获得家长、社会与上级部门的支持与信任。

发展阶段，随着学校的逐步发展，学校的规模和声誉提升，校长的使命是推动学校的教学和科研工作，提升教育质量，同时加强学校的内部管理和外部合作。挑战则在于如何处理好规模扩张与品质控制的关系，如何妥善处理快速增长带来的管理压力，如何处理日益复杂的人际关系，以及如何应对外部环境的变化。

稳定阶段，学校已经形成了稳定的办学模式和文化氛围，教育质量和声誉都达到了较高水平。在这个阶段，校长的使命是维持学校的稳定发展，巩固既有成果，保持竞争优势，同时寻求创新和突破，应对潜在的组织僵化。挑战在于如何应对外部环境的变化和竞争压力，如何引导学校进行教育改革和创新，实施差异化发展战略，以保持学校在激烈竞争中的领先地位。

当学校面临外部环境的重大变化或内部发展的瓶颈时，就需要进行转型升级。在这个阶段，校长的使命是引领学校进行变革和创新，寻找新的发展方向和增长点。挑战在于是否能及时识别和应对潜在危机，引领学校适应新的教育改革要求，进行必要的组织结构调整和业务模式转型，甚至可能涉及学校的重新定位和品牌重塑，以及如何制定和执行有效的转型策略，如何处理变革过程中的冲突和阻力，以及如何确保转型升级的成功。

二、学校发展追求与校长使命挑战

高品质和可持续是学校发展中两种不同的追求，它们共同构成了学校长远发展的基石。

（一）高品质学校的校长使命挑战

高品质是学校发展的核心目标之一，学校的高品质体现在教育质量、管理水平、师资力量、学生发展等多个方面。追求高品质意味着学校需要不断地提升自身的标准，确保教育服务能够满足甚至超越学生、家长和社会的期望。这种追求往往涉及对教育质量的持续监控和改进，以及对教育成果的严格评估。

追求学校的高品质发展，校长的使命是确保教育教学和管理质量的高水平，这涉及：提供具有深度和广度的课程内容，以满足学生和家长对优质教育的期望；关注学生的全面发展，包括学业成就、身心健康、社交技能、道德品质、审美情趣等综合素质，以及批判性思维和创新思维等思维品质，以培养出能够适应未来社会挑战的人才；创建包容性强的教育环境，确保所有学生无论背景如何都能获得优质教育；与教师共同制定并执行严格的教育质量标准，以监控和改进教学质量；关注教育技术的创新和应用，利用现代科技手段提升教育教学的效率和效果；提升学校的核心竞争力，通过持续改进和创新，提高教育服务的质量；加强学校与家长、社区、政府和其他机构的合作，形成良好的教育生态系统。

习近平总书记强调，高质量发展需要新的生产力理论来指导，也即形成新质生产力。新质生产力由技术革命性突破、生产要素创新性配置、产业深度转型升级而催生，以劳动者、劳动资料、劳动对象及其优化组合的跃升为基本内涵，以全要素生产率提升为核心标志。追求学校的高品质发展，校长面临的核心挑战本质上是对质量要素的优化组合和生产率及效果的全面提升，比如：如何构建和优化学校的课程体系，以满足不同学生的多元化需求，同时保证教育教学的质量和效果？如何激发和调动教师的积极性和创造性，以形成高质量的教育合力？如何培养学生的综合素质和思维能力，以适应未来社会的挑战和变革？如何构建包容性强的教育环境，确保每个学生都能获得优质教育，实现教育公平？如何运用现代科技手段提升教育教学的效率和效果，同时避免技术带来的负面影响？如何持续追踪和评估教学成果，确保教育质量的持续稳步提升？

（二）学校可持续发展的校长使命挑战

1987 年，联合国世界环境与发展委员会发布了《我们共同的未来》报告，首次明确定义了可持续发展，指出"可持续发展是指满足当代人的需求而不损害后代满足自身需求的能力"。可持续发展强调经济、社会、环境三维平衡，强调代际公平和代内公平。学校的可持续发展意味着学校在追求当前发展的同时，也要为未来的发展打下坚实的基础，核心是构建一个系统全面、动态平衡、富有生命力的教育生态系统，既要立足于当下，又要着眼于未来。

追求学校的可持续发展，校长的使命是确保学校在教育质量、社会贡献和长期发展之间取得平衡，这涉及：建立和维护学校的长远发展规划，确保学校的目标、策略和行动都与长期愿景相一致，以满足学校和社会不断发展的需求；根据教育改革的不断推进和政策环境的不断变化，及时调整自身的发展战略和教学模式，以适应新的形势和要求；在教育课程中融入可持续发展的理念，注重学生的公民意识、社会责任感培养，使他们在关注自身发展的同时，也能够积极参与社会公益事业；关注学校的可持续发展能力，包括教育资源的合理配置和高效利用，包括财务、设施、人力资源等，以支持学校的长期发展。

追求学校的可持续发展，校长面临的挑战包括：如何平衡短期成果与长期目标的关系，避免为了眼前的成绩牺牲长远利益；如何管理社会期望和压力，坚守教育原则和价值观，保持教育的本真初心不被外界因素所干扰；如何制订符合学校定位和未来发展趋势的长远规划，确保学校发展战略的连贯性和可持续性；如何预见教育领域的变革趋势，如技术革新、政策调整等，及时调整学校发展策略，确保学校的竞争力；如何有效预防和应对突发事件，如自然灾害、公共卫生事件等，保障学校稳定运行。

三、高品质学校可持续发展的校长素质

要确保高品质学校的可持续发展，校长所需的素质远不止于日常的管理能力，更涉及深层次的思考、战略性的决策以及对教育生态系统的深刻理解等高阶素质。只有这样，才能引领高品质学校在复杂多变的社会环境中应对挑战、把握机遇，带动学校持续向前发展，实现教育品质的持续提升。

（一）坚定的教育信仰和使命感

学校不仅仅是一个学习知识和培养技能的地方，更是一个塑造人格、培养价值观、引领师生成长的重要场所。作为高品质学校的校长，必须具备坚定的教育信仰和使命感，坚信教育的力量和价值。坚定的教育信仰和使命感是校长的内在动力和精神支柱。教育信仰体现了校长对教育事业的深厚情感和坚定信念，是基于对教育价值和教育目标深刻理解的基础上，形成的对教育工作的热情投入和长期承诺，这种信仰不仅仅是一种职业选择，更是一种生活态度和价值追求。使命感则是校长在教育信仰指引下，

对学校、学生和社会所承担的责任和义务的认识，明确自己的角色定位，认识到自己在学校发展中的重要作用，以及对提升教育质量、促进学生全面发展和推动社会进步的重要影响。

坚定的教育信仰和使命感能够激发校长不断追求卓越、努力创新的动力，激励校长在面对困难和挑战时能够保持坚定的信念和决心，能够帮助校长在复杂多变的教育环境中保持清晰的方向，并能通过其决策和行为模式传递给学校教师，激发他们对教育事业的热情和投入，形成积极向上的教育氛围，也有助于激发学生的潜能，培养他们的责任感和使命感，为他们成为社会的有用之才打下坚实的基础。

对校长个人而言，坚定的教育信仰和使命感是其职业生涯的灵魂和动力源泉，能够引领其不断学习和成长，提升专业素养和领导能力。

（二）深厚的人文素养和道德情操

学校不仅仅是一个物理空间，更是一个充满情感和人文关怀的社区。作为这个社区的领导者，校长需要具备深厚的人文素养和道德情操。人文素养是指对人类文化、历史、哲学、艺术等方面的深刻理解和广泛涉猎，是形成正确价值观、审美观、人生观的基础。道德情操则是指校长在教育实践中所展现出的高尚品质和道德风范，如公正、廉洁、仁爱、宽容等。

深厚的人文素养有助于校长形成全面、深入的教育观念，理解教育的本质和目的，把握教育的规律和趋势，更好地指导和引领学校的发展。同时，深厚的人文素养还能够增强校长的同理心和包容心，更好地理解学生、教师和家长的需求和期望，促进学校内部的和谐与稳定。

高尚的道德情操则是校长人格魅力的体现，能够赢得师生和社会的尊重和信任，为学校发展创造良好的外部环境。一个具有高尚道德情操的校长，会以身作则，廉洁奉公，公正无私地处理学校事务，为师生树立榜样。这样的校长能够激发师生对学校的认同感和归属感，形成积极向上的校园文化，有利于学校可持续发展。

对校长个人而言，深厚的人文素养和道德情操也是其自我实现和人格完善的必要条件。只有不断修养内心，提升自己的精神境界，校长才能真正做到"以德立身、以德立学、以德施教"，成为师生的楷模和引路人。

（三）系统的思考力和优质生态构建力

学校不仅仅是一个教育机构，更是一个由多个子系统（如教学、管理、资源、文化等）相互关联、相互作用的复杂生态系统。在这个生态系统中，各个子系统需要协同工作，共同为学校的整体发展和学生的全面发展提供支持和保障。校长作为这个生态系统的领导者，系统的思考力和优质生态构建力是必须具备的核心素质。系统思考力强调校长要从整体和全局的角度出发，能够超越单一的事件或问题，识别和理解影响学校发展的复杂变量和动态过程，对学校的教育、管理、资源等各方面进行综合考虑和协调，确保学校的各个部分和要素能够相互支撑、相互促进，形成一个有机整体。优质生态构建力则是指校长要具备构建和优化教育生态系统的能力，通过创造有利于师生发展的教育环境，促进学校内部的生态平衡和持续发展。

这一素质对于校长领导学校应对复杂挑战、实现教育目标以及创建一个促进学生、教师和社区成员共同成长的环境具有重要作用，不仅影响着校长的领导行为和决策质量，也对学校的长期规划、资源管理、教育质量提升、社会参与和危机管理能力产生深远的影响。具备系统思考力和优质生态构建力的校长，能够站在更高的层次上审视学校的发展，把握学校与外部环境的关系，预测未来的发展趋势，从而制订出具有前瞻性和战略性的发展规划；能够从全局的角度考虑学校的教育资源配置、课程设置、教学评价等方面的问题，确保学校的各项工作都围绕着可持续发展这一核心目标展开；能够关注学校的文化建设和精神风貌，营造积极向上的教育氛围，激发师生的创新精神和创造力。面对日益复杂的教育挑战和不确定性，校长的系统思考力能够识别潜在的风险点，制订预防措施，可以帮助学校有效应对危机，提高学校的适应能力和抗风险能力，并在危机发生时迅速作出反应。

（四）清晰的文化塑造力与愿景引领力

学校教育不仅有现实和当下，更有诗和远方，承载着师生家长的期望与未来。作为学校的领航者，校长需要拥有清晰的文化塑造力与愿景引领力，为学校描绘一幅令人向往的蓝图，并引领师生共同追求和实现这一愿景。

这一素质对于塑造学校独特的教育环境、激发师生的潜能以及指引学校未来发展方向具有决定性作用，不仅影响着学校的日常运作和长远规划，也对学校的教育质量、社会影响力和持续发展能力产生深远的影响。文化塑造力是指校长能够编纂学校的DNA并传达学校的价值观、信念和期望行为，以此形成一种积极的校园文化，这种文化能够渗透到学校的每一个角落，影响每位师生的日常行为和互动方式，从而营造出一个充满活力、尊重和合作的学习环境，这种文化基因不仅塑造学校的独特气质与身份认同，更成为滋养学生成长的沃土，使学校成为知识传承与价值塑造的精神家园。愿景引领力是指校长能够设定一个清晰、富有远见且能激励人心的学校愿景，这个愿景能够为学校的长期发展提供方向，激发师生向着共同的目标努力，并引导学校在教育资源、政策和社区参与方面作出明智的决策。

校长的文化塑造力和愿景引领力对学校的氛围和精神面貌有着深刻的影响。明确的愿景和校园文化能够提升师生的归属感和自豪感，增强他们的参与度和忠诚度，从而使学校成为师生共同的精神家园；通过塑造积极的教学文化和学习文化，校长能够鼓励教师进行教学创新，激发学生的学习热情，提升教育成果；清晰的文化和愿景还能够提升学校在社会中的影响力，能够帮助学校建立起良好的公共形象，吸引更多的合作伙伴，扩大学校在社区和社会中的积极作用。校长的文化塑造力和愿景引领力是推动学校持续发展的动力，能够帮助学校在面临变革和挑战时保持方向的一致性和稳定性，确保学校能够适应外部环境的变化，持续向前发展，在危机或不稳定时期，校长的愿景和文化塑造能力可以作为重要的稳定器，能够帮助师生保持信心，共同克服困难，维护学校的稳定和发展。

（五）前瞻的战略规划力与实现力

在快速变化的教育环境中，校长需要展现出前瞻的战略规划力与实现力，以应对未来的挑战和机遇。前瞻的战略规划力是指校长能够超越当前的教育现状，预见未来的发展趋势和可能的挑战，这种能力要求校长具备广阔的视野、深刻的洞察力和创新的思维，能够在制订学校的长期发展规划时，考虑到教育技术的进步、社会需求的变化以及全球化的影响。实现力则是指校长不仅能够制订战略规划，还能够有效地执行这些规划，将其转化为具体的行动和成果，包括设定明确的目标、制订可行的行动计划、动员和激励团队成员以及监控进度和调整策略。

前瞻的战略规划力能够帮助校长洞察未来的教育趋势，使学校在教育变革中保持领先地位。随着科技的快速发展和社会的不断进步，教育领域正经历着前所未有的变革。校长需要具备敏锐的洞察力和前瞻性思维，预见这些变革对学校的影响，并提前制订应对策略。通过制订前瞻性的战略规划，校长可以引导学校在教育创新、技术应用、课程改革等方面走在前列，为师生提供更加优质的教育资源和环境。实现力是确保战略规划落地生根的关键。一个再好的战略规划，如果没有得到有效执行，也只是纸上谈兵。校长需要具备强大的组织能力和领导力，将战略规划转化为具体的行动计划和措施。

前瞻的战略规划力与实现力也是校长应对复杂挑战和不确定性的重要武器。在教育领域，各种挑战和不确定性层出不穷，如教育政策的调整、社会需求的变化、新技术的涌现等。具备前瞻战略规划力与实现力的校长，能够迅速识别这些挑战和不确定性，制订应对策略，引导学校走出困境，实现持续发展。

（六）适切的创新驱动力与变革力

学校的高品质可持续发展不仅需要规范和传承，也需要不断创新和变革。创新驱动力是指校长对新思想、新技术和新方法具有敏感性和接受度，具备开放的心态和敢于尝试的勇气，敢于挑战传统的教学模式和管理方式，善于营造一个开放、包容、充满创造力的教育环境，推动学校在教育理念、课程设置、教学方法等方面的创新。变革力则是指校长在面对学校发展瓶颈、教育质量提升难题等问题时，能够积极引导和支持学校进行结构性和战略性的变革，这包括调整教育计划、优化教学流程、改进管理体系以及推动文化和政策的更新。变革往往伴随着困难和阻力，校长需要具备坚定的决心和强大的领导力，引导师生共同应对变革带来的挑战，确保变革的顺利进行。同时，校长还需要关注变革过程中的细节和风险控制，确保变革的平稳过渡和可持续发展。

适切的创新驱动力与变革力对于学校的未来发展至关重要。具备这种能力的校长能够激发师生的创造力和潜能，提升学校的整体竞争力，使学校在激烈的竞争中脱颖而出；能够帮助学校在面临外部环境变化时保持活力和适应性，确保学校能够持续向前发展，不断实现新的教育目标；能够为师生提供丰富的发展机会，为教师提供专业成长的平台，为学生创造多样化的学习环境，支持他们的个性化发展和终身学习。在危机或不稳定时期，校长的创新驱动力与变革力可以作为重要的稳定器，帮助学校快速适应变化的环境和挑战，找到新的发展方向，维护学校的稳定和发展。

（七）敏锐的需求洞察力与成长支持力

赫兹伯格的双因素理论、马斯洛的需求层次理论、班杜拉的自我效能理论等都在强调对个体需求的满足和成长的支持是激发工作动力、提高工作满意度和实现持续发展的重要因素。需求洞察力是指校长能够深入了解师生的需求、期望和关切，这种能力要求校长具备敏锐的观察力和深入的分析能力，能够通过多种渠道和方式收集信息，理解师生的真实需求和感受，还需要校长具备跨文化、跨年龄段的沟通能力，以确保与师生之间的有效沟通。成长支持力则是指校长能够为师生提供丰富的成长机会和资源，为师生提供个性化的成长支持，帮助他们实现自我发展和提升，包括学习资源、发展机会、心理支持等。

校长的需求洞察力与成长支持力能够直接影响学校的教育质量，通过理解和满足学生的学习需求，校长能够促进教学方法的改进和学生成绩的提升，同时支持教师的成长有助于提高教学质量和教师的工作满意度。校长的这种素质有助于建立一个充满关怀、支持和尊重的学校文化氛围，在这样的环境中，师生感到被重视和鼓励，更有凝聚力和向心力，更愿意参与学校活动，共同推动学校的发展。在危机或不稳定时期，校长的需求洞察力与成长支持力能够帮助学校更好地应对挑战，能够及时识别受影响群体的特殊需求，并提供必要的支持，以维护学校的稳定和发展。校长的这种素质还能够增强学校对社会的服务能力，通过洞察社区需求并提供相应的教育服务，学校能够更好地融入社区，发挥教育的社会功能。

（八）强大的资源整合力与危机决策力

社会资本理论认为，社会资本是通过社会关系网中的信任、规范、信息和网络等元素积累起来的，这些元素可以帮助个体或群体获得更多的资源和机会，从而提高他们的社会和经济地位。对校长而言，资源整合力是指校长能够有效地识别、动员和利用内外部资源以支持学校的教育活动和发展战略，包括财务资源、人力资源、物质资源以及信息资源等，校长需要具备跨界合作的能力，与其他学校、社区等建立紧密的合作关系，共享资源，实现互利共赢，还需要善于利用政策、法规等外部资源，为学校的发展创造有利条件。危机决策力则是指校长在面临突发事件或危机时，能够迅速作出明智决策，妥善处理各种复杂情况，保障学校的安全和稳定的能力。危机往往伴随着巨大的压力和不确定性，这要求校长具备风险评估、应急规划和冷静执行的能力，以便迅速分析形势，制订应对方案，调动各方力量，确保危机得到及时有效的处理。

当今社会，学校往往面临着各种挑战和不确定性，校长的资源整合力与危机决策力对学校的日常运营和长期发展有着直接的影响。通过有效整合资源，校长能够确保学校有足够的支持来实施教学计划、发展项目和改进设施，为学校创造更多的合作机会，增强学校的社会责任感和社区服务能力，而资源整合的成功案例则能够展示学校的合作伙伴关系和实力。在危机时刻，校长的决策能力直接关系到学校能否正常运作，一个能够有效应对危机的校长会赢得公众的信任和尊重。

四、高品质学校可持续发展的校长修炼

"修"与"炼"，在传统中华文化中，既是修身养性、砥砺品行的哲理表达，也是铸就卓越品质、磨砺领导才能的生动实践。"修炼"二字在高品质学校可持续发展的语境中，映射出校长作为教育领航者的精神淬炼与专业精进。

"修"寓意着修养、修行、修为。校长之"修",是内外兼修的过程,既是对自我品质和能力的锤炼与升华,也是对学校全方位发展的精心打磨与细致雕琢,旨在构建起一座底蕴深厚、活力四射、持续进步的高品质教育殿堂。"炼"意味着提炼、锻炼、磨炼。"炼",在汉语中寓意着锤炼、冶炼、磨炼之意,对于高品质学校可持续发展的校长而言,"炼"既体现了其自身领导力和教育理念的淬炼过程,也包含了对学校运营与管理实践的磨砺和提升。

(一)修品炼行

"品"从内涵上来讲,既指人的审美趣味和鉴赏水平等文化修养,也指人的性格、个性、气质、道德修养和人格魅力,还指事物的质量、性能及荣誉等,是外在形象和内在价值的统一体现。"行"指做、进行,也指行为、品行、可行等。在高品质学校可持续发展的校长修炼中,"修品炼行"可以从以下三个层面来理解和实践:

修炼个人品德。作为学校的灵魂人物,校长的一言一行都对教师和学生产生深远影响。因此,高尚的个人品德不仅关乎个人修养,更是树立良好师德和校园文化的基石。校长修炼个人品德可以从以下路径着手:一是深入研究道德哲学,包括伦理学、教育学原理等,以理论指导实践,形成自己的道德信念和行为准则;二是在学校内部建立一套明确的道德规范,树立明确的行为标准,校长和师生共同遵守,以身作则,做到言行一致;三是在工作中对自己的行为和决策负责,在面对问题和挑战时,勇于承担责任,不推诿不逃避,以实际行动解决问题;四是自我约束,克制不良习惯和行为,虚心接受他人的意见和建议,从中汲取经验教训,不断完善自己;五是定期进行自我反思,审视自己的言行是否符合道德规范和教育理念,通过反思发现自身的不足,并制订改进措施。

修炼个人品位。个人品位体现了个人对美的追求、对文化的理解和鉴赏能力。文化资本论认为,人在长期的文化生活和学习中所积累的知识、技能、修养和品位等非物质财富构成一个人的文化资本。校长的品位体现在对教育的理解、对教学方法的创新以及对校园文化的塑造等方面,校长的品位决定了学校的教育品质和文化氛围,因此,修炼个人品位对提升学校整体教育质量至关重要。校长修炼个人品位可以从以下路径着手:一是广泛涉猎文化艺术领域,通过阅读经典文史哲作品、欣赏音乐会、观看艺术展、关注高雅时尚等方式,提升自己的文化底蕴,了解不同文化背景下的艺术表现形式,拓宽文化视野,提高对美的感知和鉴赏能力;二是注重仪表仪态和言谈举止,穿着得体、举止优雅,展现出自己的风度和气质;三是培养高雅的生活情趣和兴趣爱好，如茶艺、摄影、运动、旅游等，同时在工作和生活中关注细节与品质，展现对美的追求和对生活的热爱；四是与具有高品位的人交往，参加有品质的社交活动，从他们身上学习和汲取经验和灵感；五是拓宽教育视野，关注国内外教育动态，借鉴先进的教育经验，提升自身的教育素养。

修炼管理风格。勒温等的研究指出，领导者的领导风格会对团队成员的工作态度和效率产生重要影响。校长的管理风格不仅影响学校的运营效率，还深刻影响着教职工的工作积极性和学生的学习氛围，一个优秀的校长应该能够根据学校的实际情况和师生的需求，灵活运用不同的管理策略，创造一个和谐、高效、有利于师生发展的教育环境。修炼管理风格，就是要不断学习和实践，找到最适合自己和学校的管理之道。校长修炼管理风格可以从以下路径着手：一是深入研究各种管理理论，如领导力理论、组织行为学、管理学等，了解不同理论的观点和原则，以理论为指导，结合实际情况，形成自己的领导风格；二是了解和应用情境领导力理论，根据教职员工的成熟度和任务的复杂性，采用合适的领导风格，如指令型、教练型、支持型或授权型领导；三是参加管理培训课程、研讨会和学术活动，不断更新管理知识和技能，将新的理念和方法应用到管理实践中；四是建立反馈机制，积极寻求教职员工和其他利益相关者的反馈意见，根据反馈，根据学校的发展阶段、团队特点和外部环境的变化，及时调整和改进自己的管理风格，不断提高管理效果。

（二）修情炼意

"情"有感情、情感、情绪、情谊等含义。"意"通常指心意、意向、意图，也可以指思想、意识、意愿、意志等抽象概念，在诗词、成语中，"意"可以用来表达情感意境。在高品质学校可持续发展的校长修炼中，"修情炼意"可以从以下层面来理解和实践：

修炼教育之情。情绪动力论认为，情绪在人的行为和决策中起着重要的作用，积极的情绪能够激发人的创造力和动力，推动个人和组织的进步。对教育、对师生的热爱之情是校长推进学校可持续发展不竭的内在动力，这不仅要求校长对教师、学生以及家长充满关爱与理解，更要在实际工作中体现出这种情感，营造出和谐温馨、积极向上的校园氛围。校长修炼教育之情，可以从以下几个方面着手：一是坚定教育信仰，深刻理解教育的意义和价值，将教育事业视为终身追求；二是关心学生，关注学生的成长和发展，以学生为本，为学生提供优质的教育服务；三是关爱教师，尊重和支持教师的专业发展，搭建平台，帮助教师实现教育理想；四是热爱学校，将学校视为自己的家园，为学校的长远发展贡献力量；五是关注教育改革和发展，紧跟时代步伐，不断创新教育方法和手段。

修炼情感智慧。约翰·D. 梅耶和彼得·萨洛维于 1990 年将情感智力定义为个体监测自己和他人的情绪与感觉、区分不同情绪并标记它们、使用情绪信息引导思维和行动、理解和管理情绪反应的能力，提出了情感智力的四个主要能力层级：感知和表达情绪、利用情绪促进思维、理解和分析情绪以及调节情绪。丹尼尔·戈尔曼在 1995 年进一步拓展将其应用于日常生活和职场领域，提出五个情感智力的主要构成部分：自我意识、自我管理、自我激励、同理心和社交技能。校长修炼情感智慧，有助于建立和谐校园，提高教育质量。修炼情感智慧可以从以下几个方面着手：一是培养同理心，站在他人的角度思考问题，关心师生的需求和感受；二是学会倾听，认真聆听师生家长的意见和建议，了解他们的心声；三是善于沟通，有效表达自己的观点和需求，促进师生之间的理解与合作；四是懂得包容，尊重师生的个性和差异，给予他们成长的空间，鼓励多元化的发展；五是具备抗压能力，面对工作和生活中的压力，保持积极的心态，调整自己的行为和策略，不因个人情绪波动影响决策和管理。为此，校长可以通过阅读相关书籍、参加工作坊或培训，学习情感智慧的理论，掌握情绪管理技巧，如深呼吸、正念练习等，以维持情绪平稳；通过经常性反思、冥想和自我评估，了解自己的情感反应模式，识别情绪触发点，提高情绪的自我觉察力，从而更好地管理自己的情绪；通过角色扮演或情景模拟练习，提高应对复杂情感场景的能力。

修炼教育意志。意志力是一个人自觉地确定目的，并根据目的来支配、调节自己的行动，克服各种困难，从而实现目的的品质。校长修炼教育意志，有助于在学校的可持续发展过程中，始终保持坚定的信念和饱满的激情。修炼教育意志可以从以下几个方面着手：一是强化教育信仰，深刻理解教育的意义和价值，将教育事业视为终身追求，即使在困难和挑战面前，也要坚定信念；二是为自己和学校设定清晰的短期和长期目标，并坚持不懈地追求这些目标，通过积极的自我对话和肯定来增强自己的内在动力；三是不断寻找机会挑战自己，走出舒适区，锻炼意志力；四是建立一个支持性的团队环境，鼓励成员相互支持和激励；五是延迟满足，练习在即时诱惑面前保持自控，着眼长远利益。

（三）修智炼能

"修智炼能"是指校长在高品质学校可持续发展过程中，不断提升自身的教育智慧和实践能力，是校长修炼的核心要义。"修智"指向的是校长对教育理念的深度理解、对教育规律的精准把握，以及在教育实践中所展现出的卓越智慧；"炼能"则是指校长在学校管理、决策执行、团队协作等方面的实践能力，以及在面对挑战时所展现出的应变能力和创新精神。"修智炼能"可以从以下层面来理解和实践：

修炼教育智慧。教育智慧，并非简单的教育技巧或方法，而是教育者在长期的教育实践中对教育现象、教育问题及教育规律的深刻理解、独立思考以及在此基础上的创新能力。这种智慧的形成，既需要时间的沉淀，也需要校长个人的持续努力。具体来说，校长需要：一是深入研究教育理论，掌握教育的基本规律。教育理论是教育实践的指导，只有深入研究教育理论，掌握教育的基本规律，校长才能以科学的教育理念指导学校的实践，这不仅包括对教育学、心理学、社会学等相关学科的深入学习，更包括对教育现象、教育问题的敏锐洞察和深入思考。二是积极关注教育创新，不断探索新的教育模式和方法。时代在不断发展，教育也需要不断创新，校长需要保持对教育创新的敏感性和热情，不断探索新的教育模式和方法，以适应时代发展的需求，这不仅包括关注新的教育理念、教学方法，更包括在实践中勇于尝试、不断创新。三是努力培养批判性思维，善于从现象中发现问题。批判性思维是教育智慧的重要组成部分，校长需要具备独立思考、敢于挑战传统的精神，善于从现象中发现问题，深入剖析问题的本质，提出有针对性的解决方案。四是注重教育研究，提升教育实践的针对性和有效性。教育研究是提升教育实践水平的重要途径，校长需要注重收集和分析教育数据，通过案例研究、行动研究等方法，深入总结教育实践经验，提升教育实践的针对性和有效性，这不仅可以提高学校的教育质量，更可以为学校的可持续发展提供有力支撑。五是建立学习型组织，鼓励教师和学生共同探究、创新。一个充满创新氛围的学习型组织是学校可持续发展的重要保障，校长需要积极营造开放、包容、创新的学习氛围，鼓励教师和学生共同探究、创新，激发他们的创造力和创新精神，在这样的氛围中，学校的每一个人都能不断成长、进步，为学校的可持续发展贡献自己的力量。

修炼实践能力。实践能力是教育者在教育活动中将教育理念付诸实践，实现教育目标的能力。对于校长而言，这种能力的修炼不仅关乎个人的职业素养，更直接影响到学校各项工作的扎实推进和长远发展。首先，校长需要着重提升组织协调能力。一所高品质的学校，其背后必然有着精细的组织架构和高效的运行机制。校长作为学校的掌舵人，必须善于调动校内外的各种资源，无论是人力、物力还是财力，都要能够进行合理配置，为学校的发展创造最为有利的条件。这要求校长不仅要有全局观，更要有细致入微的观察力和行动力。其次，沟通能力的加强也是校长修炼实践能力的重要一环。学校是一个多元的社区，师生、家长、上级部门等各方利益相关者都有着各自的诉求和期望。校长需要善于与各方进行沟通，倾听他们的声音，理解他们的需求，进而形成广泛的共识，推动学校工作的顺利开展。这种沟通能力不仅体现在语言的表达上，更体现在情感的传递和信任的建立上。再次，执行力的培养对于校长来说同样至关重要。学校的发展规划和各项工作任务一旦确定，就需要有人去坚定地执行。校长作为学校的领导者，必须以身作则，对学校的各项决策和工作部署保持高度的执行力，确保每一项工作都能落到实处，取得预期的效果。这种执行力不仅要求校长有坚韧不拔的毅力，更要求有严谨细致的工作态度和灵活多变的工作方法。此外，提高决策能力也是校长修炼实践能力的重要组成部分。决策是领导者的基本职责之一，也是影响学校发展的关键因素。校长需要善于从战略的高度思考问题，对学校的发展方向、目标定位、资源配置等重大问题作出明智的决策。这要求校长不仅要有深厚的专业知识和管理经验，更要有科学的决策方法和民主的决策作风。只有这样，才能为学校的可持续发展制订合理的发展策略，引领学校走向更加美好的未来。

（四）修心炼身

"修心炼身"是指校长在高品质学校可持续发展过程中，关注自身的心灵成长和身体健康。作为学校的领导者，校长的身心健康对于学校的和谐发展具有重要意义。"修心炼身"可以从以下层面来理解和实践：

一是修炼心理韧性。心理韧性是指个体在面临压力、挑战或困境时，能够迅速调整心态、积极应对并最终成功克服困难的能力。心理韧性，不仅是校长个人素养的重要体现，更是决定学校在面对各种挑战时能否稳健前行的关键因素。校长修炼心理韧性，具体包括：一是校长需要深入剖析自己，明确个人的优势、特长以及在管理、决策等方面的不足。这样的自我洞察，能够帮助校长在面对困境时，更加清晰地认识到问题的本质，从而保持冷静和信心，找到最有效的解决方案。二是培养乐观心态。在教育领域，挑战和变革是常态。校长需要学会在困境中寻找机遇，用乐观的心态去感染和影响师生，共同迎接每一个挑战。这种积极的心态，不仅能够提升校长的个人魅力，更能为学校注入一股不屈不挠、勇往直前的精神力量。三是提高心理承受能力，在日常工作中，校长需要学会调整自己的心态，正确看待成功与失败、得与失。当压力来临时，校长应该通过合适的方式调整自己，如冥想、运动等，确保自己的心理状态始终处于最佳状态，不影响工作和决策。四是注重心理保健，合理安排工作和生活，确保自己有足够的时间和精力去处理各种事务。同时，校长还需要关注自己的身心健康，定期进行体检和心理疏导，确保自己始终保持良好的状态。

二是修炼强健体魄。高品质学校的建设是一场没有终点的马拉松，需要校长以饱满的热情和坚定的决心持续投入。在这段漫长的征途中，校长不仅要具备卓越的智慧和才能，更要拥有强健的体魄作为支撑。只有身体健康，才能确保校长在繁重的工作中始终保持清晰的头脑和旺盛的精力。校长修炼强健体魄，具体包括：一是保持规律的作息时间，确保充足的睡眠，避免过度劳累；二是均衡饮食，注重营养搭配，保证身体健康；三是适当锻炼，积极参加体育运动，提高身体素质；四是定期进行健康检查，及时发现并解决身体健康问题。

GROW 模型的四要素，目标设定（Goal）、现状分析（Reality）、方案选择（Options）和制订行动计划（Will）为校长的自我修炼提供了行动步骤参考，Kolb 学习周期模型认为有效的学习是一个体验、反思观察、理论化和实践应用循环迭代的过程，有效的学习者会在这些阶段之间自然流畅地转换，在实践中学习，在反思中理解，在理论中创新，在应用中验证。但校长的修炼与实践是一个持续的过程，也是一个复杂的、非线性的过程，受到许多因素的影响，如工作繁忙难以抽出时间持续进行自我关护与学习提升，长期的思维和行为习惯定式难以自我突破，舒适区和躺平文化的干扰，学习付出与成效滞后带来的挫折感，这些都会影响校长进行自我修炼的进程与效果。德韦克提出，人们对待智力、能力和其他个人特质有两种基本的心态，固定型思维模式认为这些特质是固定的、不可改变的，而成长型思维模式则认为这些特质可以通过努力和学习得到发展和提升。校长的自我修炼是一个内在驱动的过程，需要在成长思维的驱动下，通过自我激励和自律，不断实现自我迭代。走出舒适区，开启自我修炼的旅程，就是校长的第一项修炼。

高品质学校可持续发展的团队建设

习近平总书记强调："有高质量的教师，才会有高质量的教育。"教师作为立教之本、兴教之源，历来受到党和国家的高度重视。2018 年，中共中央、国务院印发了《关于全面深化新时代教师队伍建设改革的意见》，拉开了我国新一轮师资队伍高质量建设的序幕。2022 年，教育部等八部门联合印发了《新时代基础教育强师计划》，提出"培养造就高素质专业化创新型中小学教师队伍"。作为教书育人的主阵地，各级各类学校担负着培养学生和教师的双重责任。学生培养是学校存在的意义和价值，而教师则是一所学校教育教学质量的根本保障，是教育发展的第一资源。学校对教师的培养其实就是学校自我建设的过程，建设即培养、培养即建设，二者相辅相成密不可分。

一、学校教师团队建设的时代背景

"培养什么人、怎样培养人、为谁培养人"这三个问题是当前社会对于教育领域的时代追问，对这三个问题的回答也是构建具有中国特色教育体系基本框架的主要内容。作为人才培养工作以及具体教育教学活动的组织者和实施者，新时代教师必须正确认识这三个问题的提出及解答，把握教育教学改革正确的方向，营造良好的教育教学生态，深入贯彻落实素质教育基本要求。

（一）五育并举成为教育教学活动开展的指导理念

2018 年 9 月，习近平总书记在全国教育大会上提出，要培养德智体美劳全面发展的社会主义建设者和接班人。在深入贯彻习近平总书记重要讲话精神过程中，教育系统逐步形成五育并举提法。2019 年 6 月，中共中央、国务院印发《关于深化教育教学改革全面提高义务教育质量的意见》，明确提出"坚持五育并举，全面发展素质教育"。

2020 年 10 月，中共中央、国务院印发了《深化新时代教育评价改革总体方案》，将"改革学生评价，促进德智体美劳全面发展"作为重点任务提出，指出要创新德智体美劳过程性评价办法，完善综合素质评价体系——完善德育评价、强化体育评价、改进美育评价、加强劳动教育评价。

目前，我国已经构建起了从目标到内容再到评价的五育并举素质教育体系，学校师资队伍建设的广度和深度相较以往都得到了拓展。

（二）"双减"政策深入实施并取得良好成效

针对教育的应试化、短视化现象，让教育"返璞归真"，切实培养学生的创新能力、创新精神及综合素质，着眼学生身心健康成长，保障学生休息权利，整体提升学校教育教学质量，2021 年 7 月 24 日，中共中央办公厅、国务院办公厅印发了《关于进一步减轻义务教育阶段学生作业负担和校外培训负担的意见》。针对学校教育，提出要"全面压减作业总量和时长，减轻学生过重作业负担"，"提升学校课后服务水平，满足学生多样化需求"，此项政策的施行在很大程度上改变了学校教育的样态，对学校教育教学活动安排及教师课堂教学质量提出了更高的要求，在提升教育教学效益的同时切实减轻了家长及学生的负担。

以成都市为例，2022 年调查显示，成都市 84.3% 的家长对落实"双减"的各项行动表示认可，81.4% 的义务教育阶段学生在"双减"后没有再参加学科类校外培训，73.2% 的家长认为"双减"缓解了自己的教育焦虑，"双减"工作成效明显。

（三）以素质教育为纲的教育质量评价体系成功构建

2021 年，教育部陆续发布了我国基础教育领域的四大评价指南——《幼儿园保育教育质量评估指南》《特殊教育办学质量评价指南》《义务教育质量评价指南》《普通高中学校办学质量评价指南》，构建了我国首套以素质教育为基本纲领的教育质量评价指标体系，以具体指标为呈现方式深刻阐释了我国基础教育改革发展的总体要求和目标，从评价的视角提供了"培养什么人、怎样培养人、为谁培养人"这三大问题的解决方案。

四大评价指南中都单列板块，针对教师发展进行了详细的指标描述，对于教师的要求主要集中在师德师风和专业成长两个方面，同时对于学校教师的人员配备和激励机制构建等也做了相关要求。

表 3—4—1　义务阶段学校办学质量评价——教师发展要求

教师发展	加强师德师风建设	1. 按照"四有"好老师标准，健全师德师风建设长效机制，积极选树先进典型，严肃查处师德失范行为。 2. 关心教师思想状况，加强思想政治工作和人文关怀，帮助解决教师思想问题与实际困难，促进教师身心健康。
	重视教师专业成长	1. 实施教师专业发展规划，优化教师队伍结构，注重青年教师培养；健全校本教研制度，支持教师参加专业培训，凝练教学经验。 2. 教师达到专业标准要求，具备较强的育德、课堂教学、作业与考试命题设计、实验操作和家庭教育指导等能力，以及必备的信息化素养和信息技术应用能力；校长注重不断提高学校管理与教育教学领导力。 3. 重视加强班主任队伍建设，班主任认真履行岗位职责。
	健全教师激励机制	1. 完善校内教师激励体系，坚持公开公平公正，注重精神荣誉激励、专业发展激励、岗位晋升激励、绩效工资激励、关心爱护激励。 2. 树立正确激励导向，突出全面育人和教育教学实绩，克服唯分数、唯升学的评价倾向，充分激发教师教书育人的积极性、创造性。

表 3—4—2　幼儿园保育教育质量评估指标——教师发展要求

教师队伍	师德师风	1. 教职工有坚定的政治信仰，按照"四有"好教师标准履行幼儿园教师职业道德规范，爱岗敬业，关爱幼儿，严格自律，没有歧视、侮辱、体罚或变相体罚等有损幼儿身心健康的行为。
	人员配备	1. 幼儿园教职工按国家和地方相关要求配备到位，并做到持证上岗，无岗位空缺和无证上岗情况。 2. 幼儿园教师符合专业标准要求，保育员受过幼儿保育职业培训，保教人员熟知学前儿童身心发展规律，具有较强的保育教育实践能力。园长应有五年以上幼儿园教师或者幼儿园管理工作经历，具有较强的专业领导力。
	专业发展	1. 园长能与教职工共同研究制订符合教职工自身特点的专业发展规划，提供发展空间，支持他们有计划地达成专业发展目标。 2. 制订合理的教研制度并有效落实，教研工作聚焦解决保育教育实践中的困惑和问题，注重激发教师积极主动反思，提高教师实践能力，增强教师专业自信。 3. 园长能深入班级了解一日活动和师幼互动过程，共同研究保育教育实践问题，形成协同学习、相互支持的良好氛围。
	激励机制	1. 树立正确激励导向，突出日常保育教育实践成效，克服唯课题、唯论文等倾向，注重通过表彰奖励、薪酬待遇、职称评定、岗位晋升、专业支持等多种方式，激励教师爱岗敬业、潜心育人。 2. 善于倾听、理解教职工的所思所想，发现和肯定每一名教职工的闪光点和成长进步，教职工能够感受到来自园长和同事的关心与支持，有归属感和幸福感。

总体上看，五育并举、"双减"政策以及素质教育评价体系的构建巩固了学校作为教育主阵地的地位，教师开展教育教学的主导作用进一步增强。与此同时，家长和社会对于学校教育质量的期望越来越高，学校也逐渐着力于由向课堂要质量到向课堂要素质、要品质，师资队伍建设改革的问题现实且紧迫。

二、高质量教师团队的基本特征

习近平总书记一直高度重视师资队伍建设问题，对教师发展作出了系列要求与指示。2014 年第 30 个教师节前夕，习近平总书记考察北京师范大学时发表重要讲话，勉励广大教师做有理想信念、有道德情操、有扎实学识、有仁爱之心的"四有"好老师，提出了新时代的"好老师"标准，成为我国新时代教师队伍建设的基本遵循。2016 年 9 月 9 日，习近平总书记在北京市八一学校师生座谈会上对教师提出了殷切希望："广大教师要做学生锤炼品格的引路人，做学生学习知识的引路人，做学生创新思维的引路人，做学生奉献祖国的引路人。"总书记后来陆续在多个场合提出了"四个相统一""六要""大先生""教育家精神"等重要论述，这些重要论述，和"四有"好老师、"四个引路人"一起，对新时代中国好教师的形象进行了精准的描摹和完整的画像。

四心从教	四有好老师	四个引路人	四个相统一
安心从教 热心从教 舒心从教 静心从教	有理想信念 有道德情操 有扎实学识 有仁爱之心	做学生锤炼品格的引路人 做学生学习知识的引路人 做学生创新思维的引路人 做学生奉献祖国的引路人	坚持教书和育人相统一 坚持言传和身教相统一 坚持潜心问道和关注社会相统一 坚持学术自由和学术规范相统一

六要：政治要强、情怀要深、思维要新、视野要广、自律要严、人格要正

教师要成为大先生，做学生为学、为事、为人的示范，促进学生成长为全面发展的人！

图 3—4—1　好教师"画像"

对于一所学校来讲，基于其文化内涵及校情、教情、学情，其教师队伍都会展现出独有的特质，总体上一支高质量教师团队应基本上具备以下基本特征：

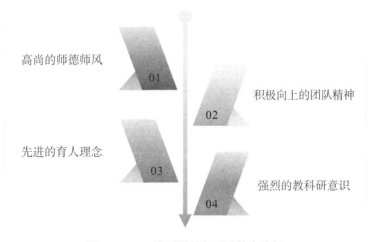

高尚的师德师风　01
积极向上的团队精神　02
先进的育人理念　03
强烈的教科研意识　04

图 3—4—2　高质量教师团队基本特征

（一）高尚的师德师风

教师的人格和道德修养是教师素养的重要组成部分，是良好学校风气、师生关系

的基础，是教师队伍建设高质量发展的精神基点。作为学校育人工作的最直接责任人，教师的思想道德和价值观念的引导直接影响着学生的世界观和价值观，同时也影响着教师对于教育事业的热爱与忠诚。因此，良好的师德师风是教师的首要素质，也是一个教师团队的精神纽带，在一定程度上决定着团队的价值追求和教育理想，是学校可持续发展的重要保障。

（二）积极向上的团队精神

所谓团队精神，是指团队成员为了实现集体目标而精诚团结、互相帮助、勇于奉献、相互协作的作风。针对教师团队，其团队精神主要体现在育人目标的一致性、教学活动开展的协同性以及专业成长互助等方面。另外，一个优秀教师团队还应该具备体现学校办学理念、认同学校办学文化的"精神气质"，即一个优秀的教师团队要有"精气神"，以此凝聚团队力量相互支撑，保证团队始终勇于进取、不断提升。

（三）先进的育人理念

先进的育人理念是教师教育教学胜任力的基本保障，也是教育教学改革能够深入推进的基本前提，决定着一所学校的教育质量与水平。先进的育人理念是教育时代性、科学性、正确性的统一体，在教育高质量发展阶段，教师要聚焦立德树人，注重运用自主、合作、探究等现代教学方式，对新课程新课标进行深入、创造性的实施，促进学生的深度学习，发展学生的高阶思维和创新能力。

（四）强烈的教科研意识

新时代，教科研工作对推动学校整体发展及师资队伍建设的作用愈加凸显，尤其是在教育改革发展不断深化、素质教育全面实施的背景下，教科研工作已成为教师及团队发现问题、分析问题、解决问题的有效途径，通过教研提升师资队伍专业水平，通过科研增强学校办学能力，已成为学校可持续发展的重要支撑。然而如果离开团队协作，教研和科研的效果将会大打折扣或根本无法开展，所以强烈的教科研意识以及正确的工作开展方式是教师团队高质量建设的有力保障，将极大提高研究工作的效益和质量。

三、高质量教师团队的建设策略

（一）党建引领，筑牢思想根基

学校要健全和完善党组织领导的校长负责制，加强党组织的领导与核心作用，带领教师深化对新时代党的教育方针与改革方向的认识，明确教育根本问题，促使教师将为党育人、为国育才自觉地落实到教育教学实践中。另外在师德师风建设上，将党的教育方针作为师德师风的底线与红线，贯彻落实"四有"好老师标准，牢固树立为社会主义教育事业奋斗终身的理想信念，培养教师高尚的道德情操与仁爱之心，树立正确的教育观、人才观、学生观，使教师在思想上、认识上、行动上达成高度统一，高质量培养社会主义建设者和接班人。

对此，成都七中万达学校进行了卓有成效的探索与实践。学校自筹建时就旗帜鲜明地提出"德才兼备 党员引领"的队伍建设口号，树立了"抓党建就在抓业务、抓业务就在抓党建"的工作理念，以领航团队（干部队伍）、先锋团队（党员队伍）、主体团队（人才队伍）建设为抓手，在"党建＋人才"上下实功夫，突出学校人才导向、科研方向、教育志向，引领全体教职员工同频共振，形成了良好的工作作风、教风和学风。

（二）文化铸魂，凝聚团队力量

学校文化建设是学校发展的灵魂和根基，良好的校园文化有助于引导师生树立正确的人生观和价值观，规范他们的行为举止，并激励全体师生积极向上，充分激发他们的积极性和创造性。对于师资队伍建设来讲，对于学校文化的良好认同能够增强凝聚力与归属感，整体提升团队力量，基于学校文化所形成的团队文化也有助于增强学校师资队伍建设的系统性和体系性。比如成都师范附属小学在 115 年的办学历程中，精神内核在发展中转化为"赤诚教育，追求卓越"的学校精神，教师们将赤诚教育作为自己的使命，把个人的发展和学校发展目标紧紧相连，学校文化成为凝聚教师团队的精神之魂，成为学校持续高位发展的内在源泉。

（三）构建机制，明晰培养路径

一所学校要想保持师资队伍的高质量与高品质，必须构建教师队伍长效发展机制，系统性思考教师发展问题，形成具有校本特征、符合学校办学理念的师资队伍建设模式。首先，学校要制订师资队伍建设中长期规划，明确师资队伍建设目标与方向，为学校教育教学工作开展提供持续性支持；其次，明确教师培养培训路径与方法，分层次分类别、有主题有目的地提升教师的专业能力与水平，增加教师培养培训的针对性和持续性，最大限度地提升教师培养培训的质量与效益。另外须建立支持教师持续发展的评估和调整机制以及教师反馈机制，定期评估培训机制落实、培训方案成效情况，持续改进和优化，并让教师参与培训机制的改进。

在青年教师培养上，成都市锦汇东城小学以"青年教师成长社"为依托，构建了"内外结合、互助共融"的队伍建设机制，探索出了"专家培训提素养、师徒结对有示范、社团互助共融合、立体评价促提升"的青年教师培养路径与方法，在提升工作针对性的同时，增强了教师凝聚力和学校认同感，队伍建设成效明显。

（四）深化教科研，提升能力本领

教科研工作是更新教师教育教学理念、提升育人能力与水平的重要抓手，同时也是教师个人及团队了解教育教学改革实践推进及重点难点问题解决策略的窗口。一方面，有效的教科研活动可以深化教师对于学科专业的认识，提升课堂教学品质；另一方面，活动的开展过程也是教师团队建设的过程，对于团队的凝聚力以及教师开展工作的规则意识都极有助益。

在具体操作上，为使工作落地落实，学校须构建合作共享机制及成果评价和转化机制。建立教师合作团队，共同开展研究和分享经验，并建设多样化的教师网络平台或线下交流平台，促进教师分享和交流。设立成果评价机制和标准，评估科研成果质量和影响力，注重科研成果推广和转化，引导科研过程与日常教育教学实践相结合，促进学校教育教学改进。

成都市盐道街小学语文教研组以科研为载体，以教研为手段，以提升凝聚力、学术力和战斗力为目标，通过项目推进制、常态教研制、量化评价制三类教科研机制构建，有力地提升了教科研工作质量。尤其在常态教研推进上，教研组深入开展"问题导向式""专题研究式""课例观察式"主题教研活动，并根据学段特点针对性设计课例研究，实现了课程变革和教师专业素养提升的同步推进。

（五）科学评价，激发团队活力

教师评价一直是师资队伍建设的重点与难点，尤其是在绩效工资机制下，评价结果直接影响到教师的切身利益，所以科学的教师评价机制构建是保持教师团队工作积极性与主动性的重要保障。中共中央、国务院印发的《深化新时代教育评价改革总体方案》提出"突出教育教学实绩"，要求把认真履行教育教学职责作为评价教师的基本要求，引导教师上好每一节课、关爱每一个学生，这是对教师本职工作评价的理性回归。在构建评价指标之时，要坚决杜绝"唯分数、唯升学、唯文凭、唯论文、唯帽子"的传统做法，在考核结果输出的同时注重教师教育教学活动组织的过程性以及教学实绩的增值性，将评价的工具属性与目的属性有机结合，切实发挥评价育人功能，促使评价工作与教师日常教育教学工作相融合、相统一，让教师评价切实成为引领学校师资队伍建设的有力抓手。

在这一点上，成都师范银都紫藤小学的做法值得借鉴与推广。经过多年探索，学校构建了以"职业理想追求"为核心的教师专业发展评价体系，从"德育引领力""智慧教学力""团队合作力"和"学习研修力"四个方面对教师开展全面评价，通过评价让每位教师清楚地看见自身专业发展的阶段与路径，实现了对教师精神的引领、发展的激励。

高品质学校可持续发展需要践行教育家精神

　　高品质学校建设经过十多年的研究，已经成为四川乃至全国学校发展的共识，随着研究的不断深入，高品质学校的可持续发展也已成为每位学校都应该重视的重要议题。2016 年，习近平总书记在纪念红军长征胜利八十周年大会上发表重要讲话，强调"人无精神则不立，国无精神则不强"，深刻阐释了唯有在精神的引领下，人与国才能够在历史的洪流中屹立不倒。具体到学校教育而言，高品质学校建设既需要各位校长和教师积极开展教育实践，探寻教育规律，也需要学校全体人员积极践行教育家精神与理念，为教育事业高质量发展提供理论指导和支撑。

　　教育家精神是习近平总书记关于新时代教师精神的高度概括和凝练，为新时代教师乃至学校的发展提供了思想指引和根本遵循。教育家是指通过亲力亲为的教育实践创造出重大教育业绩，对一定时期、一定范围内的教育思想和实践产生重要影响的优秀教育工作者。教育家精神是对教育家为学、为事、为人的道德品质和精神风貌的真实写照，是所有教育家的集体品格。高品质学校里面的教师不一定都能成为教育家，但是人人都需要以教育家为榜样，弘扬教育家精神，成为教育家型教师。高品质学校可持续发展离不开教育家精神，高品质学校里的每位教师都需要具有教育家精神，教育家精神是引领教师发展的强大动力。

一、高品质学校可持续发展需要践行教育家精神的内在依据

　　2023 年教师节前夕，习近平总书记在致全国优秀教师代表的信中首次提出中国特有的教育家精神，掀开了我国教师发展的新篇章。2024 年 1 月 11 日，全国教育工作会议明确将"以教育家精神为引领强化高素质教师队伍建设"作为 2024 年的重点任务。大力弘扬教育家精神，培养具有教育家精神的高质量师资队伍，成为高品质学校可持续发展的必由之路。

　　（一）高品质学校可持续发展需要践行教育家精神具有历史必然性

　　在中国这片教育历史丰厚的土地上，教育家精神始终伴随着教育事业的发展而不断锤炼、升华。从孔子、朱熹、梁启超，到陶行知、蔡元培、竺可桢，再到李吉林、钱梦龙、魏书生，他们都用自己的智慧和汗水，为教育家精神注入了丰富的内涵。教

育家精神不仅是对前人教育思想的继承和发展，更体现在对我国学校发展的引领和推动上，大量优秀的教育家热衷于开办学校来传播教育思想，推动教育实践不断发展。对现在仍比较有影响的教育家陶行知先生主动开办了许多学校，把自己的"生活即教育""社会即学校""教学做合一"的思想，通过一所又一所学校进行践行与推广，对中国学校教育事业贡献了不可估量的力量。任何学校的发展其背后无不彰显校长的办学智慧，大力弘扬教育家精神也是党和国家倡导教育家办学的新要求、具体化表现。2018年，中共中央、国务院印发《关于全面深化新时代教师队伍建设改革的意见》明确提出，大力鼓励有理想有情怀的教育家开办学校，为教育发展构建独一无二的政策环境。教育家办学是我国的历史传统，也是高品质学校可持续发展的必然选择。

（二）高品质学校可持续发展需要践行教育家精神具有实践同一性

中国特有的教育家精神是推动高品质学校可持续发展的内生力量与实践需要。在新时期，高品质学校建设有了新的历史背景，就是加快推进教育强国建设，使教育、人才、科技"三位一体"协同融合发展，助力中国式教育现代化发展，这一切都离不开有品质的、可持续的教育，这要求我们高品质学校要为学生的终身发展奠定坚实基础。而教育家精神是历代教育家们在历史与文化积淀下所形成的一系列的精神品质，高度强调教育工作者的职业素质和精神品格，要求他们要怀有崇高的教育理想，致力于为学生的成长和发展贡献力量，这与高品质学校可持续发展的实践内核高度一致。另外，教育家精神所蕴含的"勤学笃行、求是创新"的躬耕态度，也是高品质学校可持续发展所必需的。高品质学校需要不断创新教育方法和理念，以适应时代的发展和学生的需求。而教育家精神则鼓励教育工作者们不断学习新知识、新技能，更新教育观念，以创新的精神推动学校教育的发展。因此，教育家精神的本质意蕴与高品质学校可持续发展的内涵是一致的，在实践上具有同一性，这种同一性有助于高品质学校更加健康、协调地发展，为学生的全面成长提供有力的保障。

二、高品质学校可持续发展需要践行教育家精神的时代意蕴

中国特有的教育家精神不是理论演绎和凭空构建的，而是在中国教育实践中孕育出来的，表现在中国教育家的实践中。教育家精神是对中国教育家教育实践的总结和概括，因此，在进行高品质学校建设过程中，必须从新时期的角度来看待可持续发展高品质学校的时代使命。

（一）教育家精神为高品质学校可持续发展增添新内容

教育家精神承载着我国教育强国建设和民族复兴的伟大使命，根植于中国特有的中华传统师道文化中，承续了近代以来勇于担当的教育使命，既是对师魂的凝练升华，

又是对我国一代又一代师道传统的继承发扬，更是社会主义核心价值观有机组成部分，为高品质学校可持续发展增添了新的内容。首先，学校从办学理念到校园文化再到课堂教学，都要自觉践行教育家精神，突破时间和空间的限制，在高品质学校中不仅仅传授知识，更重要的是培养学生的品格、道德和社会责任感，倡导引入新的教育理念，如全人教育、多元文化教育等，以培养学生的综合素养和全面发展。其次，高品质学校的工作者要树立新的精神坐标，要从始至终地坚守自身所信奉的价值立场，保持"心有大我、至诚报国"的理想信念，把贯彻落实党的教育方针作为首要的办学任务，对学校教育进行深刻反思、批判性建设，在个体价值追求中共同坚持教育家精神的价值标准和行为准则。

（二）教育家精神为高品质学校可持续发展注入新动力

教育家精神为高品质学校可持续发展注入了"自觉思行"的能量，即自觉尊重教育规律，探寻个体成长轨迹，反思教育过程，创新教育理念，提升基础教育的社会与国际影响力。党的十八大以来，习近平总书记从"四有"好老师、"四个引路人"、大先生、经师、人师到今天教育家精神的提出，将新时代教育工作者的地位和作用提升到新的高度，为教师发展指明了方向。高品质学校可持续发展特别需要精神的引领，需要激发起教师更深沉、更持久的内在动力，来实现教师的自我驱动，坚定其"躬耕教坛、强国有我"的使命担当和责任抱负。以教育家精神为指导的高品质学校建设教育实践，能够对学生进行全方位、深层次的影响，帮助学生树立正确的世界观、人生观和价值观，能够确保学生在追求个人梦想的同时，让教师自觉提升专业素质，激发教师的职业激情和创新活力，引领高品质学校建设不断前进，为实现学生全面发展提供坚实的可持续的教育师资保障。

（三）教育家精神对高品质学校可持续发展提出新要求

在教育家精神的赋能下，高品质学校的教育工作者怀着满腔热情扑向教育实践。首先，教育家精神所提到的"心有大我、至诚报国的态度意志，言为士则、行为世范的德行品格，勤学笃行、求是创新的躬耕态度，以及胸怀天下、以文化人的理想情怀"，正是高品质学校所培养的人才应该具备的实践品性。其次，高品质学校应该具有科学的规划能力，即在党的领导下，始终理性地审视和把握我国教育事业正确发展的方向，这也是我们发展中国特色、世界水平的现代教育的最大政治优势；再者，高品质学校要敢于挑战发展的局限，聚焦学校教育发展中的困点、难点，运用创新型举措，给整个教育领域带来惊喜和突破的创新能力；最后，高品质学校要具备引领能力，即引导社会大众关注学校教育发展的实践创新性成果，扩大其影响力。四个不同的要求，可以说是高品质学校可持续发展的强大理性能力驱动力，它们合力揭示了基础教育发展的内在规律与丰富内涵，拓宽了基础教育发展中的认知视野，也增强了社会各界对基础教育发展的主观感受与认同，推动基础教育向高质量发展的方向迈进。

三、高品质学校可持续发展需要践行教育家精神的实践路径

在百年未有之大变局的背景下，高品质学校肩负着培养堪当民族复兴大任的时代新人的重要任务，教育家精神为高品质学校可持续发展提供了新的契机，把握时代发展脉搏，探寻学校未来发展动向。把教育家精神作为高品质学校可持续发展的动力驱向，探寻践行教育家精神的实践路径，对教育高质量发展具有重要意义。

（一）环境育人：以教育家精神重构高品质学校校园环境

教育家精神是一种深深植根于教育事业的灵魂之光，它以其独特的魅力，为我们提供了重构高品质学校校园环境的灵感和动力。高品质学校的校园不应只是冷冰冰的建筑和硬邦邦的课桌，只有将教育家精神融入校园的每一个角落，在学校创设优秀传统文化育人环境，营造尊师重教的文化氛围，以文化人，让教育家精神浸润人心，才能真正实现高品质学校可持续发展的目标和价值。以教育家精神积极打造学校的楼道文化和走廊墙壁文化，建构高品质学校校园微环境。在这个环境里，每一棵树、每一朵花、每一面墙都会"说话"；在这样的环境下，浸润心灵的是"心有大我、至诚报国"的大胸怀，"言为士则、行为世范"的高情操，"勤学笃行、求是创新"的大智慧。同时，也要积极营造数字校园环境，结合国家中小学智慧教育平台等，充分吸收教育家精神内涵，重构教师培训理念和学生培养方式，围绕培养教育家型教师核心任务，重构育人环境。

（二）课程育人：以教育家精神引领高品质学校思政课程

2019年3月18日，习近平总书记指出，"在大中小学循序渐进、螺旋上升地开设思想政治理论课非常必要，是培养一代又一代社会主义建设者和接班人的重要保障"。将教育家精神深度融入高品质学校的思想政治教育，须充分重视教育、科技、人才在推动社会主义现代化国家建设中的基石性支撑和引领性地位。这不仅是深化教育改革的内在要求，也是实现国家长远发展的必然选择。高品质学校可通过多种形式、多种途径，将教育家精神融入学生思想政治教育全过程，使其如春雨般慢慢浸润到学生的"心灵田野"，引导学生群体学习、体悟、践行和弘扬教育家精神，最终服务教育强国、科技强国、人才强国战略，助力社会主义现代化国家建设，实现中华民族伟大复兴的中国梦。通过这种融合，以教育家精神的内核完善思政课程内容设置，可以进一步提升高品质学校的整体思想政治教育水平，成效显著提升德育工作，丰富学生成长的"精神养分"供给。

（三）管理育人：以教育家精神构筑高品质学校师德师风

教师是学生成长的"引路人"，教书育人是教师的使命担当。教育家型教师是高质量教育发展之所需，在高品质学校可持续发展过程中，作为灵魂的工程师，教师们的言行举止对学生们有着深远的影响，提升教师的道德准线就显得尤为重要。党的二十大报告进一步强调，"育人的根本在于立德"。只有拥有高尚道德情操的教师，才能培养出品德优良的学生。习近平总书记进一步强调"坚持立德树人要加强理想信念教育。理想指引人生方向，信念决定着一个人的成败"。信念是行动的指南，只有拥有坚定信念的教师，才能在教育事业中勇往直前培养更多优秀的学生。在提升教师道德准线和拓宽信念格局的过程中，"教育家精神"发挥着举足轻重的作用。当代教育家精神具有爱国情怀、道德意志、职业态度、创新品质、奉献意识和人文关怀等含义。教育家精神所倡导的"胸怀天下、以文化人"是教师群体的师道以及信念的最高体现，教师要在教学实践中找准自己的角色定位，以"合作者"和"陪伴者"的角色与学生共同成长，春风化雨，用智慧与美德开启学生求知的大门，引导他们"扣好人生的第一颗扣子"。

（四）育人质量：以教育家精神助推高品质学校评价改革

评价事关高品质学校可持续发展过程中育人质量的高低，存在怎样的评价体系就会有怎样的育人价值导向。传统唯指标、唯分数、唯结果的评价导向与学校高品质发展理念仍然存在较大偏差，难以真正服务于践行教育家精神。因此，践行教育家精神必须深入推进学校评价改革，正确处理守正与创新之间的关系，在坚持已有评价制度合理部分的基础上，融会贯通教育家精神理念，助推融入教育家精神的特色评价体系，为育人质量提升提供便利的条件。首先，在评价标准方面，要破除唯指标的功利导向标准，以教育家精神内涵理念引领学校评价改革。其次，在评价主体方面，要破除唯分数的单一评价主体，建立多元评价主体参与制度。最后，在评价方法方面，要破除唯结果的终结性评价，建立综合评价方法实施体系。也就是说，要综合运用诊断性评价、形成性评价、终结性评价，采用增值性评价，兼重诊断与改进功能，才能全面反映学校教育活动过程，为育人质量提升提供激励与指导。

四、结语

身处在一个变化的时代，正是逆水行舟，不进则退。"唯有精神上站得住、立得稳，一个民族才能在历史洪流中屹立不倒、挺立潮头"，教育家精神既是一个民族赖以生存和发展的精神支柱，也是一个民族实现赓续发展的共同价值标准和行为准则。进入新时代，我国社会主要矛盾已经转化为人民日益增长的美好生活需要和不平衡不充分的发展之间的矛盾。与之相对应的，教育领域的供求关系、资源条件、评价标准都发生了深刻而重要的变化，在"有学上"问题基本解决后，人民群众更加期盼"上好学"，接受更加公平而优质的教育。我们既要深刻把握学校教育的国家要求、时代使命与社会职责，更要精准把握学校改革中的实际问题和发展方向。

教育家精神是一代代教育家躬身实践的结果，也是促进高品质学校可持续发展的精神动力，是中国共产党人精神篇章的重要内容。当今时代，是一个重视教育、重视人才、重视创新的时代，大力弘扬教育家精神，是党和国家的要求，也是时代的要求。践行教育家精神，对于引领新时代教育发展的新风尚，提升教书育人能力，营造全社会尊师重教浓厚氛围，加快建设教育强国，实现中华民族伟大复兴有着广泛而深远的意义。因此，在高品质学校建设的过程中，唯有以教育家精神为引领，从点到线、从线到面、从面到体，整体性构建改革转型的框架，才能可持续地走向高品质、走近高品质、走进高品质。

具有可持续素养的教师，既要思想作风好，也要教学能力强。要实现教师队伍建设的这一目标，需要植根校园这片沃土，为每位教师的高品质成长精准赋能。不仅如此，还要助力教师养成乡土情怀，形成"干一校爱一校""教一方爱一方"的品质，才能为高品质学校的深化建设持续发力。

思想作风好 教学能力强
——用中国工农红军长征精神培养青年教师队伍

四川省泸定县第一中学

新的历史时期，如何用红色革命精神鼓舞、激励中学青年教师，促使他们快速成长为思想作风好、教育教学教研能力强的新时代教育工作者？泸定县第一中学积极探索，勇于实践，依托中国工农红军长征中"强渡大渡河""飞夺泸定桥"等独特红色教育资源，把红军长征精神、红色革命文化、学校德育文化、青年教师成长文化等有效融合起来，不断加强理论知识学习，开展多种形式的教育活动，逐步提高青年教师的职业素养和综合能力，在培养一支"学高为师，身正为范"、信仰坚定、团结协作的青年教师队伍方面走出了一条新路，取得了令人瞩目的效果。

一、挖掘红军长征红色精神，明晰红色教育

2016 年 10 月 21 日，习近平总书记在中国工农红军长征胜利 80 周年纪念大会上讲道："在风雨如磐的长征路上，崇高的理想、坚定的信念，激励和指引着红军一路向前。在红一方面军二万五千里的征途上，平均每 300 米就有一名红军牺牲。长征这条红飘带，是无数红军的鲜血染成的。"

1935 年 5 月 29 日，一支队伍冒着大雨昼夜急行军 240 华里山路，如期赶到了泸定桥头。战斗开始，冲锋号响起的时候，由共产党员和共青团员组成的二十二勇士突击队，在枪林弹雨里匍匐在光溜溜的铁链上奋勇向前，舍生忘死，最终赢得了飞夺泸定桥的胜利。

"金沙水拍云崖暖，大渡桥横铁索寒。"飞夺泸定桥战斗的胜利，打通了北上抗日

的通道，十三根铁链托起了新生的共和国！红军将士飞夺泸定桥的英雄事迹，让我们深切体会到了红军战士们对革命理想与事业的无限忠诚、坚定的信念，展示出了他们不怕牺牲、夺取胜利的大无畏革命精神，也体现出了他们为了胜利而严守纪律、紧密团结、战胜困难、不怕牺牲的高尚品质。

红军飞夺泸定桥精神作为长征精神的重要组成部分，给我们带来了深刻的启示，也为我们提供了勇敢的力量。飞夺泸定桥这一壮举，展现了共产党人的信念、毅力、勇气和作风，红军精神源远流长、经久不衰。在主动适应中国教育现代化这个新时代、新使命背景下，我们要培养青年教师红军飞夺泸定桥般的顽强意志，强化对党的赤诚忠心、对教育事业的责任担当，要自觉认同、深刻理解、积极践行，更要经受得住新时期教育工作的考验。

泸定县第一中学校址就在距离泸定桥头不远的沙坝，校园里古树下曾经就是毛泽东和指挥员指挥部署红军战斗的地方。每天，青年教师们就走在当年红军战斗过的路上，踏在红军将士们洒过热血、汗水的大地上，在这里开启立德树人的新征程，具有得天独厚又重要的现实意义。

二、弘扬红军长征文化精神，营造红色教育氛围

红军飞夺泸定桥的历史蕴藏着不变初心的内核，红色故事映照出新的历史使命。学校坚持用红色精神办学，以红色精神为导向，充分利用得天独厚的红色文化资源，全方位、多角度打造校园文化，因地制宜开展校园红色文化建设，把革命传统、民族团结、传统文化和科学知识有效结合，融情于境，做到对青年教师的全过程、全方位思想教育影响。

泸定县第一中学在校园红色文化渗透建设中，充分发挥建筑设施的教育引导和熏陶作用，将红色文化基因、精神品格植入校园内的一草一木、一砖一石、一角一景：主干道创设"百年党史"文化长廊，以图文并茂的形式介绍中国共产党从诞生到祖国腾飞的百年辉煌历程；教学楼精心设计"经典国学、红色革命、民俗文化、英雄故事"红色主题的图文展板；宿舍楼主要展示"安全教育、习惯养成、文明礼仪、感恩教育"的特色走廊；校门设计为铁链、火炬形状，寓意树立红军飞夺泸定桥的伟大精神，传承"坚定信仰、甘为先锋、敢于牺牲、飞夺天险"的泸定桥勇士精神，"对质量的执着追求和坚守担当"的工匠精神，"不忘历史、牢记使命、坚定信念"的爱国精神。红色文化校园感染着青年教师，激励着青年教师勇于在平凡的岗位上实现不平凡的人生理想和人生价值。

图 3—4—3　具有红色文化形象的学校大门

三、体验红军长征红色文化，打造师德建设底色

学校把党史学习教育有机融入大思政课程，邀请飞夺泸定桥二十二勇士后人、红军飞夺泸定桥纪念碑公园讲解员到泸定县第一中学开展革命传统、爱国主义党史教育讲座活动，举行授旗仪式，让全校青年教师参与其中，直观、真实地了解红军战士飞夺泸定桥的背景、过程和结果，用红军英雄事迹感动教师、鼓舞教师。

为了传承红色基因、弘扬爱国主义精神，继承红军长征精神，坚定爱国信念，学校举办青年教师参观红军飞夺泸定桥纪念馆活动。在泸定县文物考古研究所（红军飞夺泸定桥纪念馆）负责人的讲解下，青年教师身临其境体悟红军长征"抛头颅，洒热血"的壮志情怀，感受红军长征为人类历史留下的波澜壮阔的革命画卷，从而坚定了信念，增强了爱国情怀，愿意担负起新时代的教育使命，为民族地区的教育事业贡献一份力量。

四、践行红军长征文化精神，凝聚团结奋进力量

重走长征路，砥砺再前行。学校分期分批组织青年党员教师开展"重走红军长征路"活动，在"红军过彝区""强渡安顺场""夜宿磨西教堂""翻山磨杠岭""行军大渡河畔""走过泸定桥""徒步飞越岭"等活动中让青年教师身临其境地感受红军长征途中的艰难困苦，磨炼意志，为接下来的教育教学工作打下坚实的思想基础。在红军

长征毛泽东住地旧址，参观磨西红军长征陈列馆。一张张充满战斗故事的照片，一件件饱经战火洗礼的陈列物，一段段可歌可泣、感人泪下的故事，把大家带回到那段不凡的长征岁月，产生了对红色政权来之不易、新中国来之不易、中国特色社会主义来之不易的深刻感受。

学校充分利用清明节、端午节、"五四"青年节、开学典礼、国庆节、校庆艺术节等重点节日，围绕红色教育德育化、德育工作主题化、主题工作系列化的思路，坚持开展"唱红歌、讲红军故事、讲党史、参观党史馆""党员教师上党课""青年教师作演讲"，制作"重走长征路上小视频"等活动，使青年教师不断从红色基因中汲取奋进的力量，提高认识，争做有家国情怀的新时代好教师。

图3—4—4 党支部主题党日活动

学校实施红军长征革命红色教育以来，抓住教师关键主体，提升红色精神育人的实效性；聚焦课堂教学，发挥红色精神育人主渠道作用；主抓阵地建设，拓展红色精神育人的途径；形成了红色文化、学校文化、教师成长文化的办学体系。每一位教师都提高了思想认识，真正做到不忘立德树人之初心、牢记为党育人和为国育才之使命，对青年教师适时进行红色教育，拓宽了教学眼界和教学方法，不让一位教师掉队，让每一位青年教师都得到不同发展。全校上下正以飞夺泸定桥的勇士精神，对品质追求的工匠精神以及爱国情、强国志、报国行的爱国精神，锐意进取、革故鼎新、锲而不舍，传承红色基因，厚植爱国本色，在高品质学校的建设道路上向前迈进。

（撰稿：刘　雄　贺卫东　董　杨　周　阳）

凝"青"聚力植沃土 精准赋能绽芳华

四川省雷波中学（以下简称雷波中学）位于四川省西南边缘、凉山彝族自治州东部、金沙江下游北岸以彝族为主体的大凉山腹地雷波县。多年来，因经济、交通、自然环境等多方面的原因，学校的师资力量比较薄弱。学校需要一支高品质师资队伍来支撑高质量发展，但困难重重。雷波中学面对现实，立足实际，坚持"教师是教育工作的中坚力量"的思想、理念和原则不动摇，开启了全力锻造高质量教师队伍的艰苦探索。

一、坚持问题导向

教师自身专业知识和专业能力薄弱、素质参差不齐、数量短缺、结构性失衡、稳定性不足等，是民族地区教师队伍普遍存在的问题。雷波中学共有 312 名教师。年龄方面，雷波中学教师平均年龄 37 岁，其中 30 岁及以下人员 109 人，31 岁至 35 岁 47 人，36 岁至 44 岁 71 人，45 岁及以上 85 人。籍贯方面，雷波县内 129 人，县外省内 138 人，云南、重庆、浙江、贵州等省 43 人。学历方面，硕士研究生 3 人，本科生 302 人（全日制本科 210 人），其他学历 7 人。雷波中学 35 岁以下的青年教师占了整个学校教师数量的一半。每年组织的教师业务水平考试最真实直接地反映出教师特别是青年教师的专业知识情况，能考及格的仅占总人数的 50%，有些教师的成绩甚至只有总分的 30%。

怎样帮助这支有活力、接受能力强、可塑性大、成长空间大，但专业不足、缺乏规划、经验不足、缺乏自信、稳定性弱、面临流失的青年教师队伍"安下心、站稳脚、扎牢根"，从而助推全县教育高质量发展，进而为民族地区教育高质量发展助力，成为我们的关键任务。

雷波中学以青年教师在日常事务性工作上经验不足、专业发展刚刚起步还缺乏规划、成长步伐参差不齐等方面普遍存在的问题为导向，分析各发展阶段的角色关系，明晰青年教师与学校长远可持续发展之间的需求关联，通过"唤醒"与"引导"的方式，在"向美而生、择高而立"的办学理念指引下，以"一个目标"为导向、"两个举措"为依托、"三项机制"为保障，开启了青年教师的系统培养。

二、注重过程实施

（一）制定一个目标，探索高质量教师队伍"雷中路径"

学校立足实际，制定了"建设一支政治坚定、师德高尚、业务精湛的青年教师队伍，以优带促，充实教育人才库"的目标，开启了积极探索教师培养的有效路径。

（二）依托两个举措，积蓄高质量教师队伍"雷中力量"

1. 文化引领，共同的价值认同唤醒年轻活力

一本名为《我们走过六十春秋》的书籍记录了雷波中学光荣的历史、艰难的办学历程和感人的教育故事。曾有一位平凡的班主任，二十多年如一日守护学生，每天早上七点进校，晚上十一点过才离开，她把学生的数学成绩从进校时的平均分不到 30 分，教到高考时能上 100 分，默默无闻地将数个月才攒够的一万多元工资打到学生卡上，帮助饱受病痛折磨的学生成功做了胸腔器官分离手术；一位网班物理教师，在家做饭时突然想明白了当天课堂上一个未讲透彻的物理问题，冲到校园给学生讲题，全然忘了自己系着围腰，手里还拿着锅盖；还有位独自带孩子的妈妈，将办公室两根板凳拼凑在一起就是儿子简易的小床，自己上课时，办公室的每一位教师就成了孩子的监护人……写进书中的成了故事，薪火相传，成了"雷中精神"。学校将此书赠予每一位新来的教师，激发他们的价值认同。

"英雄不问出处，在我们学校，只要愿意干，都能干出成绩！"校长总爱说这句话，引导每一位青年教师从共同的起点开始，踏实奋进。一位 2020 年大学毕业来到雷波中学的外地年轻教师，原认为自己不是雷波"土著居民"且不是师范专业"正规军"，不会被学校重视，但是看到学校领导的一视同仁和前辈的尊重爱护时，看到部门主任在担任班主任的同时还跨级任教两个班语文时，看到办公室的教师不计付出守护陪伴学生、深研教学时，心里是激动、佩服、感动……所有的顾虑消散了。他把学校当成家，全身心投入教学中，看着校内参天银杏的四季变化，四年后也迎来了自己的蜕变，成为学校首批"杰出青年"之一。一所学校必须以跨越历史沧桑的精神文脉和真实鲜活的教育故事去感召越来越多的教师，去创造与时代接轨的精神底气。

学校还在各方面给予教师关怀，优先把教师周转房分配给外县教师、县内偏远地

区教师和独自养育小孩的教师；兴办教工食堂，解决教师吃饭问题；学校工会为单身青年教师组织专门的联谊活动，为青年女教师购买重大疾病保险；协调部门和相关学校，解决教职工子女入学的后顾之忧……一位三十出头教学成绩卓著的青年教师，长期和妻子、儿子分离，学校领导了解到他的情况后，协调各方力量将他的妻子从偏远的乡镇小学调入县城周边学校，解决了年轻夫妻两地分居、无法共同抚育幼儿的难题。一系列举措，让教师尤其是外地青年教师拥有幸福感和归属感。

2. 搭建平台，多样的成长路径引领专业成长

除精神认同外，更关键的是要稳定地激发青年教师的内驱力，使其在所认定的教育事业上获得源源不断的成就感。

专业测试、赛课评比助推教师参与竞争，倒逼成长。雷波中学每年春季开学初举行教师业务水平考试，已经坚持二十余年，教师同考"凉山二诊"题，成绩优异的将会作为学校评优评先、职称晋级、选配网班教师等的重要参考。这是一大批青年教师崭露头角的绝佳机会。

学校每年年终举行"三杯"教学能手大赛，青年教师在"启航杯"的表现也会作为学校人才选用的一个依据。教师们高度重视，充分准备，大放异彩。

青蓝工程，榜样带动。值得一提的是，雷波中学提倡的"好师傅带出好徒弟"近年来成效显著。2022年，教育人才"组团式"帮扶掀起热潮，来自浙江象山的四人团队跨越山海来到雷波中学，一年半后他们回到象山。分别的那一刻，一位"零零后"数学教师紧紧抱住她的师傅，无限感激，万分不舍。这个生长于雷波、学习于雷中、工作于母校的姑娘，一进入教师行业就遇到了一位师德高尚、业务精湛的师者长辈，一年半的跟随学习收获了让整个雷波中学受益的"小步子"教学法。这位年轻教师将师傅毫无保留的经验做法在数学组进行试点实践，在学校教研年会上与新教师细细分享，这大大提升了青年教师的专业教学，给了他们巨大的成就感。

鼓励青年教师发挥主观能动性，积极参与学校的各项工作。选拔优秀的青年教师参与行政、年级组、学科组、班主任等管理工作，不断提升他们多方面的能力。雷波中学35岁及以下的青年教师中，有52人承担班主任工作，21人担任网班教学工作，64人承担毕业班工作，7人兼任年级管理，13人组织教研及集体备课工作，5人参与行政管理，他们勇挑大梁，发挥着青年人无可取代的作用，同时他们感受到了自己的重要性和价值。在雷波中学，20多岁担主力、30出头晋高级、几年教龄任行政的大有人在，这是学校对各方面表现优异的青年教师极大的肯定和信任。

图 3—4—5　"三杯"教学能手大赛课堂

（三）创设三项机制，构建高质量教师队伍"雷中模式"

1. 以"三级阶梯闭环"机制培养民族地区留得住的教师队伍

第一阶梯为"三年成型"，着力打造青年教师"扎根"工程，建立青年教师人才库；第二阶梯为"六年成熟"，通过"顶梁柱"计划，加强骨干教师培养，促进成熟型教师形成独特风格；第三阶梯为"九年成才"，谋划"薪火"行动，积极发挥"传帮带"作用，促进教师队伍可持续发展。

2. 以"四重考核激励"机制锻造新时代高质量发展教师队伍

班级教师合作机制，设立教育教学基金，以考核持续激发教师和学生的同心力；年级学科共研机制，在学年度对年级学科进行单项考核，促进年级组建设；薄弱学科帮扶机制，专家进校园、名校强校示范教学、结对帮扶一对一等进行精准指导；榜样示范带动机制，坚持师德为先，注重正面引导，组织名师、名班主任、最美教师、师德标兵、"三八"红旗手、"五四"先进青年等评选活动，并通过新闻媒体、持续大力宣传优秀教师典型事迹，充分发挥优秀教师的示范引领和辐射带动作用。

图 3—4—6　首届"五四"先进青年颁奖现场

3. 以"五支队伍建设"机制筑牢保障学校可持续发展的教师队伍

学校构建"党员教师当先锋，青年教师为主体，骨干教师是支撑，班主任队伍做保障，女教师队伍增动力"的"五支队伍建设"机制，根据各支队伍特点，量身制订培养措施和考核办法。特别要说明的是雷波中学女教师占教职工总数的 55%，班主任中女教师占比 70%，她们是学校教育工作的主力军。"五支队伍建设"全面筑牢优质教师队伍根基，为学校高质量可持续发展打好基础。

三、培养成效

2020 年至 2023 年，大山深处的小县城，连续四年有雷波中学培养的本土学子被双一流高校录取，本科录取人数连年突破新高，无数孩子圆梦大学，学校深受百姓的赞誉和信任，学校教学发生了天翻地覆的变化，跻身凉山州教育的前列，成为民族地区教育的新品牌。

从"留不住"到"不想走"。大大缓解教师流失情况，逐渐培养造就一支师德高尚、业务精湛、结构合理、充满活力的高素质专业化教师队伍，为加快推进民族地区教育高质量发展提供有力保障。

从"一个中心"向"多向辐射"。以"雷波中学高质量教师队伍"为中心，优秀青年教师积极向刚入职青年教师辐射、向县内中小学教师辐射、向县外兄弟学校辐射，融入县级、州级名师工作室提升学习并示范引领，变"输血"为"造血"，实现良性循环。

从"县域高中"到"省级示范"。聚焦"师德＋师能"，建设精干队伍，因地制宜系统推进县域高中教师专业化发展，学校办学水平再次升级，2020 年获评"全国文明校园"，2023 年顺利通过四川省二级示范性普通高中评估验收。

人民教育家于漪老师说，学校教育的质量关键是看教师的质量。随着教育教学改革的不断推进，未来学校间的竞争将是师资队伍的竞争。民族地区教师专业发展工作依然任重道远，雷波中学将继续紧扣改革新思路，激发教师发展内驱力，健全学校管理机制，推动师资队伍建设取得新发展，为民族地区教育高质量发展不断贡献力量。

（撰稿：徐　华　万　芳　田春梅）

聚焦乡村教师队伍建设 助力学校高品质发展

四川省旺苍国华初级中学校

推进乡村教育不断发展有助于构建公平而有质量的教育体系，阻断农村贫困代际传递，促进乡村经济社会可持续发展。乡村教师是乡村教育发展的第一生产力，也是乡村振兴的关键所在。乡村教师不仅要做好乡村教育的大先生，还要勇于成为乡村振兴的推动者。

一、乡村教师发展面临的困境

当前，乡村教师面临着乡村人口锐减、留守儿童居多、乡村文化缺少生机、教师流失严重、专业发展受限、职业认同不够、精神生活匮乏、育人动力不足、自我价值缺失等诸多困境。四川省旺苍国华初级中学校（以下简称"国华中学"）从 2018 年到 2023 年六年来一直致力于乡村教师队伍建设，努力形成一套可复制可推广的乡村教师发展的"顶天立地"案例，推动乡村教育事业长远发展。

二、"三个自信"助力乡村教师队伍发展

（一）"向下扎根，向上生长"，五步构建教师职业自信

1. 铸魂——加强师德师风建设

为了让师德师风学习更加深入，学校认真开展党员教师集中学习活动和新教师入职培训，党支部书记讲党课，校级领导讲开学入职课，引导教师把师德素养放在教师成长首位。在学习方式上采用集中学习与分散学习相结合，学习内容上理论与实践相结合，学习成员上个体与全体相结合。

2. 共生——增强教师团队发展

要让教师认识到学校是一个整体，"一枝独秀不是春"，只有整体发展向好才是真正的进步。为此，学校教代会专题研讨激励机制、职称评聘、岗位晋升和绩效考核等

涉及广大教师切身利益的方案，同时不断加大对学科教师团队的考核，每学期评选"优秀教研组""优秀年级组"等优秀团体，增强集体归属感及成就感。

3. 拔节——健全考核评价机制

学校非常重视对教师的评价工作，扎实做好过程性评价和发展性评价，学生评价和教师评价相结合。每学期每个班级评选一名"最受学生喜欢的好老师"，每学期进行一次教师满意度测评。所有行政人员分配到不同的班级，引导学生从敬业乐业、作业批改、人文关怀、课堂参与、精神饱满等 5 个维度评价任课教师。在学生评价中，教师的职业自信得到提升。

4. 升华——完善教师激励体系

学校积极建立教师荣誉体系，公开评选"感动校园人物""功勋教师""优秀教师""教学能手"等模范教师，并在学校宣传专栏展示模范教师风采，增强教师职业自信。同时充分利用校内外资源，争取资金奖教奖学，提高教师待遇，教师们积极向上的热情被充分调动。学生"亲其师，信其道"。

5. 润泽——坚持以人为本理念

日复一日"枯燥"的教学生活中，教师的生命需要润泽。学校历来重视对每位教师的人文关怀，每年开展好新教师迎新典礼、老教师退休座谈会、教职工生日礼等活动，让每位教师每学年都有自己生命中的重要时刻；同时学校开展篮球比赛、象棋比赛、书画比赛等丰富多彩的教师课余活动，让学校成为教师工作和成长的精神家园。

（二）"普及＋分层"，五措并举夯实教师专业自信

1. 学——读书学习促成长

为了让学习真正发生，学校积极拓宽中青年教师的学习路径。

（1）专业阅读促成长

学校以"山路读书会"为阵地，校长定时参加并领读，每学期末开展教师阅读展评、生命叙事等活动，并把教师们的学习成果集结成《国中新教育——"共读共写共成长"行动专刊》。

图 3—4—7　山路读书会：共读共写共成长

（2）青蓝工程指明路

为了让新教师顺利进入状态，学校建立青年教师培养机制，对入校一至三年的年轻教师实行师徒结对培养：师傅制订帮扶计划，每周至少听徒弟两节课，指导其上好课；徒弟每周听师傅三节课；学校每学期召开两次座谈会，师徒分享各自的心得。

（3）名师工程展平台

学校以教研组为单位，选拔出有潜力的优秀教师进入校级名师库，以"五个1"为抓手，即每周听一课、每月上一课、每期一本书、每期一（篇）论文、每年一（篇）总结；采用"把我讲给你听"的方式规划职业生涯，举行大单元教学目标书写大赛、说课比赛、送教等活动，多名优秀年轻教师脱颖而出。

2. 备——集体备课练内功

学校开展集体备课，建立学科备课组。各教研组固定备课时间，集体备课做到"三定"（定时间、定内容、定中心发言人）、"四备"（备教材、备学情、备教法、备学法）、"五统一"（统一教学内容、统一教学要求、统一教学进度、统一教学资料、统一分层推进），教师们在这一过程中获得成长。

3. 研——课题研究求突破

近3年来，学校承研的省级课题"片区联动推进乡村学校书法教育的策略研究"和"乡村学校教师专业发展和队伍建设"均已取得阶段性研究成果。积极开展中考试题研究展评活动，由学校定方案，教研组长定内容，教师自主研修，选择优秀文稿编制成《中考试题研究展评活动专刊》，并编写了《国华中学备考指南》。

4. 教——自导教学驱动力

2023年秋，学校率先在初一年级语数外学科进行试点，学习《自导式教学实践探索》，探讨自导式改革模式和策略，组织教师开发"一案四单"，并通过校本培训和外出学习，逐步建立起以"学生为中心"的课堂。

5. 展——搭建平台展风采

"国中讲坛"是由学校拟订培训建议及选题方向，老教师分享经验和管理智慧的平台。一些教师上台前还很紧张，曾表示不愿意参加，在多方的鼓励和帮助下，最终突破自己，赢得掌声。2023年，"经典诵读"进入学校，首都师范大学李文华副教授莅临指导，全体师生的诵读水平得到显著提高。7月，学校应邀到北京参加首届"中小学经典诵读教学实践交流研讨会"，学校被评为"经典诵读示范学校"。六年来，学校教师在省、市、县级活动中上公开课、开展经验交流或讲座达200余人次。

（三）"文化＋活动"，四措并举筑牢教师乡村自信

1. 传承——传承乡土文化

乡土文化是这片土地的纽带。国华中学教师组建了具备乡土文化的锣鼓、剪纸社团。锣鼓社团特邀请本地有名的锣鼓专家到校指导教学。剪纸社团的教师把活动开展到了学生家里，把有剪纸技艺的家长们调动起来，有的亲自到校为学生展示，有的则把剪纸过程拍成视频，供师生品鉴。

2. 融——融入乡土生活

教育的目的是服务社会，国华中学矢志不渝地为社会输送各类人才。每逢片区活动，国华中学锣鼓社团的师生便为各类活动发声添彩。每年春节前夕，学校组织书法、剪纸社团的师生，深入乡村、社区，为群众送去带有浓厚文化气息的节日祝福。

3. 亲——亲近乡村环境

为增强学生对家乡的认同，拉近家校情感距离，国华中学开展学生家庭大走访活动。以班级科任教师为主，组织教师分组走进学生家庭，宣传国家教育政策，深入了解学生家庭状况，解答家长教育困惑，努力为学生的成长谋出路。开展研学远足活动，组织师生分年级走进乡村，亲近自然。每到一处，都有附近的学生向师生介绍其家乡的风土人情、趣闻轶事。亲近乡村既锻炼了学生的表达能力，又增长了师生的见闻，更加深了学生对家乡的情感。

4. 请——请进乡村达人

每到寒假前夕，学校便组织开展"家长开放日"活动，家长们到校观摩学生课堂表现及各项活动成果展。邀请多位家长分享社会生活经历，他们中既有在外拼搏的成功人士，亦有返乡创业的乡村达人，更有望子成龙的平凡家长。教师分享优秀育人案

例，推广成功育人经验；家长倾诉心声，方知学识之重。

三、教师队伍建设成效显著

学校聚焦于乡村教师队伍建设，在近年来取得了显著的成绩，教师数量与稳定性显著提升，教师流失率与五年前相比下降了20％。教师专业发展成果显著，乡村教师发表的教研论文数量较之往年增长了10％，获各级荣誉的数量增长了15％。学校先后培养出1名市级名师、1名县级名师、3名学科教研员、3名校长、10名副校长。六年来，学校学科教师39人次获得县级学科教学质量奖。调查显示，教师工作满意度提升了8％。学校组织的各类文化活动教师参与率提升了10％，丰富了教师的精神生活。学生学业成绩一直稳居全县前列，教师育人动力增强。

随着乡村振兴战略的不断推进，乡村学校教育的基础性、服务性、全局性地位和作用更加凸显。学校积极引导广大乡村青年教师以立德树人为己任，以弘扬教育家精神为目标，以更深厚的教育情怀、更宽广的教育视野、更敏锐的发展眼光，积极推进乡村教育现代化建设，提升乡村教育的质量和水平，为助力乡村全面振兴提供坚实的教育支撑。

（撰稿：胡太昌　尹海鳗　何白庭）

第五章
协同育人：在优质教育生态中
提升高品质学校的可持续育人水平

可持续发展是极其重要的生态理念，提升高品质学校的可持续育人水平，需要在强教研、谋规划、重儿童、建团队的同时，打开校门，突破围墙，与家庭、社会、国内外的各种优质资源联手建设优质教育生态，既要把优质教育资源引进来，也要带着师生走出去，在更大范围内深化建设高品质学校的生态圈，聚合各种力量提高学校的可持续发展水平，达成深化建设高品质学校的目的。

▶ **理论指引**

高品质学校可持续发展的校家社协同育人

健全学校家庭社会协同育人（以下简称"校家社协同育人"）机制是党中央、国务院作出的重要决策部署，事关学生全面发展、健康成长，事关国家发展和民族未来。校家社协同育人已经成为高质量教育体系的重要组成部分，高质量可持续校家社协同育人要突出"育人"核心，抓住"协同"关键，健全"机制"保障，构建有组织、有共识、有队伍、有课程、有评价的协同育人体系，促进校家社同向同心，共同担负起培养学生成长成才的重要责任。

改革开放以来特别是新时代十年伟大变革以来，我国基础教育整体水平迈入世界中上行列，基础教育站在了新的发展阶段上，"十四五"规划明确了"建设高质量教育体系"的政策导向和重点要求，校家社协同育人越来越受到各级党委政府及社会各界的关注与重视，已经成为高质量教育体系的重要组成部分，推进高质量可持续发展的校家社协同育人体系建设成为教育的又一重大课题，高质量可持续校家社协同育人的目标、特征和关键要素研究成为重点，区域、学校整体推进校家社协同育人走向深入、取得实效成为教育改革的热点。

一、高质量教育体系建设为教育强国建设奠基

中共中央、国务院颁发的《中国教育现代化 2035》明确提出，"到 2035 年，总体实现教育现代化，迈入教育强国行列，推动我国成为学习大国、人力资源强国和人才强国，为到 21 世纪中叶建成富强民主文明和谐美丽的社会主义现代化强国奠定坚实基础"。这就为我国教育发展定下了教育强国的目标，并明确 2035 年建成教育强国，比 2050 年建成社会主义现代化强国的第二个百年奋斗目标早十五年，也充分表明了教育的基础性、先导性、全局性、战略性作用和地位。党的十九届五中全会通过的《中共中央关于制定国民经济和社会发展第十四个五年规划和二〇三五年远景目标的建议》明确了要"建设高质量教育体系"，为开启新时代教育强国新征程擘画了新的蓝图，建设高质量教育体系就是锚定 2035 年教育强国目标的关键举措。2023 年 5 月 29 日，习近平总书记在中共中央政治局第五次集体学习时强调，加快建设教育强国，为中华民族伟大复兴提供有力支撑，"要坚持把高质量发展作为各级各类教育的生命线，加快建设高质量教育体系"。实现高质量发展是中国式现代化的本质要求，加快建设高质量教育体系是建设教育强国的奠基工程，是当前及今后一段时间我国教育改革创新必须解决好的根本性、战略性问题。

二、校家社协同育人是高质量教育体系不可或缺的重要组成部分

教育要落实立德树人根本任务，学校首责责无旁贷，但绝不是学校一家能做好的，也不能让学校孤军奋战。立德树人是全社会的责任，正如 2018 年习近平总书记在全国教育大会上强调的"办好教育事业，家庭、学校、政府、社会都有责任"。党的十九届五中全会通过的《中共中央关于制定国民经济和社会发展第十四个五年规划和二〇三五年远景目标的建议》在强调"全面贯彻党的教育方针，坚持立德树人，加强师德师风建设，培养德智体美劳全面发展的社会主义建设者和接班人"的基础上，明确要求"健全学校家庭社会协同育人机制，提升教师教书育人能力素质，增强学生文明素养、社会责任意识、实践本领，重视青少年身体素质和心理健康教育"。2021 年，中共中央宣传部等七部门联合下发《关于进一步加强家庭家教家风建设的实施意见》，主要目标是"覆盖城乡的家庭教育指导服务体系不断完善，校家社协同育人机制更加健全"。2022 生效的《中华人民共和国家庭教育促进法》进一步以法律的形式明确"国家和社会为家庭教育提供指导、支持和服务"，"各级人民政府指导家庭教育工作，建立健

家庭学校社会协同育人机制"，进一步把家庭教育上升到法律层面，使"养不教父之过"从传统道德理念上升为法律概念，把家庭教育由传统"家事"上升为重要"国事"。党的二十大报告明确提出要"健全学校家庭社会育人机制、加强家庭家教家风建设"。2023年，教育部等十三部门印发了《关于健全学校家庭社会协同育人机制的意见》，明确提出"增强协同育人共识，积极构建学校家庭社会协同育人新格局，着力培养德智体美劳全面发展的社会主义建设者和接班人"。习近平总书记在二十届中共中央政治局第五次集体学习时更是强调"学校、家庭、社会要紧密合作、同向发力，积极投身教育强国实践，共同办好教育强国事业"。

从党和国家对校家社协同育人的系列文件精神可以看出，校家社协同育人已经上升为党的行动纲领和政府的教育政策，是党中央、国务院作出的重要决策部署，也充分说明了推进校家社协同育人的重要意义和紧迫性，校家社协同育人是党和国家对教育提出的新的更高要求，是高质量教育体系建设的重要组成部分，是全面贯彻党的教育方针、坚持立德树人根本任务落实落地的重要举措，也是回答和解决"培养什么人、怎样培养人、为谁培养人"这一根本问题的必由之路。

协同育人是落实新时代教育发展改革新要求的必然选择，无论学校、家庭还是社会均需要增强协同育人共识，积极参与协同育人新格局的构建工作，共同推进高质量教育体系的构建和教育现代化的实现。协同育人是促进孩子全面发展、健康成长的必然要求，培养德智体美劳五育并举的社会主义建设者和接班人，就要落实全员全程全方位"三全育人"，就必须整合学校、家庭、社会各方面力量，促进学校教育、家庭教育、社会教育之间相互协调和紧密合作，从而以良好的学校环境、家庭氛围、社会风气巩固育人成果，共同营造健康成长环境，帮助每一个学生健康成长。

三、影响校家社育人协同育人成效的原因分析

（一）厘清校家社协同育人建设中的一些概念性问题

1. 家庭教育与校家社协同育人的关系

《中华人民共和国家庭教育促进法》中所称的家庭教育，是指父母或者其他监护人为促进未成年人全面健康成长，对其实施的道德品质、身体素质、生活技能、文化修养、行为习惯等方面的培育、引导和影响。家庭是人生的第一个课堂，父母是孩子的第一任老师，家庭要承担起"帮助孩子扣好人生的第一粒扣子，迈好人生的第一个台阶"的重担，家庭教育是一切教育的基础，家长必须承担家庭教育的主体责任，学校和社会为家庭教育提供指导、支持和服务。

校家社协同育人是指通过学校的枢纽和核心领导作用，促进家校合作，整合社会

资源，使得家庭、学校、社会形成联结，从而共同促进学生发展的过程。长期以来，我们一度把协同育人等同于家庭教育，纳入家庭教育的范畴，使家庭教育成为学校教育的配合，处于附庸、从属、不平等的地位，本来应该代表家长参与学校管理、维护学生权利的家委会没起到应有的作用。

我们现在大力推进校家社协同育人，就是聚焦立德树人根本任务，培养德智体美劳全面发展的社会主义建设者和接班人，整合学校、家庭、社会的教育力量，形成优势互补、协同育人的新机制和新格局。其中"育人"是根本，"协同"是关键，要使学校、家庭、社会同向同心、同力共进，使学校教育主阵地作用进一步强化，家庭教育主体责任更加到位，社会育人资源利用更加有效，充分明确校家社各方职责，发挥各方优势，密切配合、相互支持，切实增强育人合力，共同担负起培养学生成长成才的重要责任。

2. 从家校共育走向校家社协同育人带来的变化

从"三结合"教育到大力发展社区教育、家庭教育、家校共育到协同育人，几十年的发展历程体现了教育理念的变革，更体现了党和国家教育方针政策的变迁，体现了不同时代对人才培养的不同要求。进入新时代，面临百年未有之大变局，人才成为国家竞争力的关键，我们要培养一代又一代德智体美劳全面发展的社会主义建设者和接班人，培养一代又一代在社会主义现代化建设中可堪大用、能担重任的栋梁之才，就必须在全社会树立科学的人才观、成才观、教育观，就必须建成学校、家庭、社会紧密合作、同向发力的教育格局和教育生态。

从家校社到校家社，虽然只是学校、家庭、社会顺序的一个变化，但更多地体现了三者的作用和地位的重新厘清。校家社突出了学校在协同育人中的主导地位，协同育人成为学校教育的重要组成部分，学校是协同育人的发力点、牵头人，是链接家庭和社会的纽带、桥梁，突出了学校的地位和作用，有利于形成学校积极主导、家庭主动尽责、社会有效支持的良好教育生态。

（二）校家社协同育人存在的亟待解决的问题

近年来，各地积极探索推进学校家庭社会协同育人，取得了明显成效，但依然存在一些影响协同育人效果的亟待解决的问题。

1. 学校、家庭、社会在协同育人中职责定位不够清晰

家庭教育、学校教育、社会教育是三种不同的教育形态，有不同的教育方式、职责范围、影响价值，在孩子成长中具有不同的教育功能。当前一些地方协同育人中存在学校、家庭和社会三方的关系和界限不明、各方职责不清等问题，导致互相推脱责任，学校越位、家庭缺位、社会空位等现象突出。在学校定位上过分强调学校的作用

和功能，把学校的责任无限放大和延伸，使学校不堪重负，如履薄冰。家庭教育方面也存在两个极端：一方面家庭教育缺位，家长协同育人意识不强；另一方面家长过度干涉学校的教育教学和管理工作，学校作业布置和批改、考试、放假调休、调整座位、更换教师等都可能引发家长的反对和投诉。家长需求多元，对学校过度干涉，必将导致家校矛盾不断，大大抵消学校教育的效果。社会教育资源由于力量分散，管辖权限多数不属于教育部门，在协同育人中出现一冷一热的情况。博物馆、图书馆、科技馆等公共服务设施没有参与学校教育的积极性和主动性，也缺乏参与教育的制度约束和考核机制；商业培训机构盈利化、功利化倾向明显，热衷于参与学校教育，但是专业性不够，育人质量和协作效果参差不齐。

2. 协同育人机制不够健全

校家社协同育人涉及多个部门，机制建设是保障工作协调、有序、高效开展的关键。然而，当前我国学校家庭社会协同育人的机制建设仍不够健全，还没有一整套可以推广的有效机制。教育部等十三部门印发了《关于健全学校家庭社会协同育人机制的意见》，其落脚点和重点就是健全机制。十几个部门联合发文表明了协同育人机制建设的重要性，但也说明协同育人不是一家几家能做好的，涉及很多部门，这就存在"谁来管""谁来牵头协同""各部门如何定位，又如何联动"等问题。这一系列问题不能很好解决，将导致政出多门、群龙治水、互相推诿等，协同育人工作推进将受到较大阻碍，无法得到真正落实。

3. 运行规程和标准不够完善

校家社协同育人涉及部门多，需要整合的资源非常丰富，同时不少人偏颇地认为其在追求升学和分数的知识教育中不处于核心地位，被很多学校认为并非学校教育刚需，是锦上添花的事情，因此有的学校开展校家社协同育人的时候随意性大，没有常态化和有序性，缺乏协同育人运行指南和管理规程。标准建设方面也大多属于空白，没有明确的从业人员标准，从业人员的专业化程度很低，缺乏第三方机构准入标准，社会支持无序化和恶性竞争导致质量得不到保障；缺乏课程标准，大多数学校协同育人指导都没有上升到课程层面，内容零散，不成体系。要通过研制家庭教育指导服务标准、家庭教育指导服务体系建设标准、家庭教育指导服务行业标准，促进协同育人质量保障体系建设，推动协同育人工作标准化、科学化和规范化发展。

4. 协同育人质量评价机制不健全

评价是杠杆，是检验、提升校家社协同育人效果的重要方式和手段，也是协同育人可持续高效发展的重要保障。一是质量标准缺失，没有明确的质量标准。很多评价只评估做没做，没能评估做得怎么样，评价流于形式和简单机械。二是没有建立自上而下的评价机制。很多地方没有把协同育人纳入对相关部门的考核督导，教育行政部门对学校没有考核要求，对家庭教育主体家长也缺乏评价，对社会支持服务更是"全靠自觉"，评价激励机制缺失导致育人工作内驱力不足。三是评价主体单一，利益相关方面参与评价不足，特别是学生作为校家社协同育人共同体的切身感受者参与不够。

四、高质量可持续发展的校家社协同育人建设策略

教育部等十三部门发布的《关于健全学校家庭社会协同育人机制的意见》，明确校家社协同育人的主要目标是"形成定位清晰、机制健全、联动紧密、科学高效的学校家庭社会协同育人机制"。定位清晰、机制健全、联动紧密、科学高效既是建设目标，也是协同育人高质量可持续发展的标准和特征。在总结全国校家社协同育人成功案例的基础上，结合成都市青羊区区域和学校协同育人实践，我们认为高质量可持续发展的校家社协同育人有"五有"的共同特点，有组织、有共识、有队伍、有课程、有评价是高质量可持续发展的校家社协同育人建设的基本特征和策略路径。

（一）有组织：健全党委政府对校家社协同育人的统筹领导

《关于健全学校家庭社会协同育人机制的意见》指出："健全学校家庭社会协同育人机制是党中央、国务院作出的重要决策部署，事关学生全面发展健康成长，事关国家发展和民族未来。"校家社协同育人是一项系统工程，建设的重点在机制，党委领导、政府统筹是关键。总结全国学校家庭社会协同育人实验区的经验，可以看出，均把组织领导放在首要位置。一是建立党委领导、政府牵头、相关部门参与的"校家社协同育人领导小组"，形成"政府主导、部门联动、教育统筹、校家协同、社会助力"的工作格局。成都市青羊区把家庭教育工作作为构建和谐社会的一项"基因工程""民心工程"和"社会系统工程"，建立了政府主导的家庭教育工作长效机制，成立由区委政府分管领导牵头的专门负责区域家庭教育工作的机构即"青羊区协同育人领导小组"，制定了《成都市青羊区加强家庭教育工作实施方案》，实施构筑具有青羊特色的"家长成长·孩子成人·家庭幸福·社会和谐"的民生工程，构建起政府主导、部门联动、教育统筹、家庭主体、社会参与、媒体服务的家庭教育格局。二是建立校家社联席会议制度，定期沟通协调，及时解决协同育人过程中的分工和保障等问题，形成多部门齐抓共管、多元协同的育人合力；三是成立区域协同育人指导中心（家庭教育指导中心、中小学生成长导航站等）专责组织机构，作为区域推进家庭教育实践的运行平台，负责区域协同育人组织协调、服务指导、课程研发、培训和成果推广，不仅是提供指导服务的联动平台，更是提供指导服务的专业支持中心。青羊区打造了家庭教育基地，设孵化空间、互动空间、成长空间、学习空间及亲子实践体验空间五大空间。

成立青羊区家庭教育指导中心，作为全域推进家庭教育理论和实践研究的运行平台，负责全区家长教育的指导、课程研发、培训和成果推广，中心设有办公室、科研室、名师工作室和家委会办公室，并配备专人负责各项工作的具体落实。

（二）有共识：围绕共同育人目标厘清职责同向同行

校家社协同育人体系建设中，"育人"是核心，"协同"是关键，"机制"是保障。协同育人最终要完成立德树人根本任务，指向培养德智体美劳全面发展的社会主义建设者和接班人。一是落实学校主导责任。学校应当建立协同育人领导和协调机制，将协同育人纳入工作计划，健全日常运行机制，成立家长学校，开设家长课程，建立校级、年级、班级三级家长委员会制度，认真组织好家长开放日、家长会、家长接待日、家长志愿服务等活动，畅通家校沟通渠道，定期同家长了解、沟通和反馈学生思想状况和行为表现，引导家长积极参与家校合作工作；着力加强教师协同育人能力建设，提升教师协同育人专业素养，将家庭教育指导、家校沟通等纳入学校课程体系，保证常态化、有序科学开展育人指导；学校要积极联动社会力量，充分利用社会优质资源，开展项目式学习、研学旅行、志愿服务等综合实践活动，培养学生综合素质。二是要增强校家社育人共识，激发家社积极主动投入。从党和国家教育事业发展全局的高度，坚守为党育人、为国育才，基于共同目标协同价值观，实现同向同心、同力共行。畅通学校家庭社会协同渠道，引导家长乐意尽责，切实履行育人职责，积极参与协同育人；要吸纳社会多元参与，整合各领域资源，建立多元化、菜单式的服务网络，营造良好的社会育人大环境。青羊区为了更好地促进家长素养提升，给孩子树立示范和榜样，在大量调查研究和论证的基础上，形成了"青羊家长行为规范"和"青羊家长核心素养"，为家长发展凝聚了共识，形成了共同的目标和方向要求。"青羊家长行为规范"包括坚持立德树人、促进全面发展、注重家校协同、遵循成长规律、营造和谐氛围、提升家教素养、重视安全健康、践行言传身教八个方面的具体行为规范。"青羊家长的核心素养"包含行为、方法和爱好三个层面。

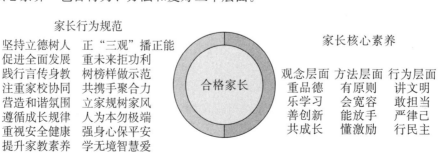

图 3—5—1　成都市青羊区家长核心素养目标

（三）有队伍：跨领域多层次强化协同育人专业队伍支撑

协同育人涉及的领域广泛、个体差异和需求多元，常常需要面对复杂的问题，这就对从事协同育人工作的人才队伍提出了很高要求。当前从事协同育人研究、指导、执行、支撑、评价等人员存在专业性不强、数量不够等问题。应对新时代校家社协同共育的一系列挑战和难题，必须依靠专业支撑。一是要有专家团队引领。虽然家庭教育在我国高校中尚未形成严格意义上的独立学科，也还没有专门的家庭教育专业，但是协会等研究性机构很多，聚集了一大批有志于协同育人的专业人士，更多的高校和地方也成立了家庭教育研究院（中心），我们要借用高校、科研院所及协会、学会等专业力量，来引领我们把握协同育人的方向趋势，从理论指导、制度建设、课程开发、师资培训等提升协同育人的质量。二是要有科研团队带动。协同育人既需要理论指导，更需要落地落实落细的实践推动。要推动协同育人工作走向高质量可持续发展，就离不开教育科研的支撑，要结合区域和学校实际，聚焦协同育人核心，组建区校研究团队，开展课题研究，通过持续的课题研究带动协同育人工作走深走实。青羊区从开展"三结合"教育研究以来，几十年一直围绕家庭教育和协同育人开展课题研究，在全区组建了 52 个涵盖中小学、幼儿园的科研团队。三是要有指导团队推动。学校分管德育的干部、年级组长、班主任、思政课教师等是协同育人的主要执行者和中坚力量，我们要在校内组建协同育人指导团队，以提升解决问题的能力为导向，不断提高教师的协同育人的指导素养，树立指导家庭教育工作方面的优秀教师，树典型，出经验，做示范，为更多教师提供提升路径。四是要有志愿者团队。要跨界组织教育学、管理学、心理学、法学、医学、社会学等专业领域的志愿者，多领域的志愿者能够提供更全面、更专业的支持；要吸纳优秀家长代表成为志愿者，他们能够起到收集家长需求、反馈家长意愿、组织家长活动、引领家长成长的作用。四个层面的梯队式、专兼职结合的协同育人专业队伍，责任明确，协同配合，不但能够有效解决无专业化队伍、专业化指导能力不足的问题，更能够提升协同育人的专业性、科学性。

（四）有课程：课程建设促进协同育人常态化有质量开展

课程是协同育人的基本载体，它既是保证协同育人常态化高质量开展的重要抓手，也是协同育人高质量可持续发展的重要考核指标之一。协同育人课程建设可以从四个方面入手。一是开发学段与模块交错的协同育人课程。区域层面的课程开发，既要注重以年龄学段为纵线贯穿孩子成长全过程，逐级逐层递进，也要注重以模块内容为横线涵盖协同育人指导的必备领域，以线成面，构建科学化、序列化、模块化的课程体系。二是开发区域与学校互为补充的协同育人课程。区域可以根据地域特点、经济文化特点、区域内学校的共性特点，开发具有区域普遍适用性的课程；各学校要充分发挥自身研发指导团队优势，结合学校实际和家长群体特点，在区域课程的基础上，开发体现学校个性特色的协同育人课程。三是开发理论与实践互为依托的协同育人课程。协同育人课程要注重对家庭教育方法的指导、对家庭教育问题的解决，着力提高家长的教育理论水平和教育实践能力。课程可以包含教育发展理论、教育方法指导、家庭教育活动、家校社区互动活动等，将理论与实践有机结合，知识与应用相互依托，以理论指导实践，用实践检验理论，互为支撑地构建知行统一的课程体系。四是开发普遍性与特殊性结合的协同育人课程。既要注重面向广大学生家长群体，普及家庭教育知识，也要针对特殊群体，如单亲家庭、流动儿童家庭、留守儿童家庭、残疾儿童家庭和贫困儿童家庭，体现有教无类的关爱帮扶。

青羊区开发了"七段三块"系列课程，以年龄学段为纵线，形成覆盖准父母段、早教段、学前段、小学段、初中段、高中段和职高段共七个学段的课程链，以模块内容为横线覆盖对家长指导的必备领域，形成修身齐家、育子树人、家校共育三个篇章的课程模块，相继推出二百一十二个主题的共一千七百六十四个课程菜单供学校和家长选用。学校也结合自身特点，形成了"一校一品"的协同育人特色课程，比如成都市实验小学实行"双生报到"，孩子一入学，家长也进入家长学校；成都市实验小学西区把家长课堂延伸到社区五六岁孩子的家庭，让家长和孩子一起做好入学准备，形成具有学校特色的家长教育培训课程。成都草堂小学的家风家训课程通过挖掘家庭传世家训，带动家长教育的提质。

（五）有评价：科学评价为协同育人高质量可持续发展护航

科学的评价体系对校家社协同育人高质量可持续发展至关重要，它能起到引领正确方向、遴选优化策略、保障有效实施、激发内部动力等作用。要健全党政督导评价，将协同育人纳入政府履职、部门考核和教育质量评价重要内容，定期开展督导评价、家长满意度调查、典型案例评选、社会服务机构评优等，激发政府各部门、学校、家长、社会各界等育人主体参与协同育人的内驱力。

青羊区把建立健全评价机制作为构建家长协同育人机制的核心，定期开展家长评教、满意度测评，把协同育人工作纳入学校年度绩效考核，还首创星级家长评价递进体系。

依据"青羊家长行为规范"和"青羊家长核心素养"制订青羊家长星级评价标准，

实行客观量化评价、主观描述评价和阶段动态评价相结合，每位家长都有六十分基础分，四十分作为考评分，根据总分换算成对应的星级，每多十分增加一个星级，其中一星级、二星级为自然家长，三星级为合格家长，四星级为优秀家长，五星级为智慧家长。这个量化标准既有教育理念的相关指标，也有具体的教育方法指标，指标要素贴近家长、清晰具体，形成了一套全面系统规范的家长评价标准体系。

星级家长评价主要有"四步法"：家长自评、孩子评定、学校评定、综合评定。评价工作由校级家委会负责，区级家委会督导检查，确保评价不走过场，且公开、公平、公正。以自然年为单位，每到年底，评定出不同星级的家长，四星和五星以上的家长，区教育局会红榜表彰并颁发证书，以资鼓励。依据星级家长评选结果，进一步评选星级家委会，星级家长的评选与星级家委会评选挂钩，学校三星级以上的家长人数占总人数的百分之七十以上，校级家委会才有资格申报星级家委会，这样家长教育的个体行为就上升为集体行为。

星级家长评选，使家长教育逐渐从被动走向主动。不少家长意识到教育培养孩子是父母的责任，有了评价标准，更清楚地掌握家长行为规范，在引导家长成长上作用很大，而且对自己履行主体责任有了量化，让家长教育留有痕迹，让家长教育变随意为规范、变被动为主动。

高品质学校可持续发展的"引进来""走出去"

教育是民族振兴、社会进步的重要基石，是推动新质生产力发展、实现中国式现代化的重要支撑。教育对外开放是教育现代化的鲜明特征和重要推动力。高品质学校建设回应新时代教育高质量发展使命要求，离不开加快和扩大教育对外开放。习近平总书记在《扎实推动教育强国建设》重要讲话中强调，要"完善教育对外开放战略策略，统筹做好'引进来'和'走出去'两篇大文章，有效利用世界一流教育资源和创新要素"，并首次作出"使我国成为具有强大影响力的世界重要教育中心"的重要论断[①]，为推进高水平教育对外开放指明了前进方向，提供了根本遵循。

一、人文交流：基础教育对外开放的时代意蕴

人文交流与政治互信、经贸合作并称我国新时代中国特色外交的三大支柱，是教育对外开放的主要形式之一。

（一）高品质学校人文交流时代要求

1. 全球教育发展趋势下的中国立场

从全球来看，当前新一轮科技革命和产业革命正在孕育兴起，重大科技创新正在引领社会生产新变革，互联网、人工智能等新技术的发展正在不断重塑教育形态，知识获取方式和传授方式、教和学关系正在发生深刻变革。当前全球教育发展趋势呈现出数字化转型、个性化教学、加强合作与交流、终身学习以及关注教育公平和包容性等特点。联合国教科文组织面向全球发布的《一起重新构想我们的未来：为教育打造新的社会契约》报告，明确指出人类当下面临多重危机，比如"不断扩大的社会和经济不平等、气候变化、生物多样性丧失、超出地球极限的资源使用、民主的倒退和颠覆性的技术自动化"等。[②] 面对全球教育发展趋势及危机，习近平总书记首次提出全

---

① 习近平. 扎实推动教育强国建设 [J]. 求是，2023（18）：1-3.
② 联合国教科文组织国际教育发展委员会. 一起重新构想我们的未来：为教育打造新的社会契约 [M]. 北京：教育科学出版社，2022：96.

球文明倡议，倡导加强国际人文交流合作，促进各国人民相知相亲，共同推动人类文明发展进步。① 文明倡议的提出，与发展倡议、安全倡议组成三个重要主张，体现了中国在面临全球挑战时的大国担当，是构建人类命运共同体不可分割的一部分。

2. 立德树人根本任务导向的顶层谋划

立德树人是教育的根本任务，教育要为人的全面发展服务。《教育部等八部门关于加快和扩大新时代教育对外开放的意见》指出，要把培养具有全球竞争力的人才摆在重要位置，培养德智体美劳全面发展且具有国际视野的新时代青少年。② 《关于加强和改进中外人文交流工作的若干意见》指出，加强和改进中外人文交流工作要以服务国家改革发展和对外战略为根本，以促进中外民心相通和文明互鉴为宗旨，创新高级别人文交流机制，改革各领域人文交流内容、形式、工作机制，将人文交流与合作理念融入对外交往各个领域。③ 而教育是中外人文交流最重要最基础的领域。在教育领域深入探索人文交流育人实践，打造教育"引进来""走出去"发展新格局，是当前高品质学校可持续发展的必然要求。

3. 新时代教育高质量发展的内在需求

建设教育强国，基点在基础教育。基础教育高质量发展需要持续加快和扩大基础教育对外开放，"主动加强同世界各国的互鉴、互容、互通，形成更全方位、更宽领域、更多层次、更加主动的教育对外开放局面"④。因此，深化教育领域中外人文交流，是新时代教育高质量发展的题中之义。一方面，围绕加快发展新质生产力，进行教育、科技、人才一体部署，教育人文交流将通过优化布局、大力培养人才、破除体制机制障碍、深入参与全球教育治理、有效防范化解风险，提升教育对外开放贡献度和影响力。一方面，通过文明互鉴和人文交流活动，提升师生讲好中国故事的能力，向世界展现可信、可爱、可敬的中国形象，推动中华文化更好走向世界，为中华民族伟大复兴奠定坚实的民意基础和良好环境。

（二）高品质学校人文交流内涵理念

1. 高品质学校人文交流内涵

"人文"一词最早来源于我国古代典籍《周易》"贲"卦的卦辞："刚柔交错，天文

① 习近平．携手同行现代化之路［Z］．中国共产党与世界政党高层对话会．北京，2023.3.15.
② 教育部等八部门关于加快和扩大新时代教育对外开放的意见［Z］. 2020.
③ 中共中央、国务院．关于加强和改进中外人文交流工作的若干意见［Z］. 2017.
④ 教育部等八部门关于加快和扩大新时代教育对外开放的意见［Z］. 2020.

也；文明以止，人文也。观乎天文以察时变，观乎人文以化成天下。""文"这个字在古汉语里有表象、现象之意，所谓"人文"就是人类社会的各种现象。从概念上看，"人文交流"是人与人的交流、心与心的沟通，是人与人之间增进认知与理解、建立信任与友谊、促进合作与发展的过程。"中外人文交流是中国和其他国家的中央和地方政府、政府组成部门、各类社会组织、社会民众等，为促进民心相通、文明互鉴并促成务实合作，为实现共同发展进步之目的而在多个人文领域开展的交流合作活动。"①

高品质学校人文交流，是以学校发展为价值导向，以师生为参与主体，以提升育人品质为目标，与国外学校深入开展的各类中外人文交流活动的总称。其中，高品质是学校人文交流的样态呈现，学校是人文交流的实践主体和载体，人文交流是落实高品质学校建设的路径选择。三者关系凸显出以人的全面发展为中心。

2. 高品质学校人文交流特征

育人性是高品质学校人文交流区别于其他领域人文交流的显著特征。学校的根本任务是立德树人，是培养学生全面发展的核心素养。因此，以人为本，人的全面发展是高品质学校开展人文交流的根本出发点和价值归宿。

交互性是高品质学校人文交流的本质特征。从广义来看，人文交流就是人与人社会性交流的表征，交流是必然过程；从狭义来看，人文交流聚焦在文明交流。因此，交互性在于师生在人文交流过程中实现的文明互鉴、民心相通，即通过有序交流加深彼此的了解和友谊，为相互理解相互尊重奠定民意基础。

二、项目驱动：学校开展中外人文交流的育人范式

高品质学校可持续发展的关键在于找准教育高质量发展的动力源。从人文交流维度，"教育要面向现代化，面向世界，面向未来"。

（一）高品质学校可持续发展的人文交流特色

1. 中外人文交流教育实验区设计

基础教育领域以实验区建设探索中外人文交流有效路径，为高品质学校可持续发展提供互学互鉴平台。实验区以深入推进人文交流理念、全面提炼人文交流项目特色、打造人文交流品牌为目标，分别从平台、学校、队伍、课程、友好交往、国外办学等

---

① 陈滔伟，新趋势：中外人文交流的政策与趋势［A］. 2023 中外青少年人文交流成果展暨教育年会论集［C］. 重庆，2023.

六个方面进行探索和实践。目前，全国共有中外人文交流实验区九个^①，形成了别具特色的中外人文交流教育格局。

2. 中外人文交流特色学校建设

特色学校建设是中外人文交流理念深入学校、撬动师生参与积极性的另一条有效途径。通过特色学校的建设，将中外人文交流理念和任务与育人主体的学校深度融合，形成人文交流与学校高品质发展的良性互动，既促进了人文交流理念的深入人心，又实现了高品质学校可持续发展，孕育了一批以人文交流为育人特色的学校典范。

（二）高品质学校可持续发展的交流育人维度

1. 基于全球竞争力培养的人才目标

开放是教育高质量发展的永恒主题。面对世界"百年未有之大变局"，实现中华民族伟大复兴，建设中国式现代化，都离不开具有国际视野、创新能力和跨文化交流能力的人才支撑。《反思教育：向"全球共同利益"的理念转变》认为教育要尊重生命和人类尊严、权利平等、社会正义、文化多样、国际团结和为创造可持续的未来承担责任。它提出"教育是全球共同利益"的新概念。^② 从本质上来看，这一观点就是把培养人的事业与人类可持续的未来紧密联系在一起。因此，青少年作为国家的希望与未来，肩负着构建人类命运共同体和讲好中国故事的使命担当，在中外人文交流中有不可替代的作用与历史责任。基于此，我们提出高品质学校中外人文交流在于培养文明包容、尊重理解、责任担当、具有可持续发展能力且自信行走世界的中国青少年。

2. 基于学生核心素养的学习交流项目

开展中外人文交流的根本任务是关注人的全面发展，即培养学生全面发展的关键能力和必备品格。从人文交流实践角度，学校可以从以下项目入手：

（1）国际友好学校结对子项目

旨在推动更多中小学建立和发展国际友好学校关系。以人文交流理念教育、传播和实践为主线，充分发挥人文交流育人作用，促进中外学校间线上线下相结合的常态化、机制化人文交流，助力双方学校师生相互学习借鉴、共同进步提高。

---

① 分别为：中外人文交流成都教育实验区、中外人文交流青岛教育实验区、中外人文交流重庆（渝中区）教育实验区、中外人文交流重庆（沙坪坝区）教育实验区、中外人文交流重庆（南岸区）教育实验区、中外人文交流重庆（渝北区）教育实验区、深圳南山区青少年中外人文交流教育特色区、中外人文交流广州（黄埔）教育创新区、武汉经开区青少年中外人文交流教育基地。

② 联合国教科文组织. 反思教育：向"全球共同利益"的理念转变［M］. 北京：教育科学出版社，2017.

（2）国际理解教育项目

中小学依据国家教育政策文件，参考国际相关文件和经验做法，为培养学生跨文化理解和交流能力、拓宽学生国际视野、提高学生发展核心素养、帮助学生树立人类命运共同体意识而面向全体学生组织开展各类相关教育教学活动。主要实施途径包括学科渗透、专门课程、主题实践活动以及人文交流活动等。

（3）人文素养提升项目

围绕落实立德树人根本任务，结合中华优秀传统文化教育与传承的相关要求，将人文素养和人文交流能力培养融入中小学教育教学全过程，致力于培养具备良好人文素养、深厚家国情怀和坚定文化自信，且能够理解、尊重和欣赏不同国家和民族文化，具有较强人文交流意识和能力的新时代青少年，为在中外人文交流中讲好中国故事、传播好中国声音、促进中外文明交流互鉴和民心相通奠定良好基础。

（4）"互联网＋人文交流"建设项目

中小学与国外中小学把互联网的创新成果和独特优势与人文交流有机深度融合，运用互联网新技术，促进形成以互联网为基础设施和创新要素的中外人文交流新形态，协同构建通过互联网开展人文交流的软硬件环境，探索建立利用互联网开展机制化、常态化人文交流活动的新模式。

（5）多语种外语学习项目

学校通过实施多语种外语学习项目，培养学生对外语学习的兴趣，帮助学生初步掌握所学语言的听、说、读、写、看能力，探索更为有效的多语种外语教学模式，加强与国际友好学校常态化语言学习交流，提高学生跨文化交际能力、跨文化思辨能力和多语种自主学习能力，助力学生用外语讲好中国故事、传播好中国声音，积极对外展现可信、可爱、可敬的中国形象，促进中外民心相通、民间友好。

（6）国际友好学校中文教学支持项目

已建立国际友好学校关系的中小学，通过提供师资、教材、教法等方面的支持，帮助结对子的国际友好学校以必修课、选修课或兴趣活动等方式开展中文教学，帮助外方学校师生学说中文、学写汉字，增进其对中国和中华文化的了解，丰富校际交流内涵，推动国际友好学校关系走深走实，并逐步形成可复制、可推广的经验。

（7）中外课程共建共享项目

中小学基于国际友好学校关系，就共同关心或感兴趣的领域、科目或主题，共同研发、形成课程，并组织师生联合开展课程教学的系列活动，包括 STEAM、人工智能、创新创业教育、青年领导力、生涯规划、绿色地球、中华文化体验、外国文化体验、国际礼仪、国际理解以及艺术、体育、语言等合作开发和实施的相关课程。

从项目内容看，各项目将交流育人与立德树人根本任务紧密融合，以国际理解教育为基础，以国际友好学校结对子为契机，以互联网为媒介，以活动与课程为载体，以语言、文化、知识和人类文明成果等为内容，以提高能力与素质为追求，注重发挥学校和师生的首创精神，积极推进中外青少年人文交流与心灵相通。

从项目关系看，七大项目聚焦学生核心素养，形成一个完整的育人整体。国际友好学校结对子是前提性项目，应该常态化、持续开展；国际理解教育和人文素养项目是基础性项目，应该内涵式、深入推进；"互联网＋"人文交流、多语种外语学习和中文教学支持是工具性项目，具有保障交流顺畅、多样化等特点；中外课程共建共享是拓展性项目，发挥了系统化、规范化推进人文交流的作用。

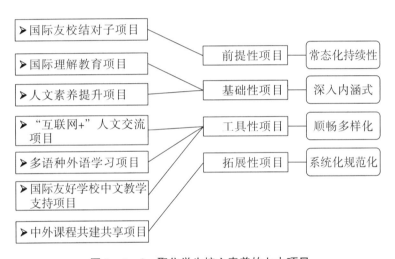

图 3—5—2　聚焦学生核心素养的七大项目

三、互学互鉴：学校开展中外人文交流的实践路径

中外人文交流是一项围绕学生全面发展和学校办学品质提升的系统工程，是高品质学校可持续发展必不可少的关键环节。

（一）顶层设计，厘清中外人文交流的学校战略

一是理念融合。学校要将人文交流理念与学校育人理念和办学实践相融合，明确中外人文交流在学校整体发展中的定位和作用，注重育人理念的创新性和前瞻性，找准学校教育对外交流合作、友校共建的切入点。二是规划引领。学校应制订具体的中外人文交流战略目标和行动计划，包括确定人文交流的主题、领域、特色项目以及交

流的方式和频次等，还应将中外人文交流纳入学校常态管理，完善管理机制，制订详细的实施计划，明确各项任务的分工、时间节点和预期成果。三是资源整合。注重整合内部和外部资源，形成合力。内部资源包括学校的师资力量、课程设置、教学设施等，外部资源则包括国内外合作友校、国际组织、政府支持等。四是评价反馈。建立中外人文交流的评价与反馈机制，对交流活动的实施效果进行定期评估，收集师生和友好学校的反馈意见，及时调整战略目标和行动计划。通过评价和反馈机制，学校可以不断优化中外人文交流工作，确保其符合学校整体发展战略的需要。

（二）课程建设，拓展中外人文交流的学校范式

一是深化课程改革。明确学校课程育人总目标，培养教师核心素养导向下的育人价值，不断调整课程结构和现有课程内容模块，增加国际视野，树立人类命运共同体意识，提升课程的育人水平。二是优化课程体系。厘清学校现有课程资源及育人谱系，完善和优化全球竞争力人才培养板块，提升学校课程的国际视野，开发符合学校发展实际的国际理解教育课程，研制学校课程方案，引导学生了解不同文化，培养国际理解素养和跨文化交流能力。三是强化课程实施。引进跨学科教学、项目式学习、大单元设计、教学评一体化等教学理念，促使学科育人真正走向"素养育人"转化。通过跨学科教学和人文交流项目，让学生深入了解不同文化的特点和价值，培养其跨文化交流和合作的能力。同时，学校还可以组织海外游学、文化交流等活动，让学生在实践中感受不同文化的魅力，拓宽国际视野。四是拓展课程共建。加强与友校课程共建共享，常态交流双方课程理念，开展主题课程开发、同课异构、项目式课程等多种交流活动，利用网络平台开展在线课程、远程教学等活动，以课程建设助推双方人文交流持续深入，增进彼此的了解和友谊。

（三）队伍打造，夯实中外人文交流的学校支撑

一是提升人文素养。定期开展教师中外人文交流专题培训、学术交流等，引导教师树立人文交流理念和人类命运共同体意识，具有正确的人才观和世界观。二是拓宽国际视野。提升教师的专业素养和国际理解素养，鼓励教师主动与世界先进教育接轨，学习和借鉴教育新观念、新成果，加强国际汉语教师培养，长期派送教师赴海外研学、访学，邀请友校师生来访，拓展教师育人眼界。三是增强交流能力。提升教师跨文化交流能力和解决问题的能力，鼓励教师自修多语种外语，增强语言表达能力，搭设平台为教师与友校交流提供便利，提升教师讲好中国故事的能力，鼓励教师主动弘扬和分享中华优秀传统文化。四是培养种子教师。结合学校特色项目，培养一批专业水平

高、综合素质强的中外人文交流种子教师，以点带面，促进学校中外人文交流教师队伍建设。

（四）课题研究，明确中外人文交流的学校探索

一是组建课题共同体。学校应组建中外人文交流课题共同体，遴选骨干教师，积极开展中外人文交流相关的课题研究，以"总课题＋小专题"的形式，探索有效的交流方式和路径，为学校中外人文交流活动提供理论支持和实践指导。二是搭建课题分享平台。加强与友校、科研机构、区域高校等合作，共同推进人文交流研究，注重提炼科研成果，鼓励教师将研究成果转化为实际教学活动，撰写相关论文和专著并及时公开发表。三是营造课题科研氛围。通过学术会议、研讨会等渠道，宣传和推广人文交流课题研究成果，扩大影响力。建立课题激励机制，培育浓厚的科研氛围。

（五）文化营造，构建中外人文交流的学校环境

一是营造开放氛围。确立开放包容的校园文化理念，倡导多元文化的共存与交融，培养学生的国际视野和跨文化交流能力。举办多元文化活动，如国际文化节、中外艺术交流展等，展示不同国家的文化特色，增进学生对多元文化的了解和尊重。二是打造文化校园。在校园内设置文化展示区，展示中外文化成果，包括艺术作品、历史文物等，让学生在日常生活中感受文化的魅力。利用校园广播、宣传栏等媒介，传播中外文化知识，提高学生对文化交流的关注度和参与度。三是搭建交流平台。建立学生文化交流社团，鼓励学生自发组织文化交流活动，如国际理解、语言交流、文化体验等，增强学生的跨文化交流能力。加强与国外学校的交流与合作，建立校际友好关系，开展师生互访、学术交流等活动，推动中外文化的深入交流。四是注重文化融合。将人文交流元素融入课堂教学中，促进国际理解教育、跨文化交流、多元文化等理念融入学生日常课堂教学，让学生在学习中了解不同文化的内涵和价值。加强人文交流理念与实践教学相融合，组织学生参与国际志愿服务、人文交流项目等，让学生在实践中体验文化的多样性。

建设有利于可持续发展的教育生态，需要党组织领导家校共育，以共建向上向善家风为基础，形成校家社提升各类素养的合力，进而拓宽学生视野，在中外优质资源的整合中促进儿童更高品质的全面发展，切实提升高品质学校的可持续育人水平。

党组织领导家校共育"五措"
助力高品质发展

宜宾市高县硕勋中学校

本案例旨在探索中共中央办公厅印发的《关于建立中小学校党组织领导的校长负责制的意见（试行）》精神实质，坚持党对教育工作的全面领导，创新党建与校家社共育新模式，发挥党组织领导作用，调动学校党员干部教师、党员家长参与协同育人，提高家校育人效果，促进学生全面发展，走向高品质学校建设。

高县硕勋中学校以革命先烈李硕勋的名字命名，是一所有着红色基因和革命传统的学校。建校之初，因基础设施薄弱，组织管理涣散，生源入口素质较低等，学校存在常规管理不善、师生关系紧张、教学质量长期不佳、家校关系极不和谐等严峻问题。特别是 2015 年搬迁至新校区以来，学生从 1500 余人增加至 3600 余人，教职工从 100余人增加到 260 余人，在管理难度、安全隐患、质量考核、创建任务、家长期望、社会舆情等方面面临空前压力。

近年来，学校强力推进"党建＋"家校共育，深化党组织领导的家校共育实践，邀请崔勇、毛道生等专家多次到校指导，探索出"建、联、培、进、评"五字工作法，实现华丽转身。先后荣获中小学国防教育示范学校、国家节能减排示范单位、四川省教育先进集体、四川省义务教育共同体领航学校、四川省最美校园、宜宾市先进基层党组织、宜宾市体育和德育基地等称号，《党建引领下家校协同育人的实践策略》入选中国教育报创新案例，"党建引领县域初中治理创新实践研究""党建引领下的学生自主管理实践研究"课题获省、市立项，两次在四川教育电视台做学校治理经验交流。综合质量考核稳居全县前列。

一、以"建"奠基，夯实共育基础

（一）建立"1＋3＋3"党组织机构

在党总支部领导下，设立 3 个年级党支部和 3 个年级家长临时党小组，构建"三级"组织网络，全面落实党对学校工作的领导，为促进学校高品质发展提供坚强有力的组织保障。

（二）建立"1＋4"工作体系

建立党总支、处室、年级、学科及班级五级党建引领家校共育工作体系，强化横到边纵到底的全员全域全过程党建引领、家校共育工作体系，增强目标性、计划性、针对性和能动性。

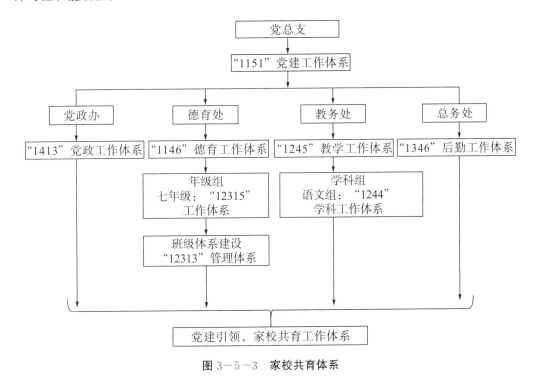

图 3—5—3　家校共育体系

（三）建立 3 个中心

学生成长中心：让党员家长、学生代表、德育干部和班主任共同参与学生管理教育，让学生明白纪律规范，知晓惩戒流程方式，自主选择惩戒教育内容，接受相应处罚，潜移默化接受教育。

家长交流中心：让家长有归属感、舞台感、价值感和成就感，有反馈意见、提供交流、展示能力特长的平台，推动家校社协同育人。

家长接访中心：在学校门口设置专门区域，安放桌凳，摆放花草盆景，放置亲子沟通书报，呈现学校管理教育内容成果，有效宣传学校和教育引导家长。

（四）建立2支队伍

党员骨干家长队伍：成立家长讲师团、护校队、督导员等，让家长进校入班授课，宣传本土文化，传授行业知识，参与学校管理。

党员家属队伍：学校把教师家属中的党员力量进行整合，定期邀请参与学校活动，定期召开座谈会听取建议意见，有效推进整体育人工作。

（五）建立1份档案

对每年入校新生、中途转入学生独立建立家庭档案，了解家庭基本情况（特别是学生特长及短板、家长工作性质、特长、经济状况等），记录家长参与活动、教师走访、学生成长状况，以此推动总结改进家校共育工作。

二、以"联"为媒，凝聚共育智慧

校级领导联系年级：安排指导督查考核该年级党建引领家校共育工作。

党员干部联系班级：指导制订班级三年规划、共同体建设、特殊家庭和学生走访教育等工作。

党员家长联系困难家庭：跟随班主任带上自己的孩子定期走访，开展精神扶志、物质扶困和技术扶智，发挥家长党员的帮带作用，让自己的孩子在现实中接受教育共同成长。

共青团员联系困难学生：发挥优秀"小老师"帮带活动，实现生活互帮有爱心、学习互帮有恒心、资源共享有诚心、思想互助有信心。

三、以"培"固本，提升共育素养

（一）抓好集中通识培训

通过召开全校、年级、班级教师会，以及家长会、学生会和临聘人员会议，开展家庭教育通识性培训，切实转变教师和家长思想观念，提高能力素质，增强法治意识，强化责任担当，提振形象气质，提升教育方法艺术及人文素养。

（二）抓好分层分类培训

根据工作性质、家庭背景、能力素养、个性特点、兴趣特长等进行分层分类培训，发挥各自优势，培养骨干家长和领跑教师，推动共育工作。

（三）抓好个案培训

针对特殊情况对教师、家长、学生定制方案，建立个人档案，定期进行沟通交流、跟踪帮助，不抛弃不放弃任何一个学生。

（四）抓好"邀请式"培训

根据个体或群体特殊需求，组建专门团队制订专题化、系列化内容方案，定期发布培训信息，举行富有仪式和层次感的培训，践行"枫桥式"经验，有效化解家校矛盾，采纳合理建议措施，增进家校沟通，切实推进平安校园建设。学校每年线上线下集中 4 次培训，培训家长 1.3 万余人次，近年来累计帮扶困难家庭 1000 余户，覆盖特殊学生 100 余人次，投入经费数十万元。

四、以"进"筑路，搭建共育通道

（一）进学校

所有家长定期参与"千名家长进校园"家校互访、亲子沟通、毕业典礼、营地建设、体育艺术节等活动，参与教学督查、活动策划、重大决策听证、营养健康和安全管理，实现共建、共享、共生。

（二）进班级

组建家长讲师团，家长讲师定期进入班级，家长学生共同开展法治、健康、安全、禁毒、交通、卫生、森林防灭火等主题专题交流培训，全面提升家长育人素质和学生综合素养。

（三）进家庭

定期组织党员家长和自己的孩子在班主任带领下参与"百名教师进千家"走访帮扶活动，宣讲政策、沟通交流、真情帮扶，实地感受不同学生家庭情况，增进亲子、师生和家校关系。

（四）进读本

编写《与更好的自己相约》教师、学生和家长读本，明确家校共育要求，通过集中学习考试宣传家庭教育知识，提高亲子沟通能力。

（五）进社区

定期组织党员教师家长和孩子参与"河小青"、红十字、敬老院等社会实践，义务宣传法律、禁毒、防艾、森林防灭火等活动，展示良好的学校形象。

五、以"评"同频，激发共育活力

良相无弃士，良匠无弃材。管理者要看见、发现、欣赏、尊重和调动每一个教职工及其家属、家长和学生参与学校管理，汇聚力量智慧，在各自岗位上发挥应有的作用，彼此成就成长。

（一）捆绑评价，打造共育共同体

学校每年结合年级、班级、学科党建引领家校共育工作情况评选先进年级组、班集体和学科组，并予以表扬奖励。

（二）现场评价，培育共育好关系

学校每年春期随机抽取学生、家长与任课教师现场相互评价，促使教师主动关心了解学生，落实家校共育，构建良好的校家社关系生态。

（三）清单评价，保障共育真落地

明确入户家访次数、时间、人员、内容，明确学习、教育、宣传、参与活动等要求并纳入德育工作、评优选先考核，保障工作落地生效。

（四）多元评价，彰显共育优成果

学校每年评选最美家庭、最美家长、硕中好少年、天赋学生、领航教师、家庭导师等荣誉称号，调动一切资源力量助力学校高品质发展。

党组织领导家校共育能充分体现党对教育工作的全面领导，把好"为党育人、为国育才"社会主义办学方向，为教育高品质发展提供决策保障。党组织领导家校共育能充分调动党员干部教师和党员家长参与现代学校治理，让抓班子、带队伍落到实处。党组织领导家校共育有助于强化核心价值观教育，推动"三全"育人，构建良好家校关系，促进学生全面发展和学校高品质建设。在今后工作中，学校还要在体系构建、科学评价、深度广度、系统研究、针对培训等方面持续发力，为走近高品质学校、办人民满意的教育不懈奋斗！

（撰稿：余华勇　刘贵芳　李　勇）

协同育人 助力高中生学术素养提升

四川省成都市新都一中

党的二十大报告要求"着力造就拔尖创新人才",这也是学校教育的责任和使命。四川省成都市新都一中在深入调研学校近三十年拔尖创新人才培养经验基础上,积极尝试依托高校科研院所等力量,以培养早期学术性拔尖人才为目标,在国家社科基金一般课题"普通高中学术性拔尖创新人才培养的实验研究"指导下,汇聚高校、校友、社区等多方力量,共同创造拔尖创新人才的成长环境,引导学生走多元化的拔尖创新成长之路,总结出拔尖人才早期培养模式。

一、协同育人助推拔尖创新人才成才

(一)高校科研院所——坚实的学术支持

学校和中国教育科学研究院、南开大学、西南石油大学等十七所高校、科研机构建立长期合作关系。中国教育科学研究院在我校设立博士工作站,从理论建构、顶层设计和实践修订等角度进行一年两次的专题指导工作。西南石油大学对学校师生开放实验室,其教师在我校开设学术课程,指导师生的创新项目实验。南开大学等高校一期两次派遣专家学者到校开展 STEAM、STSE 等跨学科综合思维方式、头脑风暴等专题活动。清华大学等十七所高校实验室对学校学术研学团队开放,并派专家指导学生做实验验证,助力学校学术型拔尖创新人才培养。

(二)校友助力——扎实的学术指导

2015 年学术性拔尖创新人才项目启动时,学校 2012 届学生、当时就读北京计算机研究中心的马宇瀚听说后,主动找到学校,请求承担学术指导工作。引入国际青年物理学家竞赛(IYPT)竞赛题目,指导学生开展学术研究活动;平时每周一次网络授课,开展学术研究基础知识专题讲座;开展学术冬令营、夏令营活动,集中开展学生学术研究、展示活动。清华大学校友、南开大学校友、我国飞机发动机总设计师校友、极米科技股份有限公司校友等陆续加入学校学术性拔尖创新人才项目，提供强有力的学术支撑。

（三）校企合作——广阔的学术视野

中华工业四川泛华航空仪表电器有限公司听说学校开展拔尖人才培养项目后，主动联系洽谈合作，捐飞机模型，举办专题讲座，接学生到企业参观。中车集团、中空集团、中航集团建在新都的企业打开企业大门，让学校学生深入体验馆，沉浸式感受高科技发展态势。

（四）家校协同——坚实的学术后盾

项目成立之初，家长们纷纷感谢学校给了孩子不一样的学习方法。邀请专家到校给孩子们做专题指导，联系高校实验室，设计安排出行方案。学生们看到家长们都如此有激情，更加投入到学习、研究中去。

（五）社区参与——丰厚的学术资源

学校与社区合作，利用社区资源为学生开展各种学术活动。如参观博物馆、科技馆等，拓宽学生的视野；邀请社区志愿者为学生举办讲座，传授相关技能；组织学生参与社区活动，培养学生的社会责任感。

二、协同育人助力形成学校育人特色

高校科研院所、校友、社区等多方力量共同参与学校学术性拔尖创新人才培育过程，为学生创造一个更加全面、丰富、多样的教育环境。这种环境更有利于培养学生的创新素养，助力形成独具新都一中特色的学术性拔尖人才"三四五"培养模式。

（一）三支柱助力学术素养

文化涵育：学校把学术性作为学校的特色发展目标，并把适合学术性成长纳入学校文化建设体系。

课程训育：构建学术活动流程，研发实施学术性课程。

师长培育：实行三导师制，学术情意导师由班主任和心理健康教师组成，培养学生意志、能力和良性情感，学科知识导师主要由本校学科教师组成，学术知识导师由大学教授、大学博士和本校教师组成，分类任教。

（二）四机制助升学术素养

这是指基于学术性创新人才培养的组织机制、选拔机制、培养机制、评价机制的

"四机制"。

组织机制：探索初期，学校实行学院制管理，成立了"铭章学院"，负责学术性拔尖创新人才培养初期实践。

选拔机制：采用"基础学力＋基本的学术素养＋学术情意"相结合的选拔方式。

培养机制：通过学术性示范引领、学术实践研究、学术展示交流、学术激励推进四个环节保障学术性培养的有效性，四个环节循序渐进，螺旋式上升，将学生的学术培养工作落到实处，提升培养效果。

评价机制：以《普通高中学术性拔尖人才量规》为标准，从学术潜力、学术精神、学术研究、学术探究、学术责任五个方面入手，对学生的学术能力进行评价，通过检测总结培养过程中的优势，发现培养过程中的不足，反思和调整培养策略。

（三）五策略助推学术素养

文化引领："人皆可以为尧舜"育人理念激励学校学术性创新拔尖人才争做创新第一人。

梯度递进：以学科教师为主，学术导师为辅，开展研究性学习、专题讲座、科研活动，培育全体学生的基本学术素养；学术研讨、问题研究，分类培养学术规范；前沿性学术研究、各级学术竞赛活动，培养学术毅力和学术创新能力。

实践参与：在学术实践过程中体验、建构、分享，进一步培育学术素养。

学科侧重：开展分学科学术培养，自然学科注重实验设计与操作实践培养，人文学科注重思维培养。

多维辅助：优化学校相关制度和管理措施，从时间、空间、管理等方面助力学术型拔尖人才培养。

三、放飞梦想 助力学术梦

（一）学术素养彰显

通过调研，参研学生由以前单一的接受式学习，转变到探究式、合作式学习；学习目标由单纯的知识技能掌握，发展到在学习知识技能的过程中，探究发现与创新；由写作业发展到写论文、写实验报告、写专利书。协同育人有效调动了参研学生的学习积极性，激发了学生的创新热情。

（二）学术成果丰厚

2016年，四川省首枚"明天小小科学家"银牌被新都一中学生摘取；2019年，新都一中学生与人大附中等中华名校学生同场比赛，同获特等奖；学生以第一作者身份撰写的23篇学术论文发表于各大期刊。各类科创比赛捷报频传，参加比赛过程中，学生初步显露出来的学术能力更坚定了我们培养学术型拔尖创新人才的信心。

通过近九年实践，我们发现学生的创新意识、创新思维、创新技能等创新素养均能够得到较好激发、提升；跟踪毕业后进入高校的学生发展情况，我们发现高中阶段参加了学术培养的学生，在本硕学习生活中更有发展优势。

协同育人是一种有效的教育理念。学校、家庭、高校科研院所等多方共同参与，可以为学生创造一个更加全面、丰富、多样的教育环境。这种环境有利于培养学生的综合素质和创新精神，为学生的未来发展奠定坚实的基础。大数据时代，我们如何以数字化赋能协同育人，构建一个更加开放的、有利于学生全面发展的教育体系，更好地发挥协同育人合力，促进教育的高质量发展，是一个需要深入研究的话题。

（撰稿：刘旭东　李凤萍　冯跃帮）

共建"向上·向善"家风 助力儿童全面发展

当今学生成长在"百年未有之大变局"的新时代，培养德智体美劳全面发展的人是学校、家庭、社会的共同目标，优良家风的熏陶也是实现这一重要目标的重要组成部分。现实情况下，家长普遍更关注孩子成绩，忽视德育、美育、劳动教育等；学校对于家庭教育的指导缺少整体规划和有力的抓手；社会力量更侧重宣传引领，很难直接指导、影响到每一个家庭。高品质学校应充分发挥引领、协同作用，做好家庭教育的合伙人，帮助家长解决好家风建设的难点，助力家庭家风建设。

面对家风建设如何满足新时代教育立德树人要求、家长如何进行家风建设、学校如何形成支持家风建设的适切方案等问题，资阳市教育科学研究所协同资阳市雁江区马鞍学校（以下简称"马鞍学校"），经过多年探索，形成了包括育人目标、基本理念、运行机制、实施策略在内的家风建设学校支持体系。

一、改革策略

马鞍学校通过十五年探索，历经散点尝试、集中研究、反思调整、实践深化各阶段，在反思与提炼中不断总结优化，逐步形成协同视域下的家风建设学校支持体系。具体包括育人目标、基本理念、运行机制、实施策略，四者联系紧密，组成有机整体。

（一）家风建设学校支持体系的育人目标

家风建设学校支持的总目标为：建"向上·向善"家风，育全面发展的人。向上，侧重培养学生自我成长，如爱学习、自律等；向善，侧重学生社会性发展，如爱国、诚信、友善等。通过"向上·向善"的家风熏陶，促进学生德智体美劳全面发展。

（二）家风建设学校支持体系的基本理念

优良家风是家庭教育的重要资源，有利于学生全面发展、终身幸福，家风建设对学校教育有反哺作用，有利于学校立德树人目标达成；学校教育与家风建设目标一致、

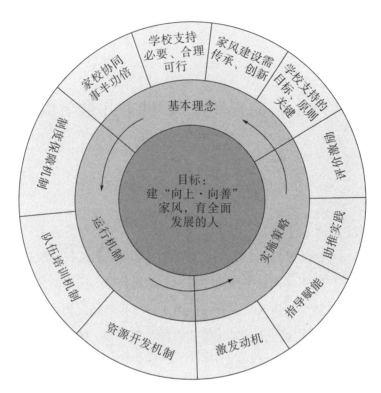

图 3—5—4 "向上·向善"家风建设学校支持的整体逻辑

功能互补、特点相似，学校支持家风建设能让学校教育和家庭教育均事半功倍。学校拥有推动家风建设的丰富资源，并具备联动政府、家庭和社会的纽带功能，在推动家风建设方面起着举足轻重的支持作用。学校支持家风建设，应遵循情感关怀、系统构建、指导科学、多方协同四大原则。

（三）家风建设学校支持体系的运行机制

运行机制主要包括制度保障、队伍培训、资源开发三项内容。学校通过建设学习、研修、考核制度，厘清家校职责等措施凝聚共识，构建制度保障。以建立家风建设培训指导队伍、优化培训内容、创新互动为主的培训方式，解决了学校支持家风建设胜任力的问题。开发出"家风建设指南＋家风建设读本＋家风建设漂流本＋社会资源"的资源群，丰富家风建设指导资源。三项机制紧密关联，缺一不可。

（四）家风建设学校支持体系的实施策略

解决家庭的问题，是学校精准支持的出发点。针对家庭家风建设缺动机、缺能力、缺实践、缺成就感的问题，学校运用"激发动机、指导赋能、助推实践、评价激励"的策略提供精准支持，四策略运用贯穿始终。

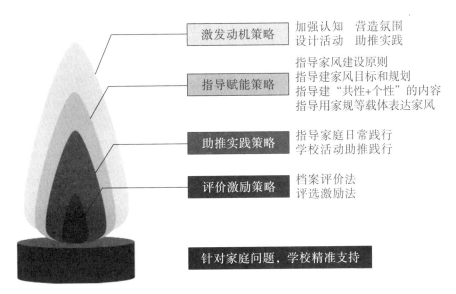

激发动机策略　加强认知　营造氛围
设计活动　助推实践

指导赋能策略　指导家风建设原则
指导建家风目标和规划
指导建"共性+个性"的内容
指导用家规等载体表达家风

助推实践策略　指导家庭日常践行
学校活动助推践行

评价激励策略　档案评价法
评选激励法

针对家庭问题，学校精准支持

图 3-5-5　家风建设学校支持的实施策略

激发动机策略：加强认知、营造氛围、设计活动、助推实践。

指导赋能策略：确定指导原则，在家风目标规划、"共性＋个性"内容、多元化表达家风等方面开展指导。我们提炼出八类"共性"家风，供家长参考，同时根据家庭的个别需求，在充分尊重家长意愿的前提下，发挥学校在教育方面的专业优势，提供指导。

表 3-5-1　八类"共性"家风内涵

序号	家风类型	具体内涵
1	"爱国爱乡"好家风	热爱党、热爱祖国、热爱家乡，政治立场坚定、思想觉悟较高，为祖国和家乡发展贡献力量
2	"敬业勤劳"好家风	热爱劳动、勤奋工作、钻研业务、求真务实、艰苦奋斗、勇于担当
3	"崇学上进"好家风	热爱学习、重视教育、教子有方、积极进取、乐观开朗、坚韧不拔
4	"律己修身"好家风	遵纪守法、高度自律、以身作则、修身养性、品行端正、懂得感恩
5	"诚实守信"好家风	诚实待人、诚信处事、言出必行、公道正派、一视同仁、公平竞争
6	"崇德向善"好家风	注重品行、明礼知耻、乐善好施、热心公益、为人热情、甘于奉献
7	"孝老爱亲"好家风	尊重长辈、关爱子女、兄弟团结、姐妹相亲、夫妻和睦、家庭温馨
8	"文明新风"好家风	讲卫生、讲文明、健康向上、家庭整洁、珍惜资源、勤俭节约

助推实践策略：指导家庭日常践行、学校活动助推践行。

（1）按照"自主承诺、自觉践行、自省自纠、自评互评"策略指导家庭日常践行家风

家庭签署公开承诺书，每位家庭成员结合家风要求，许下承诺，包括完成的内容、标准、奖惩等，家庭成员在日常生活中互相督促落实，通过家庭会议、家风日记等方

式自评互评，兑现奖惩，自评主要参考承诺书的完成度和学校发布的"家风建设指南"。通过日常践行，让家风内容入脑入心，完成内化的过程。

（2）通过"专题活动、仪式活动、常态浸润"三类活动助推家风践行

我们根据家风建设"价值认同、外化表达、内化实践、外化显现"一般规律，设计了四阶段九主题的专题序列活动。

表 3－5－2　四阶段九主题的专题序列活动

建设环节	活动名称	活动目标	活动流程	活动策略
价值认同	家风培育签名仪式	强化家风	校长动员讲话——优秀家风代表发言——家长代表宣誓——家长、学生签字——班级悬挂签名墙——合影留念	1. 规范参与者礼仪 2. 创设"庄重温馨"仪式环境 3. 环节流畅，把控时长 4. 增强家长、学生参与度 5. 悬挂签名墙，让教育效果可持续
外化表达	树家风、传家训、立家规、绘家谱	确定家风建设目标、内容、规划等	学校布置任务——教师方法指导——家长和学生商讨描绘家谱、制订家风家训家规——班级展示——家校微调	1. 教师进行方法指导 2. 家长和孩子是活动主体 3. 教师微调建议，尊重家庭意见
内化实践	家风发布	公开承诺，增强仪式感	拟方案——发布通知和告知准备事项——氛围营造——宣布家规——遵守宣誓	1. 发布会要有仪式感 2. 孩子能完成的任务尽量交给孩子
内化实践	践行家风二十一天打卡活动	督促践行家风	家人共商制作打卡表——家人对照践行，并每天对应记录——二十一天小结	1. 打卡表内容与家风家训家规对应 2. 家长起好榜样作用 3. 相互督促，尽力达标
内化实践	家庭会议	反思小结，做规划、调整	问好或感恩，感受爱和温暖——研讨议题内容——兑现奖惩——商讨下一步措施	1. 营造民主、温馨的氛围 2. 让孩子得到展示、尊重 3. 要发现问题，更要鼓励进步，告知方法 4. 家长以身作则
内化实践	建家庭档案	凝聚亲情，学会感恩，体验成就	学校布置活动任务——教师进行指导——家长和学生建家庭档案——共赏家庭档案年鉴	1. 提升建家庭档案的意识 2. 教师指导建家庭档案的内容方法 3. 学校开展家庭档案欣赏活动，记录成长，体验成就
内化实践	家风建设漂流活动	提供交流、学习、展示平台	学校布置活动任务——教师方法指导——家庭轮流记录家风活动——教师及时点评指导——漂流本展示	1. 让能做好的家庭先记录，为其他家庭做范式引领 2. 教师及时点评和指导，给予督促激励、方法引领

续表

建设环节	活动名称	活动目标	活动流程	活动策略
	家风建设沙龙活动	交流展示、解惑答疑	学校调研家长需求——发布活动让家长选择——召开沙龙活动	1. 调研了解需求是前提 2. 提供丰富的活动供家长选择 3. 参加人数不宜过多
外化显现	家风建设成果展	交流、学习、展示	学校制订方案——教师进行方法指导——家庭准备成果展内容——开展成果展——学校小结、各家庭小结	1. 开展班级、年级、校级家庭成果展，家庭参与面达100% 2. 教师做好展前指导，让家庭有成就感，又能互相学习借鉴

在学生成长关键节点和传统节日，我们或设计全校性仪式活动，适时加入家风建设主题或环节，组织学生共同参与；或提供活动内容和流程指导，供家长们自行开展。学校常态教育活动也融入了家风建设内容。学科融合力戒广告式的生硬植入，教师找准浸润点相机而为。

评价激励策略：强化过程评价、榜样示范引领。

评价不为区分等级，而是要让家庭家风建设动力更足、方法更科学、氛围更浓郁。我们主要运用档案评价法、评选激励法。

档案评价起点低、反馈快，能让家庭的每一次努力都被看见，帮助家庭体会到家风建设的成就感。评价运用上我们开展了"家庭共赏档案""讲述我家的故事"等活动，祖辈创业故事、荣誉证书、孩子的成绩单等都有很强的感染力，教育效果远超说教。

评价激励法用身边的榜样引领家风建设，学校每年评选"最美家风家庭"，在班级、校园中通过公众号等方式层层展示、投票。教师把最美家风故事、家风作品汇集整编，形成了学校不断更新的家风建设资源。

回顾十五年的探索历程，我们认为学校在家风建设支持方面必须进行系统构建，从理念、机制到实施都做好顶层设计。坚持全员参与、全程推进的原则，持之以恒，这是根本的保障。我们要以"爱学生"为出发点，从促进学生全面发展的角度，积极提供支持，并接纳每一个家庭。同时，"尊重规律"应成为我们的行动准则，既要遵循家风建设的规律，也要符合学生身心发展的规律。此外，"多方协同"应被视为根本路径，通过学校、家庭、政府、社会的联动，加强各方之间的互动合作，共同促进学生、家长、教师和学校的发展。

（撰稿：刘若星　周　慧　宾亚君）

提升家长素质 推进家校共育

万源市中小学教研室 万源市第三中学校

万源市地处川陕渝交界处，经济基础薄弱，留守儿童众多，同时，家长文化素质普遍不高，大多不懂得如何教育孩子，加大了学校教育与管理难度。因此，提升家长教育能力成了学校发展的重要课题。2011 年以来，在市教科局组织下，全市学校分批次开办了家长学校，主动对学生家长进行有计划的培训指导，并围绕"依托家长学校提升家长教育能力实践研究"课题开展了一系列培训活动，探索出了行之有效的家长培训方式方法，取得了明显成效。

一、提高认识，明晰家校共育新路径

（一）确立了提升家长教育能力的县域工作思路

搭建平台，细化方案；借力时事，依靠党政；县管校抓，村社联动；扣境切需，方式灵活；解除困境，正心扶智；媒体引领，比学赶帮。

（二）深化对家长教育目标、内容的认识

1. 明确家长教育的目标任务

家长教育能力，即"正己育子"能力。"正己"能力涵盖家长自身思想认识、思维能力、行为习惯、文化知识和学习能力等。"育子"能力包括自育能力和借力共育能力。"正己"是"育子"的前提和基础，是家长教育力的核心。

2. 确立家长培训的内容和形式

以当地家长可感可知的生产生活事例、自然现象、名言、格言、祖训、谚语、俗话等为素材，以问题解答、案例讨论、熟语解读、家长互讲、心语热线等为方式进行家庭教育指导、政策法律宣传和科技知识辅导。

（三）建立有效的家长教育实施平台

创建融合定点家长学校、巡回家长学校和媒体家长学校于一体的家长教育实施平台。定点家长学校和媒体家长学校皆由学校主办，培训时间、地点、师资、参培人员等相对固定，以集中到校培训或各种媒体培训为主要形式。巡回家长学校动态灵活，以流动"送培"为主要形式，具有虚实结合、点面兼顾、全域覆盖的立体性特点。

（四）提出家庭教育的某些见解

家庭教育的根本任务是对孩子"育德育心、正言正行、助学导学、习常创新"。家庭教育的基本方法是"营造家风、正身示范、言传身教、遇物则诲、相机而教、引用熟语、悟道自然、寓教于喻、深入浅出"等。

二、建章立制，构建家校共育新策略

（一）建立结构合理、职责分明、条块协同的家长学校管理体系

1. 形成管理机制

基地校成立了家长学校校务委员会，科任教师、"小老师"、两级家长委员会、家长互助组、村组/社区负责动员督促，保障家长培训的各项措施落到实处。

2. 健全规章制度

建立健全家长学校各项规章制度，做到"六有"：有教育教学管理制度；有学期工作计划总结；有适合成人学习的教材；有基本稳定而又动态优选的教师队伍；有家长参培的考勤记录；有教师参与家长学校工作的绩效考核方案等，保障家长学校工作的有效落实。

（二）创新"定点＋巡回＋媒体"三位一体的家长学校培训模式

1. 定点家长学校

培训形式主要有家长课、家长会、家长活动等。家长课有讲座式、探讨式、互助式、心语热线等形式，内容包括政策法规宣传、家长思想行为教育、家庭教育方法探讨和教育扶贫指导等。家长会议一般以年级家长会和班级家长会为主要形式。家长活动主要包括教学开放周、家长一日学校生活体验、家长担任班主任助理、家长参与"评教评管"活动等形式。

2. 巡回家长学校

（1）市级送培。培训方式主要有"送培下乡""扶贫送教"和"一帮一助困"等。

（2）基地校送培。基地校自行组织本校教职工开展家访慰问、结对帮扶、支教、送教等活动。

（3）推广性送培。由市家长培训办统筹安排基地校教师送培到校。

（4）包括"家长院坝会"等社区家长教育活动。

3. 媒体家长学校

包括电视、广播、互联网和校刊等形式。媒体培训不仅适宜于本地家长，更方便了奔波在外的家长，增进了家校沟通与理解。

（三）探索构建"多方互促、多法活用、借风扬帆"的家长教育实施策略

1. "多方互促"策略

一是将家长参培情况、学习进步情况和配合学校教育情况与孩子的操行评比及教师绩效考核、评职评优评先挂钩。二是将孩子的学习成绩、操行评比与村组/社区组织的管理制度挂钩。

2. "多法活用"策略

包括"问题解剖、熟语解读、政策解析、法律解答、心语热线、案例讨论、自晒家风、同伴互助、小手拉大手、亲子活动、一日一句、日记/微博反思"等多种策略。

3. "借风扬帆"策略

争取政策支持，营建发展环境；借力平台宣传，助推素质提升。

（四）创建"多维测查、性量结合、测展并举"的家长教育能力检测方式和评价方案

多维检测具体措施有：学校检测、学生检测、同伴家长检测、村组/社区检测等。性量结合，即定性分析和量化比较相结合。测展并举，是指各方面检测所得数据和结论与家长素质能力展示活动相结合。此外，课题组还形成了家长素质和教育能力考核评价实施方案。

（三）反思总结，形成家校共育新成果

1. 物化成果显著

十多年的不断实践，教研室、学校编写了《万源市家长学校工作指南》《家庭教育理论与实践新探》《家长必读（熟语本）》和《家长必读（绘画本）》等系列培训教材三册，填补了万源市家长学校教材空白；教师撰写、制作的论文十篇、调查报告三篇、《万源市家长学校课例荟萃》一册、《万源市家长学校活动留痕》一册以及培训讲座光碟两盘等全面呈现了研究轨迹；总结的家庭教育特点和家长课"四适切"教学要求等具有较强的指导意义。

2. 推广范围

在市域内四所不同层次学校进行推广，带动了其他十余所学校创办各自的家长学校。同时，万源市家长学校实施方案还被陕西省紫阳县麻柳镇学校借鉴运用，反响良好。

3. 家长能力提升

一是家长的责任意识和师表意识深入人心，监管缺位和错位情况有所好转。二是家长行为习惯逐渐规范，文明素养不断提高，表率作用不断强化。三是越来越多的家长开始从孩子成长中反思家庭教育，越来越注重对孩子的思想引导和行为习惯教育。四是"赛家风、比家教"活动全面推开，形成风尚。

4. 学生五育水平提高

近年来一直稳中有升的中考、高考成绩和教育行风调查结果显示，全市学生德智体美劳全面发展水平有了相当大的整体提升，这与家长素质的整体提升直接相关。

5. 校家社合力增强

以"家校结亲"为荣的家校共育意识和尊师重教的社会风气基本形成，教育发展环境不断优化。

6. 教师素质普遍提高

在培训家长的过程中教师自身也在转变，突出表现在其工作态度更加端正，工作激情得以增强，工作业绩更为凸显。

7. 助推区域教育发展

在家长学校带动下，全市相继成立了"母亲课堂""农民夜校"等全民继续教育机构，有效落实了教育扶贫工作，促进了学习型社会建设和社会风气好转，提升了市民整体素质。

8. 社会效应不断凸显

开展的家长教育系列活动得到了四川新闻网、达州教育网、《达州日报》等新闻媒体的广泛宣传，不仅在本市产生了积极影响，而且还被达州市及相邻的陕西省个别县区学习借鉴。

我们紧扣学校教育发展之需，以提升家长素质为目标，以家长学校建设为切入点，借助时政推动，开展家长教育县域实践研究，探索出了提升家长素质和教育能力的行之有效的县域方案，有效解决了家庭教育掣肘学校教育的现实问题，增强了家校共育合力。同时，创新了教育扶贫的内容和方法，助推了"脱贫攻坚"任务的落实，具有较强的针对性、实用性、可操作性和推广性。但是，由于课题涉及面宽，许多社会问题超出了课题组能力范围。在后继研究中，我们将竭尽所能，争取家长培训领导机制更加有效、教师队伍更加专业、培训工作更加扎实、家校共育更显成效，进一步推进高品质学校建设。

（撰稿：祝传发　马中元　王　姮）

| 后记 |

本书由四川省教育科研重点课题"新时代高品质学校建设成果的深化与推广研究"主持人崔勇同志领衔主编，协同张伟、马长俊主编完成全书框架设计、内容撰写培训指导和统稿工作。四川省教师发展中心崔勇副主任撰写第二编第四章"理论指引"《关注师生成长品质 落实五育并举方针》，四川师范大学张伟教授撰写第一编《新时代高品质学校深化建设的出发点：提高可持续发展水平》全文，都江堰市灌州小学校马长俊校长参与撰写第二编第一章案例《学校课程建设如何顶天立地》，撰写第三编第四章"理论指引"《高品质学校可持续发展需要践行教育家精神》。

本书汇集了多地多校的研究者参与撰写。四川省成都市石室中学毛道生校长撰写第二编第一章"理论指引"《遵循教育方针 完善促进可持续发展的顶层设计》，峨眉山市教育局李庆九总督学撰写第二编第二章"理论指引"《遵循可持续发展规律 推进育人方式的整体变革》，成都金苹果锦城第一中学张新民书记撰写第二编第三章"理论指引"《建设可持续育人文化 深化高品质学校文化建设》，华东师范大学李政涛教授撰写第三编第一章"理论指引"《高品质教研的价值和导向》，四川大学罗哲教授撰写第三编第二章"理论指引"《高品质学校可持续发展的时代意涵与办学战略》，四川省教育厅教师工作处唐晓辉老师撰写第三编第二章"理论指引"《高品质中小学校建设的多重逻辑》，成都第十六幼儿园余琳园长撰写第三编第三章"理论指引"《高品质学校可持续发展的儿童立场》，成都市教育科学研究院教师发展研究所黄静梅所长撰写第三编第四章"理论指引"《高品质学校可持续发展的校长修炼》，成都市教育科学研究院卿子俊副院长撰写第三编第四章"理论指引"《高品质学校可持续发展的团队建设》，成都市青羊区教育局张勇主任撰写第三编第五章"理论指引"《高品质学校可持续发展的家校社协同育人》，教育部中外人文交流教育实验区指导专家委员会李全委员等同志撰写第三编第五章"理论指引"《高品质学校可持续发展的"引进来""走出去"》。

"独行快，众行远。"研究从来不是一个人的单打独斗，而是一群人的通力协作。学校建设工作千头万绪，只有找准一个聚焦点，瞄准同一个方向，凝聚各方力量，才能事半功倍。这本专著最为重要的意义在于通过凝练"高品质学校建设"研究团队的思想，我们将深化建设的着力点确定为"可持续发展"，不仅指学校的可持续发展，更是指人的可持续发展。培养什么人、怎样培养人、为谁培养人是教育的根本问题。学校教育的目的，就是培养一代又一代德智体美劳全面发展的社会主义建设者和接班人，培养一代又一代在社会主义现代化建设中可堪大用、能担重任的栋梁之材，归根到底是促进学生全面健康可持续发展。

在高品质学校建设研究历程中，2024 年注定是浓墨重彩的一笔。在新中国成立 75 周年之际，在实施"十四五"规划的关键年，高品质学校建设孕育出新的智慧成果。当为这本书画上句号的时候，十三年的研究历程像奔流不息的江河在脑海里来回翻滚，过往历历在目，难以忘怀。本书能够高质量、高效率地出版，首先要衷心感谢所有参与编写的单位、学校和个人，尤其要感谢为高品质学校建设研究与实践提高学术专业指导的各位专家，还要感谢四川省教师发展中心、四川省教育科学研究院、四川教育出版社和《教育科学论坛》编辑部相关同志对本书的编辑出版提供的大力支持！